新编21世纪教育学系列教材

# 课程与教学论

Theory of Curriculum,
Teaching and Learning

黄甫全　吴建明　主编

中国人民大学出版社
·北京·

# 作 者 简 介

**黄甫全**，男，1957年生于四川省洪雅县青衣江畔。1978—1982年就读于云南农业大学植物保护专业，获农学学士学位；1986—1987年在云南师范大学教育系进修学校教育专业本科骨干课程；1990—1991年在西南师范大学进修教育学原理专业硕士课程；1991—1994年就读于东北师范大学教育系，师从王逢贤教授，获教育学博士学位；现任华南师范大学课程与教学系主任、教授、博士生导师和小学教育专业负责人，兼任中国教育学会教育学分会课程专业委员会副主任、广东教育学会课程与教学论专业委员会理事长。主要研究领域为教育学原理、课程与教学论。已经完成和正在主持国际合作项目、全国教育科学规划项目、教育部人文社会科学研究项目等10余个。在国内外权威学术刊物*Journal of Curriculum Studies*、《教育研究》和《课程·教材·教法》等上发表系列教育研究论文100余篇。出版教育学术专著和教材10余部，教材《现代课程与教学论》荣获第三届中国大学出版社优秀教材一等奖。曾获教育部中国高校人文社会科学研究优秀成果三等奖，首届基础教育国家级教学成果奖二等奖，“南粤优秀教师”“广东省高等学校教学名师”荣誉称号等。

**吴建明**，女，1969年生于湖南省新宁县崀山镇扶夷江畔。1984—1987年就读于湖南省武冈师范学校；1987—1991年就读于湖南师范大学教育系学校教育专业，获教育学学士学位；1991—1995年在湖南人文科技学院主讲教育学与心理学；1995年9月调入岭南师范学院任教至今；1996—1997年在华南师范大学进修教育学原理研究生课程；1997年被评为教育学讲师；2001—2005年在湖南师范大学学习，师从张传燧教授，获教育学硕士学位。主要从事教育学、数学教材教法、教育政策法规的教学与研究工作，发表论文近10篇，参编教材《现代教学论学程》《教育学》《新课程数学教材教法》等，参与了李方教授主持的全国教育科学“十五”规划重点课题“基础教育课程革新背景下高师教师专业化课程改革研究”。

# 内容简介

课程与教学论实际上是一种特殊文化，因此，它必然具有一般文化的基本结构。文化结构一般有“本体”“空间形式”“时间进程”“活动组织”“审美发展”五个基本维度。用这一分析框架观照课程与教学论学科的丰富知识与经验，可以区分出课程与教学概论、课程与教学系统、课程与教学过程、课程与教学管理及领导以及课程与教学美学五个相互联系的部分，它们构成了一个当代课程与教学论学科比较清晰的内容体系。本书因受篇幅限制，未能包含课程与教学管理及领导。

全书分为四编。第一编，课程与教学概论；第二编，课程与教学系统；第三编，课程与教学过程；第四编，课程与教学美学。四编共有十六章。因为字数有限，第一编和第四编各为一章，旨在抛砖引玉，使大家对课程与教学论的理论基础、美学研究有一个大概的了解。第二编有四章，分别介绍了课程与教学系统的四个要素，即内容、学生、教师与环境。第三编是本书的重点内容。课程与教学作为特殊文化，也是一种现实的实践存在，具体表现为过程性。这一过程，学者们称之为课程研制过程，分为规划、实施与评价三个阶段。其中，课程实施的主要途径是教学，包括教师的教与学生的学。按照课程与教学过程的展开顺序，将本编的内容区分为课程研制过程、课程规划与设计、课程与教学目标、课程实施与组织、教学过程、教学方法与策略、学习方式、班课教学技能（上）、班课教学技能（下）以及课程与教学评价等十章。其中，班课是学校教育的主要场所，有效教学的核心就是有效班课教学。

# 前言

案例型教材是国际国内新兴的一种教材形式，受到了专家和学者的关注。美国心理学家斯腾伯格（Sternberg，R. J.）等亲自编写了案例型教材《思维教学：培养聪明的学习者》①，让教师从深奥晦涩的文字中解脱出来，轻松、愉悦地理解和掌握所需的知识与技能。华南师范大学的博士生导师黄甫全教授对案例型教材情有独钟，在他编写的《现代课程与教学论学程》② 中，每章都以一个实例开头，用轻松又俏皮的小故事迅速拉近了学生与理论的距离，把学生带入理论的王国。因此，当黄老师决定编写案例型课程与教学论教材时，四面八方的教育理论与实践工作者借助网络聚集在一起，组成了编写团队。

本书在编撰过程中，得到领导、同事、同学、亲属以及朋友们的热情支持和无私帮助，我们不胜感激！在本书的编辑、出版过程中，有幸得到中国人民大学出版社编辑们的鼎力相助，我们铭记在心！

## 一、团队成员及各章分工

第一章　绪论：黄甫全（华南师范大学教授）

第二章　教育内容：张传燧（湖南师范大学教授）、刘恩（湖南师范大学硕士生）

第三章　学生成长：陶维东（岭南师范学院教授）

第四章　教师发展：吴建明（岭南师范学院讲师）

第五章　环境开发：卢建筠（岭南师范学院副教授）、陈利（岭南师范学院实验师）、李洁（广东海洋大学教师）

第六章　课程研制过程：李义茹（陕西师范大学博士后）

第七章　课程规划与设计：陈彩燕（广东第二师范学院研究员）

第八章　课程与教学目标：刘晓玲（岭南师范学院副教授）

第九章　课程实施与组织：李晓峰（岭南师范学院副教授）

第十章　教学过程：刘耀明（上海市教育科学研究院副教授）、吴建明（岭南师范学院讲师）

第十一章　教学方法与策略：刘大军（华南师范大学副研究员）

第十二章　学习方式：陈开春（越南胡志明市师范大学教师，华南师范大学留学博士生）、吴建明（岭南师范学院讲师）

第十三章　班课教学技能（上）：方成智（湖南农业大学教授）

---

① 斯腾伯格，史渥林. 思维教学：培养聪明的学习者. 北京：中国轻工业出版社，2011.

② 黄甫全. 现代课程与教学论学程. 北京：人民教育出版社，2006.

第十四章　班课教学技能（下）：邱淑慧（岭南师范学院讲师）

第十五章　课程与教学评价：许莹（华南师范大学博士生）

第十六章　课程与教学美学：王林发（岭南师范学院教授）、李晶晶（岭南师范学院讲师）、韩芳芳（岭南师范学院讲师）

编者们长期从事课程与教学研究工作，他们密切关注学校教育、家庭教育以及社会教育的理论动态与现实问题，是教育“田野”的忠实守望者与热情追随者。

## 二、编写特点

### （一）形式新颖活泼

本书在编写过程中，着眼于国际国内的学术前沿，力求把课程与教学论的最新理论呈现出来，让读者在对话文本的时候，感受知识的力量，领略学术的魅力。

考虑到学生初次接触课程与教学论，相关专业术语积累不足，编者们在叙述理论时，语言风格深入浅出、通俗易懂、轻松活泼又不失学术风范。理论的呈现方式多种多样，有些是在行文过程中陈述、论证出来，有些是以“资料专栏”“拓展学习”“名著欣赏”等形式呈现。另外，编者们还在书中添加了一些小栏目，如名言欣赏、与君分享等，帮助学生在严肃、紧张的学习之余放松心情，使学生潜移默化地吸收课程与教学论知识。

### （二）案例丰富有趣

各章知识点和前沿理论对于大学生而言相对抽象，为了帮助他们理解，编者们试图通过案例的形式把丰富多彩的教育情境呈现出来。编者们在吸收以前案例型教材优点的基础上，努力使本书形成自己的特色。为了帮助读者更好地阅读与理解教材中的案例，下面简单介绍选编案例时依据的基本原理与方法。

1. 案例的特征与叙述方式

根据美国学者舒尔曼（Shulman，L. S.）等关于案例知识的理解，引发出案例的基本特征以及相应的叙述方式①。

（1）案例是发生的事件。

作为事件，不能只做静态的描述，而应展示事件演进的过程。事件发生的时间、地点和具体情节要交代清楚，人物的内心世界也要揭示出来，要使读者像身临其境一样感受着事件的进程。比如，第七章　课程规划与设计中的案例“课程成就师生”“巧嘴学对：真情对对碰”等，编者们采用教育叙事的研究方法与表达方式，使文章摆脱“学术”冷冰冰的面孔，变得亲切起来。

（2）案例包含问题。

案例无一不包含问题，由问题引发人们的思考，促使师生建构理论。这就要求在叙述方式上围绕案例的主题，突出事件中矛盾、对立的部分。比如，第十六章　课程与教学美学中的案例“最聪明最美丽的老师”，展现了同学、师生之间的心理冲突。

（3）案例具有典型性。

案例所描述的教学事件包含教师和学生的典型行为、思想和观念。根据教学大纲和教

---

① 舒尔曼，黄甫全，王娜. 智者：教学活动中的知识生长. 教师教育学报，2014（4）.

学要求设计案例，把握教学目标中的重点和难点，选取典型案例，涵盖课程与教学的相关知识点，并且对相关知识点做适当的描述和解释。比如，第四章　教师发展中的案例“校长有权解聘这位女教师吗?”，讨论了教师的权利与义务。

（4）案例是真实发生的事件。

有时为了某种需要，在案例叙述中允许虚拟一些情节。但是，案例描述的是真实的教育现象或具体的课堂教育实况。因此，编者们广泛搜集案例，使案例更接近教育一线。

2. 案例中原理与事实的组合方式

本书主要采用了以下两种组合方式：

（1）原理与事实的线性组合方式。

原理与事实的关联是以一种线性的方式建立起来的，即用某些事实说明某个原理，或用某个原理解释某些事实。本书中的多数案例采用了线性组合方式。在案例陈述后，用简洁的语言阐述案例中蕴含的原理。

（2）原理与事实的开放式组合方式。

对原理与事实的关系不做任何阐述，既不用事实去证明原理，也不用原理去解释事实，主要是设计学习活动。活动的核心是使学生通过自主探索、合作交流，建立起原理与事实之间的关联。在描述完事件以后，提出几个层层递进的问题，促使学生自主探究案例中的原理。

**（三）内容覆盖考证**

为了加强中小学和幼儿园教师队伍建设、完善教师资格制度，2011 年教育部师范教育司、教育部考试中心制定了《中小学和幼儿园教师资格考试标准（试行）》。该标准是教师职业准入的国家标准，是进行中小学和幼儿园教师资格考试的基本依据。区别于往年教师资格考试，改善后的教师资格考试科目根据报考层次决定：小学教师资格考试科目为综合素质和教育教学知识与能力，初、高级中学教师资格考试科目为综合素质、教育知识与能力和学科知识与教学能力。本书涵盖了小学、初级中学和高级中学各级教师资格考试的所有考试科目，重点体现在教育教学知识与能力、教育知识与能力和学科知识与教学能力等科目中。

本书广泛整理了相关的教师资格考试内容，尽量扩大基础知识与基本技能的覆盖范围，使学生在复习与备考的过程中对课程与教学论有一个全面的认识。

编者们从理论前沿、案例选编、知识考点到文字润色，无不追求尽善尽美，字里行间凝聚着他们的专业情感与实践智慧。但由于能力有限、时间仓促，教材难免有不足之处，恳请广大读者批评指正。

**编者**

2019 年 1 月

# 目录

## 第一编　课程与教学概论



## 第二编　课程与教学系统

## 第三编　课程与教学过程

第一编

# 课程与教学概论

# 第一章

# 绪论

课程与教学论是教育学中专门研究课程与教学问题的一门核心分支学科。人们不断地分析课程与教学问题，试图做出满意的回答，从而积累专门的理论知识。本章将简要介绍课程与教学论的相关概念、基本任务、理论基础以及历史发展趋势，以期读者了解课程与教学论的概况。

## 第一节　课程、教学与学习的基本含义

**案例 1-1**　　**准确定位教与学的关系①**

在阜阳十中七年级（2）班一节数学课上，参加课改不到一年的初中一年级学生在讲台上进行着小组展示。他们一个个落落大方、逻辑清晰、讲解规范，颇有小老师的风范。

在这节课的大多数时间里，教师汪丽都放手让学生自学和讨论，有问题尽量让他们自己解决。但作为教师，她并没有放任不管。在学生忽略了重要细节，或当学生为一个问题相持不下，或学生展示有错误而全班学生都未能发现，或学生遇到自己不能解决的难题时，汪丽总能及时介入，指出问题的关键所在，并进行引导、点拨、指正，或予以补充、深化、拓展等，使学生的学习继续下去并得到提升。这节课的最后，汪丽对本节课进行了反馈和总结。汪丽问学生："这节课有何收获和疑惑？"学生在指出收获的同时，也提出了疑惑。整节课学生都非常投入和专注，没有睡觉或开小差的现象。汪丽对自己的角色把握得恰到好处，既没有只顾自己教而无视学生，也没有在学生需要帮助时袖手旁观。

---

① 翟晋玉. 阜阳十中：把"教"还给教师. 中国教师报，2013-06-26（3）.

［评析］

现代教学价值观正在从以教为中心转变为以学为中心。捷克教育家夸美纽斯（Comenius，J. A.）创立教学论时就曾经热情地期待："寻求并找出一种教学的方法，使教员因此可以少教，但是学生可以多学；使学校因此可以少些喧嚣、厌恶和无益的劳苦，多具闲暇、快乐和坚实的进步；并使基督教的社会因此可以减少黑暗、烦恼、倾轧，增加光明、整饬、和平与宁静。"①

## 一、课程概述

### （一）课程的词源

无论中外，课程的词源都很丰富。东汉许慎在《说文解字》中说："课，试也。从言果声。""程，品也。十发为程，十程为分，十分为寸。从禾呈声。"可见，"课"与语言和成果有关，原意为试功夫加以任用；"程"与禾苗和呈现有关，原意为"生机勃勃"。普遍认为，"课程"一词最早出现于唐宋期间。唐朝孔颖达在《五经正义》里为《诗经》中的"奕奕寝庙，君子作之"一句注解为："维护课程，必君子监之，乃得依法制也。"宋朝朱熹在《朱子全书》中多次提及课程，如"宽着期限，紧着课程"，这里的课程已含有学习范围、进程、计划的程序之义，与我们现在许多人对课程的理解有相似之处。

**请君鉴赏："课程"词源小考**

有学者考证，"课程"一词早在南北朝时期翻译的佛经中就已经出现了。北魏凉州沙门慧觉等翻译的《贤愚经》之《阿难总持品第三十八》中写道："尔时有一比丘，畜一沙弥，恒以严敕，教令诵经，日日课程。其经足者，便以欢喜。若其不足，苦切责之。"

资料来源：姜国钧．"课程"与"教学"词源小考：兼与章小谦先生讨论．华东师范大学学报（教育科学版），2006（4）．

在国外，英文课程一词为 curriculum，来源于拉丁语 currere，意义为"跑"。curriculum 就是跑的过程或者跑道的意思，隐喻为"一段教育进程"。19 世纪英国教育家斯宾塞（Spencer，H.）在《什么知识最有价值?》一文中用 curriculum 一词来指称"教学内容的系统组织"，日本学者将它翻译成"教育课程"，这是西方最早使用"课程"一词。

### （二）几种典型的课程定义

学者们给课程下的定义数不胜数，将它们进行粗略梳理，可以归纳出以下几种类型：

1．描述性理解

对具体存在的课程进行描述归纳，是课程研究领域阐释专门术语的通常做法。比如，斯宾塞在《什么知识最有价值?》一文中使用"课程"，专指"学校里科目设置及其进程安排"。又如，陈侠先生认为："课程可以理解为为了实现各级学校的教育目标而规定的教学

① 夸美纽斯．大教学论．北京：教育科学出版社，1999：2．

科目及其目的、内容、范围、分量和进程的总和。”①

2. 课程即教学科目

把课程等同于教学科目，在历史上由来已久。比如我国古代的“六艺”与欧洲中世纪的“七艺”。“六艺”是指礼、乐、射、御、书、数，其中“书、数”相当于小学阶段学习的主要内容，“礼、乐、射、御”则相当于大学阶段学习的主要内容。所谓“七艺”，即“七种自由艺术”，指的是古希腊时期学校中开设的七门课程，包括文法、修辞、辩证法、算术、几何、天文、音乐。“七艺”包括“三艺”（“七艺”的前三门）和“四艺”（“七艺”的后四门），前者由“智者学派”提出，后者为柏拉图所加。

3. 课程即有计划的教学活动

这种观点出现比较早，至今仍有不少人坚持。在这种观点中，有代表性的阐释为：课程是一种学习计划，是学生在学校指导下经历的所有经验的一种计划，是指导学生获得全部教育性经验（含种族经验和个体经验）的计划②。

4. 课程即预期的学习结果

一些学者认为，课程不应该指向活动，而应该直接关注预期的学习结果或目标，即把重点从手段指向目的。这就要求课程事先制定一套有结构、有序列的学习目标，所有教学活动都是为达到这些目标服务的。在西方课程理论当中相当盛行的课程行为目标，便是一个典型的例子。有代表性的阐释有：课程是一种预期教育结果的重新结构化序列③。

5. 课程即学习经验

有人批判“计划说”导致了学校对学生的奴役，指出课程实质上是学习者的特殊学习经验。比如，有人认为，课程是指学习者在学校指导下获得的全部经验④。经验是学生在对所从事的学习活动的思考中形成的。课程是指学生体验到的意义，而不是要学生再现的事实或要学生演示的行为。把课程定义为学习经验，是试图把握学生实际学到什么。这种定义的核心是把课程的重点从教材转向个人。

6. 课程即社会文化的再生产

在一些人看来，任何社会文化中的课程实际上都是（而且也应该是）这种社会文化的反映。“课程的生成和发展，根本依据在于人的学习本性和潜能，课程作为进入教育领域的特殊文化，实质就是人的学习生命存在及其优化活动。”⑤ 可见，这种定义把课程的重点从教材、学生转向社会。

7. 课程即社会改造

一些激进的教育家认为，课程不是要使学生适应或顺从社会文化，而是要帮助学生摆脱现存社会制度的束缚。他们认为，课程的重点应该放在当代社会的问题、社会的主要弊端、学生关心的社会现象等方面，要让学生通过社会参与，形成社会规划和社会行动的能力。

课程定义阐释上的多种见解并存，是一个不争的事实，想取得一致看法，看来为时尚早。因此，有人主张尊重各种不同的意见。比如，施良方教授指出：“每一种有代表性的

---

① 陈侠. 课程论. 北京：人民教育出版社，1989：13.

② 李臣之. 试论活动课程的本质. 课程·教材·教法，1995（12）.

③ 黄甫全. 阶梯型课程引论. 贵阳：贵州人民出版社，1996：27.

④ 吕达. 独木桥？阳光道？：未来中小学课程面面观. 北京：中信出版社，1991：3.

⑤ 黄甫全. 学习化课程刍论：文化哲学的观点. 北京大学教育评论，2003（4）.

课程定义都有一定的指向性，即都是指向当时特定社会历史条件下课程所出现的问题，所以都有某种合理性，但同时也存在着某些局限性。而且，每一种课程定义都隐含着作者的一些哲学假设和价值取向。对于教育工作者来说，重要的不是选择这种或那种课程定义，而是要意识到各种课程定义所要解决的问题以及伴而随之的新问题，以便根据课程实践的要求，做出明智的决策。”①

综上所述，大家对课程一词的基本含义的理解相同，即课程是指学校教学的科目及其进程②。事实上，课程概念有广义和狭义之分。广义的课程是指学校为实现培养目标而选择的教育内容及其进程的总和，它包括学校所教的各门学科和有目的、有计划的教育活动。狭义的课程是指某一门学科③。

### （三）课程的意义与作用

课程的意义与作用主要有：（1）课程是学校培养人才蓝图的具体表现；（2）课程是教师从事教育活动的基本依据；（3）课程是学生吸取知识的主要来源；（4）合理的课程设置对学生的全面发展起着决定作用；（5）课程是评估教学质量的主要依据和标准。

## 二、教学概述

### （一）教学的概念

“教学”这个术语有三种指称：一种是强调教师传递知识技能给学生的“教授”，英文为 teaching；一种是突出教师引导学生主动学习的“教学”，英文为 instruction；一种是包含了教师的“教授”与学生的“学习”的“教与学”，英文为 teaching and learning。“教授”是指教师对学生讲解、传授课目内容的专门活动，不能与学生的专门学习活动相分离，并且总是伴随着学生的学习，因而被人们理所当然地称为“教学”。中外辞源学上，教涉及学，学包含教，因而人们习惯于将这两字联用，使“教学”成了最流行的术语。所以，在英语中，teaching、instruction 与 teaching and learning 三个术语常常交替使用；在汉语中，“教授”、“教学”和“教与学”也相互通用，它们一般都是指教师的教授与学生的学习相统一的专门活动。

具体来说，教学是在一定教育目的的规范下，由教师的教和学生的学共同组成的传递和掌握社会经验的双边活动。没有学生的参与，教学的目标、任务将无法实现；没有教师的教，只有学生的学，这种活动只能称作“自学”而非教学。教学是教与学两方面的辩证统一。

**与君分享：教学相长**

虽有嘉肴，弗食，不知其旨也；虽有至道，弗学，不知其善也。是故学然后知不足，教然后知困。知不足，然后能自反也；知困，然后能自强也。故曰：教学相长也。

资料来源：礼记·孝经. 北京：中华书局，2017：132.

---

① 施良方. 课程理论. 北京：教育科学出版社，1996.

② 黄甫全. 关于教学、课程等几个术语含义的中外比较辨析. 课程·教材·教法，1993（7）.

③ 中国大百科全书总编辑委员会《教育》编辑委员会，中国大百科全书出版社编辑部. 中国大百科全书·教育. 北京：中国大百科全书出版社，1985：207.

教学与教育既相联系又相区别。教育是指一切培养人的活动；教学是指教师的教与学生的学相统一的专门活动，已经从教育中独立分化了出来，是教育的核心部分。

教学与智育有联系也有区别。智育是指向学习者传授系统的文化科学知识和技能，专门促进其智力发展的教育活动。教学是智育的一条主要途径，智育仅仅是教学多种功能中的一种而已。

为了凸显教学中的"人"并对教学进行整体把握，在现象学和解释学的影响下，人们开始关怀教师的内心世界和文化遭遇，近年来兴起了教师的教学文化。"教学文化是教师们共享的信念和知识——信念是教师关于工作的'正确'方式，以及对教学回报的看法；知识是指教师从事教学工作的方法。"①

### （二）教学工作的意义

教学是贯彻教育方针、实施全面发展教育、实现教育目的的基本途径。学校是专门培养人的机构，要使学生在德、智、体等方面都得到发展，就需要通过教学、课外校外活动、生产劳动等途径来实现。教学在学校教育工作中所占的时间最多、涉及面最广，对学生发展的影响最全面、最深刻，对学校教育质量的影响也最大，所以，学校教育工作必须以教学为主。学校教育工作以教学为主，既是由教学本身的性质决定的，也是多年来教育工作经验的总结；但这并不意味着可以轻视甚至忽略其他工作，应当坚持"教学为主，全面安排"。

## 三、学习概述

学习的原意是效仿。效仿需要示范，学生的学习活动（learning）所需要的教师示范，就是教授活动（teaching）。学生的学习活动和教师的教授活动并不是分离的，而是相互融合的。

在广义上，学习包括动物的学习和人的学习，指的是有机体通过效仿及练习而获得的、潜在能力的、较为持久的变化过程及结果。在狭义上，学习专指学校里的学习，是指学生在教师的组织下，有目的、有计划地系统掌握知识技能和发展道德品质，从而促进经验与行为获得比较持久的变化和提升的活动。

学习是人的本性，是与生俱来的，同时也是人得以成长与发展的潜能。人可能生而弱于某些动物，却能经过成长而强于所有动物，盖因其与生俱来的学习潜能得以发挥。学习作为潜能总是倾向于实现，于是就以人的基本需要的形式表现出来，并通过人参与各种活动得以满足。在历史上，学习首先是生活学习，后来演变成学校学习，现在发展为文化学习②。"文化学习，是学习主体调动整体性的学习生命力，去追求与文化的无限整合，进而凭借文化媒介不断通达自由的一种新的学习形态。"③

正所谓"学习是教育的生命与心脏"④，而"教育是关照目标为本学习的社会建制"⑤。

---

① 陈芳. 国外教学文化与新教师发展研究述评. 外国教育研究，2009，36（5）.

② 曾文婕. 文化学习引论：学习文化的哲学考察与建构. 广州：华南师范大学，2007.

③ 同①.

④ Thielens W J. Undergraduate definitions of learning from teachers. Sociology of Education，1977，50（3）.

⑤ Illeris K. The three dimensions of learning. Malabar，Florida：Krieger Publishing Company，2004.

学习是教育、课程和教学的基础，而不是相反。

## 第二节　课程与教学论的基本任务

**案例 1-2**　　**课程与教学论是研究学校课表的吗?**[①]

2005 年 1 月底，我们一行人来到四川省洪雅县，与当地 10 所小学的校长和教师一起举办“价值教育的课程开发”培训研修活动。

课间，一群年轻的教师围过来，与我轻松地交流开了。一位男教师笑眯眯地问我：“教授，您在大学里教啥子课喃?”我答道：“我主要教课程与教学论。”他眼里马上闪出几丝疑惑：“课程与教学论？我们读师范时学过教育学和心理学，没听说过课程与教学论喃！课程与教学论是搞啥子的哦?”我思量着怎样简明扼要地回答他的问题，迟疑了一会儿。他快人快语地试探着道：“课程与教学论，是不是研究学校课表与教学安排的哦?”我咂咂嘴道：“咋个说好喃？既是也不是。”

[评析]

无论是大学生，还是各级各类学校里的教师，初次接触课程与教学论，常常会好奇地问：课程与教学论是干什么的？其实，这也是课程与教学论工作者思考的一个基本问题。人们面对浩瀚的课程与教学问题，必然要对课程与教学论存在的合理性与合法性进行追问，在确证这个学科的同时合理定位自己。

作为教育学的一门分支学科，课程与教学论担负的基本任务有：认识课程与教学现象、揭示课程与教学规律、指导课程与教学实践。

### 一、认识课程与教学现象

课程与教学现象是指课程研制与教学活动中所表现出来的外部形态和联系，是课程与教学外在的、活动易变的方面。它们可以分为课程现象与教学现象。课程现象分为物质性、活动性和关系性的现象：物质性的现象，如教学材料；活动性的现象，如教学设计活动；关系性的现象，如内容选择与教育目的的关系等。教学现象分为环境性、活动性和关系性的现象：环境性的现象，如教室及其结构、校园建筑及其结构等；活动性的现象，如课堂教学活动及其结构；关系性的现象，如教师、教材与学生之间的相互关系。

### 二、揭示课程与教学规律

课程与教学规律是课程与教学及其组成成分发展变化过程中的本质联系和必然趋势。

① 黄甫全. 现代课程与教学论学程. 北京：人民教育出版社，2006：3.

课程与教学规律可以分为存在性规律与反映性规律。课程与教学作为一种客观存在，其本质联系和必然趋势是内在的、不以人的认识和作用为转移的，是一种纯粹的客观存在，对人们的认识来说是终极性的，这是课程与教学的存在性规律。课程与教学研究实际上是对这种存在性规律进行反映而已，这种反映的结果只是一种反映性规律。这种对反映性规律的表述，就是人们通常所说的课程与教学原理。课程与教学原理具有主观与客观相统一的特性，同课程与教学规律有本质区别。明确这一点就能意识到“理论的限度”，不会轻易把“原理”或“理论”当作“规律”来误导别人。

### 三、指导课程与教学实践

课程与教学实践是人们通过有目的地改造课程材料和教育设施来提升课程研制与教学实施质量的特殊感性活动，它往往被分为管理、研制和应用三种类型。从发生学的角度来看，先有课程与教学实践，然后才产生了课程与教学论；但是课程与教学论一旦产生，就会反过来指导课程与教学实践。

在课程与教学领域中，理论与实践的区分实质上是不同角色主体之间的区分与隔离，所以理论指导实践的途径主要应当在学者与广大教师之间搭建。比如：学者直接参与课程与教学管理及应用，教育管理者和教师成长为课程与教学专家，学者与教师联合工作。

理论与实践结合的前提是掌握和创新理论。教师要认真学习和掌握已有的课程与教学论基础知识，学者不能为研究理论而研究“理论”，而要围绕课程质量、有效教学、学习结果和身心健康发展等实际问题展开研究。研究的根本目的是使学习者获得幸福的学习生活，努力探索、丰富进而创新课程与教学论的知识宝库。

## 第三节　课程与教学基础

**案例 1-3**　　**听阿公阿嬷讲故事①**

听部落阿公阿嬷讲故事、跟着阿公阿嬷到田间耕作收成，是台湾屏东县泰武小学继 2011 年发展成为理念学校后，安排的每周三小时的民族课程。经过一年半的努力，学校将民族课程结合校本课程，编纂出全台湾第一套系统性的民族教材，结合校本课程研发出民族教育、国际教育、学生散文集及小米美食笔记书等四套书。部落从三年前开始将民族教育融入课程，将课程编纂成册，旨在带给学生更有系统、更完善的学习。从六十五岁到八十余岁的阿公阿嬷，都成为泰武小学学生的老师，“传承”是部落阿公阿嬷的天职，但学校教育逐渐取代了阿公阿嬷。学校透过民族课程的安排，不仅让学生亲自体验部落文化，更将传承的工作交还给阿公阿嬷，搭起部落人与学生的桥梁，创造共同话题，这是泰武部落从莫拉克风灾后，再度落地生根的最

① 台湾屏东县泰武小学官方网站。

佳方式。

[问题]

问题：案例展示了课程与教学的哪些基础？

课程与教学的基础主要有历史、哲学、文化与社会、科学和心理学等，它们对课程与教学的形成与发展都产生过并继续产生重大的奠基作用。

## 一、历史基础

“历史以各种方式、在不同方面和不同程度上，对教育的当前存在形态发生作用。……课程体系、师生关系、教学方法，都受到历史的深刻影响。”① 人们需要养成深厚的历史感，以透彻理解课程与教学的过去与现在，把握其历史逻辑与线索，进而洞察其变迁的未来可能性。

课程与教学的历史不仅包含课程与教学实践的历史，而且包含课程与教学思想的历史。与之相应，课程与教学历史基础的研究，既包含课程与教学实践的历史研究，也包含课程与教学思想的历史研究。研究的主要任务是描述课程与教学的历史事实。

## 二、哲学基础

哲学的英文一词 philosophy 来自希腊语的 philo（热爱）和 sophos（智慧），原意为热爱智慧和追求知识。西方人几乎言必称“哲学”，所以哲学在西方的课程与教学领域中发挥着显著的作用。在我国，哲学的“哲”源自“知”和“词”，乃“意内而言外也”②；“学”即“学问”和“学科”。所以，哲学借助语言描述事物外在特征，揭示事物内在的过程与结果。

课程与教学的基本问题，是人的问题、知识问题和价值问题等，哲学则是人类关于这些问题的智慧结晶，因而，课程与教学建立在哲学基础之上。哲学基础的研究与发展，应当突出关注课程与教学哲学流派、学校课程与教学哲学以及中国课程与教学哲学等。无论何种课程与教学哲学，均需要透过学校这一层面才能发挥指导实践的作用。而在哲学理论渗入学校层面的过程中，由于不同学校的实际情况各异，又会形成丰富多样的学校课程与教学哲学，它直接影响着各所学校的课程与教学实践。进一步考察发现，学校课程与教学哲学，是由校长、教师、学生以及家长等各种参与者的课程与教学哲学理念相互影响而创生出来的。

**小资料：人是符号的动物**

那些把人定义为理性动物的伟大思想家们并不是经验主义者，他们也不曾打算做出

① 张斌贤．教育理论研究中的历史感．教育研究，1990（8）．

② 许慎．说文解字：附检字．北京：中华书局，1963：32，110，186．

一个关于人的本性的经验的陈述。靠着这个定义，他们所表达的不过是一个根本的道德律令。对于理解人类文化生活形式的丰富性和多样性来说，理性是个很不充分的名称。但是，所有这些文化形式都是符号形式。因此，我们应当把人定义为符号的动物来取代把人定义为理性的动物。只有这样，我们才能指明人的独特之处，也才能理解对人开放的新路——通向文化之路。

资料来源：卡西尔．人论．上海：上海译文出版社，2013：44-45.

## 三、文化及社会基础

文化是指人们所创造的一切物质财富和精神财富的总和，其实质是人的行为方式的集合，表现在物质层面、制度层面和心理层面，其核心是人的价值观及其行为规范。社会指的是在一定物质生产基础上形成的相互联系的人类生活共同体及其活动与组织机构。社会由经济组织、政府组织和公共组织等组成，教育及学校教育属于公共组织。

从文化及社会角度看，课程与教学意在“传递为人类所认定有价值的、可欲的、有用的、合宜的知能”“塑造学生的文化经验”①。课程与教学塑造学生文化经验的具体途径有：反思已有知识和经历新型知识。反思已有知识，就是促使学生深切体会长久以来被视为当然的知识经验；经历新型知识，就是经验以前所未遇到的人类文化知识。在这样的文化传递过程中，教师无疑要肩负起主要的职责，他们需要做出决策，即对学生来说，什么是可欲的或有价值的经验而需要去努力学习？

**名言欣赏**

文化的本质就是人的自我生命存在及其活动，文化世界的本体就是人的自为的生命存在。

——李鹏程

## 四、科学基础

科学技术的迅猛发展与广泛应用，已经成为教育、课程与教学的重要基础。近代以来，西方自然科学取得了举世瞩目的成就，深刻影响了课程内容、课程研制、教学方法和教育测验与评价等。正如后现代主义者多尔（Doll，W. E.）所说：“现代主义科学观是影响美国学校课程发展历史的最重要的因素。”②

在西方，科学的产生和发展以两个伟大的成就为基础：一是希腊哲学家发明的形式逻

① 王文科．课程与教学论．台北：五南图书出版公司，1998：36.
② 多尔．后现代课程观．北京：教育科学出版社，2000：17.

辑体系，二是近代建立起来的以系统的实验观察来发现因果关系的实验方法。西方的科学主义思维方式蕴含着对象化的理性至上主义和精确实证的经验主义。但是，我国传统哲学的思维方式从商周对“天命”的拷问，到春秋战国以来对“人伦”秩序的聚焦，总体上缺乏探究自然世界的兴趣。所以我们应该看到，当代中国文化严重缺乏科学传统，缺乏科学精神、科学知识和科学方法①。西方的科学化由于走到了极端，需要纠偏，而中国的科学化则严重不足，尚须进一步发展。文化传统的巨大差异，决定了我国必须继续加强课程与教学的科学基础研究。

### 五、心理学基础

“心理学为理解教的过程和学的过程提供了基础。而这两个过程对于课程工作者来说都是必要的，因为只有当学生学习并理解了课程，获得知识及其应用能力后，课程才具有真正的价值。”② 在教育领域，特别是课程与教学领域，心理学一直对人们的思想和行动产生重大影响，在当代甚至决定着课程与教学质量的高低。

西方心理学流派众多，对课程与教学影响较大的有行为主义心理学、认知主义心理学、人本主义心理学以及发展心理学等等。我国学者已经对课程与教学心理进行了一系列研究，取得了一些成果。

## 第四节 课程与教学论的产生与发展

**案例 1-4** **在线教育：教师中心与学生中心的调和③**

只要存在着教师和学生这两个群体，教育中心论就始终是个无法回避的问题。以德国教育家赫尔巴特为代表的“教师中心论”认为，在教育过程中，教师拥有绝对的权威，强调发挥教师对教学过程的绝对支配作用。而以美国教育家杜威为代表的“学生中心论”把学生的发展视为一种自然的过程，学生主宰这一过程，而教师只能作为“自然仆人”去引导学生的兴趣，满足学生的需要而不能多加干涉，教师在教学中只应充任“看守者”和“助手”的角色，不应站在学生面前的讲台上，而应站在学生背后。然而即使在杜威时代，“学生中心论”仍然是一种“奢侈品”。教师的形象还是作为知识的讲解者出现的，他们用一张嘴、一套教案和一支粉笔来给学生传授知识，他们也已习惯于被看作掌握知识、占有知识、传递知识的人，是讲坛上的“圣人”，这在传统面授教学中可谓司空见惯。虽然这种模式广受诟病，却根深蒂固。随着在线教育的兴起，基于计算机网络技术的教学掀开了教育领域的诸多变革。教师开始探索在技术平台上整合教与学的行为，重建教与学的关系。在线教育从业者们注重在线教育的学习氛围，并强调真实有效的师生互动。在

① 罗传芳. “中国传统文化座谈会”综述. 哲学研究，2001 (1).
② Ornstein A C, Hunkins F P. Curriculum: foundations, principles, and issues. 4th ed. Boston: Pearson, 2004.
③ 学习者主体地位：在线教育“闭环”最容易忘掉这一环. 光明教育网，2014-11-28.

线教育的本质更像是一场“社交活动”。

［评析］

无论是教师中心论还是学生中心论，都有一定的道理。但也不能过多地强调教师的作用或学生的作用。这些做法都失之偏颇，不可能取得教学的成功。不管是传统的教学还是现代化的多媒体教学，教师、学生都是教育不可忽视的主体。

回顾漫长的历史进程，课程与教学论的产生和发展可以划分为萌芽期、建立期和繁荣期，并且形成了三种经典学说。

## 一、萌芽期

从课程与教学产生到公元 16 世纪的数千年中，课程与教学论经历了漫长的萌芽时期。在这个时期，课程与教学问题没有成为独立的研究对象，也就没有独立学科的出现。不过，古代教育家已明确提出了“怎样教学”、“教学什么”和“为什么教学”三大问题，分别关涉课程与教学的组织方法、内容体系和价值目标。对这些问题的研究结果，散见于比较多的古籍中，而且产生了一批论述课程与教学问题的专著。比如中国的《学记》，约成书于战国后期或末期（公元前 221 年之前），是世界上已发现的最早的课程与教学论专著；而古罗马昆体良（Quintilianus，M. F.）所著的《雄辩术原理》，则是西方教育史上第一部系统的教学法专著。

## 二、建立期

经历了长期的积累后，课程与教学论在欧洲诞生。课程与教学论从出现雏形到基本成熟，大约经历了从 17 世纪到 20 世纪初的持续 300 年的建立期。

欧洲经过文艺复兴运动以后，实现了从封建社会向资本主义社会的转型。文化和政治的变革，极大地促进了科学技术的发展和应用，从而大大提高了社会生产力。各种新兴作坊、工厂不断出现，同时农村的自然经济逐步解体，大量农民流向城镇。这些人及其子女要进作坊和工厂工作，必须掌握一定的知识和技能，这样就极大地刺激了学校教育的发展。在欧洲，学校教育第一次走出家庭，走出上层社会，走向劳动阶层。“一对一”的个别教学组织形式已不能满足需要，于是一位教师教几十个学生的班级教学制得以创生。在前所未有的规模宏大的教育背景里，在班级教学的组织形式中，课程与教学问题成了人们和社会关注的重大问题。

在建立期，课程与教学研究领域出现了大批研究成果。1632 年出版了《大教学论》，1806 年又出版了影响深远的《普通教育学》。《大教学论》是夸美纽斯的代表作，是历史上第一部系统地研究和阐述教育问题的专门著作，既被公认为教育学诞生的标志，也被赞誉为课程与教学论发展史上的第一座里程碑。《普通教育学》是德国教育家赫尔巴特（Herbart，J. F.）的名著。如果说夸美纽斯在《大教学论》中把教学看成“艺术”的话，那么赫尔巴特在《普通教育学》中追求的主要是教学的科学性。为此，赫尔巴特宣称心理学是一门科学，并明确地将心理学作为教学的理论基础。之后，瑞士教育家裴斯泰洛齐

（Pestalozzi，J. H.）深刻洞悉了哲学思辨的局限性，提出了教育教学“心理学化”命题。美国教育家杜威（Dewey，J.）则进一步提出了课程与教材心理学化的主张，开辟了课程与教学心理学化的前景。

## 三、繁荣期

20 世纪是教育的黄金时期。在这个时期，首先是全球范围内义务教育的普及，接着是终身教育观念的提出和发展，使得教育规模持续扩大。人类在追求教育规模的同时，格外注重教育质量与教育公平，从而提出了大量急需解决的课程与教学问题，促进了课程与教学研究的大发展，使课程与教学论进入繁荣时期。

经过长期实践和研究，一大批代表不同流派的课程与教学论著作陆续面世，并产生了比较大的影响。例如：进步主义的《儿童与课程》、科学主义的《教育目标分类学》、结构主义的《教育过程》、文化—历史理论的《教学与发展》、后现代主义的《后现代课程观》，以及概念重构主义的《理解课程》等。

到 20 世纪，科学技术的飞速发展导致知识爆炸。“无限的知识”与“有限的学习”之间的矛盾日益尖锐，“教学什么”的问题日益突出。人们日益重视研究和解决这一问题，形成了独立于教学论之外的课程论知识体系。课程论日益丰富，逐步形成了比较完整的体系，使课程论脱颖而出，成为一门独立的教育学分支学科。一批又一批的课程研究著作出版了，其中最为著名的有杜威于 1902 年出版的《儿童与课程》和美国学者博比特（Bobbitt，F.）于 1918 年出版的《课程论》（*The Curriculum*，亦译《课程》）等。其中博比特的《课程论》被西方社会公认为“课程论”诞生的标志。

伴随课程论的独立，课程与教学研究出现一体化趋势，课程（论）与教学（论）开始走向整合。1949 年出版了泰勒的经典著作《课程与教学的基本原理》，加快了课程与教学整合的进程。到世纪之交，在我国出版了一系列以“课程与教学论”命名的著作和教材，促进了课程（论）与教学（论）的整合。

## 四、课程与教学的经典学说

进入现代社会，人们逐步形成了课程与教学系统观，进而提炼出了三种经典学说。

### （一）课程与教学系统

课程与教学系统是一个相对独立的社会活动系统，其结构有共时态和历时态两个维度。课程与教学系统的共时态要素，由教师、学生、内容和环境四大要素构成。组成课程与教学系统的教师、学生、内容与环境的四个要素存在着相互作用的内在关系（见图 1－1）。课程与教学系统还有历时态要素，涉及原理澄清、目标设计、内容选择、组织开发、方法应用以及评价反馈。这些历时态要素又叫作课程与教学过程的基本环节。

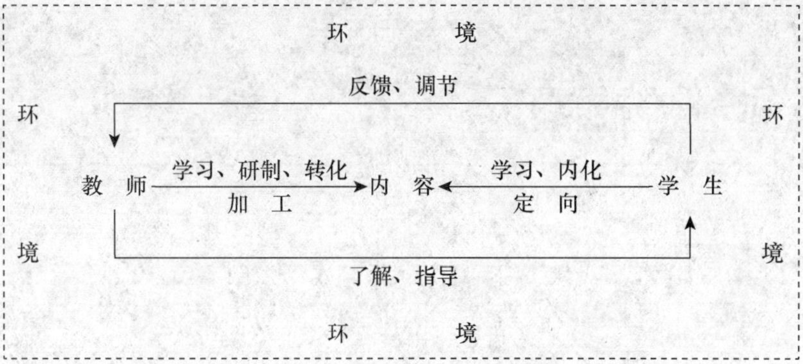


图 1-1 课程与教学系统的要素及结构模式

## (二) 三种经典学说

1. 教师中心说

教师中心说是一种主张教师在教育、课程与教学中居于支配地位和起决定作用的理论体系。它源远流长，肇始于古巴比伦，在古希腊与古罗马获得比较大的发展，在中世纪宗教教育中得到了强化，在文艺复兴运动时期被发扬光大，到后来由赫尔巴特学派建立起系统理论。教师中心说的理论基础主要包括：成人取向的职能主义目的观、小大人的儿童观以及文化传递的功能观等。教师中心说格外重视教师、课本与课堂，甚至宣称“教师是中心、课本是中心、课堂是中心”，被人们称为“老三中心”。

2. 学生中心说

学生中心说又被称为儿童中心论。学生中心说是一种主张学生的身心发展规律在教育、课程与教学中起决定作用的理论体系。它的理论基础包括：生长主义的教育目的观、以学生为本的教育价值观以及社会改造的教育功能观等。与教师中心说针锋相对，学生中心说提出了“新三中心”，即“学生是中心、活动是中心、经验是中心”。

3. 学科中心说

学科中心说是针对教师中心说和学生中心说的弊端，主张教育内容的极端重要性、追求教育卓越性的一种课程与教学理论。它的理论基础包括：英才主义的教育目的观、教育复演说以及“潜能无限”的儿童观等。学科中心说主张：教育的根本职能是创新文化，课程与教学应当促进甚至创造儿童的认知发展，必须重视学科结构、直觉思维和发现学习，将科学逻辑与心理逻辑统一于学科逻辑。

**请君一试**

2013 年单项选择题：“课程不应指向活动，而应该直接关注制定一套有结构、有序列的学习目标，所有教学活动都是为达到这些目标而服务的。”这种观点意味着课程即（　　）

A. 教学科目　　B. 社会改造

C. 经验获得　　D. 预期的学习结果

答案：D

第二编

# 课程与教学系统

第二章

# 教育内容

教育内容是课程与教学系统得以存在和运行的要素之一。它来自人类文化，主要包括知识经验、技能与能力、态度与价值观等。随着文化的发展，教育内容成为课程与教学研究的一个热点。

## 第一节　教育内容概述

**案例 2－1**　　　　**我国基础教育到底“缺”什么精神？**①

对话者：S（教育学硕士）
　　　　M（教育学博士）
　　　　F（教育学硕士）
　　　　L（教育学硕士）
　　　　C（教育学教授）

S：就我国基础教育状况来说，我们更缺乏的到底是“人文精神”还是“科学精神”？

M：也许我们的学生既缺乏“人文素养”，又缺乏“科学技术素养”。除此之外，不仅“个性”不鲜明，“社会性”也未必尽如人意。如是，也就反映我们的基础教育不仅缺乏“人文精神”“科学精神”，其实也还缺乏“社会精神”。至于“主要缺乏什么精神”，仁者见仁，智者见智，谁也没有足够的事实根据。

F：反正谁最有权威，就听谁的，倒也省力。

L：我们叽叽喳喳，说了不少。C先生有何高见？

C：低见也无，谈何高见？只想提醒一下：说到所谓“教育的人文精神”，你们不会不知道，早在约两个世纪之前，黑格尔就对德国“新人文主义”质疑。在将近一个世纪之

① 陈桂生．课程实话．上海：华东师范大学出版社，2010：38-39．

前，杜威又重提黑格尔对“新人文主义”的评论。他说，“黑格尔很懂得抽象的个人主义哲学的缺陷”，“黑格尔在他的历史和社会哲学中，总结了历来德国著作家如莱辛、赫德尔、康德、席勒、歌德等人（按：他们都是新人文主义的翘楚）的学说，使人认识到伟大的人类集体制度的产物的教育力量”，“和制度相比，个人没有精神的权利，个人的发展和教养在于对现存制度的精神的恭顺与同化”①。这就是说，早在19世纪初，黑格尔就超越新人文主义的眼界，意识到制度作为一种不以个人意志为转移的客观现实，对个人有制约作用，并有不可忽视的教育力量。我们关注我国基础教育的健全发展，在理论上何必到19世纪以前去寻求精神支柱？不过，我国毕竟缺乏有些国家在几个世纪中形成的“人文主义教育”传统，又有几千年形成的等级制传统，因此有必要关注学生有约束的自由，关注学生独立而健全的个性，关注学生个性与社会性的适当平衡发展。更重要的是，要具体考察导致学生缺乏自由、缺乏个性与社会性的那种教育机制，并从实践中发掘新教育机制的要素。这便是我们议论“人文精神”的语境。此见，不知当否？

[问题]

问题1：你如何看待黑格尔与杜威对“新人文主义”的质疑？

问题2：C先生谈道：“我们关注我国基础教育的健全发展，在理论上何必到19世纪以前去寻找精神支柱？……重要的是……从实践中发掘新教育机制的要素。”你认为这种解决问题的思路如何？

人们关于教育内容的概念、特性和构成等，已经形成了一些基本知识和理论。

## 一、教育内容的概念

教育内容是指“经选择而纳入教育活动过程的知识、技能、行为规范、价值观念、世界观等文化总体”②。教育内容常常简称为“内容”（contents），也叫课程内容，或教学内容。教育内容的载体在不同时期有所不同，我国古代使用的是经典著作，如“四书”“五经”；20世纪下半叶使用的是“教学计划”、“教学大纲”和“教材”等；现在开始使用“课程计划”“课程方案”“课程标准”“教材”等。

## 二、教育内容的文化本性

文化集中表现为精神化和物质化的知识和经验，其内核凝聚着人类的认知、情感、技能和能力等。知识经验总是特异性的，人类有什么样的实际活动，就会产生什么样的特殊知识经验，从而使知识经验在量上急剧膨胀。而认知、情感、技能和能力则总是一般性的，无论人类进行什么样的实际活动，它们的发展总是表现为品质的改善和水平的上升，几乎不表现出量的扩充。因而，知识经验与认知、情感、技能和能力构成一种特殊关系，其实质为一般性的认知、情感、技能和能力重复性地凝结在庞杂而特异的知识经验体系中。这就决定了，一定量的知识经验就可以全面地涵括一般性的人类认知、情感、技能和

① 杜威．民主主义与教育．北京：人民教育出版社，1990：63-64．

② 顾明远．教育大辞典：增订合编本．上海：上海教育出版社，1998：765．

能力。借用摄影术的话来说，知识经验具有人类认知、情感、技能和能力的全息性，即少而精的一定量的知识经验凝聚了已有的人类认知、情感、技能和能力的全部信息。从文化中选择而生成的教育内容，往往也具有人类认知、情感、技能和能力的全息性。所以，教育内容实际上是一种简洁的文化。

**资料专栏：魏晋玄学的“得意忘言”**

在魏晋玄学理论中，王弼“得意忘言”认识论颇具特色。在王弼看来，“意”相当于“无”“道”，是隐藏在各种物象内部的本质的东西，“言”是指人们对现象世界的语音文字陈述。当认识停留在言的对象上时，思维只是具体的；只有当认识由言进入意的对象时，思维才由具体上升到抽象。在教学上，如果学生只是机械地重复老师的话或者没有把握学习内容的旨意、领会老师的精神，那么，其思维水平就是具体的、低层次的。这种教学对于提高学生的思维水平和认识能力无多大效果。

忘掉“言”就能得“意”吗？不一定。王弼认为，还必须依据“简约”“触类旁通”的方法原则，运用“理知”等抽象逻辑思维能力。

王弼“得意忘言”认识论在思辨的纯粹性和深刻度上，“不但远超烦琐和迷信的汉儒，而且也胜过清醒和机械的王充”①，“得意忘言”的思维方式深深地影响了当时及后世的学术界、思想界。

资料来源：张传燧．行走于传统与现代之间．长沙：湖南师范大学出版社，2005：238-248.

## 三、教育内容的构成

不同时代有不同教育内容的价值观，从而孕育出了多种多样的教育内容构成观。

### （一）形式教育与实质教育

形式教育明确主张，“教育的主要任务在于使学生的官能或能力得到发展”②。它格外重视教育内容、课程和教材的训练价值与心理能力的发展功能。官能的训练及其迁移作用是选择教育内容的一个重要依据。实质教育主张，“教育的主要任务在于使学生获得知识”③。它特别重视教育内容、课程和教材的知识传递价值和文化功能，重视教育内容的知识性和实用价值。

### （二）人文主义教育与科学主义教育

人文主义主张教育内容应该以人文知识为主，人文学科在课程中应该占支配地位，宗旨在于把人培养成有人文教养和体面的绅士。人文主义后来发展成为新人文主义，不再极端地排斥科学知识，而是主张有选择地吸收自然科学知识。到20世纪60年代，新人文主义演变成人本主义，主张教育内容要实现“理智”与“情感”的结合。科学主义主张教育

---

① 李泽厚．美的历程．北京：中国社会科学出版社，1984：106.

② 中国大百科全书总编辑委员会《教育》编辑委员会，中国大百科全书出版社编辑部．中国大百科全书·教育．北京：中国大百科全书出版社，1985：430-431.

③ 同②330.

内容应该以自然科学知识为主，自然科学学科在课程中应占支配地位，目的是把学生培养成具有科学素养的现代人才。科学主义发展到当代，已经开始超越极端化，注意吸收人文主义的观点与主张，注意挖掘自然科学的人文精神。

### （三）普通教育与专业教育

普通教育又称通识教育，是指实施普通文化科学知识的教育，使学生掌握人文学科、社会科学和自然科学中基础的普通知识，使他们养成基本的文化修养和处理社会问题的能力①。其渊源是西方的博雅教育。专业教育又称专才教育，是指实施某种学科或某种职业的专门知识的教育，使学生掌握精深的学科专业知识或专门的职业知识与技能，将他们培养成为某种学科或职业的专门人才。

与价值考量的分类不同，从活动操作视角来看，教育内容可以分为一般教育内容和具体教育内容。

## 第二节　一般教育内容

**案例 2-2**　　**大话数学**②

先讲一个我亲身经历的故事：那是2004年秋天，我和同学到山东省平邑县的一个度假村旅游。当时，某师范学院美术系的学生正好在这里写生。他们问我教什么课，我没有直接回答。凭我的经验，艺术类的学生一般都不喜欢数学，我也想验证一下我的想法，就说："我教的这门课你们可能不大喜欢。""数学！"我狂晕！他们连想都没想，就准确地定格到数学上了。

现实中，不喜欢数学的又何止是艺术类的学生！很多中小学生讨厌数学到了想放弃的程度，害怕数学到了恐惧的地步。不喜欢数学不是学生的错，而是我们的教育出现了问题。当一门课程成了考试升学的拐杖时，还会有多少人真正喜欢呢？

每接一届学生，前半个月我一般不讲课本上的内容，而是以"大话数学"为题挖掘数学的内涵、揭示数学的规律、提炼数学的特点、深化数学的应用、张扬数学的魅力，直把学生讲得兴趣盎然、神情激昂，不再对数学感到为难和恐惧，有的只是学好数学的信心和激情。所以，虽然我不布置太多的作业，他们却能轻松学好数学。

工作30年来，我一直在教数学，教初中、教高中、教竞赛，越教越觉得数学好玩、好学，越教越觉得数学很美、很酷，以至于我常常被数学的波澜壮阔之势、高瞻远瞩之能、对称和谐之美、茅塞顿开之境所陶醉。

也许有人会问："你为什么喜爱数学？"一句话：因为数学很美，所以我爱上了它！

[评析]

王老师有很强的洞察力，能够巧妙地处理教育内容。比如，王老师抓住学生学习数学的主要矛盾，从态度、情感入手，开学后前半个月不讲课本上的内容，而是以"大话数学"

① 顾明远. 教育大辞典：增订合编本. 上海：上海教育出版社，1998：1196.
② 王金战，许永忠，李锦旭. 数学是怎样学好的：魅力与方法篇. 北京：北京大学出版社，2010：1-4.

来张扬数学的魅力，消解学生对数学的恐惧，从而激发学生学好数学的信心和激情。超越了教师们惯用的题海战术，王老师居然不用布置太多的作业，学生们却能轻松地学好数学。

一般教育内容指所有教育活动都涉及的内容，主要是知识。

## 一、知识的概念

知识是指人凭借特有的智力认识事物的过程及其结果。所以，“知识是一个不断扩展的概念”①。

柏拉图将“知识”和“意见”相区别，认为知识是人类理性认识的产物，是对事物本质的反映和表述，不同于人类感性认识的“意见”。长期以来，西方占支配地位的都是这种理性主义的知识概念。而与之相对应的是经验主义的知识概念，它反对各种先验观，认定人类知识来源于感觉经验，都是对外部世界各种联系的反映。理性主义和经验主义的知识概念有根本差异，但是也有相同之处。它们同将“知识”建立在主体与客体分离基础上；同把“知识”认定为真理，与假象、谬误和偏见区别开来。

针对理性主义和经验主义的知识概念之间的对立与结盟，20 世纪的美国产生了实用主义知识观，确立了知识的有用性标准。它否定先验主体的存在，批判主客体的割裂，认为知识是有机体为了适应环境的刺激而做出探究的结果，是一种“纯粹的经验”。于是，知识就不是静止、完美和永恒的真理，而是暂时的和不断进化的概念。

**名言欣赏**

理念本质上是一个过程，因为只是就理念的同一性是概念的绝对的和自由的同一性来说，只是就理念是绝对的否定性来说，因此也只是就理念是辩证的来说，〔它才是个过程〕。

——黑格尔

## 二、知识的分类

当代知识概念的内涵丰富，有必要对知识进行分类。

### （一）人文知识与科学知识

根据内在性质的不同，知识被区分为人文知识和科学知识。

人文知识是人类采取各种手段对人文世界的认识及其结果。人文指礼教文化，是区别于自然的人事。人类最早的知识是语言，语言的根本特性不是客观性，而是人文性，所以人类最早的知识形态是人文知识。人文知识的发展和应用，营造出了浓厚的人文精神。西方的人文精神，核心是以人为中心、思想自由和维护人的尊严；中国的人文精神，核心是

① 周祯祥．知识概念扩展和作为知识表示技术的逻辑．云南社会科学，2003（5）．

天人合一、中庸和谐以及向文而化。人文知识有自身的特性①，主要表现为价值负载和解释依赖。人文知识承载着事实之外的价值，陈述的是经过价值解释、理解和选择的事实，是被意义化和价值化了的，即被主观化了的客观事实。

科学知识是人们采取科学手段对客观世界的认识及其结果，表现为以范畴、定理、定律形式反映现实世界和运动规律的知识体系。科学知识按研究对象一般可分为以自然、社会和思维三个领域为研究对象的自然科学知识、社会科学知识和思维科学知识，以及总括和贯穿上述三个领域的哲学和数学。与人文知识相区别，科学知识坚持价值的中立性、理论的普遍性、结果的可检验性、逻辑的严密性和构造的简单性。

**名言欣赏**

大学之道，在明明德，在亲民，在止于至善。

——《大学》

### （二）显性知识与隐性知识

知识的有用性标准建立后，引发了对知识语言特征的批判。

显性知识就是通常所称的“知识”，一般以书面文字、图表和数学公式等加以表达。长期以来在教育领域，占据支配地位的是显性知识，它们通过教育文件、课程方案、课程标准、教学材料以及各种教学媒体得到了明确的表达。

人类还拥有大量“只可意会不可言传”的知识，即隐性知识，又称“缄默知识”。尽管隐性知识具有相当复杂的性质、功能和类型，并限于“经验”与“实践”的获得途径，但是它们“仍然是非常重要的一种知识类型，因为它们事实上支配着整个的认识活动，包括科学认识活动，为人们的认识活动提供了最终的解释性框架乃至知识信念”②。

### （三）常识、科学知识与现象学知识

新的哲学认识论聚焦于事实，区分出自然事实、科学事实和现象学事实，进而建构起了常识、科学知识与现象学知识。

著名哲学家舍勒（Scheler，M.）指出，人们通常所说的“事实”，其实包括了相互连续的自然事实、科学事实和现象学事实③。自然事实是处于事物本身与人们在经历这些事物时所具有的主观状态之间的领域，是人们的感官可以触及和感知的事实领域。人们对自然事实的认识及其结果，产生常识。科学事实则是人们通过一定的人为性科学操作步骤进行“科学还原”而获得的事实，是感官不能直接感知，只有借助科学工具才能触及和感知的事实领域。人们对科学事实的认识及其结果生成科学知识。现象学事实是人们从哲学的高度，进行“现象学还原”而获得的纯粹直观内容。这些内容无论有什么样的实在性，都始终在人的直接经验中充分呈现。人们体验、认识这些内容，就获得了与事实及其本质相关联的“洞见性知识”或叫“现象学知识”。

---

① 张祥云．人文知识的特性及其教育意蕴．教育研究，2004（6）．

② 石中英．知识转型与教育改革．北京：教育科学出版社，2001：226．

③ 舍勒．知识社会学问题．北京：华夏出版社，2000：译者前言．

#### (四) 陈述性知识、程序性知识与策略性知识

心理学“把知识定义为个体通过与其环境相互作用后获得的信息及其组织”①。狭义上，知识仅包括它的贮存和提取；而在广义上，知识不仅包括它的贮存和提取，而且包括它的应用，这样就将狭义上的知识、技能与策略融为一体了。

广义的知识包括陈述性知识、程序性知识和策略性知识。陈述性知识是个人具备有意识的提取线索，因而能直接陈述的知识。程序性知识也就是技能，是个人不具备有意识的提取线索，只能借助某种作业形式间接推论其存在的知识。策略性知识是指如何学习、记忆或解决问题的一般方法。

## 三、教育内容的拓展

全面发展教育一般分为德育、智育与体育，因而，具体教育内容就区分为德育内容、智育内容与体育内容。

#### (一) 德育内容

德育是教育工作者组织适合受教育者品德成长的价值环境，对受教育者进行思想政治和道德品质教育，促进他们在道德、思想、政治等方面不断建构和提升的教育活动②。教育的基本含义是引人向善，而向善教育就是道德教育。善主要包含在个体的态度与价值观里，所以长期以来道德教育内容主要包括态度和价值观。

态度指的是“个体基于过去经验对其周围的人、事、物持有的比较持久而一致的心理准备状态或人格倾向”③。态度包含认知成分、情感成分和行为意向成分。价值就是“客体对主体的意义”④。价值是一个关系范畴，反映客体属性对主体需求的一种满足。通过一定的价值实践经验，人们便形成并表现出一定的价值观。价值观是“理论化、系统化的价值评价和选择意识”，是“文化的内核和灵魂，决定表层文化的性质和特征”⑤。

#### (二) 智育内容

智育是教育者创设一定的情境以提升教育对象的智慧水平的教育，是有计划、有目的地向学生传授文化科学知识和技能，发展他们能力的教育⑥。智育内容除了理性知识外，主要包括技能和能力发展。

技能是指“个体通过练习形成的合法则的操作活动方式”⑦。根据活动中的主要成分，技能分为动作技能和心智技能两种。动作技能是为顺利完成某种操作活动而按一定方式组织起来的肢体动作系统等。心智技能是为完成某种认知活动以一定程序组织起来的智力动作系统，如阅读、运算等技能。“动作技能的形成可以分为操作的定向、模仿、整合与熟练这样四个阶段”⑧。心智技能的形成是一种由外部的物质活动向内部的心理活动转化的

---

① 皮连生. 智育心理学. 北京：人民教育出版社，1996：38-42.
② 张传燧. 课程与教学论. 北京：人民教育出版社，2008. 140-141.
③ 林崇德. 心理学大辞典. 上海：上海教育出版社，2003：1217.
④⑤ 同③571.
⑥ 同②141.
⑦ 同③553.
⑧ 冯忠良. 结构化与定向化教学心理学原理. 北京：北京师范大学出版社，1998：257-283.

过程，即内化过程，一般有“动作定向”、“物质化动作”、“有声言语”、“无声外部言语”和“内部言语”五个阶段①。

能力是指“使人能成功地完成某种活动所需的个性心理特征或人格特质”②。根据适用范围不同，能力分为一般能力和特殊能力。一般能力是指大多数活动都共同需要的能力；特殊能力是指从事某项专门活动所需的能力，如数学能力、绘画能力等。

无论是动作技能还是心智技能，都需要向现实转化，这种转化形态就是实践能力。实践能力是指“保证个体顺利运用已有知识、技能去解决实际问题所必须具备的那些生理和心理特征”③。从人类生存和发展的必需性来看，实践能力主要包括动手操作能力、日常生活实践能力、职业活动实践能力和人际交往实践能力④。

**（三）体育内容**

体育是向学生传授体育知识，指导学生锻炼身体，以提高学生体质、体能的教育活动⑤。一般而言，体育内容主要包括身体成长、体育锻炼、卫生习惯和身体健康等知识、技能和方法。我国体育内容主要为运动参与、运动技能、身体健康、心理健康和社会适应等五个学习领域。

## 第三节　课程资源

**案例 2-3**　**大学、中小学共建是理念与资源的输入⑥**

对外经济贸易大学附属中学、附属小学正式揭牌，构建了十二年一贯制一体化办学的新格局，这是北京市启动的首都高校与中小学合作项目的又一成果。从 2014 年该项目启动以来，仅朝阳区就有北京工业大学、中国传媒大学、北京中医药大学、北京化工大学、对外经济贸易大学、中国科学院等多所高校和科研院所参与共建。合作方式既有合办附中、附小的方式，也有项目合作方式。

**合建是理念的输入、资源的注入**

对外经济贸易大学副校长赵忠秀认为，大学和中小学深度融合办学，相当于中小学从外部注入教育资源，大学把教学理念、方法传导到中小学。大学有丰富的人才资源，能为中小学的课程建设、师资培训提供很好的服务。附中、附小通过合建，可以借高校的专业及其师资强项提升自己的办学质量，形成办学特色，并且可以从人才成长的全过程来思考办学理念、课程体系、人才培养模式等等。对于大学来说，合建是大学服务社会功能的体现，也有利于解决教师子女上学的问题，有利于大学引进人才，是合作双赢

① 潘菽．教育心理学．北京：人民教育出版社，1980：141-142.
② 林崇德．心理学大辞典．上海：上海教育出版社，2003：868.
③ 刘磊，傅维利．实践能力：含义、结构及培养对策．教育科学，2005（2）.
④ 刘三朵，张冬胜．论实践能力的内涵与结构．当代教育论坛．2004（9）.
⑤ 张传燧．课程与教学论．北京：人民教育出版社，2008：141.
⑥ 贺迎春．专家：大学中小学共建是理念与资源的输入．（2015-04-14）．http://edu.people.com.cn/n/2015/0414/c1006-26844880.html.

的举措。

[评析]

大学、中小学共建有利于大学发挥优势，以先进理念指导中小学实践，共建课程体系，在课程、教师资源等方面进行合作，推行大中小学教学一体化改革，衔接好学生的各个成长阶段，消除目前分段式、碎片化培养的弊端。

## 一、课程资源的概念

课程资源（curriculum resource）是指能为课程与教学活动所用并满足其需要的一切素材和条件[①]。课程资源既包括课程理念形成、目标确定、内容选择、课程实施、班课教学活动和课程评价等有价值的知识和经验，又包括能保障课程与教学活动得以进行的人文环境、物资设备和材料。

## 二、课程资源的要素

课程资源包括物质与非物质两个子系统。物质子系统包含人力与物力两大要素，非物质子系统包含思想、知识和经验三大要素。人力资源，指组织课程与教学活动所拥有的劳动力的总量及其活动，关涉教育人力资源的理解、供给、配置与开发等课题。物力资源，由物品资源和财力资源两个要素构成。思想资源，指一切有可能渗入课程与教学活动之中，影响参与人员的各种观念。知识资源，指全部人类知识。经验资源，指教育系统的教师、管理者、研究者、工作人员和学生所具有的个人经历的总和。当今网络已经进入人类社会生活，并产生了广泛的影响，已经成为一种独特的资源。

## 三、课程资源的开发

课程与教学资源的开发，途径多种多样。第一，挖掘教师智力资源。教师是学校最为宝贵的资源，如何充分调动教师的积极性，开发以教师为主体的学校智力资源，是学校课程与教学发展中最受关注的问题。第二，利用学生经验资源。学生已有经验是学校课程与教学开发的重要资源。第三，开发教育内容资源。教材是经过严密选编的、系统化了的课程知识，但它不可能囊括该课程领域所有最为主要的知识，更不可能完全反映该课程的全部结构。因此，在尊重和充分利用教材的同时，要积极开发和利用各种教育内容资源。开发的方式主要有：选择重组知识资源、认识利用自然资源、熟悉开发社会资源。

**资料专栏：科学技术课程资源的引进**

近现代科学技术是从欧美的原生型现代化国家发展起来的，与欧美的历史文化传统

① 范兆雄. 课程资源概论. 北京：中国社会科学出版社，2002：3.

有关。对于后起的外生型现代化国家，科学技术这种现代最为重要的课程资源仍然处于贫乏状态。后起国家在现代化的过程中，看到了引进西方科学课程的必要性，但往往忽视了课程资源对课程的支撑作用，更没有来得及开发现代课程资源。科学技术课程资源不仅仅指科学技术知识本身，而且还包括产生科学的文化土壤、历史传统和人民的科学技术素养等因素。因此，外生型现代化国家的现代课程建设大多经历了“引进—失败—改进调整、多次反复”的历程，引进和建设起来困难很大。

资料来源：范兆雄. 课程资源概论. 北京：中国社会科学出版社，2002：17.

## 第四节　课程与教学材料

**案例 2-4**　　**不教教材，教什么？①**

一次，我与一所重点中学的骨干教师聚会，话题不知不觉就转到当前我国基础教育新课程改革上了。新课程改革席卷中小学，老师们似乎憋了一肚子的气。副校长欧阳老师先发感慨：“在新课程培训时，讲课的教授大批我们的教学以教材为中心。我真想反问教授：‘不教教材，教什么？’”他睁大眼睛，盯着我，似乎把我当成了那位教授。

看着这位目光锐利、颇有名望的高三数学教师，我期待他更充分地表明自己的观点。坐在他旁边的陈老师是教高三历史的，急不可耐地附和道：“只有死死地扣住教材，让学生把教材读得滚瓜烂熟，才能在考试中应对自如！”

“以教材内容为基础，多做习题，能有效地提高学生的成绩。这是我十几年的心得。”教高三物理的教导主任张老师非常自豪地说。

坐在我旁边的李老师，一边听一边似乎在摇头。他慢悠悠地接过话题：“语文可不能死读教材……”

这群优秀中学教师的质疑使我感受到一线教师对理论的不满，同时我又忧虑着如何才能使他们真正理解和接受新的教材观。

[评析]

课程与教学论中的“教材”是“教学材料”的简称，中小学一线教师话语中的“教材”有一些不同，往往直接指“课本”。有些教师对待教材的态度无疑是经验性的，帮助学生顺利通过高考是他们的职责，他们难以从学生长远发展的角度去思考新课程改革对学生素质培养的意义。要改变教师们的教材观，使他们掌握与应用课程资源、教学资源等方面的专业知识，仅仅依赖几次新课程培训是不够的。教师改变是一个漫长的过程。

当代课程与教学材料随着信息技术的应用，越来越丰富多彩，正在逐渐网络化和多媒

① 黄甫全. 现代课程与教学论学程. 北京：人民教育出版社，2006：497.

体化。

## 一、课程与教学材料的概念

在西方，有两个相关的术语概念：一个是“teaching materials”，一般翻译为“教学材料”，或简称为教材。教学材料，是指教学活动中教师用来与学生交流的所有天然或人造物品[①]。它包括课本、讲义、讲授提纲、参考书、教学指导书、学生作业材料、教学辅导材料、多媒体课件、网络教学资源、各种教具学具和教案学案等。另一个是“curriculum materials”，一般翻译为“课程材料”。课程材料是指课程研制/开发过程中人们专门编制的用于规划、实施、教学、评价与管理活动的所有的产品总和，包括各种课程产品、教学材料和管理文件。

总之，课程与教学材料是经过精选和加工的课程与教学资源。

## 二、课程与教学材料的实质

从根本上说，课程与教学材料是实现教育目标的中介和手段，是一定的社会阶层、团体对学校教育的控制工具，具有社会属性。在商品经济社会，课程与教学材料实质上是一种文化产品，它们要通过市场运作才能到达教育消费者手中，才能发挥作用，具有商品特性。“课程材料并非总是有利于学生学习的”[②]，因为课程与教学材料的作用在现代商业社会中可能会被歪曲。

## 三、教材的编排方式

教材的编排方式一般有三种。

螺旋式排列方式是针对学生的接受能力，按照繁简、深浅、难易的程度，使一科教材的基本概念和基本原理分层次地重复出现、逐步扩展、螺旋上升的排列方式。

直线式排列方式是对一科教材内容采取环环相扣、直线推进、不予重复的排列方式。这种方式的优点是能避免不必要的前后重复，节省时间，提高效率。我国数学教材基本上是直线式体系，但也有些内容采取螺旋式。

过渡式排列方式是为跨入新学段和升入高年级的学生学好新知识、掌握新方法而适当提前安排有关奠基内容的编排方式。例如，原平面几何的教学是从初中二年级第一学期开始，但因起始教材分量重、内容抽象，多数学生接受不了。因此，新编平面几何的起始教材按照过渡式排列方式，编写得比较具体、形象，初步介绍形式逻辑的思维方法，注重发展学生的空间观念，并提前在初一年级第二学期起步。

---

① 朗特里. 英汉双解教育辞典. 北京：教育科学出版社，1992：505.

② Collopy R. Curriculum materials as a professional development tool：how a mathematics textbook affected two teachers' learning. The Elementary School Journal，2003，103（3）.

## 第五节 课本

**案例 2-5　　传统教学遭遇新媒体挑战 “减负”就要扔掉课本?①**

当传统遭遇潮流，谁将更胜一筹？设想孩子再不会缠着你给课本包书皮，而是邀你陪伴浏览 iPad 上丰富生动的课件，你是会焦虑孩子过早远离书写实践，还是会感叹科技赋予教学如此多样化的表现形式？电子书、平板电脑的普及对传统教育的冲击日渐显现，如何适当地应用新媒体服务教学，成为现代教育、教改亟须面对的课题。

**电子课本 VS 纸质课本　传统教育遭遇新媒体冲击**

新媒体为老师提供了共享板书、课件的平台，老师同时可以通过使用电子设备批改电子作业、在线答疑和即时家访；学生能够在线学习、提交作业、增加师生或同学间的互动；家长也可以通过网络即时了解孩子的近况……先进设备与视听内容等多媒体固有特性的交互应用，既能提升学习乐趣，同时也能更广泛地聚合教学资源，服务于教学。

**弊大于利 OR 利大于弊　电子化教学引发争议不断**

美国加利福尼亚州教育官员格伦·托马斯说，电子课本其内容无所不包，学生今后将不再背着沉重的书包上学。单就这点而言，电子课本的推广应用确实在一定程度上减轻了学生的负担。然而学界对这一教学方式变革的争论远不止如此。

[评析]

课程与教学的最终目的是使学生获取知识、发展能力，形成正确的情感态度与价值观。无论是传统的方式还是现代的方式，均有其可取之处和不可取之处，适用的才是最好的。教师应因材施教、因境施教、因学施教，传统与现代相结合，博采众长，最大限度地促进学生的发展。

“课本乃课程的主导成分!”② 课本作为课程与教学材料的核心部分，历来是课程与教学研究的聚焦点之一。

### 一、课本的实质

课本，过去习惯叫教科书，现在常常被教师们直接称为教材。

“课本实质上是一种文化产品和课程的具体化”③，指出课本是一种文化产品，触及了课本的本质。研究发现，课本往往体现着主流文化意志，传播着主流文化内容。古代学校教育经常直接采用经典名著作为学校的课本，它使人们形成一种印象，即课本必须是烂熟于胸的“圣经”。进入现代社会，随着知识量的激剧增长，课本再也不可能是一成不变的

① 肖媛媛. 传统教学遭遇新媒体挑战 “减负”就要扔掉课本?. 中国新闻网，2012-08-22.

② Connelly F M. The SAGE handbook of curriculum and instruction. Los Angeles：SAGE，2008.

③ Venezky R L. Textbooks in school and society // Jackson P W. Handbook of research on curriculum：a project of the American Educational Research Association. New York：Macmillan，1992.

“圣经”，而是需要进行不断地改编与解读的“文本”。

随着文化和教育的发展，课本也在不断地变换形式。比如，随着程序教学的发展而产生了程序课本，随着计算机辅助教学的发展而产生了计算机辅助教本、在线课本和超文本链接课本。

## 二、课本的结构

课本结构是指课本的组成成分及其相互关系，包括知识结构、逻辑结构、文本结构和教育学结构。

课本的知识结构安排要考虑两个方面：一方面是学生的知识结构，另一方面是学科的知识结构。课本逻辑结构有时候与学科知识结构相重合，但并不完全与学科知识结构相重合。课本文本，一般而言由封面、说明、目录、课文、思考与练习、附录、插图和插表等构成。课本的教育学结构是在课本编制中，需要对教学内容、活动、情境、策略、方法和艺术等教育学因素进行设计，用以帮助师生提高教学兴趣、强化教学动机、促进教育过程和提升教育质量等。

## 三、课本的使用

课本是一种重要课程资源，课本的使用需要遵循以下基本原则：第一，目的明确。使用课本的目的是实现培养目标，不仅仅是传递课本知识。第二，基础牢固。课本里大多为基础知识，使用课本要突出基础知识和基本技能。第三，知情统一。课本的使用，不仅要传授书面知识，还必须使学生体验到与这些知识相关的情感。第四，高屋建瓴。使用课本，要把课本放到它所在的主要学科领域或问题领域，使课本成为引导学生学会研究现实世界问题的实践园地。第五，批判创新。使用课本，要反对盲从书本，因而要始终保持对课本的批判态度，对课本内容要经常性地运用逆向思维进行求证或深入批判。

**请君一试**

2012 年单项选择题：小学数学课程中“统计与概率”这一部分的知识按照由浅入深、由易到难，以关键概念和基本原理为主并出现逐步扩展。这一教材编写方式属于（　　）

A. 螺旋式　　　　B. 单一型

C. 活动型　　　　D. 直线式

答案：A

第三章

# 学生成长

学生是课程与教学系统中的四个要素之一，是课程与教学活动的主体。对于课程与教学来说，学生成长既是基本依据又是重要价值，课程与教学的最终目的是促进学生健康成长。

## 第一节　现代学生观

**案例 3-1**　　**陶行知六大解放思想①**

“六大解放”：一是解放学生的头脑，就是要鼓励学生敢想、善想，敢于动脑、善于动脑；二是解放学生的双手，就是要鼓励学生敢干、善干，敢于动手、善于动手；三是解放学生的眼睛，就是鼓励学生敢于观察、善于观察，胸怀祖国、放眼世界；四是解放学生的嘴巴，就是鼓励学生敢说、善说，敢于提问、善于提问；五是解放学生的空间，就是要扩大学生的活动领域，不把他们局限在狭小的课堂里，也不局限在学校中；六是解放学生的时间，就是要保证学生有时间去独立学习、活动和创造，不要把课程排得满满的，也不要让课外作业多得做不完。

[评析]

陶行知先生认为，培养学生的创造性，必须在教育中贯彻六大解放思想。从现代科学的角度来说，六大解放思想能够培养学生的创造性是有理论依据的。神经科学认为，发散思维可以塑造大脑神经元，从而形成新异联结，让学生敢想、会想、敢于表达，避免用标准答案来禁锢学生的思维，强调思维过程并非思维结果，有利于创造性的发展，因而非常有必要解放学生的头脑和嘴巴。从认知心理的角度来说，情境性的行动和身体运动对人的心理和行为有着重要影响，因而需要解放学生的双手，让学生敢于动手、善于动手，从做中学，从活动中学，以这样的方式获取的知识才具有更强的迁移性。大量研究发现，开放

① 胡晓风. 陶行知教育文集. 成都：四川教育出版社，2005：744.

性是创造力培养中关键要素之一。因而，解放学生的眼睛，不仅仅是在教育中需要培养学生的观察力、鉴别力和预见力，还包括提供机会扩大学生的眼界，使学生能够体验到社会的丰富性和多样性，能够了解差异、尊重差异或欣赏差异，从而提高学生的开放性人格特征水平。从环境对人的发展影响角度来说，体验丰富的环境和自主控制的时间是培养创造性的必要条件，因而需要解放学生的空间和时间。然而，反思当前中小学教育，到目前为止，我们仍然需要从上述六个方面去解放我们的学生。一直以来，我们的教育是粗糙的，不管是物理空间环境、精神环境、教育内容，还是教育方法和理念。中小学教师需要在日常教学中，以六大解放思想为指导设计教学活动。

现代学生观是一种价值观，涉及教育者如何看待学生、学习和学习过程。教育工作者需要从科学心理学视角来了解学生的生理和心理发展，从学习心理学视角来理解学习本质和学习过程，从而树立现代的学生观。综合来说，现代学生观是教师在成长过程中，受教育经验、环境等因素影响所形成的关于学生、学习和学习过程的价值观，能够深刻地影响整个教育教学过程。

## 一、学生发展指导

### （一）学生身心发展概述

1. 身心发展的概念

个体的身心发展是指个体从受精卵开始到死亡，在遗传和环境的交互作用下，其生理和心理持续变化的过程。这种变化过程既包括增加或增长，亦包括减少或消失，是动态变化的过程。

生理发展概括来说包括：（1）身体外形的变化，如身高、体重、皮肤等的变化；（2）生理机制的变化，如心脏压缩能力、肺活量、肌肉力量等的变化；（3）神经系统的变化，如脑容量、神经元髓鞘化等的变化；（4）性器官和第二性特征的变化，如性激素、性器官、性机能等的变化。

心理发展概括来说包括：（1）认知发展，如感知觉能力、注意能力、记忆、想象、语言、智力等；（2）情绪发展，包括情绪识别能力、情绪控制能力等；（3）个性发展或者人格发展，如人格变化等；（4）社会性发展，如社交能力发展等。

2. 身心发展的一般规律

（1）人的身心发展存在关键期。

关键期假设概念源于生理学家洛伦茨（Lorenz，K.）对动物的研究，他在1937年发表的《鸟类的感情世界》论文中首次提出了印刻这个名词，用于解释动物的社会性行为。印刻式学习，通常在出生后极其短的时间内完成，学习后便永久保存，不易消失。洛伦茨发现刚孵出的小鸭，对初次见到的活动对象，便会与之亲近，将其当成妈妈。随后，一些学者也在其他动物，如狗、鸡等动物中发现类似的印刻现象。

人类是否出现关键期，学者们均在研究。有学者研究了先天性白内障患者，结果发现尽管这些先天性白内障患者在出生6个月内做了复明手术，但是这些复明的先天性白内障患者到成年后其视觉识别能力仍显著低于正常被试。再如依恋社会行为，在西方，孩子出生清洗后，放在妈妈胸前这一段时间被称为黄金时间，有学者认为这样有助于母亲与孩子建立安全型依恋关系。

目前有确切证据支持语言学习存在关键期。研究表明，语言习得关键期一般是指从出生到青春期前这段时间，其中1岁至5岁较为关键。在关键期内，通过接触自然的语言环境以及与语言环境的相互作用，儿童就自然学会语言[①]。第二语言学习亦存在关键期。芒罗（Munro）研究移居加拿大的意大利人的英语发音，结果发现，在学前阶段开始学习第二语言才更有可能没有国外口音，从8岁开始学习第二语言就很难达到没有国外口音的水平。

然而，亦有研究从神经的可塑性角度反对关键期概念，人们更多地用学习的敏感期来代替关键期概念。敏感期是指个体对所处环境中特定类别的刺激具有更强的易感性。

（2）人的身心发展具有顺序性。

人的身心在持续发展过程中具有一定的顺序性，个体从出生到成人，其身心发展是从初级到高级、由量变到质变连续不断的发展过程。从生理发展的角度来说，遵循四个原则：1）头尾原则，即从头部和身体上半部开始，然后延伸至身体的其他部分；2）远近原则，即从身体中央部位开始再延伸到外周部位；3）等级整合原则，即简单技能一般是各自独立发展，但是这些简单的技能将被整合形成更加复杂的技能；4）系统独立性原则，指不同的身体系统有着不同的发展速率，如神经系统最先发展。

从思维发展的角度来说，先是通过动作来感知外部世界，然后到具体形象思维，再从具体形象思维逐渐过渡到抽象逻辑思维。记忆是先以无意识记为主，再发展到以有意识记为主。注意也是先以不随意注意为主发展到以随意注意为主。

人的身心发展顺序性决定了中小学开展教育教学活动必须根据身心发展顺序性这一特点进行。比如，幼儿期个体主要是以直观形象思维为主，因而，幼儿园的教学应以活动为主，避免过多地采用非自然的学习方式。

然而，强调身心发展的顺序性，并不意味着否认生命发展的非连续性。博尔诺夫（Bollnow，O. F.）认为，在人的生活中总会有一些突然出现的、非连续性事件，无论如何不能纯粹地把这些事件视为外来干扰，相反，这些事件具有重要的作用。如果人们深入研究这些事件的各个方面，它们对人的一生具有决定性意义[②]。对于每个具体的个体来说，其生活环境是复杂的，个体发展中的偶发性事件对其个人发展产生的影响是真实存在的。在强调个别化教育时，需要中小学教师重视和正确处理每个个体发展中的偶发性因素。个体发展中的偶发性、非连续性事件包括“威胁生命的重大危机”、“突发地对新的更高级生活的向往”、“使人摆脱无所事事状态的号召和告诫”以及“对今后生活起决定作用的遭遇”[③]。这些看似无序、偶然发生的生活境遇，实际上可能预示着生命成长的关键性转折点[④]。

（3）人的身心发展具有阶段性。

人的身心发展是一个持续不断的过程，在一定的年龄阶段，个体的生理与心理都会表现出某些具有共性的、典型的、本质的特征，称为年龄特征。不同年龄阶段表现出一些典型的差异——年龄特征构成了教育工作的基本依据之一。换言之，儿童发展的阶段性决定

---

① 陈宝国，彭聃龄. 语言习得的关键期及其对教育的启示. 心理发展与教育，2001（1）.

② 博尔诺夫. 教育人类学. 上海：华东师范大学出版社，1999：56.

③ 冯建军. 生命发展的非连续性及其教育：兼论博尔诺夫的非连续性教育思想. 比较教育研究，2004（11）.

④ 冯跃，刘谦. 非连续性教育的人类学评析. 教育研究，2014，35（1）.

了教育工作的针对性，对不同年龄阶段的儿童应采取不同的方法。

关于如何划分年龄阶段，目前尚无定论，一般根据生理年龄，结合心理发展特点来划分。通常划分为婴儿期（一岁至三岁）、幼儿期（三岁至六岁）、儿童期（六岁至十一二岁）、少年期（十一二岁至十四五岁）、青年初期（十四五岁至十七八岁）、成年初期、成年中期和成年晚期。

也有些心理学家按其各自研究内容的侧重点来表述年龄阶段的基本特征。比如，瑞士心理学家皮亚杰（Piaget，J.）注重智力和认知结构的变化，他按照儿童智慧发展阶段将儿童的发展分成四个主要阶段，每一个阶段代表着一种完全不同的理解世界的方式。

1）感知运动阶段（零岁至一岁半、二岁）。主要是动作、活动，并有协调感觉、知觉和动作的活动。

2）前运算阶段（一岁半、二岁至六七岁）。出现了语言、符号，具有表象思维的能力，但缺乏可逆性。

3）具体运算阶段（六七岁至十一二岁）。出现了逻辑思维和零散的可逆性，但一般还只能对具体事物或形象进行运算。

4）形式运算阶段（十一二岁至十四五岁）。能在头脑中把形式和内容分开，进行抽象的逻辑思维和命题运算。

（4）人的身心发展具有非均衡性。

个体发展具有非等速、非直线的特性。在生理发展方面，在不同年龄阶段生长的速度不均衡。比如，身高、体重的增长会呈现两个发育高峰，第一个出现在出生后至一周岁，第二个出现在青春期，在这两个生长高峰期，个体的身高、体重增长速度与其他年龄阶段相比更为迅速。不仅在生理上如此，在各个心理机能上，其发展速度亦是非均衡性的，如人的记忆广度。

（5）人的身心发展还具有个别差异性。

从人的共性角度来说，正常儿童的发展都经历共同的发展阶段，然而，每个个体的遗传、社会生活环境和受教育程度均存在差异，因而个体发展的速度、水平以及优势领域均呈现出独特性的一面。个体差异性有多种层次。首先，从群体的角度看，表现为男女性别的差异。麦科比和杰克林（Eleanor Maccoby& Carol Jacklin）总结了 1 500 项关于男性与女性性别差异的比较研究。总体来说，女性在言语能力上强于男性，而男性在视觉空间能力上强于女性，男性身体攻击性水平高于女性。然而，这些差异只是统计学上的差异，具体到每个个体，其差异又是各不相同。其次，从个体的角度来看，不同儿童的同一方面发展的速度和水平各不相同，比如有些个体某一方面才能表现较早，有些个体则表现很晚。由于遗传和成长环境的不同，儿童各自擅长的领域各不相同。比如，有的儿童数学能力强，但身体运动能力差，另一些儿童则在各个方面能力表现均为优秀。然而，儿童的擅长领域不容易被发现，作为中小学教师最安全的教育策略就是对学生在任何领域取得的进步都给予赞赏与鼓励，不应该因为学生在自己所教学科的学业成绩上表现差就否定学生的一切，相反，应该利用学生其他领域的闪光点来引导学生学习自己所教学科。最后，每个个体都有自己的个性，比如每个个体的人格特征都有独特性的一面。作为中小学教师，需要容忍差异、尊重差异，尽最大可能做到因材施教。

3. 影响身心发展的因素及作用

**名言欣赏**

学生是有血有肉的人，教育目的是激发和引导他们的自我发展之路。

——怀特海

先天与后天之争是关于人类发展的最早争议之一。先天论认为某些概念是与生俱来的，比如上帝、几何原理等。17世纪的笛卡儿（Descartes，R.）是先天论的坚定支持者。后天论认为人的知识获得需要通过经验以及与外在世界的交互作用。后天论的坚定支持者有17世纪英国哲学家洛克（Locke，J.），他提出的“白板说”认为，人生下来是一块白板，借着在世的经验写下了所有的知识和理解。

近年来，先天与后天之争不再是非此即彼，而是转向先天与后天如何交互作用共同影响人的发展。

（1）先天遗传。

遗传是指遗传信息从亲代传递到子代的过程，表现为亲子间的相似性，包括生理解剖上的特点和心理机能上的特点。现代生物科学研究已经发现了“遗传信息”的存在，生命主要以DNA作为遗传物质。譬如肥胖，研究表明同卵双生子之间的BMI相关性为0.74，异卵双生子之间BMI相关性为0.32，这与预期的体重遗传率在50%～90%之间相吻合①。再如我们的身高，目前研究表明约80%的身高与遗传因素相关，其余20%左右则受环境因素影响②，并且遗传与环境的影响机制不一样。约翰斯顿（Johnston）等人在1971年研究发现，在青春期前，身高生长受环境影响较大，在青春期后则受遗传影响较大。再如，腋臭或狐臭，主要与大汗腺的分泌活动有关，是人类进化不完全的产物，不同种族存在进化过程的不同，大汗腺的发达程度在不同种族也具有差异。腋臭在我国人群中发生率约为4%～8%③。大多数腋臭患者具有家族史，表现出显著的遗传特征。了解遗传学知识，有助于中小学教师树立每个个体是独特的思想，从而采用个别化教学方案或因材施教。

遗传对人的身心发展具有以下作用：1）遗传素质为个体的发展提供了可能性；2）遗传素质的成熟机制直接决定着身心发展所处的发展水平和发展阶段；3）遗传素质的差异亦是个体差异性的最重要因素之一。

（2）后天环境。

环境泛指个体生活在其中，影响其身心发展的一切外在因素。后天的环境类别有很多（详见“第五章　环境开发”）。环境为个体提供了多种可能性，包括机遇和条件。环境对个体身心发展存在积极影响和消极影响。

环境对人身心的影响可以从大脑神经元的可塑性来解释，亦是教育存在价值的理论基础。如果没有神经元的可塑性，就没有必要存在教育这一活动，从某种意义上来说，一切的教育都是改变人脑。神经元的可塑性体现了学校教育、家庭环境和社会环境的教育价值。

---

① 张崇本，吴鹤. 人类单基因肥胖的遗传学基础. 遗传学报，2004（8）.

② 蒋旭，史冬泉，蒋青. 人身高差异的分子遗传学研究进展. 医学综述，2011，17（16）.

③ 朱喆辰，章宏伟. 腋臭发病机制及相关影响因素研究进展. 医学研究生学报，2014，27（8）.

从脑科学的角度来说，神经元连接表现出极大的可塑性，教育和训练能够改变大脑神经元的连接。譬如，罗森茨威格（Rosenzweig，F.）的老鼠实验。罗森茨威格实施了一系列实验来探索丰富环境对脑发育和认知功能影响。其中一个实验，他们专门选了一批遗传素质基本一致的老鼠（一窝的老鼠），随机分成三组。第一组，每 3 只老鼠被关在一个铁笼子里一起喂养，空间足够大，总有适量的水和食物，此为“标准环境”。第二组，老鼠被单个隔离起来，身处在三面不透明的笼子里，光线昏暗，几乎没有刺激，此为“贫乏环境”。第三组，十几只老鼠一起被关在一个大而宽敞、光线充足、设备齐全的笼子里，内有秋千、滑梯、木梯、小桥及各种“玩具”，此为“丰富环境”。这三组老鼠分别在各自的环境生活几个月后，罗森茨威格发现，处于“丰富环境”中的老鼠最“贪玩”，处于“贫乏环境”中的老鼠最“老实”。之后，将这些老鼠的大脑摘出解剖，进行分析，结果发现第三组老鼠在大脑皮层厚度、脑皮层蛋白质含量、脑皮层与大脑的比重、脑细胞的大小、神经纤维、神经胶质细胞的数量等方面，都存在着明显的差异。“丰富环境”组的老鼠优势最为显著，而“贫乏环境”组的老鼠最差，“丰富环境”组的老鼠比“贫乏环境”组的老鼠神经突触多 50%①。

运动员是“四肢发达，头脑简单”吗？来源于国内的脑成像研究表明，运动员不仅四肢发达，即训练不仅仅强壮了肌肉，也改变了运动员的大脑结构，其头脑亦不简单。与普通人相比，12 名优秀跳水运动员在双侧丘脑和左侧运动前区（BA6）上的灰质密度显著高一些②。

从总体上看，环境对个体身心发展的影响有：1）环境使遗传提供的发展潜在可能性转变为现实性；2）环境对人的身心发展的方向、水平、速度和个别差异性均能够产生重要影响；3）个体在接受环境影响时，并非是消极地或被动地接受。

### （二）学生学习发展

1. 学习规律与个体差异

（1）学习规律。

学习规律即学习过程中所反映出的各事件之间内在的必然联系。学习的本质属性是经由练习而形成的行为或行为潜能比较持久的变化。在教育心理学研究中，各个心理学派均提出了自己关于对学习规律的认识。

美国心理学家桑戴克（Thorndike，E. L.）认为，人和动物的学习可以定义为刺激与反应之间的联结，这种联结的形成是通过“盲目尝试—逐步减少错误—再减少错误—再尝试”这样反复的过程而习得的，并提出学习的三大定律。1）效果律，在试误学习过程中，如果其他条件相等，当学习者对刺激情境做出特定的反应之后，能够获得满意结果时，其联结就会增强；相反，在某一情境中无法得到满意结果，其联结就会削弱。2）练习律，在试误学习过程中，任何刺激与反应的联结，经练习和运用后，其共同联结的强度就会增加；如果不练习，则其共同联结的强度就会减弱。3）准备律，在试误学习过程中，刺激与反应之间的联结，如果事前有准备状态时，即学习开始的预备状态，实现则感到满意，强调需求、兴趣和动机是使人或动物做出某种行为的根源。

---

① 道伊奇．大脑可以改变．长春：吉林出版集团有限责任公司，2009：33.

② 魏高峡，罗劲，李佑发．基于体素的优秀跳水运动员大脑结构性特征研究．自然科学进展，2009，19（7）.

巴甫洛夫是俄国的生理学家和心理学家。1904 年，由于他对消化的生理学研究而获得诺贝尔奖。到五十岁时，他开始研究条件反射，提出了经典条件反射学习理论。巴甫洛夫认为，学习是大脑皮层暂时神经联系的形成、巩固与恢复的过程，是指一个刺激和另一个带有奖赏或惩罚的无条件刺激多次联结，可使个体学会在单独呈现该刺激时，也能引发类似无条件反应的条件反应。

**巴甫洛夫给科学家的信**

巴甫洛夫从未动摇其科学见解，在 1936 年 87 岁时，他给本国年轻的科学家写了下面一封信：

“我对于我国献身科学的青年们的希望是：

“第一，要循序渐进。我重复一遍，要循序渐进。你们要在积累知识方面养成严格循序渐进的习惯。……你们要学会干科学中的粗活。鸟的翅膀无论怎样完善，但若不借空气支持，是不能使鸟体上升的。事实就是科学家的空气。没有事实，你们永远也飞腾不起来。

“第二，要谦虚。你们在任何时候也不要以为自己什么都知道。不管别人怎样器重你们，你们总要有勇气对自己说：‘我是无知的。’决不要陷于骄傲。

“第三，要有热情。你们要记住：科学需要一个人贡献出毕生的精力，假定你们每个人有两次生命，这对你们来说还是不够的。科学要求每个人付出巨大的努力和充满伟大的热情。希望你们热情地工作，热情地探求真理。”

资料来源：赫根汉，奥尔森．学习理论导论：第 7 版．上海：上海教育出版社，2011：140.

美国心理学家斯金纳（Skinner，B. F.）提出了操作性条件反射学习理论。如果一个操作或行为发生后，接着给予一个强化刺激，那么此操作或此行为出现的强度就增加；如果在一个已经通过条件化而增强的操作性活动发生之后，没有强化刺激物出现，它的力量就削弱。斯金纳认为，凡能增强反应概率的刺激都可视为强化物。强化有正强化与负强化之分，呈现刺激以增强反应概率称为正强化；而中止不愉快的条件刺激来增强反应概率，称为负强化。

美国心理学家班杜拉（Bandura，A.）提出社会学习理论，认为个体、环境和行为三者都是通过相互决定的因素而起作用的，彼此之间的影响都是相互的。班杜拉认为，人的学习主要是观察学习，指通过对他人及其强化性结果的观察。因而，他将强化分成三种形式：直接强化、替代强化和自我强化。

美国心理学家加涅（Gagne，R. M.）认为，信息加工学习理论代表了人类学习研究方面的重要进步。学习是什么？在加涅看来，学习是指人的心理倾向和能力的变化，这种变化要能持续一段时间，而且不能把这种变化简单地归结于生长过程。学习是如何引起的？我们可以抽取哪些与学习有关的要素？加涅区分出学习活动的四个构成要素：第一，学习者，人作为学习者有接受刺激的感觉器官，经过感受器将刺激登记并在工作记忆中进行加工，与长时记忆发生联系；第二，环境，刺激学习者感官的事件统称刺激环境；第三，已有的学习结果；第四，反应，由于这些输入及其后继的转变所产生的动作称为反应。引起学习的条件有两类：一类是内部条件，即学生在开始学习任务时已有的知识和能力；另一类是外部条件，即学习的环境。它涉及怎样安排教学内容，怎样传递给学生，怎样给予反馈以使学生达到理想的教育目标。加涅认为，学习是由一系列事件构成的，每一个学习动作可以分解成八个阶段，分别是动机阶段、领会阶段、习得阶段、保持阶段、回忆阶段、概括阶段、作业阶段和反馈阶段。

苛勒提出了学习的顿悟说。苛勒对黑猩猩的问题解决行为进行了一系列的实验研究，认为学习是一种构建整体的过程（完形），学习过程中问题的解决，是通过对情境中事物关系的理解而构成一种整体认识来实现的。学习是个体利用自身的智慧与理解力对情境及情境与自身关系的顿悟，而不是动作的累积或盲目的尝试。顿悟虽然常常出现在若干尝试与错误的学习之后，但不是桑戴克所说的那种盲目的、胡乱的冲撞，而是在做出外显反应之前，在头脑中要进行一系列类似于"验证假说"的思索。

美国心理学家和教育家布鲁纳（Bruner，J. S.）倡导发现学习，强调学科结构在学生认知结构形成中的重要作用。布鲁纳认为，学习的实质就是主动地形成认知结构，学习包括获得、转化和评价三个过程。教学的目标在于理解学科的基本结构。

美国心理学家奥苏伯尔（Ausubel，D. P.）关注学校学习。他根据学习的进行方式，将学习分为接受学习与发现学习；又根据学习材料与学习者原有知识结构的关系，把学习分为机械学习与意义学习，并认为学生的学习主要是有意义的接受学习。有意义的接受学习的实质就是把符号代表的新知识与学习者认知结构中已有的适当观念联系起来，建立实质性的、非人为的联系。（详见本书"第十二章　学习方式"。）

建构主义学习理论，其思想来源于认知加工学说，以及维果茨基（苏联心理学家）、皮亚杰和布鲁纳等人的思想，派别林立，观点多样。建构主义知识观认为，世界是客观存在的，知识本身是动态发展的，但是对于世界的理解和赋予世界的意义是由每个个体自己决定的。每个个体是以自己的经验为基础来建构现实，或者至少说是在解释现实。每个个体的经验世界是用他们自己的头脑创建的，由于每个个体的经验以及对经验的信念不同，他们对外部世界的理解也丰富多彩。所以，学习不是由教师把知识简单地传递给学生，而是由学生自己建构知识的过程。学生不是简单被动地接收信息，而是主动地建构知识的意义，这种建构无法由他人来代替。此外，知识不可能以实体的形式存在于具体个体之外。知识的高度主观性和情境性决定了学习是终生的活动。

（2）个体差异。

由于影响人发展的多因素性和复杂性，学生的发展都有其各自的特点和独特的历程，从而显现出个体差异。学生的个体差异是客观存在的。教师需要在承认差异存在、尊重学习个体差异的前提下，超越个体差异。学生的个体差异主要表现在以下三个方面：

1）认知风格差异。

认知风格差异，又称认知方式差异，是指个体在成长过程中，由于遗传和环境的影响，在感知觉、思维、记忆和问题解决等认知活动中所表现出来的习惯化模式。认知风格差异类别有很多，目前主要的类别有场独立型和场依存型、沉思型和冲动型、整体型和分析型等①。

场独立型和场依存型源于美国心理学家威特金（Witkin，H. A.）的研究，他认为有

① 贺雯. 认知方式研究的进展. 心理科学，2001 (5).

些人知觉时较多地受他所看到环境信息的影响，然而，有些人则较多地受身体内部线索的影响。当个体较多依赖自己内部的参照，不易受外来因素影响和干扰，独立对事物做出判断时称为场独立性。当个体较多地依赖自己所处的周围环境的外在参照，在环境的刺激交互中定义知识和信息时称作场依存性。

沉思型和冲动型起源于心理学家卡根的研究。这两种类型的差异主要表现在个体在不确定的条件下做出决定时的速度上。冲动型的特点是反应快，但精确性差。沉思型的特点是反应慢，但精确性高。

整体型和分析型思维风格：整体型的个体喜欢总体地看待事物，并对事物进行概括。分析型个体在处理事物时倾向于关注细节。

2）智力差异。

智力差异表现在三个方面。其一，每个个体智力结构（或称擅长的智力类别）有差异，如美国心理学家加德纳（Gardner，H.）提出的多元智力理论；其二，智力表现的早晚有差异，有些个体表现出早慧，也有些个体表现出大器晚成；其三，智力在个体水平上有差异。为了对人的聪明程度做定量分析，心理学家创造了许多测量工具，这些测量智力的工具被称作智力量表。

大量研究表明，人的智力水平呈正态分布，智力水平属于中等的人占多数。一般智力测验，IQ 得分在 140 或以上被认为是天才，低于 70 被认为有智力障碍。

**小知识：加德纳的多元智力理论**

加德纳提出多元智力理论，认为存在着多种不同的心智加工方式。他认为，人存在多种不同的智力，而我们常常（至少在一个技术社会是如此）只是重视语言要素和逻辑要素。他概述了八种不同形式的智力：（1）语言智力，这种能力反映在对语言和读写形式的有效运用中。（2）逻辑-数理智力，这种智力主要体现了出色地使用数字及运算公式的能力。（3）空间智力，这种类型的思维是处理和重构一个实验性的、非语言性的世界，使之达到一个高水平。一个视觉-空间型思维者可以成功地解决或者重构视觉世界的问题。（4）身体-动作智力，这是一种使用全身来表达意义的能力，也可以通过熟练的操纵物体或者灵活的身体动作表现出来。（5）音乐智力，拥有这种能力的人对于一部音乐作品的音高、旋律、节奏和音色非常敏感。（6）人际交往智力，这种类型的思维方式在那些擅长和人打交道的人身上展现无余。有着这种能力的个体可以理解别人并与之产生良好的互动。（7）内省智力，拥有这种能力的人有着强烈的关于自我的知识和自我知觉，他们借此可以有效地规划和指引自己的生活，他们知道自己的强项和弱项、自己的兴趣和动机。（8）自然智力，这是指分辨植物和动物王国各种生物特征的能力，也包括对自然界其他物体（比如，星星、云的形状，蔬菜的类型）的敏锐感知力。

资料来源：奥恩斯坦．当代美国课堂教学．南京：江苏教育出版社，2009：142.

3）人格差异。

人格是指具有一定倾向性的心理特征的总和，是个体内在身心系统的动力组织，它表现为个体适应环境时在能力、气质、性格、需要、动机、信念、价值观和体质等方面的整合，是具有动力一致性和连续性的自我，是个体在社会化过程中形成的具有个人特色的身心组织。人格可以根据不同的分类方式划分为不同的类别，如根据人格结构来描述个体的人格，外倾性（extraversion）、宜人性（agreeableness）、尽责性（conscientiousness）、神经质（neuroticism）和开放性（openness to experience）。也有从类型的角度来描述个体的人格，如斯普兰格将人格中的性格划分为理论型、经济型、审美型、社会型、权力型和宗教型六种类型。

2. 学习兴趣的培养

**案例 3-2** **显微镜里有什么?①**

在生物课上，小红第一次看到显微镜，第一次学会如何使用显微镜和制作装片，第一次从显微镜中看到物像，显得无比兴奋，兴趣十足。然而小红不认真做规定的实验，却在下面悄悄地干自己的事情：把手指放在显微镜下，看手上的指纹是怎样的，手上到底有没有细菌；拔下一根自己的头发做成装片，想知道头发有怎样的结构；甚至不惜把自己的手指戳破挤出血来，想看看血的结构。这时，老师看到小红的行为，刚开始对她开小差的行为很生气，但是后来还是尊重她的选择，对其加以引导，即转而引导学生观察手上的细菌有哪些、头发的结构是什么等，充分发挥学生的创造力和探索欲望，培养学生学习的兴趣。

［评析］

这个案例描述了学生初次使用显微镜的行为过程和老师的变化。对于学习来说，兴趣是最好的老师，然而，究竟如何激发学习兴趣，莫衷一是。有时候，教育者做事目的性过强，太过急躁，容易误伤学生的学习兴趣。显微镜对于小红来说是一个新颖刺激的事物，过去可能在图书上或视频上了解过显微镜，知道显微镜可以拓展我们的肉眼，观察到更为微观的世界。然而，现在小红最想知道的是以前书中描述的指纹是什么样、细菌是什么样、头发是什么样、血液里有什么等，而老师课上要观察的内容却不是当前最先想知道的知识。所以，小红在课堂上的行为偏离了老师的教学目标。这时，如果老师过于急躁，就容易误伤小红的学习兴趣。兴趣起源于自己的好奇，作为老师要善于保护好学生的好奇心，从好奇心处耐心、细致地引导，从而激发出求知欲。

学习兴趣是个体渴望探索未知世界、认知某种事物或从事某种活动的一种倾向，表现为个体对某种事物、活动的选择性态度与积极的情绪反应，是影响学业成绩的重要组成部分。学习兴趣能显著提高智力活动的效率，激发起学生求知欲，提高学生的学习热情，为其实现终身学习和可持续性发展提供不竭的动力。

然而，学习兴趣并非天生的，而是依赖于后天的引导与培养。兴趣的形成与家庭教育、教师的教学、周围的环境以及学生的自我意识均有联系。例如，斯卡尔（Scarr）等人研究发现，儿童与其亲生父亲的兴趣问卷得分存在显著的相关性，表明家庭教育对兴趣的影响。

学习兴趣的培养要注重以下几个方面：（1）引导学生逐渐树立正确的学习动机。研究表明，兴趣来自动机，人的各项活动都是在动机的驱使下进行的。动机可分为内在动机和

① 陈琦，刘儒德．当代教育心理学．北京：北京师范大学出版社，2007：235-236．

外在诱因，应该合理地使用外在诱因，重点激发学生的内在动机。(2) 成功的体验。教育过程的本质就是帮助学生成功。学生在学习上获得成功，体验“自我效能感”，形成积极的情绪体验，有助于产生进一步的学习动机。教师布置的学习任务，让学生能够感受到“跳一跳就够得着”的感觉，从而帮助他们取得进步。(3) 改进教学方式，变被动式学习方式为主动式学习方式，充分利用小组作业、课堂讨论、同侪互助式等方式学习。并且教师要积极将所学知识与实际生活联系起来。(4) 提供支架式帮助。教师需要了解学生已知哪些概念，再将概念框架作为学生学习过程中的“脚手架”。教学的本质就是用已知来教未知，教师需要先了解学生已知什么。

3. 良好学习习惯的养成

学习习惯是指学习者在学习过程中逐渐形成的一种比较稳定的学习行为模式。叶圣陶先生说：“什么是教育，简单一句话，就是要培养良好的学习习惯。”良好的学习习惯不仅有利于激发学生学习的积极性和主动性，形成学习策略，还有助于培养学生的自主学习能力和创新精神与创造能力。可见，良好的学习习惯是学生成功的保障。

良好的学习习惯主要表现为：自觉、主动学习的习惯，及时完成学习任务的习惯，预习的习惯，上课认真、专注于学习的习惯，上课记笔记的习惯，善于独立思考、敢于质疑多问的习惯，及时完成作业、认真检查的习惯等。

### （三）学生品德发展

1. 品德的实质

品德即道德品质，指个体依据一定的社会准则和行为规范，其行为所表现出比较稳定的心理特征和心理倾向。品德是在一定社会道德的基础上形成和发展起来的，是支配、调节个体道德行为的个体意识。

2. 品德的心理结构

品德的心理结构是指个体在外界环境的影响下产生道德行为的中介过程所涉及的心理成分相互关联和制约。其主要理论有社会学习理论中的观察学习模式、社会作用理论的干预模式、规范激活理论的利他行为模式和动机圈理论。章志光教授认为，品德的心理结构主要由生成结构、执行结构和定型结构三个维度组成①。然而，传统的教科书一般描述为三个内容，即道德认识、道德情感和道德行为。也有些教科书中将品德的心理结构描述为四个内容，即道德认识、道德情感、道德意志和道德行为。

道德认识是指人们对社会道德规范及其意义的理解，以及在此基础上形成的道德观念和评价能力，它是个体品德的核心部分。道德情感是指伴随认识出现的人们对自己和他人进行道德评价时所产生的爱憎、好恶的态度和内心体验。这种情感既反映了人们的道德需要，又表现出人们对客观现实是否符合自己的道德需要而产生的一种态度体验。一般来说，如果现实生活中的各种事件、自己或别人的行为符合自己的道德认识或自己所维护的道德观念时，人们就会产生积极的情绪体验；相反，人们就会产生消极的情绪体验。例如，我们对损人利己的人产生厌恶的情感。道德行为是指个体遵照道德规范所采取的言论和行动，它是品德的外显成分，是实现道德动机、达到道德目的的手段。道德行为是衡量一个人品德的重要标志。

---

① 章志光．试论品德的心理结构．北京师范大学学报，1990 (1)．

3. 道德发展阶段理论

目前，在道德发展心理学领域有两大主要道德发展阶段理论：一是皮亚杰提出的道德发展阶段理论，另一个是美国心理学家科尔伯格（Kohlberg，L.）提出的道德发展阶段理论。

（1）皮亚杰的道德发展四阶段理论。

皮亚杰通过观察儿童的活动，用编造的道德对偶故事与儿童交谈，探索儿童的道德发展。最典型的道德对偶故事指提出有关道德方面的难题，然后向儿童提问。利用这种难题，评估儿童是依据对物品的损坏程度或数量还是依据主人公的行为动机做出道德判断。比如，有一个小女孩叫玛丽，她想让母亲高兴，于是便替母亲裁布。但是，因为她还不会很好地使用剪子，结果将她自己的衣服剪了一个大洞。一个叫玛格丽特的小女孩在她母亲外出时拿剪子玩，因为她不会很好地使用剪子，结果将自己的衣服剪了一个小洞。皮亚杰针对对偶故事提了两个问题：1）这两个孩子的过失是否相同？2）这两个孩子中，哪一个更坏一些？为什么？根据儿童的回答内容，皮亚杰概括出儿童道德认识发展的规律是从他律向自律过渡。

第一阶段：前道德阶段（出生至 5 岁）。在这个阶段，儿童并未认识到一项活动存在某种规则，或即使有些儿童对规则的存在有一定的意识，也并不认为自己必须遵循这些规则。

第二阶段：权威阶段（5～8 岁），也称“他律期”。处于这个年龄段的儿童开始有了规则意识，并且认为制定游戏规则是属于年长者的专利。把人们规定的准则看作固定的、不可变更的，而且只根据行为后果来判断对错，不考虑动机。

第三阶段：自律或合作道德阶段（8～10 岁）。处于这个年龄段的儿童对规则的认识有了重大变化，不再认为规则是固定不变的，而认为规则只是同伴之间经过相互协商而确定的。

第四阶段：公正道德阶段（10 岁以后）。处于这个年龄段的儿童对规则的理解有明显的进步，认为规则兼具变通性与确定性双重特征。不仅考虑自己的利益，还会从他人角度考虑，替他人着想。此时才达到了真正的自律阶段，开始出现利他主义。

（2）科尔伯格的三水平六阶段道德发展理论。

科尔伯格采用道德两难法研究儿童和青少年的道德发展水平。道德两难法是指设计的故事中包含着一个在道德价值上具有矛盾冲突的故事，让被试听完故事后对故事中人物的行为进行评价，并设计了相当完备的评价标准体系，以此来评估被试道德发展的水平。根据儿童和青少年对著名道德两难故事“海因茨偷药”的回答，确定了儿童发展的三个水平，每一个水平包括两个阶段。

水平 1：前习俗水平（0～9 岁）。阶段一以惩罚和服从为定向，阶段二以工具性的相对主义为定向。

水平 2：习俗水平（9～15 岁）。阶段三以人际和谐一致为定向，阶段四以社会秩序和法则为定向。

水平 3：后习俗水平（15 岁以后）。阶段五以社会契约和个人权利为定向，阶段六以普遍的伦理原则为定向。

科尔伯格的道德发展理论对当前的启示有：首先，道德教育的目的不是向人灌输某种既定的道德规范，而是培养人们道德判断的能力①。其次，尊重道德发展阶段理论，利用

① 张倩. 科尔伯格道德认知发展理论与中学生道德教育. 中小学德育，2015（4）.

“最近发展区”理论进行道德教育，用学生“听得懂”的语言开展道德教育。最后，确定学生道德教育的主体地位，从教会顺从转变为教会选择。

## 二、学生健康指导

### （一）卫生保健

1. 锻炼脑力，提高学习效率

学习是学生的主要任务，学生需要将学到的知识贮存到大脑里，等到需要运用知识解决问题时，又能将这些知识再度在大脑里呈现出来，并进行加工、转化，从而创造性地解决问题，这个过程就需要大脑的“记忆中枢”发挥作用。因此，要将学到的知识运用得好，就需要注意劳逸结合，对每天的学习时间和休息时间有合理的安排，让大脑神经元有休息的时间。对于儿童来说，其注意的持续时间较短，比如，一般来说，7 岁大约能够持续注意 20 分钟。因而，在教学中应注意合理安排教学内容，且讲课的方式也需要多样化。

2. 培养良好的睡眠习惯

睡眠是人们正常生活所必需的，人体通过睡眠可以消除疲劳，恢复精神和体力，增强神经元之间的连接。睡眠时要注意以下几点：（1）不要蒙头睡觉，因为头蒙在被窝里，二氧化碳不能充分排出，氧气吸入减少，会影响学生体内的新陈代谢，以致睡醒之后仍昏昏沉沉，影响学习和健康；（2）睡前不饱食，且情绪不要过度兴奋，不躺着看书或吃零食；（3）睡姿最好保持侧身向右，双腿微曲，全身放松；（4）保持睡眠时间充足，中小学生需要保证 8～10 小时的睡眠。

3. 讲究用眼卫生，保护眼睛

眼睛是人体最重要的感觉器官之一，获取信息占 70%以上。每名学生都应该保护好眼睛。而眼睛的卫生保健也是多方面的，如预防红眼睛、沙眼、近视眼、眼外伤，以及预防其他眼睑、巩膜、角膜、泪囊等眼病。对于中小学生来说，要特别重视近视眼和沙眼问题，因为这两种眼病在中小学生中比较容易发生，对身体的影响也较大。

4. 讲究口腔卫生，保护牙齿

人的牙齿是咀嚼食物的工具，同时牙齿还有辅助发育和美观的作用。然而，如果平时不注意牙齿保健，就会出现各种牙病，在青少年中最常见的就是“蛀牙”。蛀牙不仅会引起疼痛、口臭，而且容易引发各种牙齿疾病。所以，建议中小学生：（1）保持口腔清洁，注意刷牙方法；（2）临睡前不吃零食；（3）注意用牙适当；（4）合理的营养；（5）定期去牙科进行检查，必要时对牙齿矫形。

### （二）常见病的预防和治疗

1. 流行性感冒

流感常发生在冬春季节，是一种青少年儿童经常发生的上呼吸道病毒感染疾病，病毒类型多样。可通过打喷嚏、咳嗽、说话时将含有病毒的唾液散布到空气中，或因直接接触病人的毛巾等用具而感染。发病时，可能出现鼻塞、鼻痒、打喷嚏、流鼻涕，咽喉部感到干燥、发痒、疼痛，也可能出现声音嘶哑、咳嗽等。

预防方法：（1）搞好个人卫生和环境卫生，勤洗手，室内要经常开窗通气，养成不随地吐痰的卫生习惯，咳嗽、打喷嚏时，要用手帕遮住嘴和鼻；(2) 均衡饮食、适量运动、充足休息，避免过度疲劳；(3) 在流感高发期，避免去人多拥挤、空气污浊的场所，必须去时戴口罩。

2. 急性支气管炎

急性支气管炎是因病毒、细菌感染，或者是由于吸入刺激性气体、粉尘、冷空气、烟雾等理化因素刺激而引起的支气管炎症。

开始发病时很像感冒，可能出现鼻塞、流鼻涕、打喷嚏、咽痛，以及发热、头痛、全身肌肉酸痛等现象。1～2天后便可出现咳痰，随后逐渐变多，有的痰中带有血丝。

预防方法：(1) 增强身体抵抗力。急性支气管炎的发生与身体的素质、抵抗力均有密切关系，平时积极参加体育锻炼，如坚持冷水洗脸或参加冷水浴锻炼等，加强身体抵御寒冷的能力，以有效预防支气管炎的发生；(2) 搞好环境卫生和个人卫生，气候变化时要注意衣着的及时调换，体育锻炼后要及时将汗水擦干，并穿上衣服，避免身体受寒。

3. 病毒性肝炎

病毒性肝炎（简称肝炎）是由肝炎病毒引起的一种使肝细胞发生变性与坏死的传染病。目前已知能够引起病毒性肝炎的病毒有很多，如甲型肝炎病毒、乙型肝炎病毒和甲乙型肝炎病毒等。引起肝炎的途径有通过消化道传播，或通过输血、污染的针头传播。

肝炎不会立即发病，有一段潜伏期，甲型肝炎要经过2～6周、乙型肝炎要经过1～6个月才出现症状。患了肝炎后，可出现食欲下降、厌吃油腻的食物、恶心、呕吐、腹胀、乏力等症状，肝脏可能疼痛、肿大。有的肝炎病人也可能没有症状，而仅仅在化验肝功能时才发现不正常。

预防方法：(1) 注意卫生、增强体质，应该鼓励青少年参加体育锻炼，增强抵抗力；同时，养成良好的卫生习惯，饭前便后洗手，茶杯、饭碗等不要借用他人的。(2) 药物预防。与肝炎病人有密切接触者，最好在接触以后7天内注射人体免疫球蛋白，这对预防甲型肝炎也有一定的作用。

我国的乙肝病毒感染率为60%～70%，乙型肝炎病毒表面抗原只是一个病毒标志物，无复制能力，不具有传染性，它的存在对人体健康并不构成很大的危害。据调查，当前学生对乙型肝炎患者存在歧视，近50%的学生对乙型肝炎患者持负向态度①。

### （三）意外事故的预防与处理

根据对1 078例0～14岁儿童意外伤害的回顾性分析研究发现，烧烫伤、意外跌落伤和交通事故居意外伤害前三位②。此外，溺水在我国儿童和青少年意外伤害死亡构成比中占40%左右，是儿童和青少年意外伤害中最主要的原因之一③。

1. 溺水

溺水是指大量水液被吸入肺部，引起人体缺氧窒息的危急病症，多发生在夏季的海

---

① 杨颖. 天津市中学生对病毒性乙型肝炎患者态度研究. 社区医学杂志，2013，11 (8).

② 李莉. 1 078例0～14岁儿童意外伤害回顾性分析. 昆明：昆明医学院，2009.

③ 农全兴，杨莉. 儿童溺水流行病学研究进展. 中国公共卫生，2006 (3).

边、江河、湖泊、池塘和游泳场所等处。溺水者主要是气管内吸入大量水分阻碍呼吸，或因喉头强烈痉挛，引起呼吸道关闭，窒息死亡。溺水者表现为意识不清，呼吸、心跳微弱或停止。一般表现为不同程度的低体温、四肢冰冷、寒战、皮肤发绀、面部肿胀、双眼结膜充血、口鼻充满泡沫或杂质。

当发生溺水时，不要盲目下水救人，可以在岸上将绳子、长竿递给溺水者，或将绳索或救生圈抛给溺水者。溺水者被救上岸后，应将其仰卧放于平地上，迅速判断其心跳呼吸情况，必要时将溺水者头部偏向一侧，采用人工呼吸。

预防措施：(1) 教育学生永远不要在非正规游泳场所游泳；(2) 在游泳前要做好适当的准备活动，以防在水里抽筋；(3) 教育学生不要独自在水塘边、河边玩耍。

2. 校园踩踏伤害事故

中小学校园频频发生踩踏事故，踩踏事故主要发生在楼梯、走廊处，即人群较为集中处。发生时间多数集中在上学、放学和课间活动时。一般是由于前面有学生摔倒，后面的学生未留意没有止步所造成的。

预防措施：(1) 开学初，各班主任要在班会课上强调分走楼梯的制度；(2) 经常性地教育学生要文明上下楼梯，做到“三不、二要”，即不拥挤、不打闹、不搞恶作剧，要互相礼让、要安全疏散；(3) 各班要通过多种途径和形式对学生深入开展预防拥挤踩踏事故的专题教育；(4) 各班每学期开学初均需组织主题班会，班主任与学生一起参与讨论如何防止拥挤踩踏事故的发生以及拥挤踩踏事故发生后如何保护自己；(5) 每学期组织两次紧急疏散演练，使学生掌握紧急情况下疏散的路线，适应危机状态下的心理氛围和环境，提高学生应对突发事件的能力。

3. 道路交通伤害事故

交通事故主要发生在学生上学和放学期间。校园内私家车增多，以及各种货车的频繁出入给校园带来了安全隐患。校园交通伤害的形式：(1) 车辆行驶中（包括倒车）车身或所载货物撞击、挤压学生；(2) 过交叉路口时撞车或刮碰；(3) 货物运送时人车混行，稍不慎，车速过快撞伤人；(4) 学生骑自行车追逐打闹、比速度，不留意交通信号灯，导致发生意外。

预防措施：(1) 提醒学生行走时要注意的事情，例如在道路上行走，要走人行道，在没有交通民警指挥的路段，要避让机动车辆，不与机动车辆争道抢行；(2) 学校加强对货车运送货品的管理，货车可以在学生上课时或者放学后才送货过来，避免学生和货车接触，造成不必要的伤害。

4. 烫伤与烧伤

学生烫伤、烧伤是社区常见的家庭意外，是学生碰倒盛有热油的锅、热汤暖水瓶引起的烫伤，或因触摸炉灶、火焰引起的烧伤。

预防措施：(1) 让学生远离危险的火炉、暖热器等物体；(2) 暖水瓶放在学生够不到的地方，热水杯要拧紧；(3) 刚出锅的饭菜等热度极大的食物要远离学生；(4) 家长和教师要对学生进行安全教育，避免学生因好奇而玩弄明火。

### (四) 学生心理健康教育

1. 心理健康标准

关于中小学生心理健康标准，国内外学者从不同的角度确定了一些不同的标准，至今没有形成统一的定论。俞国良教授把心理健康标准概括为四点：（1）能够进行正常学习且在学习中获得智力与能力，并能将习得的智力与能力运用于进一步的学习中。（2）具备处理错综复杂的人际关系的能力。（3）能够做到了解自己、悦纳自己，客观地认识自我；既不自卑，也不盲目自信；常自我反思，并寻求方法改进。（4）具备生活适应和社会适应的能力。

2. 中小学心理健康教育的主要内容

对于中小学心理健康教育来说，其主要内容是普及心理健康知识、树立心理健康意识、了解简单的心理调节方法、认识心理异常现象以及初步掌握心理保健常识。重点是学生要学会学习、人际交往、生活和社会适应等方面的知识和操作。

在心理健康教育内容上，小学阶段低年级和高年级有较大的区别。小学低年级主要包括：帮助学生适应新的环境、新的集体、新的学习生活，感受学习知识的乐趣；让学生乐于与老师、同学交往，在谦让、友善的交往中体验友情。小学高年级主要包括：帮助学生在学习生活中品尝解决困难的快乐，调整学习心态，提高学习兴趣和自信心，正确对待自己的学习成绩，培养积极向上的态度。

中学心理健康教育的主要内容可以概括为两大方面：（1）良好心理品质的塑造，主要包括学习辅导、生活辅导（环境适应教育、人际关系和情绪情感问题的辅导）、择业辅导、人格发展教育；（2）矫治心理障碍，提高心理健康水平，包括心理卫生知识的普及教育、挫折教育、心理障碍防治教育、学习困难的辅导等。

3. 心理健康教育流程

心理健康教育流程包括开放调查、课程开发、教师培训、课程实施和效果评价等阶段。然而，随着个别化教育理念的流行和校本课程的开发，对于中小学心理健康教育来说，从事心理健康教育的教师需要针对本校学生群体特点，开展有针对性的心理健康教育。

4. 学生心理健康教育的途径

首先需要开设以普及心理健康教育知识为主的有关课程，开设专门的心理辅导活动课，在各学科教学中渗透心理辅导的内容，结合班级、少先队活动开展心理辅导，以及开展面向学生的个别心理辅导活动。

## 三、学生学习指导

**案例 3-3** **林丽的学习**[①]

林丽是一个对科学感兴趣的六年级学生。上课铃响的时候，她已经坐到了自己的位置上。她早在前天晚上就预习过所有内容，还温习了昨天的笔记，知道今天要做一个关于电流的实验。她在笔记上标明了日期，并写上“电流/电”，然后翻到有关这些内容的那一章。林丽已经做好了一切准备。当老师开始讲课时，林丽马上就开始记笔记，但是她发现

① 彭小虎，王国锋，朱丹. 儿童发展与教育心理学. 上海：华东师范大学出版社，2014：252.

自己根本跟不上。她意识到自己不可能记下老师所说的每一句话，所以她试着用自己的话把老师的讲课内容简化一下，然后记下来，这样就好多了。但是她很快又发现自己的笔记越记越乱，因为老师开始做实验了，操作越来越多，而说的则越来越少，而且也没有什么结构。她知道，老师是想让大家画一个完整的线路出来，这样林丽就不再记老师说的话了，而是开始按照老师所说的进行制图。效果确实不错，林丽已经能看到自己的笔记做出一个完整的线路图来了。下课的时候，林丽觉得自己在这节课上收获颇丰。下课之后，她又和她的朋友刘小乐一起进行了反思，并检查、对照了她们各自的笔记，发现两个人的笔记都有一部分没有做完整。两个人的笔记结合起来就可以查漏补缺，改正错误。当天晚上，林丽又将自己的笔记和课本做了对照，她很高兴地发现自己画的图和课本上的图几乎一样，只有一个地方不太一样：在她的笔记里面一个连接器标着“正极”，而课本上则标着“负极”。此前她和刘小乐没有发现这个问题，所以她就用一个大大的问号做了标记，以提醒自己第二天问老师。第二天上课前，老师对这个问题向她做了明确的解释。

［评析］

对林丽电流学习过程的描述，很好地展示了运用学习策略来学习知识的过程。当前的研究表明，学业成绩与智商的相关系数是中等程度的相关（$r=0.5$左右），然而，学业成绩与学习策略是高相关（$r$在0.8以上）。《教育：财富蕴藏其中》一书中指出，学会学习不仅是适应继续学习的需要，更是适应人的未来生存的需要。学习需要讲究方法，根据自己的特点选择科学的方法，达到掌握学习内容的目的，从而实现为掌握而教、为掌握而学。

在上述案例中，林丽运用了多种学习策略进行学习，如预习、做笔记、同伴互助、监控、自我调节、学业求助等。学习策略的使用有助于学习者学习效果和学习能力的提高。中小学教师在教学过程中应有意识地教会学生使用各种学习策略，提高学生使用学习策略的意识，从而帮助学生在学习过程中适时地对自己的学习行为进行监控、评估和调整。

### （一）学习策略概述

随着认知学习理论的发展，人们逐渐认识到，一个有效的学习者，自身必须是一个积极的信息加工者，能够管理环境中的各种资源，并且能够使用不同的策略来帮助自己有效地获取信息、加工信息、存贮信息以及在需要时有效地提取信息。按照陈琦等专家的概括和总结，所谓学习策略是指，学习者为了提高学习效果和效率，有目的地制定有关学习过程的复杂方案。

著名的教育心理学家麦基奇等人（Mckeachie，et al.）对学习策略进行了系统总结，认为学习策略包括认知策略、元认知策略和资源管理策略三个部分。

1. 认知策略

认知策略是信息加工的一些方法和技能，掌握认知策略有助于个体存贮或提取信息。认识策略主要包括复述策略、精细加工策略和组织策略。

复述策略包括重复、抄写、做记录、画线、圈点批注等方式。人们经常使用复述策略来辅助记忆。画线是阅读时最常用的一种复述策略。比如，画出一个段落里最重要的句子或画出主旨句，用自己的话转述出画线部分内容等。

精细加工策略是指个体主动将新学习的材料与大脑中已有的知识联系起来，从而达到对新知识的深层加工。进行精细加工时应寻找所学知识之间的内在联系或者将知识与现实生活联系起来，最为重要的是将知识与个体自身经历联系起来。教育是用已知来教未知，用已知来学习未知。

组织策略是指根据知识经验之间的关系，对学习材料进行系统化、有序化的分类、概括，从而形成一定的结构。使用组织策略可以对学习材料进行深入加工，促进对所学知识的理解、识别与提取。较多研究表明，结构有序的内容比结构杂乱无章的材料更容易学习也更容易记忆。组织策略的主要方式有列提纲，使用图形如结构图、流程图，使用表格对材料进行全面综合和分析，进行概括和归纳等。

2. 元认知策略

元认知是个体关于认知过程的知识和调节自己认知过程的能力，简单地说就是对认知的认知。个体掌握元认知策略可以提高认知活动的效率和效益，可以更好地帮助个体做到事先计划、优选方法，从而及时发现问题，使认知活动更具有目的性和灵活性。元认知策略包括计划策略、监控策略、调节策略与评价策略等。

计划策略是指在学习活动之前，确定学习目标，预先制定好学习的各个步骤，预测可能的结果，选择适当的方法，准备好处理各种可能的突发状况等。包括个体自主设置学习目标、安排学习时间、预测学习重点和难点、选择完成任务采用的具体方法和策略等。

监控策略是指个体对自身行为各个方面进行有意识的关注，包括对自身的注意状态、学习时间、学习效果的监控，也包括集中注意、自我记录和自我提问等策略。

调节策略是对认知策略效果的检查，是基于自我监控评估结果而进行的修正和调整，从而保证学习有效顺利地进行。自我调节策略与监控策略紧密地联系在一起。

评价策略是指个体按照一定标准和规范来判断自己的行为。评价的主要内容有学习的速度、数量、效果，自主学习能力的一个重要表现就是自我评价。中小学教师可以设计专门用于学生学习自我评价的核查表。

3. 资源管理策略

资源管理策略是指学生有效地管理和利用学习资源，从而提高个体学习的效率和质量，包括时间管理策略、学习环境管理策略、努力程度管理策略和学业求助策略等。

时间管理策略，包括个体能够合理安排自己的学习时间、高效地利用时间、灵活地利用碎片时间等。管理学中著名的时间“四象限”法，将工作或学习按照重要和紧急两个不同的维度进行了划分，提倡要事优先，如图 3－1 所示。作为中小学教师，需要从小培养学生的时间观念和时间管理能力。

学习环境管理策略：学习环境影响学生学习效率和心境。从人因学的角度进行思考，应创设适宜的学习环境，包括人工环境与自然环境。人工环境，如桌子的颜色、空间布局等。自然环境，如流通的空气、明亮的光线等。

努力程度管理策略：为了使学生在学习上具有较强的抵制诱惑的能力，需要教会学生进行自我激励，包括内在学习动机的激发，树立为掌握而学习的理念，选择适合自己水平又具有一定挑战的任务，并能够对学业的成败做积极而非消极的归因等。

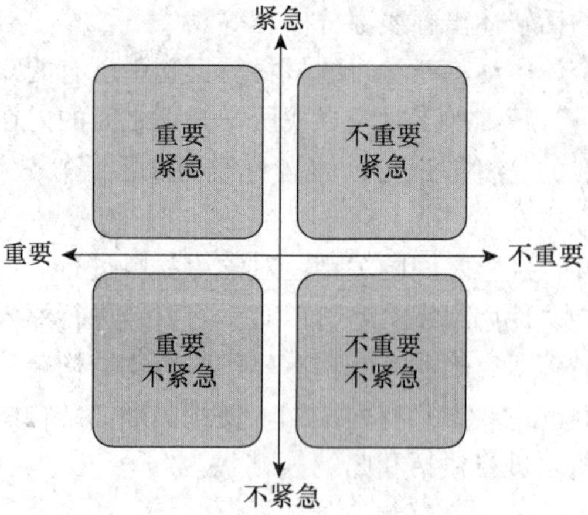


图 3-1　时间管理象限

学业求助策略：要善于利用老师、同学的帮助，参与合作与讨论，从而加深对所学内容的理解；也要善于利用网络、工具书、参考资料、图书馆资源等。

## 四、学生品德发展指导

### （一）有效的说服教育

说服是中小学教师在培养学生品德中最常用的方法。说服是运用陈述事实、推理等手段，向学生提供某种行为方式的积极信息，使学生相信所说的行为，并能按此行为方式行事。说服是一门专门的科学，涉及如何采用科学的方式来改变学生的态度或价值观。一系列的变量均影响着说服的效果①，比如，接受主体自身的特点，即自尊心强度、想象力、智力的水平、当时的需要等因素；说服者本身的特点，即说服者的威信高低、说服者信息内容处理方式等。在进行说服时，要避免说一些自己都不信的道理。

### （二）树立良好的榜样

班杜拉通过大量的实验提出社会学习理论，该理论认为个体的行为是通过对榜样的观察学习和模仿习得的。在社会学习过程中，个体并不是消极地接受外在刺激，而是经过一系列的主动加工过程，包括对外在刺激进行选择、组织，并以此调节自己的行为。观察学习是通过观察他人所表现的行为及其结果而发生的替代性学习，经过注意过程、保持过程、运动再现过程和动机过程这四个过程。树立良好的榜样有助于学生培养良好的品德。然而，在树立榜样时，要考虑榜样的年龄、性别、兴趣爱好、社会背景等各种特点。所树立的榜样应尽量与学生相似，这样可以使学生产生亲近感。

### （三）利用群体约定

人是生活在群体中的，在群体中就会产生群体规范。利用群体规范的强制力、约束力，促使群体成员去了解群体发出的信息，从而促使群体成员改变态度。群体的规则、约定可以有效地改变个体的态度和行为，尤其对于中小学生来说，他们受到同伴群体的影响很大，可以通过同伴群体的约定对其产生一定的压力来培养其良好的态度和品质。著名心

① 泰勒，佩普卢，西尔斯．社会心理学．上海：上海人民出版社，2010：145．

理学家勒温做了一系列关于态度改变的实验，结果均支持团体规定比个别劝说更有助于人们态度的改变。在利用群体约定培养学生良好品德的过程中，教师最好利用集体讨论来共同制定群体约定。勒温提出“参与改变理论”①，即个体态度的改变依赖于在群体中参与活动的方式。

### （四）价值辨析

价值辨析指在道德教育中采用价值澄清法来进行道德教育。价值观对人的行为具有主导作用。价值澄清的过程就是帮助学生建立自己清晰的价值观，并鼓励学生利用自己的价值观来指导自己行为的过程。价值辨析的过程不强调直接告诉学生关于一些道德问题的所谓的正确答案，而是促使他们对道德问题进行思考，权衡利弊，评价和选择自己的价值观，最终能够践行自己的价值观。价值澄清包含三个重要步骤：第一个步骤是自由选择，选择必须是完全自由的，没有任何外在的强加因素，并提供多种可能进行选择，以增加学生自由选择的机会，并对选择结果进行审慎且全面的思考。第二个步骤是公开认可，把个人的选择向公众公布以求得公众的认同，不能羞于公开自己的价值选择。第三个步骤是具体行动，将自己的价值观体现到行动中去，实现思想与行为统一②。当前，我国正处于社会转型的关键时期，快节奏的生活方式、多渠道的信息来源和多元化的价值观念，使得社会、学校和家庭很难给学生提供一种唯一固定不变的价值评价标准，也无法把社会中各种不良价值观一一列举出来进行批驳，这就使得学生因存在各种相互冲突的价值观而倍感烦恼，难以抉择。价值澄清法对我国当前中小学道德教育具有重要的借鉴作用③。

### （五）给予恰当的奖励与惩罚

奖励与惩罚是中小学教师在品德培养或教学中使用频率最多的手段之一。考虑到中小学学生的年龄特点，应该强调鼓励与赏识，开展赏识教育。奖励有物质上的奖励，如发奖品；也有精神上的奖励，如言语鼓励、点头肯定等。在中小学教育中，以精神奖励为主，物质奖励为辅。物质是有限的，精神是无限的。而且，作为学生人生中重要他人的教师，给予学生的物质或精神奖励所产生的激励效果最强。

在教育心理学领域，惩罚有两种方式：一种是给予消极刺激，如批评、处分等；另一种是取消个体喜爱的某种刺激或活动，如不再口头表扬。然而，对于中小学教育来说，教师要慎重使用惩罚，严禁使用体罚和变相体罚，避免在使用惩罚的过程中伤害到学生的自尊心或引起法律上的问题。

**三块糖的故事**

陶行知在担任一所小学的校长时，看到男生王友用泥块砸班上的同学，当即制止了他，并要他放学后到校长室去。放学后，王友已经等在校长室准备挨训了，陶行知却掏出一块糖果送给他，并说：“这是奖给你的，因为你按时来到这里，而我却迟到了。”王友惊异地接过糖果。随后，陶行知又掏出一块糖果放到他的手里，说：“这块糖也是奖

---

① 蒋云根．组织行为的心理分析．上海：东华大学出版社，2013：86．

② 冯文全．论拉斯的价值澄清德育思想及其启示．比较教育研究，2005（1）．

③ 陶维东，陶晓丽．价值澄清法在道德教育实践中的应用．中小学德育，2006（8）．

给你的，因为当我不让你再打人时，你立即就住手了，这说明你很尊重我。”王友更惊异了，眼睛睁得大大的。陶行知又掏出第三块糖果塞到王友手里，说：“我调查过了，你用泥块砸那些男生，是因为他们不守游戏规则，欺负女生。你砸他们，说明你很正直善良，有跟坏人做斗争的勇气!”王友感动极了，他流着泪后悔地说道：“陶……陶校长，你……你打我两下吧！我错了，我砸的不是坏人，而是自己的同学呀!”陶行知满意地笑了，说：“你能正确地认识错误，我应再奖给你一块糖果，可惜我只有这一块糖果了，我的糖完了，我看我们的谈话也该完了吧!”

## 第二节 核心技能与一般能力

**案例 3-4** 爱迪生与爱因斯坦的对话①

有一次，大发明家爱迪生满腹怨气地对爱因斯坦说：“每天上我这儿来的年轻人真不少，可没有一个我看得上的。”爱因斯坦问道：“您断定应征者合格或不合格的标准是什么?”爱迪生一边把一张写满各种问题的纸条递给爱因斯坦，一边说：“谁能回答出这些问题，他才有资格当我的助手。”爱因斯坦拿到纸条，开始读了起来。“从纽约到芝加哥有多少公里?”爱因斯坦回答说：“这需要查一下铁路指南。”“不锈钢是用什么做成的?”爱因斯坦读完第二个问题，又回答说：“这得翻一翻金属合金方面的手册。”“您说什么，博士?”爱迪生打断了爱因斯坦的话，问道。“看来我不用等您拒绝，就自我宣布落选了!”爱因斯坦幽默地说道。

[评析]

科学技术哲学认为，人类发明工具的目的是扩展人类的能力。在当前的网络时代，互联网如同延伸了人类大脑的神经元，那些精确的数字和确定性知识，完全可以通过网络查询而获得。因而，对人类能力的评价不应该以能否把知识回忆出来作为标准。

这是两个科学巨人对话的故事，爱迪生比爱因斯坦长 32 岁，两人相差一个时代，反映了时代要求的变化。在爱迪生时代，对人的考察更看重其对知识的记忆。然而，到了爱因斯坦时代，更看重如何获取知识和如何进行创造性思维。

这个案例值得当前中小学教师反思。尽管在中小学，学什么知识教学大纲已经规定好，但是，在教好大纲规定知识的前提下，如何拓展学生的知识与视野，训练学生的核心技能或一般能力，从而使学生更好地适应未来社会，值得中小学教师思考。

中小学教育培养的人是未来社会的主人，是社会发展的希望。作为教育者，需要了解社会发展的趋势并对社会发展的趋势有自己的判断。针对对社会发展趋势的判断，应该培养学生具有适应未来社会发展的核心技能和一般能力。

然而，核心技能和一般能力本身是动态发展的，随着社会的发展，具有变化性。譬

① 刘振民. 影响美国一代人的哲学书. 北京：地震出版社，2013：80.

如，对于原始人来说，核心技能是“跑得快”，这样就可以猎到更多的野生动物，从而增加生存的概率。对于春秋战国时期的农耕民族来说，核心技能是“懂时令、擅耕种”，这样就可以收获更多的粮食。社会发展到21世纪，我们生活的环境与古代社会相比已经发生了翻天覆地的变化。当前，我们几乎生活在一个人造的世界中，人与人的联系越来越紧密，社会分工愈加细化，社会生活环境日趋复杂化。当前，信息的获得和使用是人们必须掌握的核心技能。未来社会的主人，到底需要何种核心技能和一般能力呢？很多哲学家、教育家和教育组织提出了自己的观点。了解这些观点，有助于教育者在组织和实施教育活动中贯彻这些理念。

亦有研究试图统合核心技能和一般能力，提出一般素养（literacy）的概念。根据国际学生评估项目PISA（Program for International Student Assessment）的观点，一般素养是指学生在主要学科领域应用知识和技能的能力，分析、推理和有效交流的能力，以及在不同情境中解决问题和解释问题的能力。

## 一、核心技能

### （一）核心技能的概念

核心技能（core skills）是指那些为适应未来社会日常生活和职业活动所必须具有的通用性、可迁移性知识和运用这些知识执行某一活动的能力。从认知心理学角度来说，核心技能是指那些可以应用于不同领域的（一般领域）程序性知识，包括认知策略、运动技能和智慧技能。个体掌握了核心技能就能更好地适应未来复杂的社会环境，从而更加具有竞争力。同时，核心技能具有较强的通用性和可迁移性，掌握核心技能就可以更容易掌握行业通用技能和职业特定技能，从而对个体的终身成就产生影响①。技能的最大特点是经验性和练习性。在中小学教学中，需要有意识地培养学生的核心技能，使个体对于适应未来社会有更充分的准备。

### （二）核心技能的构成

关于中小学生需要掌握的核心技能，各个国家或社会组织均发表了自己的见解，到目前为止，尚无法完全形成统一意见。早在20世纪70年代，英国就提出了核心技能体系的概念②，初衷主要是培养学生掌握通用的、可迁移的技能。具体来说，英国的核心技能主要分成两个方面、六个模块。一个方面是“硬”核心技能，包括沟通的技能，即听、说、读、写的技能；运用数字的技能，即解释与数字相关的信息、计算和呈现数字结果的技能；运用信息技术的技能，即使用电脑搜索、编制和呈现文本、数字以及图像信息的技能。另一个方面是“软”核心技能，包括与他人合作的技能，即准备计划、执行活动时在团队中与他人合作的技能；提高学习能力与绩效，即管理自我、学习和工作的技能；解决问题，包括辨识问题和采取科学措施解决问题的技能。

联合国教科文组织（UNESCO）在《2012全民教育全球监测报告》中明确提出，所有年轻人都需要具备三类主要技能：（1）基本技能，主要指识字和计算能力；（2）可迁移

① 黄甫全. 现代课程与教学论. 北京：人民教育出版社，2011：135.

② 宋争辉. 高校职业能力课程开发与实施. 开封：河南大学出版社，2008.

技能，包括解决问题的能力、有效地交流思想和信息的能力、具有创新意识的能力、表现领导力和责任感的能力，以及展示创业的能力；（3）技术和职业能力，即工作要求有特定的技术专业知识。

2012年经济合作与发展组织（OECD）发布了《为21世纪培育教师　提升学校领导力：来自世界的经验》的研究报告，该报告指出21世纪学生必须掌握以下四方面的十大核心技能：（1）思维方式的，即创造性、批判性思维、问题解决、决策和学习能力；（2）工作方式的，即沟通和合作能力；（3）工作工具的，即信息技术和信息处理能力；（4）生活技能的，即公民、变化的生活和职业，以及个人和社会责任①。

目前，关于核心技能最有影响力的表述是由美国联邦教育部主持，由21世纪技能合作组织（Partnership for 21st Century Skills）制定的《21世纪技能框架》，它包括三大核心技能。一是学习与创新技能，这项技能包括批判性思维和问题解决能力、创造性和创新能力、交流与合作能力。二是信息、媒体与技术技能，包括信息素养、媒体素养、信息交流和科技素养。三是生活与职业技能，包括灵活性和适应性、主动性和自我指导、社会和跨文化技能、工作效率和胜任工作的能力、领导能力和责任能力。

**小知识：谷歌效应**

随着互联网技术的发展，尤其是搜索引擎的出现，人们越来越容易接触到各种资讯。因此，人们逐渐把互联网上存储量丰富的数据看作自己记忆的一部分，即人们如果相信能够在互联网搜索到信息，则更不愿意自己亲自去记忆。

2011年哥伦比亚大学的斯帕罗（Sparrow）教授及其同事在《科学》（*Science*）上发表了题为《Google效应对记忆的影响：查找资讯的便利对认知的影响》（*Google Effects on Memory: Cognitive Consequences of Having Information at Our Fingertips*）的论文，在此论文中，作者用四个系列实验探讨网络对人类记忆的影响。四个实验结果表明，在遇到难题时，人们更倾向于找电脑；当人们觉得以后可以再找回这些信息的时候，他们会更难回忆起信息本身，相反地，会加强对如何再获取这些信息的记忆。

## 二、一般能力

一般能力也称基本能力，是指在不同领域和不同种类活动中都表现出来的共同能力。一般能力是个体有效地掌握信息和顺利地完成活动必不可少的条件。如果缺乏一般能力，个体适应未来复杂的社会可能存在部分障碍。国内将一般能力放在注意力、观察力、记忆力、思维力、想象力等认知能力上。然而，随着研究的深入，对一般能力的探讨不仅仅局限在认知能力上，还延伸到一些基础知识和基本技能上，如言语能力、数理能力等。与一般能力相对应的概念是特殊能力。特殊能力是指顺利完成某种专门活动所必备的能力，如音乐能力、绘画能力、身体运动能力等。

关于一般能力，有很多专门的工具测量学生的一般能力倾向。最有影响力的是美国劳

① 滕珺. 21世纪人才的十大核心技能. 中国教师，2015（1）.

工部就业保险局花了10年时间编制的具有较高效度和信度的一般能力倾向测验（General Aptitude Test Battery，GATB），该测验适合初三年级以上的中学生以及成人测试，它可以测量九种一般能力：(1) 一般智力；(2) 言语能力；(3) 数理能力；(4) 空间关系理解力；(5) 形状知觉能力；(6) 文书知觉能力；(7) 动作协调能力；(8) 手指灵活性；(9) 手部灵巧性。哈蒙德（Hammond）在1984年对GATB进行因素分析，结果发现GATB测量的其实是四种更普遍的能力，即言语能力、数理能力、工具组合能力和空间能力。国内学者童辉杰等人运用一般能力测验得分和大学生专业成绩得分，使用神经网络检验，结果发现模型估计的准确率在90%以上，一般能力测验可以用来预测不同专业学生的专业成绩①。

国内学者戴忠恒等人对GATB进行了修订②。方俐洛、凌文辁等人亦对GATB进行了修订，做出了一般能力倾向测验中国城市版③，使此测验适合中国文化特点，又保持了科学性。他们使用因素分析法，将中国学生的一般能力分成三个主要因素，分别是语文-数理能力、知觉能力和心理运动能力。

## 第三节　学生的权利与义务

**案例3-5**　　**强行没收学生手机④**

童童的同学小雅（化名），原本将手机放在教室外的柜子里。看到老师们搜查教室，她担心柜子里也不安全，准备悄悄将手机藏到身上，没想到也被老师逮住了。

当着全班同学的面，老师把搜出来的三部手机都摔碎了。小雅的手机是iPhone6，老师第一次没摔坏，后来又捡起来摔了几次，直到它散成三块。“手机是我们的私有财产，老师凭什么摔它们?”童童告诉记者，学校有规定，学生们不能带手机进校园；但发现后通常也只是让老师代为保管，他们接受这样的做法。但这次直接摔手机，让他们觉得害怕和气愤。

[评析]

上述案例反映了我国思想转型时期经常出现的侵犯学生权利的现象。传统中国的教育，教师是权威，教师制定的管理制度必须无条件地执行。然而，进入现代社会的今天，教师与学生在人格上是平等的。教师在施教的过程中，需要遵守和敬畏国家制定的相关法律规定，不得以“教育”或“爱”的名义侵犯学生的权利。

在遵守法律的前提下，开展教育或教学活动有重要的意义。首先，教师需要成为遵守法律的典范。只有教师和教育行政部门人员守法了，才会对学生的守法行为产生潜移默化

① 童辉杰，童定，马姗姗，等. 一般能力倾向测验的预测效度：神经网络的应用. 心理技术与应用，2013 (1).
② 戴忠恒. 一般能力倾向成套测验简介及其中国试用常模的修订. 心理科学，1994 (1).
③ 方俐洛，凌文辁，韩骢. 一般能力倾向测验中国城市版的建构及常模的建立. 心理科学，2003 (1).
④ http://tech.163.com/15/0527/20/AQL9F70C000915BE.html.

的影响，这是学校的隐性课程，即学校通过教育环境有意或无意地传递给学生的非公开性教育经验。如果教师不遵守法律，侵犯学生的权利，那么，学生将来在权利受到侵害时，会心存疑惑。其次，在划定底线的前提下，能够促进教师教育方式和管理变革。在此案例中，教师需要抛弃粗暴的侵权行为。首先要抛弃的是“搜”，教师没有权利搜身，教师搜身侵犯了学生的人身自由权。《中华人民共和国宪法》（简称《宪法》）第三十七条规定：“中华人民共和国公民的人身自由不受侵犯。任何公民，非经人民检察院批准或者决定或者人民法院决定，并由公安机关执行，不受逮捕。禁止非法拘禁和以其他方法非法剥夺或者限制公民的人身自由，禁止非法搜查公民的身体。”人身自由权是《宪法》规定的公民的一项基本权利，学生也享有人身自由权。其次要抛弃的是“摔”，教师摔坏学生的手机，侵犯了学生的财产权。《中华人民共和国教育法》（简称《教育法》）第四十三条规定，如果教师侵犯了学生的财产权，学生有申诉权和提起诉讼权。这表明，学生的财产权是受法律明确保障的。

从教育学的角度来说，学生首先是“自然人”，是处于发展变化中的人，亦是以学习为任务的人，是学校机构和教师实施教育教学活动的对象。如果从教育法学的角度来界定“学生”，学生有四个层面的意思：一是与动物区别，是“自然人”；二是属于某个国家成员，是公民；三是在这个国家法律认可的学校及其他教育机构按规定条件具有或获得学籍的公民；四是在学校及其他教育机构中接受教育的公民。

中小学生的权利具有特殊性，是三种权利的综合体，即作为“自然人”的权利、作为“未成年人”的权利和作为受教育对象的权利的综合体。

随着时代的发展，家长、教师和社会对学生权利的认识亦在发生变化。在古代社会，儿童被看作国家的财产或家庭的财产。比如，教育史上经常引用的一个内容是，在古斯巴达，儿童归属国家所有，教育儿童是国家的职责，出生的婴儿必须接受国家长老的检查，凡是畸形或孱弱的儿童都被抛弃，检查合格的才交于父母代为国家抚养，因而，在古代没有意识到儿童是权利的主体。直到近代社会文艺复兴和启蒙运动的兴起，儿童的权利才逐渐被确认。美国《独立宣言》确立了“人人生而平等，人人被造物主赋予不可转让的权利”的理念。在此人权思潮的影响下，社会对儿童的观念逐渐发生重大转变，从而出现了一系列专门针对儿童的立法。比如 1802 年，英国通过了历史上第一部童工保护的法律《学徒健康及道德法案》。自二战后，随着国际人权运动的发展，儿童作为权利主体正式确立并在法律体系中得以确认①。从 1789 年法国革命的《人权宣言》到 1948 年联合国的《世界人权宣言》，权利的观念已日益深入人心。人的基本权利已经得到普遍的承认和恪守，宪法中有无保护人权的条款也成为衡量一个政权合法性的公认标准之一。

**小知识：中国近代第一部教育法令**

1903 年颁布的中国近代第一部教育法令《奏定学堂章程》共有 22 部分，包括中学堂章程、高等小学堂章程、初等小学堂章程和蒙养院章程及家庭教育法章程等。在这些章程中有体现保障学生入学权利的内容，“如该乡已有学堂而家长无故不令入学者罚之，

① 段立章. 儿童权利观念：沿革、障碍与培育. 甘肃社会科学，2014（6）.

令其捐助该乡学堂经费”。有禁止体罚学生内容，“凡教授儿童，须尽其循循善诱之法，不宜操切以伤其身体，尤须晓以知耻之义。夏楚只可示威，不可轻施，尤以不用为最善”。有开放女禁、男女入学平等进步观念。

资料来源：王蕊．清末之《奏定学堂章程》．北京：中国政法大学，2011.

## 一、学生的权利

### （一）作为自然人的权利

从现代医学与伦理学的角度来说，24 周后胎儿具有了母体外存活性，他就具有自然人的一些权利，如生命权[①]，不应因为畸形等各种理由来剥夺其生命权。譬如，父母溺婴，这是严重侵犯婴儿生命权利的行为。强行对孕妇堕胎，亦属于严重侵犯他人生命权利行为，系故意杀人罪。作为一个自然人的权利，产生于“天赋人权”（或称自然权利）这一西方启蒙时期提出的经典理念，是西方历代思想家关于自然法（理性）的先验假设，向来无法用经验事实和实证方法加以证明。自然人的权利是人们生而有之的，先于一切社会组织和政治组织。洛克把生命权、自由权、财产权作为人最重要的自然权利[②]。法国 1789 年《人权宣言》中规定的内容有：国家一切的经济活动都是为保护自然人的权利。

中小学生首先作为自然人，亦是未成年人，他们同成年人一样，具有人格尊严权、自主权和基本人权。他们不但具有法律上的人格，而且是个人权利的享有者。譬如，中小学生同样享有宪法规定的权利。宪法规定的人的基本权利有很多，我国《宪法》第三十三条至五十六条内容均是公民的基本权利和义务，与中小学生相关的权利概括来说主要有平等权、人身自由权、人格尊严权、财产权、通信自由和通信秘密权、受教育权和其他一些权利。

现实中，在中小学教育或教学活动中，有不少做法是对学生一些权利的侵犯。比如，一个中小学生权利与义务现状小样本的调查结果发现，35.9％的被调查者表示自己曾多次受到教师侮辱性言语的批评，36.0％的被调查者表示自己曾多次被教师用击打的方式惩罚，24.7％的被调查者表示自己的物品曾多次被教师收缴而没有归还[③]。这个结果表明部分学生的人格尊严权与财产权受到了侵犯。

### （二）作为未成年人的权利

中小学生是未成年人，未成年人不仅仅是一个法律概念，也是他们生理和心理发展的一个特殊时期。由于生理和心智尚未成熟，需要有专门的法律来保障他们享有一些特殊的权利。

以 18 岁作为未成年人年龄的上限是联合国《儿童权利公约》的规定，在《中华人民共和国未成年人保护法》（简称《未成年人保护法》）中，将 18 周岁以下均视为未成年人。在 1959 年联合国大会通过的新的《儿童权利宣言》中，确立了儿童不受歧视、最大利益、

---

① 曲相霏．胎儿的宪法地位：德国模式与美国模式．环球法律评论，2009，31（6）．

② 吴冠军．什么是启蒙?：人的权利与康德的启蒙遗产．开放时代，2002（4）．

③ 李晓燕．中小学生权利与义务现状调查报告．武汉市教育科学研究院学报，2007（1）．

特别照顾、免费初级教育、不受虐待剥削和买卖等 10 项原则。1989 年通过的《儿童权利公约》明确宣布，人人有资格享受文书中所载的一切权利和自由，不因出身或其他身份等有任何区别。

我国《未成年人保护法》第三条明确规定："未成年人享有生存权、发展权、受保护权、参与权等权利，国家根据未成年人身心发展特点给予特殊、优先保护，保障未成年人的合法权益不受侵犯。"第五条规定："保护未成年人的工作，应当遵循下列原则：（一）尊重未成年人的人格尊严；（二）适应未成年人身心发展的规律和特点；（三）教育与保护相结合。"第二十一条规定："学校、幼儿园、托儿所的教职员工应当尊重未成年人的人格尊严，不得对未成年人实施体罚、变相体罚或者其他侮辱人格尊严的行为。"第三十九条规定："任何组织或者个人不得披露未成年人的个人隐私。对未成年人的信件、日记、电子邮件，任何组织或者个人不得隐匿、毁弃；除因追查犯罪的需要，由公安机关或者人民检察院依法进行检查，或者对无行为能力的未成年人的信件、日记、电子邮件由其父母或者其他监护人代为开拆、查阅外，任何组织或者个人不得开拆、查阅。"

概括来说，未成年人享有 5 项最基本的权利：生存权、发展权、受保护权、参与权和受教育权。

### （三）作为受教育者的权利

进化生物学家认为，人类之所以必须有一个延长了的童年期，是因为人类与其他动物不同，人类社会比其他所有群体都复杂，因而需要人类大脑具有极强的可塑性，才有可能掌握社会的习俗、生存技能。此外，随着人类社会的发展，个体需要更长时间待在学校学习。中小学生作为受教育者，有专门的法律规定学生在学校或教育机构中享有的权利。

按照《教育法》第四十三条的规定，受教育者享有以下权利：

（1）参加教育教学计划安排的各种活动，使用教育教学设施、设备、图书资料；

（2）按照国家有关规定获得奖学金、贷学金、助学金；

（3）在学业成绩和品行上获得公正评价，完成规定的学业后获得相应的学业证书、学位证书；

（4）对学校给予的处分不服向有关部分提出申诉，对学校、教师侵犯其人身权、财产权等合法权益，提出申诉或依法提起诉讼；

（5）法律、法规规定的其他权利。

比如，在《中华人民共和国义务教育法》（简称《义务教育法》）第四十四条规定："各级人民政府对家庭经济困难的适龄儿童、少年免费提供教科书并补助寄宿生生活费。"

然而，在当前的法律体制中，对学生的权利保护还有很大的进步空间。比如，有些教师严重体罚或凌辱学生，都无法构成"虐待罪"。

### （四）有特殊需要学生的权利

一个文明的社会，不仅仅是对普通学生权利的重视，更要重视和关注到那些有特殊需要学生的权利。在联合国制定的《儿童权利公约》第二十三条明确写道：（1）缔约国确认身心有残疾的儿童应能在确保其尊严、促进其自立，有利于其积极参与社会生活的条件下享有充实而适当的生活。（2）缔约国确认残疾儿童有接受特别照顾的权利，应鼓励并确保在现有资源范围内，依据申请斟酌儿童的情况和儿童的父母或其他照料人的情况，对合格儿童及负责照料该儿童的人提供援助。（3）鉴于残疾儿童的特殊需要，考虑到儿童的父母或其他照料人的经济情况，在可能时应免费提供按照本条第 2 款给予的援助，这些援助的目的应是确保残疾儿童能有效地获得和接受教育、培训、保健服务、康复服务、就业准备和娱乐机会，其方式应有助于该儿童尽可能充分地参与社会，实现个人发展，包括其文化和精神方面的发展。（4）缔约国应本着国际合作精神，在预防保健以及残疾儿童的医疗、心理治疗和功能治疗领域促进交换适当资料，包括散播和获得有关康复教育方法和职业服务方面的资料，以其使缔约国能够在这些领域提高其能力和技术并扩大其经验。在这方面，应特别考虑到发展中国家的需要。

关于有特殊需要学生受教育权利，在《中华人民共和国残疾人保障法》（简称《残疾人保障法》）、《教育法》和《义务教育法》等法律和法规中都有明确的确定。如《残疾人保障法》第十八条规定："国家保障残疾人受教育的权利。各级人民政府应当将残疾人教育作为国家教育事业的组成部分，统一规划，加强领导。国家、社会、学校和家庭对残疾儿童、少年实施义务教育。"《教育法》第三十九条规定："国家、社会、学校及其他教育机构应当根据残疾人身心特性和需要实施教育，并为其提供帮助和便利。"并且，《义务教育法》第十九条规定："县级以上地方人民政府根据需要设置相应的实施特殊教育的学校（班），对视力残疾、听力语言残疾和智力残疾的适龄儿童、少年实施义务教育。特殊教育学校（班）应当具备适应残疾儿童、少年学习、康复、生活特点的场所和设施。普通学校应当接收具有接受普通教育能力的残疾适龄儿童、少年随班就读，并为其学习、康复提供帮助。"

**案例 3-6　　学生家长联名反对自闭症中学生与自家孩子同班①**

《南都珠海读本》12 月 5 日报道了轻微自闭症患者初一学生阿文（化名）因扰乱课堂行为和使用威胁性语言等问题被家长投诉，学校一度拒绝其进入课室的事件。事件继续发酵。12 月 12 日，该生因要求调整座位与老师、保安、警察等发生争执，一度在混乱中揪住班主任老师的头发，后被制止。该生家长表示，自 12 月 5 日以来，学校拒绝家长进入学校陪读，相当于创造机会让孩子发生激烈行为并记录为"证据"，以便把孩子"赶走"。对此，学校方面表示，阿文的行为影响了教学秩序，家长作为监护人，应该带孩子治疗，在其能控制行为了再进校就读。联名反对阿文随班就读的家长目前增至 42 人（初一［6］班共有 46 人），家长的诉求是把阿文与其他孩子分开。

［评析］

这个案例让我们反思特殊学生的权利和如何更好地操作特殊学生随班就读工作（融合教育）。基于教育公平与社会公正的理想，使特殊学生重返主流社会、共享人类文明成果，是特殊学生不可剥夺的权利，也是一个社会文明不断发展的标志。然而，政策的实施是一

① 学生家长联合反对自闭症中学生与自家孩子同班．（2014-12-15）．http://news.qq.com/a/20141215/006691.htm.

个系统性工程，各个环节都要做好。首先，教师和学校管理人员需要培训，即进行融合教育的班级，相关的教师和学校管理人员需要学习特殊教育方面的一些基础知识，同时特殊学校教师参与进来，指导普通学校教师开展随班就读工作；其次，相关的管理奖励政策和考评机制需要调整；再次，做好家校沟通，取得家长的支持；最后，整个社会需要营造关爱特殊学生的氛围，尤其是在普通学生中营造这样的氛围。

## 二、学生的义务

义务，即处于一定社会关系中的人必须担负的一定使命、职责和任务。义务偏重于强调外在的客观要求，如果这种外在的客观要求内化为主体的主观自觉意识，即为“责任”①。学生的义务，是指学生在参与教育教学活动中所必须承担的使命、职责、任务和遵守的规范。

《教育法》第四十四条对学生义务的规定比较全面，概况为以下四个方面：

（1）遵守法律、法规。

中小学生首先是国家公民，理应遵守国家的法律、法规，这是作为公民必须履行的基本义务。然而，这种义务转化为责任感或行为，并非仅仅靠课堂教学或法律、法规条文的学习，而是在日常生活中，通过内隐学习或观察学习实现的。譬如，小学生过马路遵守交通规则。

（2）遵守学生行为规范，尊敬师长，养成良好的思想品德和行为习惯。

对不同层次和类型的学校，履行这方面义务的标准是不同的，如《中小学生守则》《高等学校学生行为准则》等，对不同层次和类型学校学生的相关义务均有具体规定。然而，即使是2014年版的《中小学生守则》征求意见稿，其内容还是概括性过高，对于小学生来说，理解其条文还是有困难，作为教育工作者，需要将《中小学生守则》中的内容转化为更加通俗易懂的形式，更为形象化地展现出来。

（3）努力学习，完成规定的学习任务。

“努力学习，完成规定的学习任务”，也是学生区别于其他公民的一项特殊义务。进入学校就意味着他的主要任务是学习，意味着承担接受教育、完成学业的义务。对于义务教育阶段的学生来说，这种义务是强迫的，具有强制性；对于非义务教育阶段的学生来说，这是自愿入学在享受教育权利的同时应承担的义务。履行完成学业的义务是学生享有获得学业证书及学位证书权利的前提。

（4）遵守所在学校或者其他教育机构的管理制度。

学校为了保证教育教学工作的顺利进行，需要制定有关的管理制度。学校管理制度包括学校教学、科研、德育、劳动、体育等各项工作管理制度。对于合理、合法的管理制度，学生有义务遵守。

然而，学校或者其他教育机构出台的管理制度，首先不得违反国家的法律、法规；其次，对于出台的管理制度，学校有义务提前告知学生和学生的法定监护人；最后，制定的管理制度需要考虑中小学生年龄特征，包括生理和心理发展特征。

---

① 瞿瑛．论学生义务感与主体性的同步发展．教育评论，2003（4）．

## 请君一试

1. 2013 年单项选择题：一个儿童能辨别自己的左右手，但不能辨别他人的左右手。按照皮亚杰的认知发展理论，这个儿童的认知发展处于（ ）

A. 感知运动阶段 B. 形式运算阶段

C. 具体运算阶段 D. 前运算阶段

答案：D

2. 2014 年单项选择题：当学生摔倒后出现头疼、恶心等轻微脑震荡症状时，教师不宜采取（ ）

A. 电话通知家长，具体告知情况 B. 送校医务室或附近医院就诊

C. 让学生卧床休息，适当减少饮水和进食量 D. 按摩并热敷受伤的部位

答案：D

3. 2013 年简答题：简述影响个体发展的主要因素。

**【答案要点】**

个体发展受到多种因素的影响，主要有遗传、成熟、环境和主观能动性，而学校教育是一种特殊的环境，对个体的发展有着特殊的意义。（1）遗传素质为个体发展提供物质基础。（2）人的机体的成熟程度制约着身心发展的程度和特点，它为一定年龄阶段身心特点的出现提供了可能和限制。（3）环境为个体的发展提供了多种可能，包括机遇、条件和对象，对个体发展的影响有积极和消极之分。（4）主观能动性是指个体积极主动地认识世界、改造世界的心理倾向和实际行动。（5）学校教育是由承担责任的教师和接受教育的学生共同参与和进行的，这是学校活动中主体的特殊性。这种特殊性使学校教育在影响人的发展上具有独特的功能：学校教育按社会对个体的基本要求，对个体发展的方向与方面做出社会性规范；学校教育具有加强加速个体发展的特殊功能；学校教育具有开发个体特殊才能和发展个性的功能。

# 第四章

# 教师发展

《国家中长期教育改革和发展规划纲要（2010—2020 年）》指出：百年大计，教育为本。教育是民族振兴、社会进步的基石，是提高国民素质、促进人的全面发展的根本途径，寄托着亿万家庭对美好生活的期盼。教育大计，教师为本。有好的教师，才有好的教育。

## 第一节　现代教师观

**案例 4-1**　　**顺水推舟，浪子回头**[①]

在亲人和许多老师眼里，小黄是一个不可救药的浪子。他原在潮州市区一所学校寄读，被坏人引诱，陷入胡作非为的泥潭。他母亲把他转到六联小学，请求到丁有宽老师的班里就读。丁老师冒着风险把他留下来。

丁老师对小黄的过去做了全面的考察，在寻找优点的过程中帮助他建立起自信心。丁老师发现，他经常从韩江岸跃入江中，到船上偷东西。偷东西是不好的，但从这件事又可以看出他有勇敢的一面。偷了东西常分一些给有困难的孩子，从中折射出他尚有善良的本性。经过一番鉴别，丁老师对做好他的转化工作充满了信心。

一天放学后，丁老师把小黄带到家里，搬出一大堆连环画，让小黄挑选阅读。小黄漫不经心地拨拉着，忽然眼睛一亮，发现了《聂耳的故事》，并习惯性地把书藏到裤袋里。丁老师顺水推舟地说："《聂耳的故事》老师送给你，你带回家看吧。"小黄顿觉耳根一热。这时，小黄骨碌碌的眼睛盯着墙壁，那里挂着一把二胡。丁老师随即说道："你喜欢拉吗?"话还没说完，小黄已经跳到桌子上。"啪"的一声，压在桌面上的玻璃板被踩碎了。小黄害怕起来，双唇嗫嚅着。丁老师连忙安慰他："不要紧，不要紧，快看看划破了脚没有?"

① 傅道春. 情境教育学. 哈尔滨：黑龙江教育出版社，1996：34-36.

细心的丁老师正是从小黄对一本书、一把二胡的倾心中开始了他的教育。此后，丁老师倍加爱惜小黄爱音乐、想成为音乐家的兴趣与愿望，给他创造出许多发展自我、表现自我的机会，从中培养他做一个好学生的自信心，启发他树立为人民贡献才智的高尚理想。经过长时间的艰苦工作，小黄终于告别了昨天，在六年级时被评为三好学生，毕业前成为学校的优秀中队长。至今，他仍念念不忘自己的恩师丁有宽。

[评析]

丁有宽老师在扮演传道者角色时，有自己独到的教育智慧。一般情况下，老师面对一个问题学生，往往直接针对缺点想着怎么"堵"，而丁有宽老师努力发现小黄的闪光点，顺势而为，引导学生扬长补短。正如《学记》所言，"长善而救其失者也"，从而达到"星星之火，可以燎原"的效果。

## 一、教师的概念

"师者，所以传道授业解惑也。"[①] 这句中国古代圣言，流传千古。今天文化积累丰富多了，教师的含义也丰富起来。教师是"向学生传递人类积累的文化科学知识和进行思想品德教育，把他们培养成一定社会需要的人才的专业人员"[②]。我国 1993 年颁布的《中华人民共和国教师法》（简称《教师法》）第三条从立法上确定了教师的专业性及其重要作用：教师是履行教育教学职责的专业人员，承担教书育人、培养社会主义事业建设者和接班人、提高民族素质的使命。

教师是学校教育工作的重要实施者，其根本任务是教书育人。

## 二、教师职业的性质及发展历史

### （一）教师职业的性质

1. 教师是一种专业人员，教师职业是一种专门的职业

社会学者常常把职业划分为专门职业与普通职业，教师职业属于专门职业。

2. 教师是教育者，教师职业是促进个体社会化的职业

在个体社会化的过程中承担教化任务的是教师，他们引导学生把外在的社会要求内化为个体的素质，实现个体的社会化。

### （二）教师职业的发展历史

1. 非职业化阶段

我国奴隶社会末期的教育是"学在官府、以吏为师"，教师由官吏兼任，官师合一。西方社会的教师大多由僧侣兼任。

2. 职业化阶段

独立的教师职业伴随着私学的出现而产生。

---

① 孟宪承. 中国古代教育文选. 北京：人民教育出版社，1985：219.

② 中国大百科全书总编辑委员会《教育》编辑委员会，中国大百科全书出版社编辑部. 中国大百科全书・教育. 北京：中国大百科全书出版社，1985：146.

3. 专门化阶段

教师职业的专门化以专门培养教师的教育机构的出现为标志。世界上最早的师范教育机构诞生于法国，我国最早的师范教育产生于清末。

4. 专业化阶段

这一阶段，学校对教师的需求开始从“量”的急需向“质”的提高方面转化。1966年10月，国际劳工组织和联合国教科文组织在巴黎会议上通过的《关于教师地位的建议》中提出：教师工作应被视为一种专业。如同医生、律师，教师是从事专门职业活动的工作人员，必须具备专门的资格。

2001年4月1日起，我国启动了全面实施教师资格认定工作，教师专业发展正式提上议事日程。为了加强中小学和幼儿园教师队伍建设，完善教师资格制度，2011年教育部师范教育司、教育部考试中心制定了《中小学和幼儿园教师资格考试标准（试行）》。该标准是教师职业准入的国家标准，是从事中小学和幼儿园教师职业的最基本要求，是进行中小学和幼儿园教师资格考试的基本依据。区别于往年教师资格考试，科目分为教育学和心理学两门学科，改善后的教师资格考试科目根据报考层次决定：小学教师资格考试科目为综合素质和教育教学知识与能力，初、高级中学教师资格考试科目为综合素质、教育知识与能力和学科知识与教学能力。

本书涵盖了小学、初级中学和高级中学各级教师资格考试的所有考试科目，重点体现在教育教学知识与能力、教育知识与能力和学科知识与教学能力等科目中。

## 三、教师劳动的特点

### （一）教师劳动的复杂性和创造性

1. 教师劳动的复杂性

教师劳动的复杂性主要表现在以下三个方面：劳动对象的差异性、教育目的的全面性、教育任务的多样性。

2. 教师劳动的创造性

教师劳动的创造性主要表现在以下三个方面：

（1）因材施教。朱熹总结孔子的教学特点为因材施教，可见，因材施教是我国教育的优良传统。《国家中长期教育改革和发展规划纲要（2010—2020年）》力图弘扬中国的教育传统，提出：“注重因材施教。”

我国正在逐步实行教育结构战略性调整，推进培养实用型人才与创新型人才“两大并进策略”：一方面，大力发展职业教育，包括继续教育阶段的职业培训，培养大批技能型人才；另一方面，建立纵贯大中小学的英才（资优）教育体系，培育英才。这给教师的因材施教提供了制度上的保障。

（2）教学方法上的不断创新。教育需要有目的、有计划地进行，但它不能单纯模仿或机械重复，教师要结合实际情况的变化，不断改进教学内容，选择最能奏效的教学方法。

（3）教师需要“教育机智”。教育机智是教师处理教育教学过程中突发或偶发事件的一种特殊能力。教育机智是教师良好的综合素质和修养的外在表现，是教师娴熟运用综合教育手段的能力。

**小资料：陶公的创造宣言**

“创造主未完成之工作，让我们接过来，继续创造。”

“先生之最大的快乐，是创造出值得自己崇拜的学生。说得正确些，先生创造学生，学生也创造先生，学生和先生合作而创造出值得彼此崇拜之活人。”

“只要有一滴汗、一滴血、一滴热情，便是创造之神所爱住的行宫，就能开创造之花，结创造之果，繁殖创造之森林。”

资料来源：方明．陶行知名篇精选．北京：教育科学出版社，2006：136-139.

### （二）教师劳动的连续性和广延性

1．教师劳动的连续性

连续性是指时间的连续性。教师的劳动没有严格的交接班时间界限，这个特点是由教师劳动对象的相对稳定性决定的。

2．教师劳动的广延性

广延性是指空间的广延性。教师没有严格界定的劳动场所，课堂内外、学校内外都可能成为教师劳动的空间，这个特点是由影响学生发展因素的多样性决定的。

### （三）教师劳动的长期性和间接性

1．教师劳动的长期性

一方面，人才培养的周期比较长，“十年树木，百年树人”。另一方面，教师对学生的影响不会随着学生学业的结束而消失，而是会在学生长期的实践中更趋于完善和成熟。

2．教师劳动的间接性

间接性是指教师的劳动不直接创造物质财富，而是以学生为中介实现教师劳动的价值。

### （四）教师劳动的主体性和示范性

1．教师劳动的主体性

主体性是指教师自身可以成为活生生的教育因素和具有影响力的榜样。

2．教师劳动的示范性

“师者，人之范也。”示范性是指教师的言行举止，如人品、才能、治学态度等都会成为学生学习的对象。

### （五）教师劳动方式的个体性和劳动成果的群体性

教育教学活动主要是通过一个个教师的个体劳动来完成的。同时，教师的劳动成果又是集体劳动和多方面影响的结果。

## 四、教师角色

教师角色，是指作为职业人的教师在学校这一社会共同体中被赋予的身份及其所发挥的功能。在我国，随着教育和课程改革的不断深化，人们对教师角色进行了热烈的探讨，取得了比较丰富的认识。一般说来，教师角色主要有六种：

### （一）传道者角色

教师负有传递社会传统道德、价值观念的使命，“道之所存，师之所存也”。进入现代社会，虽然道德观、价值观呈现出多元化的特点，但学校教师的道德观、价值观总是代表着居社会主导地位的道德观、价值观，并用这种观念引导年轻一代。教师的传道者角色又被社会美誉为“人类灵魂的工程师”。

### （二）授业、解惑者角色

教师在掌握了人类经过长期的社会实践活动所获得的知识经验、技能的基础上，对其精心加工整理，然后以特定的方式传授给年轻一代，并帮助他们解除学习中的困惑，启发他们的智慧，使他们具有一定的知识结构和技能技巧，并成为社会有用的人。

### （三）示范者角色

教师的言行是学生学习和模仿的榜样。学生具有向师性的特点，教师的言论行为、为人处世的态度对学生具有耳濡目染、潜移默化的作用。

### （四）管理者角色

教师是学校教育教学活动的组织者和管理者，需要肩负起教育教学管理的职责，包括确定目标、建立班集体、制定和贯彻规章制度、维持班级纪律、组织班级活动、协调人际关系等，并对教育教学活动进行控制、检查和评价。

### （五）父母与朋友角色

教师往往被学生视为自己的父母或朋友。低年级学生倾向于把教师看作父母的化身，对教师的态度类似于对父母的态度。高年级学生则往往愿意把教师当作他们的朋友，也期望教师能把自己当作朋友看待，能与他们一起分担痛苦与忧伤、分享欢乐与幸福。

### （六）研究者角色

在教育和课程改革的背景中，学校教师面对的是一个发展变化的世界，存在许多未知领域，这就要求教师成为教育的研究者，通过研究发现和解决问题，从而推进自己的教育教学工作。在《课程研究与研制导论》一书中，英国课程理论家斯腾豪斯（Stenhouse, L.）提出了教师作为研究者的角色。

教师成为研究者，也是自身发展的需要。联合国教科文组织的报告《学会生存》指出，教育的目的在于使人成为他自己，“变成他自己”，应该把“学习实现自我”放在最优先的地位。

---

**案例 4-2**　　**谁能理解**①

从 1997 年开始，德国志愿者卢安克分别在广西不同的山村学校进行小学素质教育实验。

“我离开了广拉屯，是为了去北京修改我的书。2003 年 3 月，回到了广西东南县的广拉屯。当时村民都不相信我会回来，不过，为什么不回来呢？在广拉屯的工作就是我的兴趣，我怎么会离开我的兴趣呢？

① 摘录于卢安克录制并赠送给岭南师范学院卢建筠博士的视频《山路弯弯》的开头部分。

“我最喜欢偏远的地方，因为在偏远的地方可以找到安静，做研究工作需要这种安静。

“如果我用最好的学生，比如大城市的学生，他们什么都做得到，如果我的教育方法很差，他们还是做得到，那我怎么知道方法好不好呢？

“我以前在广拉屯教的那些青少年，年龄太大了，感觉的基础培养不了。我们失败了，因为他们没有梦想。

“现在就从感觉开始，来看环境需要什么，或者自己的社会需要什么，那就可以知道该做什么。”

［评析］

密尔（Mill，J. S.）在《论自由》中言道：“从长期来说，一个国家的价值就是组成这个国家的个人的价值；一个国家如果为了要使它的人民成为它手中更加驯服的工具，哪怕是为了有益的目的，而……使人民渺小，就会发现靠渺小的人民是不能完成伟大的事业的。”人的行为的动力还有更高贵的东西——兴趣、爱、信仰。卢安克长期潜心于广西偏远山区的小学素质教育实验，因为教育研究工作就是他的兴趣。

**拓展学习：现代教师角色**

立足“学习为本”的价值追求，现代教师角色应以教师的教与学生的学之间的关系为核心。从这个角度加以梳理，现代教师具有八大角色：（1）知识的传授者；（2）学习者；（3）学生的引导者；（4）课程的研制者；（5）教学的组织者；（6）团体的领导者；（7）教育的研究者；（8）文化的创造者。

资料来源：黄甫全．新课程中的教师角色与教师培训．北京：人民教育出版社，2003：50.

**小资料：教师的育人角色**

根据国外学者里德（Reid，L. A.）等人的观点，教师至少要担任 10 种不同的育人角色：（1）社会代表，培养学生道德观念，并为学生树立榜样；（2）知识传授者和能力培养者；（3）法官与裁判，对学生之间行为冲突的是非做出判断；（4）辅导者和咨询者，指导学生学业、生活和就业等；（5）侦探，调查学生良好行为或犯规行为；（6）认同对象，以教师的人格感染学生，起到潜移默化的效果；（7）父母替身，给予学生父爱与母爱；（8）团体领导者，领导学生参加校内外各种活动；（9）朋友，帮助学生解决困难和问题；（10）感情倾诉对象。

资料来源：尧新瑜．试论教师专业化的三个向度．教育理论与实践，2003（2）.

## 五、教师素养

教师素养，又称教师素质、教师修养，是指教师根据专业和职业需要，在先天自然的基础上通过后天社会学习养成的，作为教师角色必备的身体、心理的品质，主要包括观念、体质、知识、技能、能力以及品德等。

### （一）职业道德素养

**与君分享**

爱——做好教育工作的核心。爱生活，才能感受到生活的美好；爱亲人，才能使家庭和睦；爱朋友，才能享受到友情的温暖；爱工作，才能感受到工作带来的快乐；爱学生，才能体会到教育的幸福……作为教师，我们只有真心地爱事业、爱学生，才能使内心永远充满激情，才能使工作的每一天都阳光灿烂。

——吴正宪

吴正宪老师16岁登上讲台，40余年间，也曾有过困惑、迷茫、犹豫，但她始终没有放弃心中的梦想：做个孩子们喜欢的老师，创造孩子们喜爱的课堂，带给孩子们学习的快乐，让孩子们享受童年的幸福！

**案例4-3　有一种善良叫“尊重”①**

我执教《分数的初步认识》，考虑到学生是第一次认识分数，就让学生结合生活经验，举出自己在生活中所发现的表示一半的事例。

有的学生用画图的方法将一个圆分成两半，还有一个学生画了一个桃，用一把刀把它切开，旁边还有两片桃叶。这时我出示了$\frac{1}{2}$这个分数，告诉学生：“所有这些都可以用$\frac{1}{2}$这个分数来表示，这就是你们心中的一半。”接着我随手就把黑板上的这些图都擦掉了，因为按照设计，要利用黑板展示得出$\frac{1}{2}$的过程，引出分数的概念。

这时，我发现刚才画桃的那个男孩很生气，用力把文具盒一扣。下课后，我问他：“刚开始上课时你那么积极，后来为什么不举手回答老师的问题呢?”没想到那个学生反问道：“为什么一开始你让我们用图画表示，后来又把我画的桃子擦掉?”这时，旁边的同学说：“老师，他是全校画画第一名，他画的画可漂亮了!”我尴尬地站在那里，无言以对，陷入反思中，心里一遍又一遍地问自己：我真正尊重学生了吗?

后来再上这节课时，我对这节课进行了调整，总有个别学生不愿擦去自己画的$\frac{1}{2}$，我就特意把他们画的用红笔圈起来，告诉大家：“这是同学的学习成果，要尊重。”但是随着教学过程的深入，$\frac{1}{3}$、$\frac{1}{4}$……逐渐出现，他们会自觉地擦掉自己的图，逐渐接受分数，我也总是耐心地等待着……

[评析]

尊重首先是宽容和理解。伤害也许就发生在不经意间，可能是一句话，也可能是一个

① 吴正宪．吴正宪给小学数学教师的建议．上海：华东师范大学出版社，2012：2.

眼神。当学生柔弱而敏感的心感受到别人对自己的尊重时，就开始学着如何尊重别人，从而也学着更加喜欢尊重他们的老师。

教师职业道德是指教师在其职业生活中，调节和处理与他人、与社会、与集体、与工作关系所应遵守的基本行为规范或行为准则，以及在此基础上所表现出来的观念意识和行为品质。教师职业道德规范是构成教师职业道德体系的基本素质。教师在教育教学活动中应遵循以下基本道德规范：爱国守法、爱岗敬业、关爱学生、教书育人、为人师表、终身学习。

**资料专栏：中小学教师职业道德规范（2008 年修订）**

（1）爱国守法。热爱祖国，热爱人民，拥护中国共产党领导，拥护社会主义。全面贯彻国家教育方针，自觉遵守教育法律法规，依法履行教师职责权利。不得有违背党和国家方针政策的言行。

（2）爱岗敬业。忠诚于人民教育事业，志存高远，勤恳敬业，甘为人梯，乐于奉献。对工作高度负责，认真备课上课，认真批改作业，认真辅导学生。不得敷衍塞责。

（3）关爱学生。关心爱护全体学生，尊重学生人格，平等公正对待学生。对学生严慈相济，做学生良师益友。保护学生安全，关心学生健康，维护学生权益。不讽刺、挖苦、歧视学生，不体罚或变相体罚学生。

（4）教书育人。遵循教育规律，实施素质教育。循循善诱，诲人不倦，因材施教。培养学生良好品行，激发学生创新精神，促进学生全面发展。不以分数作为评价学生的唯一标准。

（5）为人师表。坚守高尚情操，知荣明耻，严于律己，以身作则。衣着得体，语言规范，举止文明。关心集体，团结协作，尊重同事，尊重家长。作风正派，廉洁奉公。自觉抵制有偿家教，不利用职务之便谋取私利。

（6）终身学习。崇尚科学精神，树立终身学习理念，拓宽知识视野，更新知识结构。潜心钻研业务，勇于探索创新，不断提高专业素养和教育教学水平。

教育部　中国教科文卫体工会全国委员会

### （二）知识素养

1. 精深的专业知识

第一，精通该学科的基础知识和基本技能。第二，了解与该学科相关的知识。第三，了解该学科的新发展。第四，了解该学科领域的思维方式和方法论。

2. 广博的科学文化知识

教师既应有专攻，又应广泛涉猎；既要精通一门学科，又要研究相邻学科。这既是由于各门学科之间密切相关，又是由于当今的学生思想活跃、兴趣广泛，他们迫切地希望教师能满足他们多方面的要求。

3. 丰富的教育科学知识

教师要加强教育工作的科学性和有效性，就必须掌握教育科学知识。其中，教育学、心理学及各学科教材教法是教师首先要掌握的最为基本的教育科学知识。

### （三）能力素养

1. 语言表达能力

教师的语言首先要求准确、明了，有逻辑性；其次要富有感情，有感染力。更高一步的要求是富有个性，能够体现出一名教师的独特风采。

2. 组织管理能力

教师面对班集体进行工作，其组织管理能力必然会影响到教育教学工作的进行。这种组织管理能力包括两方面：一是教学过程中的组织管理，二是学生集体的组织管理。

3. 组织教学能力

教师组织教学的能力包括：编制教学进展计划和教案的能力，分析和重组教材体系的能力，运用教学参考书及编写补充教材的能力，恰当选择和运用教学方法的能力，运用现代化教学手段和制作教具的能力，收集、整理、归纳教学反馈信息的能力等。

4. 教育科研能力

教师的教育科研能力是指各级各类教师在进行教育教学工作的同时，从事与教育教学相关课题的总结、实验及创造发明的能力。

5. 自我调控和自我反思能力

教师的自我调控和自我反思能力是指教师在教学过程中，把教学活动本身作为意识的对象，不断地对自我表现以及教学进行积极主动的计划、检查、评价、反馈、控制和调节的能力。

**小资料：有效教师的自我调适品质与能力**

有效教师的自我调适品质与能力主要表现为：为自己的行动负责、关心和安抚自己的情感、适当揭秘自己、起模范作用、拥有一份健康的幽默感、主动自我检查、适时求助、做自我约束规范。

资料来源：Fielstein L，Phelps P. Introduction to teaching：rewards and realities. Beijing：China Light Industry Press，2005：22-43.

### （四）身心素养

**名言欣赏**

世界以痛吻我，叫我回报以歌。

——泰戈尔

健康的身体素质表现在两方面：一方面是教师对繁重的教学、紧张的工作、琐碎的家务具有较强的承受能力，能精力充沛地进行工作；另一方面表现为反应敏捷、体格强壮、耳聪目明、声音洪亮。

健康的心理素质是指教师在对自身角色的深刻理解和认识的基础上，依照社会的期望和自身实际情况，不断地对自己的行为及心理进行调整，使其能够适应角色的要求并不断促进角色向积极的方向发展。主要表现为：高尚的师德、乐观的心态、和谐的人际关系和健康的人格。

**小资料：魏老师的健康档案**

“我从农村当班主任至今，共当了17年班主任，17年来，我从没有请过一天病假，也没花过党和人民一分钱药费。”

“现在回忆起来，我真该感谢那届学生，是他们监督着我，鞭策着我去吃‘仰卧起坐、俯卧撑’这副灵丹妙药，吃了这么苦的药，我才坚强起来，体质也强健起来。直到今年暑假，我四处奔波开会，白天顶着36℃的酷暑讲一天课，晚间在宾馆还能坚持做完100个俯卧撑、100个仰卧起坐。每次做完，浑身就充满了战胜自我的力量。”

资料来源：魏书生．班主任工作漫谈．桂林：漓江出版社，1993：21，317.

**拓展学习：未来教师的理想风采**

叶澜教授用饱含理想的画笔，描绘出了新世纪教师素养的蓝图：“对人类的热爱和博大的胸怀，对学生成长的关怀和敬业奉献的崇高精神，良好的文化素养，复合的知识结构，在富有时代精神和科学性的教育理念指导下的教育能力和研究能力，在实践中凝聚生成的教育智慧，这就是我们期望的未来教师的理想风采。”

资料来源：叶澜．新世纪教师专业素养初探．教育研究与实验，1998（1）.

## 第二节 教师的权利与义务

**案例4-4** **校长有权解聘这位女教师吗？**①

某中学有一名女教师，怀孕期间学校为了照顾她，将她在一线的教学工作改为在政教处工作。这名女教师生产并休满3个月产假后来校上班时，校长找其谈话说：“你现在的工作已安排了人，你看你想做什么工作？”这位教师说：“我想教课。”校长说：“好吧，我们研究研究。”最后学校研究的结果是：由于该教师过去的工作岗位已经安排了人，又因学校不缺物理老师，故无法安排工作，校长决定将其解聘，让该教师自己找单位。

［问题］

问题1：《教师法》规定，教师有哪些情况时，由所在学校给予解聘？

问题2：校长有权解聘这位女教师吗？为什么？

问题3：《中华人民共和国妇女权益保障法》规定，妇女在孕期、哺乳期有什么权益？

问题4：这位女教师应该采取什么途径维护自己的权益？

① 褚宏启．中小学法律问题分析：理论篇．北京：红旗出版社，2003：59.

《教师法》对教师的权利与义务有规定，教师个人不能任意选择，也不能自行放弃，而且权利和义务具有交叉性，如教师教书育人既是其权利也是其义务。

## 一、教师的权利

教师的权利，是指教师在教育教学活动中依法享有的权益，是国家对教师能够做出或不做出一定行为，以及要求他人相应做出或不做出一定行为的许可与保障。《教师法》第七条明确规定，教师具有以下六种权利：

（1）进行教育教学活动，开展教育教学改革和实验。这项权利可以简称为教育教学权。

（2）从事科学研究、学术交流，参加专业的学术团体，在学术活动中充分发表意见。这项权利可以简称为科学研究权。

（3）指导学生的学习和发展，评定学生的品行和学业成绩。这项权利可以简称为管理学生权。

（4）按时获取工资报酬，享受国家规定的福利待遇以及寒暑假期的带薪休假。这项权利可以简称为获取报酬待遇权。

（5）对学校教育教学、管理工作和教育行政部门的工作提出意见和建议，通过教职工代表大会或者其他形式，参与学校的民主管理。这项权利可以简称为民主管理权。

（6）参加进修或者其他方式的培训。这项权利可以简称为进修培训权。

当然，教师所享有的权利绝不止《教师法》所规定的六种，作为一位公民，教师还享有公民所具有的广泛的基本权利，这些权利在《宪法》中有明确的规定。

**名言欣赏**

一切有权力的人都容易滥用权力，这是万古不易的一条经验。有权力的人使用权力一直到遇有界限的地方才休止。

——孟德斯鸠

## 二、教师的义务

《教师法》第八条规定了教师应当履行以下义务：

（1）遵守宪法、法律和职业道德，为人师表。

（2）贯彻国家的教育方针，遵守规章制度，执行学校的教学计划，履行教师聘约，完成教育教学工作任务。

（3）对学生进行宪法所确定的基本原则的教育和爱国主义、民族团结的教育，法制教育以及思想品德、文化、科学技术教育，组织、带领学生开展有益的社会活动。

（4）关心、爱护全体学生，尊重学生人格，促进学生在品德、智力、体质等方面全面发展。

（5）制止有害于学生的行为或者其他侵犯学生合法权益的行为，批评和抵制有害于学生健康成长的现象。

（6）不断提高思想政治觉悟和教育教学业务水平。

其他一些法律、法规也分散地规定了教师的义务，如《义务教育法》第二十九条有“禁止体罚学生”的规定。

“为了每一位学生的发展”是新课程的核心理念。教师应当关心、爱护全体学生，不能只关心、爱护一部分学生，对学习有困难、品行有缺陷的学生尤其更应给予关心、爱护。

**案例 4-5**　**妈妈，只有你能欣赏我**①

第一次参加家长会，幼儿园的老师说：“你的儿子有多动症，在板凳上连三分钟都坐不了，你最好带他去医院看一看。”回家的路上，儿子问她老师都说了些什么，她鼻子一酸，差点流下泪来。因为全班 30 位小朋友，唯有他表现最差；唯有对他，老师表现出不屑。然而她还是告诉她的儿子：“老师表扬你了，说宝宝原来在板凳上坐不了一分钟，现在能坐三分钟。其他妈妈都非常羡慕妈妈，因为全班只有宝宝进步了。”那天晚上，她儿子破天荒吃了两碗米饭，并且没让她喂。

儿子上小学了。家长会上，老师说：“这次数学考试，全班 50 名同学，你儿子排第 40 名，我们怀疑他智力上有些障碍，您最好能带他去医院查一查。”回去的路上，她流下了泪。然而，当她回到家里，却对坐在桌前的儿子说：“老师对你充满信心。他说了，你并不是个笨孩子，只要能细心些，会超过你的同桌，这次你的同桌排在第 21 名。”说这话时，她发现儿子黯淡的眼神一下子充满了光，沮丧的脸也一下子舒展开来。她甚至发现，儿子温顺得让她吃惊，好像长大了许多。第二天上学，去得比平时都要早。

孩子上了初中，又一次家长会。她坐在儿子的座位上，等着老师点她儿子的名字，因为每次家长会，她儿子的名字总是在差生的行列中被点到。然而，这次却出乎她的预料——直到结束，都没有听到。她有些不习惯，临别去问老师，老师告诉她：“按你儿子现在的成绩，考重点高中有点危险。”她怀着惊喜的心情走出校门，此时她发现儿子在等她。路上她扶着儿子的肩膀，心里有一种说不出的甜蜜，她告诉儿子：“班主任对你非常满意，他说了，只要你努力，很有希望考上重点高中。”

高中毕业了。第一批大学录取通知书下达时，学校打电话让她儿子到学校去一趟。她有一种预感，她儿子被重点大学录取了，因为在报考时，她给儿子说过，她相信他能考上理想的大学。她儿子从学校回来，把装有清华大学录取通知书的特快专递交到她的手里，突然转身跑到自己的房间里大哭起来，边哭边说：“妈妈，我知道我不是个聪明的孩子，可是，这个世界上只有你能欣赏我……”这时，她悲喜交加，再也按捺不住十几年来凝聚在心中的泪水，任它打在手中的信封上……

[评析]

我们是孩童的依靠，请给他们可靠的肩膀。案例中的老师也想努力履行义务，关心学

① 张乐天．教育学：新编本．北京：高等教育出版社，2007：67-68.

生，可惜用错了方法。老师们把学生看作被教育的对象，利用老师的威信，随意打击学生，而忘记了学生是一个有尊严的人，需要得到认可。相反，妈妈在孩子屡屡遭遇老师暴风雨时，随时为他挺起可靠的肩膀，用母爱温暖孩子，赏识孩子，自然赢得了孩子的信任，捕获了孩子的心。

## 三、教育申诉制度

教育申诉是我国教育法律、法规所确定的教育行政法律救济的途径之一。《教师法》第三十九条规定："教师对学校或者其他教育机构侵犯其合法权益的，或者对学校或者其他教育机构作出的处理不服的，可以向教育行政部门提出申诉，教育行政部门应当在接到申诉的三十日内，作出处理。教师认为当地人民政府有关行政部门侵犯其根据本法规定享有的权利的，可以向同级人民政府或者上一级人民政府有关部门提出申诉，同级人民政府或者上一级人民政府有关部门应当作出处理。"《教育法》第四十三条规定了受教育者的申诉权，"对学校给予的处分不服向有关部门提出申诉，对学校、教师侵犯其人身权、财产权等合法权益，提出申诉或者依法提起诉讼"。

**拓展学习：教师赋权增能**

兴起于20世纪80年代的美国学校重构（school restructuring）运动，是一场整体性的教育变革，其重点集中于校本管理、择校、教师赋权增能（teacher empowerment）和为理解而教四个方面。与之相应，课程改革的深化，萌动了教师赋权增能的必要性，而教育行政管理制度的演进，则生发了教师赋权增能的可能性。

教师赋权增能有明确的内涵与有效的策略。教师赋权增能的基本内涵有：一是在政治上教师享有决策权，二是在社会上提升教师的地位和影响力，三是在心理上增强教师的自我效能感。推进教师赋权增能的基本策略包括创设社会环境、营造校内环境和建设教师专业共同体。教师赋权增能的真正力量，主要来自教师专业能力的发展和提高。良好的教师教育，能为教师赋权增能提供可靠的智力保障。

# 第三节　教师职业行为

**案例4-6**　　**可爱的铅笔头①**

一位教师碰到学生上课总是忘记带铅笔的问题。这位教师既不给他们提供代用笔（可以使学生跟上教师的教学，但是会冒强化学生坏习惯的风险），也不强迫学生静静地坐过一堂课而剥夺他们参与课堂的权利。这位教师所用的策略非常巧妙，他在自己的桌子上一

① 舒尔曼，黄甫全，王娜．智者：教学活动中的知识生长．教师教育学报，2014，1（4）．

直放着一盒非常短的铅笔头。无论哪个学生来上课时忘了带铅笔，他都取出最短而可用的铅笔头借给学生，使该学生得以完成那一整天的作业。

[评析]

这是舒尔曼 1985 年在美国教育研究协会年会上提供的一个案例。舒尔曼认为，这一案例，除了可以作为一个很好的课堂管理实例外，也能作为避免无意识强化适应不良行为原理的一个珍贵原型。

## 一、教师的教学行为

### （一）教师的教学行为内涵与种类

1. 教师的教学行为内涵

教师的教学行为是指教学中教师运用专业知识及教学理论促进学生学习的一系列教学技能方式。它涵盖两个方面：一是由可观察的、可操作的、可测量的各种外显性的技能表现构成，二是由教师既有的认知结构对知识的理解、对教学情境的把握、对教学行为的选择等认知活动构成的一个复杂的心理过程。

2. 教师的教学行为种类

教师的教学行为主要包括：

（1）课堂管理行为，即是为教学顺利进行创造条件和确保时间效益的一系列教学行为方式。

（2）主要教学行为，即直接指向目标和内容的事先做好准备的行为。

（3）辅助教学行为，即直接指向具体学生和教学情境，面对难以预料的偶发事件，临时采取、调整的教学行为。

### （二）教师的教学行为对学习的影响

教学过程是社会互动过程。教师在课堂中的态度和行为必然会给课堂气氛带上某种色彩，不同的态度和行为就会形成不同的课堂气氛。

教师的态度和行为是学生学习动机的主要诱因。教师在教学过程中表现出来的态度和行为如果能满足学生的需要，就能激发学生的学习热情、兴趣和愿望，并使之处于某种定势状态，而处于定势状态的学习热情、兴趣和愿望是构成学习动机的主要成分。

## 二、师生关系

### （一）师生关系的概念

师生关系是指教师和学生在教育、教学活动中结成的相互关系，包括彼此所处的地位、作用和态度等。

在课程与教学活动中，师生关系主要包括业务关系、伦理关系和情感关系三个方面。师生关系的三个方面，分别代表着教师和学生作为工作人、社会人、自然人而存在的状态。其中，业务关系是最基础的关系，直接决定着课程与教学活动的组织执行；伦理关系是课程与教学活动社会性的重要表现，是社会道德观念的具体化；情感关系是师生交往的自然结果，是师生作为活生生的生命存在及其优化活动的重要表现。

**案例 4-7　　超级高考工厂里的女教师①**

河北省衡水中学校门街道边，今年考入北大清华的104名学生头像一字排开。街道不够长，考入港大和新加坡国立大学的77名学生没能露脸。

完全可以把衡水中学当作一家工厂来看待。流水线从每天清晨5：30开始运作，到每天晚上22：10关机停工，期间的每一分钟都被精确管理。拿着衡水中学的作息表，你看不到哪怕一分钟，是留给学生们自由支配的。

现代企业的流水线终于被无缝移植到中学教育中。教师们仿佛是往电路板上焊接元件的女工——喜欢招聘女老师是衡水中学的一个传统，因为“好管理”——她们在规定的时间点上，娴熟地把语文、英语、数学等科目考试所需要的知识，焊接到这些十六七岁孩子的大脑里。这个工厂的产品，便是每年6月份的高考升学率。

[问题]

问题1：你怎样看待这个超级高考工厂里师生之间的业务关系、伦理关系以及情感关系？

问题2：你怎样评价衡水中学里的女教师“好管理”现象？

### （二）师生关系的基本类型

1. 民主型

在这种类型中，教师热爱、关心、尊重和信任学生，善于同学生交流，尊重学生的意见，发扬教学民主；学生尊敬教师，接受指导，学习积极性高，善于独立思考，能够主动自觉地进行学习。师生之间呈现积极的双向交流，师生关系和谐，课堂气氛活跃。

2. 专制型

在这种类型中，教师有很强的教学责任心，但教育方法简单，不讲求教学方式，不允许学生发表不同意见，往往以其主张、决定为准。学生对教师只能是听取和服从，缺乏学习的积极性，处于被动地位。师生之间缺乏情感的沟通，易发生冲突，造成师生关系的疏远甚至对立。

3. 放任型

在这种类型中，教师对工作不负责，对学生也缺乏感情，采取放任自流的态度。学生对教师也持无所谓的态度，消极对待教师的要求。师生之间交往很少，关系冷漠。

### （三）良好师生关系的特征

**案例 4-8　　我们这里没有害怕②**

我们班的孩子很沉静，而且文明、有礼到一个难以置信的程度。这里就像块绿洲，但

---

① 雷磊．衡水中学的“封神”之路：超级高考工厂．南方周末，2013-10-10．

② 艾斯奎斯．第56号教室的奇迹．北京：中国城市出版社，2009：5．

它少了某个东西。讽刺的是，第 56 号教室之所以特别，不是因为它拥有什么，而是因为它缺乏了某样东西：这里没有害怕。

早年的时候，我也曾计划在开学的第一天给孩子来点下马威，让他们清楚我才是老大。有些同事也采取相同的做法，我们曾共享使孩子们守规矩的“成功”果实。看到其他班级吵闹失控，我们愚蠢地恭贺彼此的教室有多安静、孩子们多守秩序、每日课程的进行多么顺利。

直到某一天，我看了一部很棒的影片。影片中，一位从事特殊教育的优秀教师说了一个他儿子和波士顿红袜队的故事。这位教师继承了一只无价的签名球，球上有传奇的一九六七年红袜队全体队员的签名。当年幼的儿子找他一起玩球时，理所当然地，他警告儿子绝对不能拿签名球来玩。儿子问他理由时，他觉得红袜队的其他成员对他儿子来说毫无意义。于是，他没有花时间解释原委，只对儿子说，不能用那只球，是因为“球上写满了字”。

过了几天，儿子又找他一起玩球。他再次提醒儿子不可以拿写满字的球来玩。小男孩表示已经把问题解决了：小男孩把所有的字都涂掉了。当时，小男孩的爸爸气得想痛扁儿子。但他心念一转，便明白儿子根本没做错事。自那天起，他无论去什么地方都带着那只空白的签名球。这只球提醒他，无论是教导学生或子女，一定要时时从孩子的观点看事情，不要把害怕当作教育的快捷方式。

[评析]

大多数的教室里都被一种东西控制着，那就是“害怕”。老师们害怕：怕丢脸、怕不受爱戴、怕说话没人听、怕场面失控。学生们更害怕：怕挨骂、怕被羞辱、怕在同学面前出丑、怕成绩不好、怕面对父母的盛怒。这是个教室管理问题。真正的卓越是靠牺牲、错误以及大量的努力挣来的。毕竟，成功无快捷方式。打造无恐惧教室，我们可以做得更好。

要打造无恐惧的教室，需要建立良好的师生关系，良好的师生关系具有以下特征：

1. 民主平等

学生的健康成长有赖于教师的指导和帮助，教师教学的成效也有赖于学生的积极配合与支持。因此，良好师生关系的特征之一就是民主平等。

2. 尊师爱生

尊师爱生意味着师生之间应该彼此尊重、相互友爱，这是建立良好师生关系的感情基础。

3. 教学相长

在教学过程中，教师和学生是相互制约、相互促进、共同提高的。

4. 心理相容

心理相容指的是教师与学生之间在心理上协调一致，并相互接纳。

### (四) 良好师生关系的建立

1. 树立正确的师生观

师生之间要相互尊重、相互友爱。教师不仅要将学生当成教育的对象，更要将学生看作学习的主人，教师要高度尊重学生的人格，尊重学生的自主性、主动性和积极性。同时，学生在身心方面还不成熟，离不开教师的引导。因此，学生又必须尊重、依靠教师。

2. 提高教师自身的素质

教师只有具备高尚的品德、深刻而丰富的知识、高超的教育教学能力，才能为学生提供高效而优质的教学，提高教育影响力，得到学生的爱戴和尊重。

**行动学习：教师的沟通技巧**

在师生关系优化的过程中，教师处于相对主动的地位，教师的态度、行为和沟通技巧起着决定性的作用。一般来说，沟通技巧有言语的和非言语的两类。言语的或语言的沟通是师生交往的主要途径，教师在运用语言时应注意明确目的、内容、方式、时间、空间、人物等，做到选择适宜的语音与语种、辨明学生交往的动机，掌握语言的抽象、复杂和文雅程度，避免贴标签式的滥用心理学术语。非语言的沟通，往往事半功倍，教师应用时应尽量做到“衣着得体”、“表情切景”和“体态通情”。

3. 发扬民主平等的精神

在教育教学中，教师要树立威信才能建立正常的学校秩序，提高教育教学效果。但是，真正的教师威信不能单靠行政手段来建立，教师也不能以“权威”自居，而是要发扬民主的精神，以平等的态度对待学生，营造一个轻松、民主的教学氛围。

4. 正确处理师生矛盾

师生之间发生矛盾时，教师要善于控制自己的情绪，冷静全面地分析矛盾。如果是教师自身的问题，要勇于自我批评，向学生承认错误；如果是学生的错误，教师要帮助学生解决困难，启发学生自省改错。

**拓展学习：教师权威**

教师权威，是指教师在学生心目中的威望。在这种威望中，学生的敬重和佩服之情油然而生。教师权威是实施有效教育和教学的前提条件。

教师权威与教师的人格魅力有关。有人格魅力的教师往往具有很高的权威，而有权威的教师不一定都有人格魅力。

通常，我们把教师来自公职的权力称为“外在的权威”，把源于教师自身修养的威望称为“内在的权威”。

有智慧的教师不会端着“权威”的架子，反而会鼓励学生向自己挑战。一所学校、一批学生，如果遇到有权威的教师，是值得庆幸的。

## 第四节　教师专业发展

**案例 4-9**　　**生命因他而灿烂①**

9 月中旬的昆明细雨绵绵，患有脑瘫的五华区新萌学校毕业生刘洋延的心情却阳光灿

① 国家教师资格统一考试规划教材编写组．教育教学知识与能力：小学．北京：人民出版社，2012：164.

烂。“代老师，我爱你，你就像我们的爸爸妈妈一样。”教师节前，他与同校的3个学生代表应邀参加中央电视台教师节晚会的拍摄录制时，亲口向引领自己成长的代建荣老师道出感激。

19年前，代建荣毕业于昆明市体校体育师范专业，被分配到新萌学校，开始了自己的从教生涯。然而，他很快发现自己对特殊教育的理解太肤浅。为了尽快融入学生，代建荣担任起男生午休时的监护人，帮学生脱、穿衣服，处理学生癫痫病突然发作等难题。

一位患有唐氏综合征并做过先天性心脏手术的学生初入学校时，由于在异地学校留下过阴影，每逢上体育课，不是躲到厕所里，就是钻到课桌下。经过了解分析，代建荣利用小班化教学优势，选择适合他的项目进行备课和分层教学。2010年，这个学生在全国比赛中获得了足球金牌，昂首挺胸地重返校园。

近年来，代建荣先后参与了教育部和省级的多项课题研究，逐步探索通过康复训练，改善、调节智力障碍学生身体机能的有效途径。10多年来，新萌学校已有112人作为特奥会运动员走进国际和国家的特奥会赛场，取得金牌和银牌180枚。“以体育的方式，帮助智力障碍学生融入社会，提高生存质量，展示生命潜力。”代建荣就这样用智慧和汗水实现着自身的特教价值。

［问题］

问题1：你认为代建荣老师专业发展的内容重点体现在哪些方面?

问题2：代建荣老师通过哪些途径实现自己的专业发展?

## 一、教师专业发展

### （一）教师专业发展的概念

1. 专业

“简言之，一种专业就是一种依赖可靠的系统知识、需要高深的专业教养并回报社会以专门服务的职业。”① 教学专业目前凸显出来的特征主要有知识基础、服务定向、专业自主、责任担当四个方面。

（1）英语“专业”的动词为“profess”，意思是“以知识答谢”。因此，必须以系统的知识作为一种专业的基础，也就是专业的知识基础。

（2）每一种专业都有一个确定的服务取向，即为社会和个体提供一种基本的服务。服务理念对教学工作很重要，教师的主要责任就是为学生服务。服务取向也就意味着一种自我奉献精神。

（3）教师上课绝大多数时候无人督导，处于自由状态。所以，教师的大部分活动都是自主决策，既需要专业自主来保障，又需要专业自主来改进。

（4）责任担当，指教师和学校对学生学习负责的良好实践。

① Fielstein L，Phelps P. Introduction to teaching：rewards and realities. Beijing：China Light Industry Press，2005.

2. 教师专业发展

教师专业发展是指教师作为专业人员，在职业道德、专业思想、专业知识、专业能力、专业品质等方面由不成熟到成熟的发展过程，即由一名新手型教师发展成为专家型教师的过程。

教师专业发展，必须经过专门的教师教育。当代教师教育，从关注教师知识与技能的获得，转向关注“教师作为人的发展”。人们逐步认识到教师发展是一个连续的生命过程，并掀起了持续的改革，促进了教师培养从“师范教育”与“在职培训”分离模式，向“教师教育一体化”范式转换。

**（二）教师专业发展的内容**

1. 遵守教师职业道德

教师职业道德是教师从事教育教学活动时的基本道德规范，是教师对职业行为的自觉追求，也是教师专业发展的道德基础。

**名言欣赏**

上善若水，水善利万物而不争，处众人之所恶，故几于道。

——老子

2. 拓展个人专业知识

教师的专业知识是教师职业区别于其他职业的理论体系和经验系统。

3. 提升自身专业能力

专业能力是教师在教育教学活动过程中运用一定的专业知识和经验顺利完成某种教育教学任务的活动方式和本领。

4. 建构教师专业人格

教师的人格形象是教师在教育教学活动中心理特征的整体体现，具体包含教师对学生的态度，教师的情感、气质、兴趣等。教师的专业人格是教师专业发展的心理基础。专业人格的建构，是教师在教育教学过程中随着对教育的本质与价值、对学生生命与特征、对自我生命与生活的深切感悟和理解的基础上逐步形成的，是教师专业发展心智成熟的表现。理想教师的人格包括善于理解学生、和蔼可亲、真诚质朴、公平正直、富有耐心、善解人意、兴趣广泛、开朗乐观、意志力强、诙谐幽默、宽容大度等。

5. 形成专业思想

专业思想是教师在深入理解教育工作的本质、目的、价值的基础上所形成的关于教育教学的基本观点和信念。它是教师在教育教学工作中的世界观与方法论，是教师专业发展的理性支点和专业自我的精神内核，是教师对成为一个成熟的教育教学专业工作者的向往与追求。

6. 发展专业自我

教师专业自我，就是教师在职业生活中创造并体现符合自己志趣、能力与个性的教育教学生活方式，以及个体在职业生活中形成的知识、观念、价值体系与教学风格的总和。教师专业自我的内容概括为自我意向、自我尊重、工作动机、工作满意感、任务知觉、未来前景等六个方面。

**名言欣赏**

默而识之，学而不厌，诲人不倦，何有于我哉？

——孔子

### （三）教师专业发展的过程

在国外，关于教师专业发展过程比较有代表性的主张有“教师关注阶段论”。根据教师的需要和不同时期所关注的焦点问题，把教师的成长划分为以下四个阶段：

1. 教学前关注阶段

在职前培养时期，教师只关注自己的教学理念。

2. 早期生存关注阶段

处于这一阶段的一般是新教师，他们非常关注自己的生存适应性，关注自己的教学表现以及上级、学生和同事对自己的评价，最担心的问题是：“学生喜欢我吗”“同事们如何看我”“领导是否觉得我干得不错”等。

3. 教学情景关注阶段

当教师感到自己完全能够生存时，便把关注的焦点投向了提高学生的成绩，即进入了关注情景阶段。在此阶段的教师关心的是如何教好每一堂课的内容。

4. 学生关注阶段

教师已适应教学的角色压力和负荷，开始真正地关怀学生。能否自觉关注学生是衡量一个教师是否成熟的重要标志之一。

### （四）教师专业发展的途径

1. 终身学习——教师专业发展的前提保证

知识迅猛更新客观上要求教师学会学习，养成学习的习惯，不断更新自己的知识结构，使自己的课堂常教常新。

**案例 4-10　　相信你的直觉①**

在一个讲座上，我给教师和学校行政人员出了一个相当难的数学逻辑问题。和平常一样，我让观众对正确答案进行表决；也和平常一样，尽管这个问题的答案很普通，大部分人还是答错了。但是，观众里的一位数学老师正确回答了这个问题。那是因为，他有一种正确的直觉：为什么这个看似逻辑不确定的答案实际上具有逻辑确定性。我请他向观众解释他是如何得出正确答案的。他不是按照直觉的轨迹解释（实际上只有直觉才容易把这个问题解释清楚），而是试图找出一个数学定理证明他答案的正确性，最后他把自己和观众都弄迷糊了。

［评析］

这个例子的有趣之处在于那位数学老师有好的直觉，但是他不允许自己自由地释放这

① 斯腾伯格，史渥林. 思维教学：培养聪明的学习者. 北京：中国轻工业出版社，2011：151-152.

些直觉，他感到有责任用他所教科目的通常套路来证明这些直觉。当专业知识控制我们的时候，它们太多地妨碍而不是促进思维。非常简单，教师必须把自己和学生都当作学习者，在这个角色中我们必须感到舒服。没有比“去教”更好的学习方式了，我们既是老师又是学生，我们和学生都必须接受这种双重任务。

自学是教师学习的古老而有效的基本形式。教师的学习不仅是个体的学习过程，也是一个集体的学习过程。因此，构建教师学习化专业共同体，可以有效地促进教师的专业发展。学习化专业共同体，是指某一学校或学校间某一类教师组成一个专业性群体，全体成员在共同目标的指引下以学习为主导和纽带，具备高度的凝聚力和旺盛的生命力。在学习化专业共同体的构建过程中，教师组织共同愿景的形成，知识、经验的交流与共享，教师文化的构造，对每一位具体的教师来说都是一个专业成长的过程。

2. 教学反思——教师专业成长的必经之路

教学反思指教师借助行动研究，不断探讨与解决教学目的、教学工具和自身方面的问题，不断提升教学实践的合理性，使自己成为专家型教师。

3. 同伴互助——教师专业成长的有效方法

新的课程计划的颁布，不同学科的相互融合，以及课程与现代信息技术的整合等，都要求教师彼此合作。但是，一些研究表明，不同学科教师之间的合作很少，如图 4－1 所示。

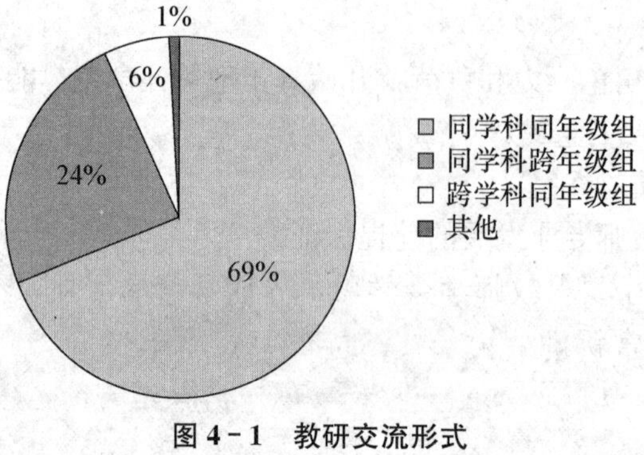


**图 4－1　教研交流形式**

图 4－1 的调查结果表明，教师认为最有效的教研交流形式为：同学科同年级组占 69%，同学科跨年级组占 24%，跨学科同年级组占 6%，其他占 1%[①]。这个数据告诉我们，跨学科同年级组的百分比太少了。其实，这些学科只是为了学习的方便而分别开设，但学生是一个完整的人，需要全面的知识。因此，跨学科同年级组的合作对学生的发展很有意义，教师需要加强教研交流。

同伴互助的方式有以下几种：

（1）学术沙龙。

学术沙龙是指教育工作者或教育研究者之间主题性的小型教育研讨活动。

（2）磨课。

磨课是对课堂教学研究的一种形象化说法，往往由集体开展的“备课—上课、听课—评课”三个环节组成。

---

① 褚宏启. 教育发展方式转变与教育治理变革. 学术报告课件，2014-11-29.

（3）开展微格教学。

微格教学以少数的学生为对象，在较短的时间内（5～20 分钟），尝试做小型的课堂教学，可以把这种教学过程摄制成录像，课后再进行分析。

（4）展示。

学校定期由教研组或课题组以研究小组为单位，向其他教研组或教师群体展示各自研究课题的阶段性实践和成果。

4. 行动研究——教师专业发展的基本方式

行动是教师专业发展的出发点，教师成长和发展的关键在于实践知识的不断丰富和实践智慧的不断提升。教师行动研究，是指教师在日常工作中，将自己组织开展的实际教育教学活动作为研究对象，采取有效方法加以观察、反思和改进的方式。行动研究的操作程序为规划、行动、观察与反思的连续循环。具体来说，就是实践者与他人一道分析已有教育教学实践，筛选出急需解决的典型性实际问题，进行精心的研究设计并制定操作性的实施计划。实践者有计划地、螺旋式地至少实施两轮以上的教育教学行动，同时采用有效方法与工具对行动过程进行系统观察和资料收集，进而对研究的问题、计划、教师和学生的实际表现进行系统反思、讨论和交流，并将反思的信息及时用来改进紧接而来的教育教学实践。

行动研究蕴含着两个基本理念：一是在实践中学习，二是实践者成为研究者。

5. 专业人士引领——教师专业成长的重要条件

教师要向专业人士和成功人士学习，不断接受先进理论、技术、方法和经验的专业引领。提倡各级教研部门、教师进修院校和教育科研机构专业研究人员与教师共同研究，建立起平等交流、共同成长、互补互益的伙伴关系。

专业引领的操作方法如下：

（1）阐释教育教学理念。

专业人员可采用讲座、教学问题诊断和引导自学等形式，让教师全面掌握新的教育教学理论。

（2）共拟教育教学方案。

专业人员要与教师就某种教育教学内容或现象在共同探讨的基础上引领教师，并与教师共同拟订出教育教学方案。

（3）指导教育教学实践尝试。

专业人员要与教师一起将共同拟订的教育教学方案直接用于教育教学实践。

（4）引导反思教育教学行为。

就教学来说，在教师拟订的教学方案进行教学实践尝试之后，专业人员要安排和组织教师对教学尝试情况进行反思和评议。

6. 课题研究——教师专业成长的有效载体

在促进教师专业发展的众多可能的途径中，开展课题研究不失为一个有效的载体。

7. 网络远程研修——教师专业发展的新平台

网络远程研修是近年来随着信息技术的高度发展形成的一种教师专业发展的新平台。

8. 教师成长记录袋——教师专业发展的不断动力

教师成长记录袋是根据教育教学目标，有意识地将教师的相关作品及其他有关资料收集起来，通过合理的分析与解释，反映教师在教学、学习与发展过程中的优势与不足，反映教师在达到目标过程中付出的努力以及取得的进步，并通过教师的自我反思和激励取得更高的成就。

## 二、专家型教师与新教师的比较研究

专家-新手比较研究是认知心理学家研究专门领域的知识时经常采用的方法。

### （一）专家型教师与新教师的比较

1. 课时计划的差异

与新教师相比，专家型教师的课时计划简洁、灵活、以学生为中心并具有预见性。

2. 课堂教学过程的差异

专家型教师制定的课堂规则明确，并能坚持执行，而新教师的课堂规则较为含糊，不能坚持执行下去；专家型教师有一套完善的维持学生注意的方法，新教师则相对缺乏这些方法；专家型教师在教学时注重回顾先前知识，并能根据教学内容选择适当的方法，新教师则不能；专家型教师将练习看作检查学生学习的手段，新教师仅仅把它当作必经的步骤；专家型教师检查学生家庭作业效率高，而新教师效率低；专家型教师具有丰富的教学策略并能灵活应用，新教师缺乏或者不会运用教学策略。

3. 课后评价的差异

新教师的课后评价更多地关注课堂中发生的细节，而专家型教师则多谈论学生对新材料的理解情况以及他认为课堂中值得注意的活动。

### （二）专家型教师的基本特征

1. 拥有丰富的组织化的专门知识，并能有效运用

舒尔曼认为，专家型教师应具备的知识主要包括：所教学科知识；教学方法和理论，适用于各学科的一般教学策略；课程材料以及适用于不同学科和年级的程序性知识；教特定学科所需要的知识，教某些学生和特定概念的特殊方式；学习者的性格特征及文化背景；学生学习的环境；教学目标和目的。除了拥有这些丰富的知识，专家型教师还能将这些广博的、可利用的知识灵活地组织起来并运用于教学中。

2. 高效率地解决教学领域内的问题

专家型教师在广泛的知识经验基础上，能够迅速完成多项活动。尤其是某些教育技能已经程序化、自动化，这使他们能够将注意集中于教学领域高水平的推理和问题解决上。

3. 创造性地解决问题，有很强的洞察力

专家型教师在教学中能够鉴别出有助于问题解决的信息，并能够有效地将这些信息联系起来，重新加以组织。通过这些过程，专家型教师能够对教学中的问题做出新颖而恰当的解答。

**请君一试**

1. 2012 年单项选择题：一个新教师把自己工作的重点放在维系与领导、同事的关系上，他目前处于（　　）阶段。

A. 关注情景　　　　B. 自我感受

C. 关注学生　　　　　　D. 关注生存

答案：D

2. 2012 年简答题：小学教师应该具有哪些基本能力？

**【答案要点】**

小学教师应该具有这些基本能力：(1) 语言表达能力；(2) 组织管理能力；(3) 组织教学能力；(4) 教育科研能力；(5) 自我调控和自我反思能力。

3. 2013 年材料分析题：在一次教研活动中，一位小学老师感慨地说：如今的孩子，虽然年龄小，可脑子里稀奇古怪的想法却不少。他们经常会在课上或课下问我一些问题，令我时常怀疑自己是否适合当小学老师。比如，我在讲有关太阳和月亮的知识时，有的孩子就会问："老师，太阳为什么白天出来？月亮为什么晚上才出来？"对这样的问题，我还勉强能回答，但有些问题，真的让我难以回答。比如，有的孩子会冷不丁地问："老师，古代女子都是裹脚的，花木兰替父从军，晚上不洗脚吗？别人会看不到吗？女人什么时候开始裹脚的呢？"我当时就懵了，不知如何回答。有的学生会兴奋地问我："老师，您想'穿越'到哪呢？"我更是茫然了……

[问题]

(1) 试分析这位老师困惑的原因。

(2) 如果你面对这样的情境，将如何对待？

**【答案要点】**

(1) 这位老师产生困惑的原因，一方面是不了解小学生的年龄特征，小学阶段正是好奇心、求知欲最强的时期，他们会提出各种各样在老师看起来奇怪的问题；另一方面是不了解教师的知识结构，在当今信息化高速发展的社会，学生的知识储备日益丰富，要求教师不仅要具备科学的文化专业知识，还要具备广博的一般性知识。

(2) 从以下几个方面入手，实现教师的专业发展：1) 树立专业理念。教师的专业理念包括专业态度、专业道德、专业教育理念。专业态度是教师对自己从事的职业所持有的基本态度。专业道德是教师在教育教学活动中处理人际关系所遵循的基本准则。专业教育理念是教师对教育事业所持有的理想和信念。作为小学教师，首先要从这三点入手，启发学生积极思考，与学生共同探索问题。2) 储备专业知识。除了具备学科专业知识和教育科学知识之外，教师还要拥有广博的科学文化知识。材料中的教师在遇到学生提出奇怪问题的时候不知所措，一方面是因为自己的知识不够充实，另一方面回答学生问题时要注重站在学生的角度看世界。因此，教师要不断更新自己的知识内容，跟上时代的发展，这样才能满足学生各方面的知识需求。3) 培养专业能力。教师专业能力主要包括：语言表达能力、组织管理能力、组织教学能力、教育科研能力、自我调控和自我反思能力。在遇到学生提出的各种问题时，能力强的教师能够融会贯通，并且善用符合小学生经验发展的语言来回答。

第五章

# 环境开发

环境对个体的影响非常大。正如马克思主义认为，人是社会的动物；英国哲学家怀特海（Whitehead，A. N.）也认为，有机体的本质取决于其环境的本质；意大利幼儿教育家蒙台梭利（Montessori，M.）更是认为，儿童的发展就是从类似星云的环境中吸取营养和刺激再加上自己活动的结果①。从这个角度来说，决定人的教育水平的关键外部因素就是教育环境，要想把教育做好，首先就要把教育环境建设好。

## 第一节　环境概述

**案例 5-1**　　郑渊洁的育子经历②

童话大王郑渊洁不但是中国杰出的儿童文学作家，也是一个很有独特教育思想的父亲。在他儿子郑亚旗很小时，他就按照自己的理解，努力教儿子做一个友善、真诚的人。郑亚旗上小学时，一次看到学校升国旗、奏国歌时非常激动，于是给郑渊洁说了想升国旗的想法。郑渊洁马上支持，并表示愿意给老师转达这个心愿。但老师一听就笑了："他怎么能有资格升旗？他又不是少先大队干部，学习也不好。"这次事件，严重打击了郑亚旗对升旗的满腔激情。

但是，郑渊洁对儿子的教育和关心一如既往。儿子小学毕业后，就在家上学。郑渊洁为儿子腾出了一个房间作为教室，而且每周一早上也进行升旗，郑亚旗是唯一的学生，也是当然的升旗手。郑亚旗在此享受到的教育自由可想而知。为了郑亚旗的教育，郑渊洁甚至还亲自改编教材，把中学各科内容改编成几十万字的故事，其中关于社会生活能力教育部分他就写成了《皮皮鲁和 419 宗罪》。

① 蒙台梭利．蒙台梭利幼儿教育科学方法．北京：人民教育出版社，2001：333-339.

② 案例是编者根据网络公开材料整理而来。

[评析]

郑渊洁的童年是在母亲的比山羊走独木桥更安全的故事中长大的，所以他对个性有着超乎寻常的坚持。但在现实的学校教育中，往往会遇到挫折。所幸的是，郑渊洁没有轻易放弃自己的原则，并继续在家庭教育中进行补偿，特别是他的儿子郑亚旗在家上学的日子里，他的自然自由教育原则更是得到充分的实施。无论是郑渊洁的母亲还是郑渊洁，都在家庭环境建设方面做出典型的努力。这个案例也从另一角度说明了家长可以在孩子的成长过程中营造一个合适的教育小环境，以利于孩子朝着正确的方向进步。

## 一、教育环境的概念

在教育环境范畴体系中，人们常常用教育环境、教学环境以及学习环境这三个基本概念。

教育环境从宏观因素来说，有自然因素如气候、地理、饮食等，这些自然因素都影响着个人的发展，而时代精神、社会文化与风气以及图书馆、博物馆等社会性的宏观因素也在总体方面影响着个人的发展。而微观因素的影响则更直接，比如以父母（或者其他监护人）为核心的家庭环境是人生重要的教育与成长环境，父母更是人生中重要的导师，家庭的文化水平、期望值、经济力量、教育观念等都对孩子的成长起着重要的作用。教学环境可以说是更具体的教育环境，是影响教学活动所有因素的综合，包括教师的工作状态、教学准备情况、学生的学习动机和基础，还有同学关系、教师给予的评价与压力、家长的促进、学校风气，以及教师上课过程中的动态发挥等等。学习环境则是最可能体现教育环境核心和个体风格实质的成长环境。以前的教学环境更重视教师的教，现在则更重视学生的学。因而，重视学习环境的研究与建设就成为当代课程与教学领域内新的生长点。

## 二、教育环境的具体分类与利用

教育环境的影响因子很多，可以从不同的角度进行分类。下面从逻辑哲学维度进行探讨。首先是共时性因子，也就是空间性因素。从空间上看，教育环境是一种特殊的实体性存在，主要包括家庭环境、社区环境、学校环境和时代环境。家庭环境是个人成长的第一个教育环境，父母是个人成长影响因素中的重要角色，也是心理学上影响个人的“重要他人”。社区环境更是学生成长生活的重要范围。学校环境则是教学环境讨论的核心对象，也是我们通过教育服务社会、改变社会的基本途径。学校的自由度、组织水平、活力与风气、学校组织与哲学都构成了影响教育的重要因子。时代环境则是每个人成长重要的大环境，也是我们重要的老师。其次是历时性因子，其表现方式也很多，时间性因素是核心。教育环境随时对身处其中的人产生功能，与人整合而形成了一个文化连续体。在这个意义上，教育环境实质上是一种功能性存在。这样，从人到环境，由里向外区分，教育环境就包含生理环境、心理环境、物质环境、交往环境、符号环境和活动环境等①。

① 黄甫全. 当代教学环境的实质与类型新探：文化哲学的分析. 西北师大学报（社会科学版），2002（5）.

## 三、环境影响与个人努力的互动关系

人是环境的产物，人都是在环境制约与影响下成长与发展的，环境中的有利或不利因素时刻都在影响着个人。所以，通过学生的家庭环境、已经毕业的学校、过去的表现等等来判断学生的现实水平与未来期待，也不是没有理由。但这只是问题的一个方面。另一方面，人也是环境的主人，环境是由人组成的，个人也影响着环境、建设着自己的环境。所以，从这个角度来说，我们也不能低估个人对环境的积极作用。个人的态度、行为都在影响周围的人，从而影响自己周围环境的活动组织与发展。

在谈到个人与环境的互动这个话题时，也很有必要从行为主义心理学家斯金纳那里吸取启示。斯金纳认为，我们应该“把行为的决定因素从自主人那里转到环境上”，因为他坚信“人的确是由他的环境控制的”。但他也看到了个体的主动力量，所以他也提醒我们，不要低估了自己改变环境的力量，因为“这种环境本身却主要是由他自己创造的”①。这就启示我们：既要重视教学环境的建设，不断改善环境，让学校更好地为学生的学习与成长服务；另外，每一个个体也不必被动等待，而要主动改变自己，有所作为，促进环境的逐步改善。

**名言欣赏**

天行健，君子以自强不息。

——《周易》

“天行健，君子以自强不息。”意思是说，人在世上，就要遵从天道，效仿天德，自立自强。而且要永远学习上进，因为不进则退，应当像天体的运行一样永远不断地前进。西方有一句名言说，太阳每天都是新的，也是此意。进取的人生才有存在的意义。这句话的核心启示是：人虽然生活在环境之中，但也是环境的主人，是环境的缔造者和改变者。

# 第二节　课程协作参与

**案例5-2**　　**生本教育成功的主要原因②**

教育实践的制约因素实在太多了，所以，一个成功的教育实验，背后必然有着众多的因素协调得当，尽管也有支配性因素的存在。诞生于1999年的生本教育，已经走过19个年头了，取得了较大的影响力，参与的实验学校遍地开花，有的地区甚至整体推进，而且实验效果也比较显著。作为一个教育实验课题，生本教育的表现还是比较成功的。生本教育成功的原因是什么呢？简单分析，大致如此：首先，是其思想的深刻与根本。生本教育

① 斯金纳．超越自由与尊严．贵阳：贵州人民出版社，2006：176.

② 郭思乐．教育走向生本．北京：人民教育出版社，2001.

基本思想来源于老子的自然无为，把学生的学习认为是自然的事情，这与重视个人吃苦努力的儒家学习理念显然不同。生本教育不但与中国传统文化有一定的渊源，也吸取现代社会文明的精华思想，如民主和自由。其次，是其实践上的易于操作性。生本教育把学生作为根本的教育要素，强调没有学生就没有教育。在教学实践中，强调先学后教、以学定教、多学少教，从而真正树立了学习在教育中的根本地位。另外，生本教育也能注重利用信息社会带来的便利，主动把信息技术纳入自己的资源，鼓励学生通过电脑网络进行自主学习，从而增强了学生学习的力量。最后，生本教育非常重视教育管理者的支持和教师改变与提升的主动性，当然最终目的都是发挥学生的学习积极性。所以，生本教育实验不要求学生参加统一考试，因为这一实验相信以学养考，而不是传统的以考养考。也由于这个实验的效果显著，学生学习积极性高涨，学习能力提升，最终的学习成绩提高了，所以，实验的自主参与动力就相对较大。

[评析]

真正有效的教学需要各个方面的力量形成合力，通过促进教师的教学探索而最终服务于学生的学习。生本教育通过教育管理者们自身的学习和努力，为学生学习和教师的教学探索提供了一定宽松的自由活动空间，从而使这些合力服务于学生的自然性学习和成长，同时也保障了教师通过自身教学探索而持续发展。

通过生本教育的介绍和分析可以看出，虽然课程与教学过程中的决策者、利益主体、影响者较多，但如果教育者能够开阔视野，放弃局部利益，认准目标，坚持平常心，服务于学生的学习，就可以真正地回归教育之道。

## 一、课程与教学的协作者和参与者

影响课程与教学的因素很多，我们可以从决策者、利益主体和影响者几个方面来分析。课程与教学的决策者是教学环境的主角，也是主要的协作者，包括社会方面和学校方面，但最终的落实者是教师和学生，落实之处是课堂教学及课外学习。课程与教学的利益主体包括学生、家长、学校董事、考试与参考资料提供机构等等。在课程与教学的共同体中，还有一些通过提出学术或实践观点、教育口号、活动方案或评价方式来产生影响，被称为影响者。

## 二、课程与教学共同体的众多协作者中的核心角色

应该说，学生是课程与教学共同体中第一重要的核心角色，也是教育的起点和归宿。但是，忘记或漠视学生的作用是经常的现象。而教师是课程与教学的主要执行与完成者，其进行教学自由探索的核心地位当然需要保障。除了师生，教育管理者也可能在课程与教学活动中起着核心作用，从某种角度说，课程和教学的实质就是管理。当然，这个核心的角色也可能在参与者中间转换，而何者为核心取决于各自的特质，一个场独立型的人更容易坚持自己，一个场依赖型的人更容易跟随潮流。一个个体扮演力量强大的、有主见的角色更容易成为领导者，否则就容易成为被领导者。

## 三、家庭与家长的突出作用

家庭是人生的第一个学校，父母是人生的重要老师。所以，重视家长和教师的协作，重视家庭和学校的配合，则是课程与教学共同体中的基本内容。

父母的关系、文化素质、教育观念、在家庭教育中的参与程度、生活气氛、对孩子的期望值、家庭的经济水平，都影响着孩子的学习和发展。所以有人说，孩子的问题从根源上说是父母的问题。学校在建设教育环境时，必须关注父母的参与，通过家长沙龙或学校讲座等方式促进家长的反思性提升，最终优化孩子的学习环境。

# 第三节　学校文化

**案例 5-3**　**基础教育印象：一个学习自由、课程丰富的小学，一个孩子们快乐成长的桃花源①**

——摘自一个高校教师的教育周记

近两年来，由于工作关系，我经常去广东省湛江市第二十五小学，一个地处南海之滨的普通学校。去的次数多了，也熟悉了，最后就在那里进行了一个小型的教学实验。这样一来，去的次数就更多了，但每次都有莫名的触动。这所学校的特色的确比较突出，大致可以由这五个词来体现：艺术、科学、实验、自由、分权。这所学校的民乐教育有十多年的历史了，学生经常出国交流，并获得多次奖励；书法教育成绩斐然，走廊上遍布学生的书法；围棋活动也有较大的影响力。这一切都说明这里的传统文化氛围浓厚。另外，这里的科学教育也进行得如火如荼，学校不但举行了校园科技文化节，还在六一儿童节之际举行全校学生都参与的“快乐科学七彩童年”的科技游园活动。这里之所以能把一般不受重视的科学、艺术教育开展得红红火火，重要原因是这里有教育实验的氛围。前面这些特点其实都与自由和分权密切相关。没有自由的学校风气，艺术、科学和教育实验都很难落地。而自由的风气又与学校管理者下放权力的努力分不开，与这所学校的民主教育精神分不开。

在这样的校园里学习或工作，我觉得孩子们是幸福的，教师们的精神也是享受的。

［评析］

在当今的中国小学教育现实中，应试教育的成分不少。在教育内容中，以智育为主，以德育、美育等为其次；在智育中，以语文、数学、外语等所谓的主科为主，科学、艺术、体育等所谓的副科为辅；在主科的学习中，又以课本的记忆为主，不重视课外学习，不重视创造力。如此一来，教育就被严重窄化，被严酷分级，造成学生之间、教师之间因为成绩、学科不同而严重不平等，严重违背全面发展、和谐发展的教育宗旨，也给师生心理造成了巨大压力，严重危害了学生的成长和教师的发展。

① 案例是编者根据网络资料和未公开档案整理而来。

湛江市第二十五小学走的显然是另一条路，一条自由、宽松、丰富的路，也是一条接近于教育实质的大路，虽然以后的路还长，还有很多地方值得探索和努力。我们也许可以将这所学校的文化哲学归纳为：自由而丰富、多元有活力。

## 一、学校文化的含义

学校文化，有时也称作学校精神或学校哲学，其实是一个学校的文化精神及其物质化的体现，也可以说是价值观及其体现，相当于服务于硬件的软件。从根本上说，学校文化是一个学校最有导向性和影响力的决定力量。由于学校的核心工作是教学，所以，学校文化可以说主要体现在教的文化和学的文化，当然背后还有管理文化，以及看不见的隐性文化。所有这些文化形态的最终作用就是促进学生的成长。但是，一个真正文明、进取的学校文化需要一种文明的思想来指导，需要一种服务精神来实现，需要一种权力的分散来赋予个人的自主探索力量，更需要把这种文化体现在课程与教学的实践过程中。

## 二、校园文化

校园文化与学校文化基本重合，也可以说是学校文化的具体表现。校园文化大致可以从精神文化、制度文化和物质文化三个角度来理解。首先，精神的或哲学的文化，是校园里看不到却时刻可以感受到的心理要素，从某种角度来说决定着学校文化的方向和基本规格，也是学校文化的核心因子。特别是对于这样一个面对未来的教育事业，理想、期待、梦想的地位特别突出。其次，应该重视规则的形成，重视制度的力量，在一定意义上告别人治，虽然在教育过程中人性的力量是永恒的。这里就需要一种相对固定的组织上的、管理上的行为程序，只有规则相对恒定，大家才有公平感，才可能存在通过自己努力来实现梦想、改变现状的希望，也才可能形成个性自由、充满活力、丰富多元的文化。最后是物质文化，这也是学校存在的重要前提和基础，校园面积的大小、建筑物质量及其与师生心理的融合度、教室大小、学生自由活动空间、宿舍文化（如果寄宿的话）、运动区域、运动设施、自然生物资源等都是重要的物质文化内容。另外，人文景观也是非常重要的内容，如宣传设施、熏陶的因素、校园雕塑等。在当代的信息社会，便捷的网络、丰富的藏书等也是构建丰富校园文化的必要前提。

## 三、隐性文化

苏霍姆林斯基说过，我们的努力是要让学校的墙壁也会说话。这其实就是隐性文化，表现在学校就是潜在课程。从某种角度来说，隐性文化的主要内容就是隐性课程。由于应试教育在当今学校的影响力强大，学校对考试的态度、做法是影响学校文化的重要隐性力量。一个真正志在成为学习乐园的学校，会努力形成一种宽松、自由、多元、有内涵的精神与文化，从而滋养学生的个性成长。

## 第四节 教育媒体

**案例 5-4** 一个典型的“翻转课堂”[1]

**教学目标：**

1. 知识目标

掌握急救措施的一般步骤，学会心肺复苏的具体操作方法，学会异物堵塞呼吸道的急救法——海姆立克急救法。

2. 能力目标

通过学习和动手操作，提高急救的能力。

3. 情感、态度与价值观

通过学习一些常见的急救方法，能关爱生命，在关键时刻保护自己、帮助他人。

**教学过程：**

1. 课前给学生的内容

看书，小组讨论怎样打急救电话；网上观看心肺复苏的视频，小组讨论心肺复苏的正确方法和步骤，写在笔记本上，并尝试在组内练习；网上观看海姆立克急救法视频，总结海姆立克急救法的要点，写在笔记本上，并尝试在组内练习。

2. 课上内容

利用视频和图片引入病例，现场模拟打急救电话，现场利用模型演练心肺复苏的方法，组内演练模拟海姆立克急救的方法、其他的急救方法，总结。

意义：通过实际模拟，增强学生的实际操作能力以及救人的信心。

[评析]

这个案例体现了现代教育媒体与传统教育媒体在教学中的综合运用。教师采用“翻转课堂”的模式尝试实践课，活动设计丰富，利用多种媒体资源，丰富了学生的知识，同时贴近了学生的生活实际，满足了个性化学习的需求。

### 一、教育媒体的概念

媒体（media）是指传播信息的媒介。媒体有两层含义：一是指承载信息的物体，二是指储存、呈现、处理、传递信息的实体。

教育媒体是在教育过程中携带和传递教育信息的物质载体和工具，它包括硬件和软件两部分。硬件是指装备或者设备的机件本身，如计算机、校园网、多媒体教室等；软件是指已录制的载有教育信息的教学软件、计算机课件等。教育媒体是教育传播过程重要的组成部分。教育媒体的重要意义不仅仅在于它是传播信息的一种介质，正如传播学者麦克卢汉（McLuhan，H M.）在《理解媒介：论人的延伸》中所言：媒介不是一种工具，媒介

① 案例来源于北京市杨庄中学董慧荣。

自身即是讯息，媒介是人的延伸。因此，教育媒体的内涵比它所表现出来的物化价值要高，教育媒体随着技术的进步而不断进步①。

## 二、教育媒体的分类

随着科技的发展，教育媒体的种类越来越丰富，为了把握各种教育媒体的特性以便选择利用，有必要对其进行分类。由于出发点的不同，媒体的分类方法也多种多样。以下介绍两种主要的教育媒体的分类法：

### （一）根据媒体的物理性能分类

按这种分类法，可分为光学投影媒体、电声媒体、电视媒体和计算机媒体。

1. 光学投影媒体

通过光学投影的原理成像，使用视觉和听觉的搭配，如投影仪、幻灯机等。

2. 电声媒体

将教学信息以声音形式存储、播放和传送，如电唱机、收音机、语言实验室等。

3. 电视媒体

储存与传送活动的图像与声音信息，如电视机、摄像机、非线性编辑系统、虚拟演播室等。

4. 计算机媒体

通过计算机实现文字、图片、图表、动态图像等教学信息的编辑、应用、传输、存储，如计算机。

### （二）根据媒体呈现的形态分类

按这种分类法，可分为听觉媒体、视觉媒体、视听觉媒体、综合媒体四类。

1. 听觉媒体

听觉媒体是指发出的信息主要作用于人的听觉器官的媒体，如广播、录音等。

2. 视觉媒体

视觉媒体是指发出的信息主要作用于人的视觉器官的媒体，如教科书、黑板、挂图、幻灯片、投影等。

3. 视听觉媒体

视听觉媒体是指发出的信息主要作用于人的视觉器官和听觉器官的媒体，如电影、电视等。

4. 综合媒体

综合媒体是指使用多种感官、具有人机交互作用的媒体，如多媒体计算机、虚拟现实等。

此外，按照发展可将教育媒体分为传统教育媒体和现代教育媒体。传统教育媒体有教科书、测试、挂图、投影机等，现代教育媒体有录像、多媒体计算机、网络等。但是，无论何种分类，都有其局限性，因为如此众多的媒体，特别是依靠现代高新技术所形成的现代化的媒体，无论按照哪种分类都可能形成与其他类交叉②。

---

① 黄慕雄. 数字时代教育媒体的形态变化研究. 电化教育研究，2011（10）.

② 何克抗，李文光. 教育技术学. 北京：北京师范大学出版社，2005：80-81.

## 三、现代教育媒体材料的开发与应用

### （一）现代教育媒体材料的开发

在教育技术界，把专门为教育设计开发的媒体化材料称为教育媒体材料。多媒体演示文稿、录音教材、电视教材、多媒体教学软件和网络课件等构成现代教育媒体材料制作的主要内容。

下面重点介绍电视教材的开发和网络课件的开发。

1. 电视教材的开发

电视教材是根据教学大纲的规定，采用电视图像和声音表达教学内容的一种音像教材。电视教材是广播电视教育系统最主要的学习资源之一。

电视教材的开发流程主要包括选题、策划和设计、摄录编制三步。电视教材的主题要符合新颖性、深刻性和集中性三个要求。电视教材的策划就是制定出教学方案和教学评估用的目标参照方案，根据教学系统设计理论和电视教材的特点；教学设计一般采用以“教”为主的教学系统设计模式。摄录编制就是根据分镜头稿本拍摄、录制影视片素材以及后期编辑合成。

2. 网络课件的开发

网络课件是指以网页形式存在，能在网上运行，以解决专业课程的重点、难点为基本目的，并以非线性的结构制作，相对独立的教学软件。网络课件是现代远程教育的核心组成部分。

网络课件开发的流程主要有：（1）分析学科内容、学习需求和学习对象，进行课件结构设计、导航设计及功能界面设计；（2）进行学习目标设计和学习环境设计；（3）完成课件布局、课件用语、表现媒体和交互方式的设计，并编写网络课件脚本；（4）辅助开发和制作简单课件；（5）分析网络课件开发和技术平台的环境，编写网络课件开发的技术要求；（6）组织和管理网络课件开发项目；（7）对网络课件进行功能测试和系统测试；（8）评价网络课件的质量。

### （二）现代教育媒体与传统教育媒体在教育模式中的综合应用

教学媒体的不断发展，促使课堂教学模式的创新。在教学应用中，现代教学媒体催生了新的教育模式，概括起来主要有以下三种：

1. 教师主导的互动教学传播模式

教师主导的互动教学传播模式是课堂教学的主要教学模式，是基于教师与学生的互动，综合运用多种传统与新型的教育媒体，使课堂教学更加鲜活。在这种模式中：一方面，教师可以利用传统和数字媒体来呈现信息；另一方面，教师可以利用计算机工具来弥补传统课堂中的互动缺陷，以加强学生与教师之间的联系，促进教学资源的快速传播。

2. 学生自导的探究学习模式

学生自导的探究学习模式主要是以学生为主体，让学生直接通过各种教育媒体进行自主学习。比如“翻转课堂”，学生可以按照教师制作的网络课程进行课前预习、课中学习、课外巩固，也可以在课后搜寻相关网络资源进行独立于教师的探索学习。

3. 基于网络课程平台的在线学习模式

基于网络课程平台的在线学习模式主要是利用网络传播进行的一种自主在线学习，其典型代表就是大规模的开放课程（MOOC）。这种模式完全摆脱了时空的限制，依托互联网就可以让分布在全世界不同地方的人共同学习国内外著名高校课程，同时也能突破课程人数的限制，能够满足大规模学习者的学习。

**小资料：中国大学 MOOC**

中国大学 MOOC 是由网易与高等教育出版社携手推出的在线教育平台，网址为：http://www.icourse163.org/，承接教育部国家精品开放课程任务，向大众提供中国顶尖高校的开放课程。

## 第五节　信息技术与教学整合

**案例 5-5**　　**我们都是小小数学家**①

**课名：** 探究平行四边形的判定定理

**学习者特征：** 初二学生、基础知识比较扎实、计算机水平较高、主动探究意识强、课堂参与主动积极

**教学媒体：** 学生人手一台可上网的电脑（安装几何画板软件）、北京师范大学现代教育技术研究所研发的 V-Class 教学平台系统

**教学过程：**

1. 复习旧知，巩固铺垫

学生回顾平行四边形的性质。

2. 设问质疑，探究尝试

提出问题：擦去▱$ABCD$ 的一半，变成了△$ABC$，请同学们思考试验一下，用什么方法能找到 $D$ 点，重新画出这个平行四边形？

3. 独立思考，探究新知

学生利用“几何画板”工具动手操作，教师提示学生对自己的做法说明理由。

4. 合作探究，交流创新

学生用不同的方法将△$ABC$ 补成了▱$ABCD$，小组介绍画法，口头证明，并自主概括判定定理。小组之间相互补充，直到找到四种判定定理。

5. 逻辑证明，验证命题

学生自由选取命题之一进行书面证明，证明结束后，教师强调应对定理的文字语言、图形语言、几何语言对照记忆。

6. 教师质疑，深入思考

教师提出问题，学生展开讨论，深入探讨平行四边形的判定条件。

---

① 荣卫东. 平行四边形的判定. (2015-06-25). http://www.etc.edu.cn/kuayue/keli/zhongxueshuxue/0202pingxingsibianxingdepanding/index.htm.

7. 实践应用，巩固提高

学生进入 V-Class 教学平台在线测试系统进行实践应用。教师依据反馈情况进行评价。

8. 反思归纳，总结提高

教师引导学生总结本节内容。

[评析]

这是一个典型的信息技术与教学整合的案例。教师利用信息技术为学生构建探究学习的环境，学生利用几何画板作为探究工具，很好地完成了探究式的学习。在整个课堂中，由“如何构造D点来重新画出平行四边形?”这一问题贯穿课堂，教师引导学生利用几何画板自己去实验、探索、思考、发现，在动手动脑中得到结论，并根据过去所学知识去验证自己的结论。信息技术的应用促进学生深度探究与高阶思维发展，同时提高了学生学习过程中的参与度，使每个学生都积极参与到教学中，体验学习的快乐，树立学习的信心。

## 一、信息技术与学科教学整合的概念

信息技术与学科教学整合，是指将信息技术有效融合于各学科的教学过程，营造一种新型的教学环境，改变以教师为中心的课堂教学结构，进而达到优化学科知识体系和促进学生发展的实践过程①。信息技术与学科教学整合的实质是通过信息技术营造一种新型的教学环境，创造既发挥教师主导作用又充分体现学生主体地位的“主导-主体相结合”的教学结构，从而调动学生的主动性、积极性和创造性②。

## 二、教师应具备的信息化教学能力

### （一）信息化教学设计的能力

信息化教学设计的核心在于问题设计。教师要充分挖掘教学问题，用问题激发学生进行主动的探究学习，从而促进学生高阶思维能力的发展。

### （二）信息化教学资源设计能力

教师要有效设计信息化的教学资源，才能支持教与学活动的开展。在案例 5-5 中，教师利用几何画板的工具设计问题情境，对教材进行一定意义上的开发，创造性地设计教学资源，充分调动学生主动参与学习活动，让学生经历和体验平行四边形的生成过程，使课堂鲜活起来。

### （三）现代教育媒体操作能力

教学资源离不开媒体的承载。在信息化时代，教师要像使用传统媒体一样，流畅地使用现代教育媒体，如计算机媒体、网络媒体、虚拟现实技术等。

### （四）信息化教学评价的能力

在信息化教学评价的过程中，教师首先要转变评价观念，不能只注重结果，要更加重

① 何克抗. 信息技术与课程整合：深化学科教学改革的根本途径. 信息技术教育，2002 (2).

② 何克抗，吴娟. 信息技术与课程整合. 北京：高等教育出版社，2007：35.

视过程。要将个人学习与合作学习相结合，关注学生的思考，让评价主体多元。在方法和工具上，教师要善于利用信息技术来提高教学评价效率，可以采用在线测评技术、档案袋评价、研讨式评价、表现型评定等方法。

### （五）信息化教学管理的能力

教学管理信息化是教育信息化的必然要求，这就要求教师具备信息化教学管理的能力。教师要在现代教育思想的指导下，运用信息管理理论和方法，以信息技术为核心技术，充分考虑教学内外因素，组织和配置教学信息资源，进行信息化教学管理，从而保证教学管理的优质高效，促进教学管理的公开民主化，实现家校资源共享和信息及时互动。

**名言欣赏**

中国电教是一家。

——南国农

## 三、信息技术教学整合的基本途径和方式

### （一）明确信息技术与学科教学整合的定位

信息技术与学科教学整合是将信息技术、信息资源、信息方法、人力资源和课程内容有机结合，改善教学环境，共同完成教学任务，促进学生的发展①。

### （二）明确信息技术与学科教学整合的关键是教师培训

信息技术与学科教学整合的关键是教师培训。为此要重视对教师的四个方面的培训②：现代信息环境下先进教学理论培训、教师信息技术能力培训、教学设计方法培训、教学信息技术与学科教学整合模式培训。

### （三）针对具体情况，分层次、重实效地进行整合

信息技术与学科教学整合，其主体是学科教学，而非信息技术。要严防在技术世界里迷航，切勿为了整合而整合，忽略了教学的本质。因为我国信息技术设施和师资水平存在差异，所以整合也要分层次进行，不能一刀切。

**请君一试**

2013 年材料分析题：美国心理学家曾做过一项有趣的试验：把两辆一模一样的汽车分别停放在两个不同的街区，其中一辆停放在中产阶级集聚社区，另一辆则摘掉车牌，并且打开顶棚停放在相对杂乱的街区。停放在中产阶级集聚社区的那一辆，一个星期后还完好无损。而摘掉车牌、打开顶棚的那一辆，一天之内就给人偷走了。于是，心理学家把完好无损的那辆汽车的玻璃敲了个大洞。结果发现，刚过了几个小时它就不见了。因此，有研究者以该试验为基础，提出了著名的“破窗理论”。

---

① 李克东，谢幼如. 信息技术与课程整合的理论与实践. 北京：北京师范大学出版社，2002：52.

② 余胜泉，吴娟. 信息技术与课程整合：网络时代的教学模式与方法. 上海：上海教育出版社，2005：20.

[问题]

(1) 基于上述材料，请从教育学、心理学视角谈谈你对“破窗理论”的理解。(2) 试述“破窗理论”对班级管理的启示。

**【答案要点】**

(1)“破窗理论”的理解：①反馈效应，是指学习者对自己学习结果的了解可以起到强化作用，使学习者更加努力学习，从而提高学习效率。如果错误也能得到及时的反馈和纠正，就可降低再次犯同样错误的可能性。在材料中，破窗没有得到及时修复，就会有更多的错误出现。②从众，是指个人受到外界人群行为的影响，而在自己的知觉、判断、认识上表现出符合公众舆论或多数人的行为方式。在材料中，一个人认为破车不需要保护，其他人也这样认为。

(2) 对班级管理的启示：①确立良好的班级文化氛围。良好的班级文化可以防止班级成员受到不良文化的影响，保证班级所有的“窗户”都完好无损。②班主任、班委做出榜样。文化需要通过鲜活的人物形象和具体的行为来承载。③及时制止背离班级文化的行为。由于环境具有强烈的暗示性和诱导性，如果能够及时修好第一扇被打破玻璃的“窗户”，那么更多的“窗户”将得到保护。

第三编

# 课程与教学过程

第六章

# 课程研制过程

课程实践实际上就是课程研制，人们对课程实践的认识，主要聚焦于课程研制过程。经过长期的实践与研究，已经积累起丰富的课程研制过程知识和理论。

## 第一节　课程研制概述

**案例 6-1**　　**多管齐下研制特色校本课程**①

山东省济钢鲍山学校从 2009 年开始，为充分发挥学生、教师及家长的积极性，进行校本课程资源开发的实践与研究，并不断探索完善。学校已经开发 50 余门校本课程，在 2014 年的山东省特色课程评比中该校荣获一等奖。

**对学生进行问卷调查，打造学生喜欢的课堂**

据济钢鲍山学校校长尹学秀介绍，基于学校“构建学生喜欢、教师幸福、社会满意的特色品牌学校”的愿景和“全面发展、个性彰显的高素质公民”的培养目标，学校从 2009 年开始开发校本课程。学校不仅成立了专门的课程开发小组，多次召开教师、家长专题讨论会，而且对全校近 2 000 名学生进行了问卷调查，对学生的兴趣、需要以及发展方向等情况进行明确的评估。“通过问卷调查，我们发现学生感兴趣的内容主要涉及玩、动手、生活技能、电脑技术、运动、艺术等，学生兴趣各异、需求广泛，只有开设丰富、多样化的校本课程，才能满足不同发展水平的学生的兴趣爱好。”校长尹学秀说。

**充分发掘教师的潜能，借助家长的力量破解难题**

厨艺课是最受学生欢迎的校本课程之一。厨艺教室里不时传出学生们的笑声和阵阵的饭香味。“选课那天，为了选上厨艺课，我跟爸妈一直不睡觉，一到选课的时间，我们就赶快上网选课。”六年级（6）班的马海萱同学一边品尝着自己动手做的比萨一边对记者说：“因为平时我特别喜欢吃，所以想尝试自己去做好吃的东西，我现在发现，做饭没有

---

① 史春勇. 济钢鲍山学校实行“走班”大课堂. 济南日报，2014-12-09 (2).

那么难。”

厨艺老师张玉梅其实是一名语文老师，她负责教学生们做中餐。李敏老师是教英语的，她负责教同学们做西餐。张玉梅老师说：“李敏老师在厨艺课堂上经常是双语教学。开设厨艺课希望给学生提供一个健康饮食的环境和理念，通过学生之间的相互协作，提高学生的团队意识。同时，培养学生的创新能力和生活技能。”

校长尹学秀称，学校充分发掘教师潜能，只要教师有培训意愿，学校都尽全力支持。同时，学校邀请家长一起参与课程开发，丰富校本课程资源。全校共有100多名教师申报校本课程，50多名家长义工，经过改造学校两个校区，建设专业功能教室50多个，为课程开设提供了可能。

[问题]

案例中的课程研制者有哪些？

## 一、课程研制的概念

课程研制术语有多种用法。英美主要用 curriculum development 术语。在我国译介外国文献中，对 curriculum development 一词的译名主要有三种：一是照字面通常含义，直译为“课程发展”；二是参照日本的译名，转译为“课程开发”；三是按照它的深刻含义，意译为“课程研制”。目前交替使用的是“课程开发”或“课程研制”。

课程研制是精心地组织设计、实施、评价并管理课程的动态过程，意在改进课程功能和提高学校教育质量，包括提出变革课程的动议、确立理论原理、编制课程文件、实施课程、开展教学与评价课程等一系列复杂事项。

从根本上说，课程研制是一种促进人的成长与发展的文化选择、传递和创新活动过程。

## 二、课程研制的阶段

“课程研制是一个更具综合性的术语，它包括了规划、实施和评价。”[①] 所以，课程研制过程实际上由课程的规划、实施和评价三个阶段组成。

### （一）课程规划

课程规划，就是包括教师在内的课程工作者做出决定并制订教师和学生将要在教学活动中执行的教学计划的过程。具体说来，课程规划就是制订课程计划或方案、研制课程标准（或各科教学大纲）、编制教学材料以及开发课程资源等的活动过程。其中，人们常常使用课程规划与课程设计两个术语。

### （二）课程实施

课程实施，实际上就是把规划阶段研制的课程计划方案变为师生的教与学的行动。在课程规划阶段选择和确定了教育理念、内容、教学领域、课目及材料后，课程实施便把它

① Oliva P F. Developing the curriculum. 7th ed. Boston：Pearson，Allyn and Bacon，2009.

们投入到实际的教与学活动之中。

### （三）课程评价

课程评价，是对课程研制过程，包括课程的规划、实施及其结果进行评估，以确定预期教育目标是否实现、学习和计划是否获得成功。

必须清醒地认识到，课程评价不仅是课程研制过程的一个阶段，更是渗透于研制全过程的一个要素。所以，课程规划和实施两个阶段都不是纯粹的，总是包含着评价。规划阶段的评价，就是对课程的原理、目标、内容及其组织结构的选择和决策，对所涉及的有关教师、学生和课程资源应用进行合理性评估，并提供即时的反馈调节，以尽可能地完善课程规划和课程设计。课程实施阶段的评价，侧重于对课程实施具体计划、教师的教学组织表现、学生的学习活动过程及其成果、教学资源的应用及其效果，进行即时的评估与反馈调节，以尽可能地完善课程实施与教学过程。另外，课程评价阶段，也包含着对自身的评估，包括对评价技术和方法的选择、评价实施各个细节以及评价的结果进行即时的评估与反馈调节。

## 三、课程研制的参与者

课程研制有各种不同的层面，如个别教学、班课、学校、地方、国家以及世界层面。事实上，许多人都会参与课程研制，他们分别来自政府、学校、教育系统、公众以及社会。

### （一）政府

政府掌握着大量教育资源和权力，为了维护自身及其所代表群体的利益，以直接或间接的形式参与甚至决定课程研制。在我国，政府以教育行政领导的身份组织与管理课程研制，是课程研制政策和过程的决定者，尤其在国家课程和地方课程研制层面更是如此。

### （二）学校

学校是课程实施的场所，所以来自学校的人几乎都参与课程研制，这些人包括校长、教职员、教师、学生。校长在学校课程研制中是决定者。教职员，如教导主任等，则是校长的助手。教师在课程研制过程中居于主导地位，从班课层面和学生个人学习层面看尤其如此。学生极少对他们的学习对象和方式产生正式影响的时代已经一去不复返了，学生已经被赋予越来越多的权力，越来越成为课程研制中的活跃力量。

### （三）教育系统

课程是教育系统的一个组成部分，来自教育系统的参与者包括教育行政官员、课程与教材专家、教研员、督学、学者等。教育行政官员，负责学校系统的管理运作，直接决定学校课程研制的重点和方向。课程与教材专家，是课程文件和教学材料的编制者，直接规划课程研制。教研员分为省级、市（地区）级和县级等，被赋予了一定的课程与教材的行政管理权力，直接决定着学校系统的课程研制聚焦点和方向。督学则是政府对学校教育运行的监督机制。学者主要是大学和教育专业机构中从事教育研究的课程理论家，对一个时代的课程理念起决定作用。

### （四）公众

随着课程分权进程的开展，公众参与课程研制的数量有所增加。参与课程研制的公众可以区分为一般公众和学生家长两部分。一般公众参与形式多种多样，基本上不参与课程研制的整个过程。家长则更多地关注孩子的学习进程和学习成就，从而参与到学校特别是班课层面的课程研制之中。

### （五）社会

有关社会团体与机构主要有教育出版商、考试机构、专业学会组织以及一些有影响的个人和团体机构，它们以各种形式直接或间接地参与课程研制。

## 第二节　课程研制的基本原理

**案例 6-2**　　目标模式与过程模式对立吗?[①]

大（3）班的孩子们对家长送来的50只鸽子产生了兴趣。在师生互动中，老师对孩子们生成的问题加以整理，编制了主题网络图，比如，鸽子有耳朵吗？鸽子喜欢吃什么？等等。然而在实施活动时，两位老师却发现孩子们的兴趣和需要与原来的主题网络目标有较大的出入。在孩子们眼里，他们想探究的内容已不再局限于鸽子的外形特征，而是想探究导致鸽子死亡的原因及拯救鸽子的方案。

两位老师及时捕捉到孩子们的兴趣点，展开了一场"拯救鸽子"的大行动——为鸽子做衣服、让鸽子服药、清理黄沙、走访专家、选择材料、进行社会调查……

[评析]

从以上情况来分析，幼儿在探索鸽子的过程中，教师着重对幼儿的所作所为进行观察和分析，将幼儿"支离破碎"的探究内容集中起来，经过加工，生成、设立目标。从表面上看，这个主题网络图是由教师编制的，但是很显然，幼儿对这个主题网络图的形成起到了重要作用。在活动进行的过程中，幼儿既可以根据教师制定的主题网络图中的各级主题自主地选择活动，也可以根据即时的兴趣生成新的主题。探索型主题活动产生的这种弹性状况，是过程模式与目标模式之间、教师预设的活动和幼儿生成的活动之间的关系得到理想化处理的结果。

课程研制原理，也叫课程研制模式，指的是人们提出的关于课程研制的理论主张。这里主要简要介绍美国课程论学者奥利瓦（Oliva，P. F.）的十大公理、泰勒的目标模式和斯腾豪斯的过程模式。

### 一、奥利瓦的十大公理

鉴于大量未经验证的课程原则过滥，奥利瓦主张用自明性公理的说法取代全部真理或部分真理的说法。于是，他精心整理，提出并阐述了课程研制领域的十大公理[②]：

① 黄琼，蔡蓓瑛. 幼儿园探索型主题活动案例100例. 上海：上海科技教育出版社，2003.

② Oliva P F. Developing the curriculum. 7th ed. Boston：Pearson，Allyn and Bacon，2009.

公理一：课程变迁是必然的。正是通过变迁生命才会生长与发展，所以课程变迁既是必然的，也是必须的。

公理二：课程是其时代的产物。一种学校课程，不仅是时代的反映，而且是时代的产物。

公理三：课程总是与时俱进的。前一时期的课程变迁与后一时期的课程变迁具有一致性。

公理四：课程变迁乃人的变迁。课程变迁依赖于人的变迁。

公理五：课程研制是一项合作事业。课程变迁是一种群体合作事业影响的产物。

公理六：课程研制是一个决策过程。课程研制根本上是一个决策过程。

公理七：课程研制是一种持续过程。课程研制是一种永远不会结束的过程。

公理八：课程研制是一种综合性过程。课程研制要克服“单打一而忽视整体模式”的做法，对所涉成分与因素进行综合性或整体性的规划。

公理九：课程变迁是一种系统性研制过程。系统性课程研制比试误性的课程研制更加有效。

公理十：课程变迁以现行课程为基础。正如教师的教学总是从学生现状开始，课程规划者总是从现行课程开始。

## 二、泰勒的目标模式

泰勒在《课程与教学的基本原理》中提出了关于课程编制的四个问题。

（1）学校应当追求哪些目标？（选择教育目标）泰勒认为，应根据学习者本身的需要、当代校外生活的要求以及专家的建议三方面来提出目标。通过对上述三个教育目标来源的分析，可以获得大量有关教育目标的资料和普遍的课程目标，然而，学校指向的目标应该是少量的。因此，泰勒认为，需要对教育目标进行哲学、心理学的两次过滤，最终剩下的是最有意义的和可行的目标，即得到特定的课程目标。

（2）怎样选择和形成学习经验？（选择学习经验）泰勒提出了选择学习经验的五条原则：必须使学生有机会去实践目标中所包含的行为，必须使学生在实践上述行为时有满足感，所选择的学习经验应在学生能力所及范围内，多种经验可用来达到同一目标，同一经验可以产生数种结果。

（3）怎样有效地组织学习经验？（组织学习经验）泰勒认为，最主要的是必须根据继续性（在课程设计上要使学生有重复练习和提高所学技能的机会）、序列性（后一经验在前一经验基础上的泛化和深化）、综合性（课程的横向联系）的标准来组织学习经验。

（4）如何确定这些目标正在得以实现？（评价课程）泰勒认为，评价是课程编制的一项重要工作。它既要揭示学生获得的经验是否产生满意的结果，又要发现各种计划的长处和弱点。

泰勒原理的实质是以目标为中心的模式，因此又被称为“目标模式”。目标模式的最大特点是通过目标引导教师在教学过程中有据可依，具有很强的操作性。但由于它只关注预期的目标，忽视了其他方面，如理解力、鉴赏力、情感、态度等同样有教育价值的东西，所以受到了许多批评。

## 三、斯腾豪斯的过程模式

针对目标模式过分强调预期行为结果即“目标”而忽视“过程”的缺陷，斯腾豪斯提出了“过程模式”。过程模式是指课程的开发不是为了生产出一套“计划”，然后予以实施和评价的过程，而是一个连续不断的研究过程，并贯穿着对整个过程的评价和修正。而所有这些都集中在课堂实践中，教师是整个过程的核心人物。过程模式把发展学生的主体性与创造性作为教育的目标，尊重并鼓励发展学生的个性，同时强调教师的主导作用，具有一定的理论和实践意义。但是，这只是一种理论模型，并没有提出明确的方案，缺乏可操作性。

综观各种课程研制模式，它们实际上是课程研制的实际运行状况的缩影，或是理想运行状况的纲要式呈现。其中，目标模式尽管受到了大量而且尖锐的批判，但是至今仍然在课程研究中占主导地位。

# 第三节　课程研制过程结构

**案例 6-3**　　**“全课程”育人引发教育界“地震”**[①]

没有语文、数学老师，只有两位老师包班，负责全班所有教学；课程变了，曾经的一大兜子教材缩减为一本；教室也发生变化，讲台不见了，墙上贴着孩子们的笑脸照，还有随处可见的可爱玩偶……这就是目前北京中关村一小实行的“全课程育人”实验，唯一的目的就是让刚上学的孩子爱上学校。这种全新教育模式一推出就在业界和家长中引起强烈反响。

北京中关村一小给9月入学的小学生配发环保书包，里面只有一本书（上下册）、一本《葵园乐学手册》和一本葵园写字本。老师也由以前的五六位轮番上阵改为两位老师包班教学，不教语文、数学、科学、音乐这些科目，取而代之的是学校研制的教材——“全课程”系列读本《金葵花乐园》，内容是一个个主题鲜明、饶有趣味的单元，整合现有各学科，不着痕迹地开启孩子们的小学生活，包括绘本、故事、绘画、音乐、舞蹈、戏剧、游戏等，让孩子们乐在其中。校长刘畅在接受记者采访时表示，“我们所做的一切，都是为了增强孩子们的心理安全感，减轻孩子们的负担，让每个孩子爱上学校”。

[评析]

对于幼小衔接的孩子们来说，掌握多少学科知识并不是最重要的，让孩子们喜爱学习、热爱生活、快乐成长才是至关重要的。全课程在研制过程中对课程理念、课程目标、学科教学和班级生活都进行了适度调整，用主题活动打破学科壁垒，尽可能地把自由、快乐、兴趣还给孩子们。可见，实行“全课程”改革可以促进幼儿教育“软着陆”，让孩子

① 范丽珍．“全课程”育人引发教育界“地震”．半岛晨报，2014-11-13（16）．

们平稳进入小学教育阶段。

所谓课程研制过程结构，是指课程研制从开始到结束的各个工作环节的顺序及其相互关系。

## 一、澄清教育哲学或课程理念，确定教育宗旨

在课程研制的第一步，人们通过种种途径，清理、确定并陈述教育哲学或课程理念，确定教育宗旨。这里的宗旨，不仅来源于我们对社会的需要和生活于其中的个体的需要的信念，而且来源于我们对知识或文化发展的需要以及自然环境和生态发展需要的信念。第一步的产品，就是研制出课程原理。比如，我国从 1999 年正式启动了新一轮基础教育课程改革，经数年研制于 2001 年颁布了《基础教育课程改革纲要（试行）》（简称《纲要》），形成了新的课程原理。

**名言欣赏**

课程设计是人们发展或选择出来的。一个人实际选择的设计是受他或她的课程方法和哲学取向影响的。

——奥恩斯坦

## 二、资源分析

资源分析是对学校的需要和资源的具体化分析，包括对学校所在社区的需要、所拥有的特殊自然环境以及生态发展的需要、生活在这一社区和自然环境中学生的需要、学生在一定学校要学习的课目主题的要求。

## 三、课程目的具体化

在明确宗旨与需要的基础上，把课程目的具体化。课程目的具体化，即在国家或地方的层面形成“课程计划”或“课程方案”的文件，在学校层面制定出《课程实施方案》等，以“培养目标”的形式加以陈述。

## 四、课程目标具体化

课程目标具体化，就是根据学习心理学，应用目标设计和表述技巧，在一种具体课目、领域或活动的教学大纲或课程标准里，加以具体呈现。

## 五、选择确定内容

选择课程内容，实质就是“教育内容的文化选择”。“教育内容的文化选择”，就是从

社会文化中，从人类全部知识经验中，选择出年轻一代需要学习掌握的内容。这涉及面非常广泛，需要组织大规模的全社会参与行动才能完成。

## 六、课程组织

课程组织实质上就是通过多种有效途径和应用各种策略，全面开发课程资源和教学过程以实施课程，促使选自文化的教育内容顺利地转化为学生的学习经验，包括“课程方案的形成”和“从内容到经验的转化”两个层面的内涵。在形成课程方案的同时，课程组织必须解决从文化中选取的“教育内容”转化为“学习经验”的问题。从内容到经验的转化，是课程研制从规划到实施的关键课题，既需要课程专家们在原理与材料研制层面加以研究，更需要教师们基于学校和班课教学，结合学习领域及其课目内容进行具体的设计与开发。

## 七、课程实施

人们有了课程方案，便开始制订实施计划，正式做出决定，将方案投入实际的学校教育和教学活动之中，这被习惯地称之为课程采用。从此，课程研制过程就结束了规划阶段，开始正式实施课程。在课程实施中，首先要处理的是课程设计与课程实施的关系，进而要面对的是教师、校长和学生对课程设计态度的状况及变化趋势，以及伴随课程实施进程，教师、校长、学生等主体的心理变化趋势与课程文化认同过程。

## 八、教学目的具体化

教学目的具体化，就是设计和陈述一门具体课程的教学目的。主要有两个层面：一是在校长主持下学校层面的课程实施方案中，面向全部课程和全校师生，确定校本课程的教学目的；二是教师在每一门课程的教学方案中确定特定于该门课程的教学目的。

## 九、教学目标具体化

这里的教学目标具体化，是指在课时教学方案编制中，设计和确定每一节课的教学目标。在教学目标具体化中，需要达到操作化和作业化的水平。

## 十、选择和确定教学方法

方法是一个历史悠久而涵括丰富的概念，包含了“教学模式、教学方式以及教学策略”等含义。所以，选择和确定教学方法，就是要选择和确定班课教学活动使用的具体教学模式、教学方式和教学策略等。

## 十一、初选评价技术和方法

在确定教学方法的同时，需要开始就课程与教学评价的技术和方法进行预选。在这里，人们要事先思索和考虑将对课程材料、教学过程、教师表现以及学生学习进行评估的宗旨与办法。这一步结束后，就形成了学校课程教学方案。学校课程教学方案主要由全校总体课程方案以及各门课程的教学方案组成。其中，各门课程的教学方案一般分为三个层次：由课程组（教研组）负责组织规划的全校性各门课程的总体教学方案、由教师负责组织规划的班课教学方案和由教师负责组织规划的课时教学方案，即课案、教案和学案。

## 十二、教学方法应用

教学方法，既是对有效的课程实施的谋划，也包含着相应的手段、媒体、模式、方式和策略的选择和综合使用。

## 十三、教学评价的实施

教学评价包括学生学习过程与结果和教师教学过程与效果的评估，可获得学和教的状态和质量的信息，以调节教学活动。这个阶段要优化评价的技术和方法，修改完善评价的工具，严格按照规范实施评价与评估，认真负责地解释和使用评价结果。

## 十四、课程材料的评价

课程材料，不仅是教育内容的载体，而且是“从内容到经验转化”的媒体，制约着教学效果和质量。课程材料的评价，可以直接促进课程材料的完善，从而间接调节教学效果。

**名著欣赏：教育的节奏**

“有节奏的”这个词的基本意思是，在一个重复的结构中不同阶段的传送。忽视智力发展的这种节奏和特点是导致教育死板无效的一个主要原因。我认为，黑格尔把发展分成三个阶段是正确的，他称这三个阶段为命题、反题与综合。不过，将黑格尔的这一概念应用于教育理论时，他的这些术语不能很恰当地引起人们的联想。说到智力的发展，我要用浪漫阶段、精确阶段和综合运用阶段来描述这一过程。

浪漫阶段是开始领悟的阶段。人们所讨论的题目具有新奇的活力，它自身包含未经探索的因果逻辑关系，也以丰富的内容为探索者提供了若隐若现的机会。在这个阶段，知识不受系统的程序支配。

精确阶段也代表一种知识的增加和补充。在这个阶段，知识的广泛的关系处于次要地位，从属于系统阐述的精确性。这是文法规则的阶段，所谓文法，是指语言的文法和科学的基本原理。

综合运用阶段相当于黑格尔的综合。这是补充了分类概念和有关技能后重新回归浪漫。这是结果，是精确性训练始终追寻的目标。这是最后的成功。

教育应该是一种不断重复的循环周期。

从婴儿到成年的整个发展时期形成了一个大循环周期。在这个循环周期里，浪漫阶段覆盖了儿童生活最初的12年，精确阶段包含青少年在中等学校接受教育的整个时期，而综合运用阶段则是青年迈向成人的阶段。

资料来源：怀特海. 教育的目的. 北京：三联书店，2002：31-47.

### 请君一试

2012年单项选择题：泰勒《课程与教学的基本原理》一书中提出的课程开发模式是（　　）

A. 工作分析模式　　B. 任务分析模式

C. 目标模式　　D. 过程模式

答案：C

# 第七章

# 课程规划与设计

课程规划是课程研制过程的起始阶段，课程设计则是课程规划过程及其结果。课程规划与设计主要解决课程与教学领域的核心问题“教学什么”，是课程研制中富有创造性的活动。

## 第一节　课程规划

**案例 7-1**　　**课程成就师生**[①]

——浙江省杭州市安吉路实验学校的课程规划

经过几年的课程规划研究与实践，浙江省杭州市安吉路实验学校深刻认识到课程对塑造一所学校的重要性，课程改变着学校行政的理念与策略，改变着学校的文化。学校最深有体会的是——“课程成就师生”。

**课程规划源于困惑与学校理想**

新课程改革以后，学校面临着一些困惑与问题。以前的课程是既定的、单一的、封闭的，学校排好课表然后执行就可以了。新课程从单一走向了多元，推行三级课程管理，学校被赋予了课程开发与管理的权利与责任，但在如何行使自己的课程权利、如何尽到自己的课程义务上有些迷惘。

校长骆玲芳说，尽管这次国家课程改革能激发学校在办学水平上的潜能，但由于各种局限，能以积极主动的态度、理性的方式推进课改的学校还不多见。如何抓住这一转型的机遇使学校再创辉煌，是学校领导班子思考的问题。要寻求学校整体变革的突破口，使学校在新课程的起点上有新的发展，就要从学校课程规划入手，突破课程“迷雾”。

① 赵小雅. 从课程规划入手突破课改“迷雾”：浙江省杭州市安吉路实验学校的课程规划. 中国教育报，2006-11-17.

**课程规划不仅仅是课程方案的制订**

安吉路实验学校九年一贯的设置，为学校制订九年一贯的课程方案提供了基本条件。办学目标明确后，学校课程规划首先从课程方案入手，“基于政策、基于学校、基于研究、基于对话”成了课程方案制订的基本原则，其中对话则成了前提。为了制订课程方案，学校进行了大量的访谈与调研，与老校长、学校中层干部、学生与学科教师代表、学生家长及全校教研组长进行座谈、访谈，对学校的情况进行了全面分析，对学校各个层次的教师意愿进行了解，下发了学生课程需求及家长意见调查问卷，并进行了分析与综合。在充分对话的基础上，《九年一贯的课程方案》出炉了。方案将课程分成七个领域，对课时进行了整体安排，综合实践活动与校本课程统整为一个领域，而各种主题教育活动都被整合到综合实践活动与校本课程及其他领域当中。

方案是核心，但仅有方案是不够的。《有效教学纲要》、《发展性课程评价纲要》、《综合实践活动的实施》、《校本课程开发框架》、《学校发展委员会的运营》及《教师知识管理及专业发展》经过不断的研讨与交流后相继出台，一个集方案、课堂教学改进、课程评价、课程管理及校本课程开发于一体的整体课程蓝图呈现在所有教职员工的面前。

**课程规划最终指向校园新文化**

知识管理，听起来挺新鲜。而在安吉路实验学校，这种管理已写进了学校的课程规划。让知识传播起来，团队合作与交流不可缺少。在学校里，教师的生活可以说是一种团队的生活，每一位教师都分属于不同的团队，如学科团队、年级组、主题团队等。“课程规划成了一个明显的标志，每一位教师都清楚目标是什么，大家都朝着一个方向努力，教师的学习意识明显增强。课程规划实施以来教师的成长是明显的”，校长骆玲芳说。

学校的管理组织也发生了变化。课程发展委员会和各学科领域小组的成立，突破了以往传统行政运作的科层化特性。学校还注意为教师们营造和谐的气氛，如建起了“阳光花房”，教师们每星期都可以在这个像咖啡吧一样的地方，喝着茶与咖啡，伴着阵阵花香，互相交流与探讨专业的问题。

“课程规划使学校工作整体有了协调，确保了全体教师都有底线标准。”说起课程规划的作用，校长骆玲芳深有体会地说：“课程规划实施的最终目标是引导学校精神文化的形成。”

[评析]

在国家、地方、学校三级课程管理体制下，学校被赋予了课程开发与管理的权利与责任。这要求每个学校必须树立课程规划的理念，校长即课程领导者，教师即课程开发者，学校即课程发展之所，是自我更新的学习型组织。浙江省杭州市安吉路实验学校课程规划首先从课程方案入手，“基于政策、基于学校、基于研究、基于对话”成了课程方案制订的基本原则，但又不局限于课程方案，《有效教学纲要》《发展性课程评价纲要》《综合实践活动的实施》《校本课程开发框架》等课程管理制度文件相继出台，一个集方案、课堂教学改进、课程评价、课程管理及校本课程开发于一体的整体课程蓝图呈现在所有教职员工的面前。通过有效的课程规划，实现了师生共成长，促进了学校学习型组织的建设，促进了学校发展愿景的实现。

课程规划（curriculum planning），就是课程工作者（包括教师）做出决定、制订教师和学生在教学活动中将要执行的计划的过程。

## 一、课程规划的层次

由于所涉及的范围不同，课程规划存在不同的层次。在美国，人们将课程规划区分为班课、学校、学区、州、地区、国家、世界等七个层次①。而在我国，现行的课程体制是“三级分权”，课程规划层次有班课、年级或专业、学校、市县、省级、国家等。

### （一）班课层次

教案和学案的设计，是典型的班课层次的课程规划。过去，由于我国的课程体制是中央一统制，课程由国家教育行政部门组织研制，教师仅仅是被动的课程执行者。因此，人们忽视班课层次的教师规划而重视国家层次的课程规划。随着我国“三级分权”课程体制的建立，所有教师都被转换成了班课层次的积极规划者。教师在班课层次的课程规划与其他层次的课程规划相比，重要性凸显出来，直接作用于并影响着学生的学习。这需要我们转变思维，由过去的从国家层次到省级层次、市县层次、学校层次、年级层次，再到班课层次，转换为立足于班课层次的课程规划，从班课层次到年级层次、学校层次、市县层次、省级层次，再到国家层次，进行课程规划的考量。

### （二）年级或专业层次

我国学校普遍实行的是课任制度，一个教师担任一个班或一个专业一门课程的教学任务，一个班级或专业就有若干位教师任教。各门课程具有某种联系，各位任课教师就结成了某种共同体。据此，年级或专业层次的课程规划得以产生。有混合编组和按课程编组两种方式。前者是在一个班级或年级的范围内，把各门课程的教师编成一个组，开展课程规划，这叫班级或年级组；后者则是在全校范围内，把各个班级和年级的某一门课程的教师编成一个组，开展课程规划，这叫课目组或课程组。

### （三）学校层次

校长是学校层次课程规划的法人代表。为搞好课程规划，一般的策略和举措是建立常设性的学校课程研制委员会及各门课程的研制小组，由校长任主席，成员包括学校各个职能处室的主任、社区代表、教师代表和学生代表。学校课程研制委员会负责整体规划、设计全校总体课程方案和班级教学方案，于新学期开课前规划、设计并审定各个班级的教学主题与教学活动计划。这实际上就是校本课程开发，编制学校各个班级课程表，研制有学校特色的课程与教学材料。

### （四）市县层次

市县层次的课程规划由市县教育行政首长领导，责任机构包括教育行政部门的有关职能处室、单独设置的教育教学研究室。一般需要建立行政首长负责的课程改革工作领导小组，负责组织实施国家课程和省级地方课程并对它们进行适应性改造开发，负责组织研制和实施有本地特色的地方课程，组织编写地方教材等。

---

① Oliva P F. Developing the curriculum. 7th ed. Boston：Pearson，Allyn and Bacon，2009.

### （五）省级层次

省级层次的课程规划由省级教育行政首长领导，责任机构包括教育行政部门的有关职能处室、单独设置的教育教学研究室以及课程教材编审室。一般需要建立行政首长负责的课程改革工作领导小组，负责组织实施国家课程并对它们进行适应性改造开发，负责组织研制和实施有本地特色的省级地方课程等。

### （六）国家层次

国家层次的课程规划由中央政府教育部部长领导，责任机构包括教育部的有关职能司局。教育部领导并统筹全国基础教育课程改革工作，教育部基础教育司具体负责课程改革的组织与实施工作。它们要广泛地组织教育专家、课程专家、学科专家以及教育实践工作者参加课程改革工作，为国家决策提供研究、咨询意见。

## 二、课程规划的基本任务

在课程规划阶段，需要专门研制、修订和确定课程文件并使之一体化，形成课程方案，包括配套的课程计划、课程标准和教学材料。有关教学材料的内容请参阅“第二章 教育内容”，这里介绍课程计划与课程标准。

### （一）课程计划

**名言欣赏**

人是意义的动物。……意义的丧失给教育提出了挑战，教育要有助于意义的恢复。这样的挑战可以通过认识人类生活意义的核心和创造一个精心加工的课程去应对和克服无意义感。

——费尼克斯

1. 课程计划的内涵

课程计划，又叫课程方案。我国曾长期称为教学计划，现在随着课程改革的发展，逐步改称为课程计划或课程方案。课程计划或课程方案，是根据一定的教育目的和学校及其性质，由教育行政部门制订的关于学校教学和教育工作的一种指导性文件。它对学校的教学教育活动做出全面和简要的总体安排，阐述课程理念，规定培养目标、课程设置、课程顺序、课时分配、学年编制和学周安排等，是课程标准和教学材料研制的主要依据。其中，开设哪些科目（课程设置）是课程计划的中心内容。

2. 义务教育阶段教学计划的特征

义务教育是根据法律规定，适龄儿童和青少年都必须接受的，国家、社会、家庭必须予以保证的国民教育。义务教育的教学计划是国家实施义务教育的具体保障，其制定的依据是《义务教育法》。因此，它具有强制性。

义务教育教学计划的适用范围要比普通的教学计划宽得多，它规定的培养目标和课程设置等是针对全国绝大多数学校、绝大部分地区和绝大多数学生的，既不过高也不过低，坚持“下要保底，上不封顶”的原则，具有普遍性。

义务教育教学计划的作用在于，充分保证为学生的各项素质全面和谐的发展打下良好的基础。课程门类要齐全，不能重此轻彼，各门课程的课时比重要恰当，具有基础性。

### （二）课程标准

1. 课程标准的内涵

课程标准是我国 20 世纪上半叶使用的术语，后来称教学大纲。现在，随着课程改革的发展，逐步改称为课程标准。课程标准是按门类确定的一定学段课程水平及课程结构的纲领性文件，它规定课程的性质、目标、内容框架，并提出指导性的教学原则和评价建议。

课程标准的结构，一般包括总纲和分科课程标准两部分。总纲规定学校教育的总目标、学科的设置、各年级各学科每周教学时数表和教学通则等。分科课程标准规定各科教学目标和教材纲要、教学要点和教学时间的分配、应有最低限度的教学设备以及教学方法和其他应注意的事项。

2. 理解课程标准

课程标准是教材编写、教学和考试命题的依据。为了进一步理解，把课程标准与教学大纲进行比较。

（1）课程标准是针对学生在某一学段应该达到的共同的、统一的基本要求提出的规定，教学大纲则是对某一年级某一门学科的教学内容、顺序和要求的规定。

（2）课程标准更多地关注学生通过课程内容的学习在知识与技能、过程与方法、情感态度与价值观等方面的发展，教学大纲更多地关注学生在学科知识、技能方面应该达到的水平。

（3）课程标准在关注教师教学的同时，更为关注学生的学习；教学大纲则更多地关注教师的教学行为。

（4）课程标准在内容的表述方式上更多地体现指导性、启发性和弹性，教学大纲则更多地体现原则性、规定性和刚性。

（5）课程标准着眼于课程，教学大纲着重于学科。

（6）课程标准更关注学习领域，教学大纲则关注科目。

以课程标准取代教学大纲，意味着我国的课程理念发生了变化：课程价值从精英教育转向大众教育，课程目标着眼于学生素质的全面提高，课程实施从过于关注教师的教转向关注课程资源的广泛运用，课程管理从刚性转向弹性。

编制课程标准，指根据课程计划或课程方案的课程设置或课程框架，将培养目标或课程目的具体化为分门别类的学习领域或课目的具体课程标准，进而选择和确定其内容或学习经验范围，并提出实施策略和评价建议，最终编制出课程标准文件。

## 第二节　课程设计

**案例 7-2**　　**天津市上海道小学的活动课程设计**①

天津市上海道小学对活动课程进行了整体设计，其活动课程主要有下面一些类型：

① 任树纲，张同善．大课程的理论和实践：天津市上海道小学的课程结构改革．北京：人民教育出版社，1996：129-140.

**1. 手工与劳动课**

开设手工与劳动课的目的是：通过动手做和学生自我服务劳动、家务劳动、公益劳动以及简单的生产劳动教育和实践，提高学生对劳动意义的认识，培养学生的劳动观点，让学生养成劳动的习惯。

手工课主要开设了纸工、布工、木工、泥工、雕塑、废品改制、金工、电工、烹饪等内容。低年级以自我服务为主，指导学生学会自己搞卫生，学会整理并保管自己的物品，学会安排自己的一日生活。中年级以家务劳动和集体劳动为主，指导学生学会有条理地整理室内物品，如帮助家长做一些力所能及的事情，倡导“家里的事情帮着做，集体的事情抢着做”，培养学生心中有他人、心中有集体的思想和热爱劳动的习惯。高年级以开展社会公益劳动和学会一种劳动技能为主。

**2. 社会活动**

学校向社会敞开大门，探索学校教育与社会教育的最佳结合点，创建符合学生发展需要的社会活动形式。

(1) 宣传活动。利用节假日和全国、市、区大型活动日，以中小队或兴趣小组为单位，组织学生到不同地方开展各种形式的宣传教育活动。

(2) 参观旅游。组织学生有计划地开展参观旅游活动，参观旅游活动是学生接触社会、感受社会、接受实践教育的好形式。

(3) 社会服务。社会服务活动主要采取双向服务的办法，学校与区内 28 个店、馆、所、园建立服务关系。

(4) 扶贫促弱。这个活动的目的是在社会活动中对学生进行心中有他人、乐于助人的教育。学校与蓟县塔院村螺庄子乡建立手拉手联谊校，组织学生捐献衣物、文具，将收集的旧书报等变换成现款捐献给他们，增进友谊，达到育人的目的。

[评析]

天津市上海道小学综合实践活动课程设计很有针对性，突出劳动与技术教育和社会服务活动，形成了有特色的实践活动课程方案。课程设计突出了活动课程的实践性、自主性、开放性、创造性和灵活性，实现了全面育人的目的。该方案切合了小学生各年段的特点。低年级以自我服务为主，中年级以家务劳动和集体劳动为主，高年级以开展社会公益劳动和学会一种劳动技能为主。

长期以来，人们已经建构和使用了比较清晰的课程设计概念和影响广泛的多种课程设计方式。

## 一、课程设计的概念

课程设计（curriculum design）作为特定概念有两个指称：一是指称设计课程的活动，此时，“设计”为动词，课程设计也就是课程规划。美国学者指出，作为动词使用的课程设计是课程编制的同义词①。二是指称这种设计活动的产品，此时，“设计”为名词，即

① 奥恩斯坦，汉金斯. 课程：基础、原理和问题. 南京：江苏教育出版社，2002：247.

课程设计形成的主要产品是课程方案。因此，课程设计是集过程与产品于一体的概念。

课程设计，实质上是人们根据一定的价值取向，按照一定的课程理念，以特定的方式组织安排课程的各种要素或各种成分，从而形成特殊课程结构的过程及其产物。设计通常以问题的沟通为起点，以解决问题的实施方案为终点。课程设计是一项独立于课程实施的工作，课程实施是课程设计的后续阶段。

## 二、课程设计方式

长期的课程研究，形成了各种各样的课程设计方式（approaches to curriculum design）。已有课程设计方式可以分为学科中心设计、学习者中心设计和问题中心设计三大类①。

### （一）学科中心设计

学科中心设计的理论假设是，学校教育的目的在于向下一代传递人类千百年来积累起来的文化科学知识，其精华需包含在学校设置的各门学科里。学科中心设计方式又有课目设计、学科设计和大范围设计三个亚模式。

1. 课目设计

课目设计是最古老、应用最广泛的课程组织形式。它在西方源于古希腊罗马的“七艺”，在中国则源于孔子的“六艺”。

就其最纯粹的形式来说，课目设计把课程组织成许许多多的课目，每一门课目有意识地阐述专门的和同质的知识体系。课目设计是使儿童和青少年熟知文化遗产要素的最系统、最有效的组织形式。所以，课目设计具有广泛的适应性。当然，课目设计也有弊端，它极其强调事实和细节的记忆，忽略思维习惯和记忆习惯的养成。

2. 学科设计

学科设计出现于第二次世界大战后。学科设计，是以教育内容中占主导地位的科学技术知识的内在组织形式为根本依据的。然而，它与课目设计却有着重要区别。课目设计对于用来确立课目究竟是什么的原则完全不明显，如数学、家政、驾驶培训等多个领域都可接纳为“课目”，而学科设计则决意使标准专门化，因此把知识体系确立为学科。

虽然学科设计的倡导者把完全熟悉知识学科视为人本主义自由教育的基础，但他们强调理解学科的要素，而不像课目设计，只是占有材料和信息。他们鼓励学生明确学科的基本逻辑或结构，即学科的关键概念、观点和原理的种种关系，理解学科独特的探究方式。

3. 大范围设计

大范围设计，通过把两门以上有关的课目合并成单一的大范围学程，克服科目课程的破碎形式与框架形式。大范围设计在大多数小学已成为基本的课程组织形式，并且在许多中等学校课程中采用。我国当前义务教育阶段课程中出现的综合文科（如社会）、综合理科（如科学）课程，就属于大范围设计。

---

① 蔡斯. 课程设计：有代表性的模式 // 瞿葆奎. 教育学文集：课程与教材：上册. 北京：人民教育出版社，1988：283-328.

### （二）学习者中心设计

学习者中心设计，是人本主义哲学思想的产物，主张以儿童的兴趣、动机和需要为中心设计课程。与学科中心设计相比，学习者中心设计有两点不同：第一，它以个别学生而不是以内容为其组织的线索；第二，它不预先进行确定性的规划，而是随着教师和学生展开的教育任务而变化。学习者中心设计也有许多变式，但是成熟的比较少，这里只简单介绍活动-经验设计。

活动-经验设计，具有“兴趣为本”、“师生合作”和“问题解决”三大特征。第一，课程的结构要由学习者的需要和兴趣来决定。这意味着课程是学习者自己直接感觉到的需要和兴趣，因此，教师的重要任务是发现学生的兴趣是什么，帮助学生为学习而选择最重要的兴趣。第二，在课程实施中形成课程结构。当教师和学生一起确立追求的目标、规定查阅的资料、计划实施的活动以及评定程序，这时，课程结构才会形成。这种师生合作规划课程，是活动-经验设计的核心特征。第三，把重点放在所学问题的解决过程上。学生在追求兴趣的过程中，会碰到某些必须克服的困难和障碍。这些困难构成真正的、学生渴望挑战去接受的问题。在寻找解决办法以攻克这些难题时，学生才实现了有价值的课程学习，其价值包括活动与经验的真实性、意义性、直接性、生动性以及相关性。

### （三）问题中心设计

问题中心设计是指把重点放在现实中个人与社会生存与发展问题上的课程设计。一般来说，这类设计基本上要预先计划，这是不同于学习者中心设计的地方。问题中心课程的水平组织，要由所学问题领域的范围和分类来确定。由于内容是以问题的相关性为基础来选择的，因此，几乎总是跨越课目界限的。顺序也要由问题的分类来确定，但还在很大程度上以学生的需要、关切点和能力为基础。问题中心设计可以分为生活领域设计和核心设计两类。

1. 生活领域设计

生活领域设计把生活领域作为组织课程的基础，通过强调共同的社会功能，试图在克服课目设计的内在弱点的同时，又避免活动-经验设计的陷阱。生活领域设计的基本特征在于围绕生活领域重新组织传统的教材，而且同活动-经验设计一样，把重点放在学习的问题解决过程上，并把学习者的经验和直接情境当作通往基本生活领域的途径。

生活领域设计具有整合、问题解决和功能化等优点：首先，它以整合的多样化形式呈现课目主题，而做到这点是通过跨越分离的课目，并且把重点放在社会生活的有关范畴上；其次，它围绕着生活在社会中个人的问题来组织，因此彰显出问题的解决过程；最后，它以功能化的形式呈现内容，因为是用于解决学生自己的问题，因此为学生提供了能直接运用于未来生活情境的学习。

2. 核心设计

核心这一概念起源于20世纪初，用以反对破碎形式和零碎的学习。为了达到整个课程的紧凑性，提出了统一的课程核心，其他课目要与之有关并服从之。然而，到20世纪20年代末期，人们发展了完全不同的核心课程理论。依据课程应当培养个人发展和民主的社会能力这一信条，进步主义者提出学习的核心是个人和社会共同需要的中心。由此，就逐渐产生出了被称为生活领域核心和社会问题核心的课程。

核心设计，作为一种课程组织形式，核心成分是“普通教育”和“模块课程”。构成核心的那部分课程，是所有人为了在社会中有效地发挥作用而必须学会的共同概念、技能和态度。

## 第三节　课程结构

**案例 7-3**　　**美国 20 世纪中小学课程结构的变迁**①

美国教育领导体制是地方分权制，但美国地方政府就基础教育课程的调整与变革保持着近乎相同的步调。

（1）美国中小学课程在 20 世纪初发生了深刻的变革。20 世纪二三十年代美国中学的课程从传统的学术性中挣脱出来，增加了诸如消费、家政、保健、体育、成人指导、性格养成等生活性和实用性的课程，并在学术性科目中增加了当代文学、演讲、新闻、辩论、戏剧、广播、电视等反映现时代人文发展新成果的课程。新的课程结构的确立，使美国基础教育从此走上了一条多样性和实用性发展的道路，逐渐形成了进步主义的传统。

（2）二战后中小学课程结构的变革。战后初期的美国中小学课程仍然承袭着 20 世纪初所形成的模式或惯例，“生活适应教育”是战后初期美国中等教育改革的主题。尽管这种课程结构的确立有助于学生养成丰富的个性，却淡化了学生学术能力的培养，进而导致国家科学事业的大幅度滑坡。这种弊端的长期累积，最终以苏联 1957 年人造卫星上天为导火索引发了又一场广泛、深刻但不持久的课程改革。1958 年，由艾森豪威尔总统签署的《国防教育法》及其以后的修正案将数学、自然科学和现代外语定为所有学校必设的核心课程，以培养学术人才；试图通过修改具有进步主义倾向的课程目标、内容、结构，培养具有扎实的知识基础和学术能力的学生。经过这一阶段关于课程的讨论与改革，逐渐形成了以必修课程和学术性课程为主、必修课与选修课相结合、为学生升学和就业服务的中等教育课程结构。新的课程结构同时也存在着过分强调智力发展和压抑学生个性发展的不足，美国在 20 世纪 70 年代又掀起了新一轮的课程改革风潮，又捡起了曾一度丢失的进步主义的传统，倡导开设“关联课程”和“人文化课程”，增加了与现实生活密切关联、激发和培养学生兴趣的课程内容。显然，由于过分强调所谓的人性化教育和生活与实践教育，美国中小学课程的发展再次走进学术性衰弱的误区，学生的整体科学文化素质在大幅度地下降。于是，美国又掀起了课程改革的浪潮。自 20 世纪 70 年代中叶始，美国发起了“恢复基础教育”运动。在课程结构上要求取消“社会性服务”等非学术性内容，大量减少选修课，增加必修课，限制职业课程。至 20 世纪 80 年代，美国再次掀起与“恢复基础教育”运动性质相近的教育改革运动——“高质量教育”运动。在这两个运动的影响下，美国基础教育阶段，尤其是中等教育阶段的课程结构再次发生了重大变化，即恢复和确立了学术性学科在课程结构中的主体地位。

---

① 美国中小学的课程结构. (2015-06-21). http://www.3edu.net/Lesson/zwsl/Lesson_78882.html.

(3) 中小学课程结构的现状。20世纪90年代以来，美国基础教育课程结构的调整仍在继续。与以往不同的是，此时的课程结构的调整已不再是否定前期成果的彻底改革，而是真正认识到学术素养不强是本国学生培养质量低下这一基础教育的传统症结。为此，20世纪末期美国基础教育课程结构的调整仍然在逐步推行其加强课程的学术性、加强课程的统一性、培养学生的学术能力等政策，一再强调加强中小学的核心课程建设，如英语、数学、自然科学、历史、地理、外语、艺术等，试图以此提高学生的学业水平，迎接21世纪全面的挑战。

[评析]

概观美国20世纪课程结构变革的整个历程，中小学课程变迁存在“钟摆现象”，一直处于基础学术教育与生活适应教育、统一要求与灵活多样等两对矛盾的反复对抗之中。就具体课程结构而言，则表现为学术性科目与非学术性科目、共同必修的核心课程与选修课在比例上的此消彼长的持续摇摆之中。这种摇摆从教育哲学思潮看，其实是社会本位主义教育价值观与个人本位主义教育价值观各持一端、相互对立的结果，是一种价值观试图修正另一种价值观的表现。从教育的社会功能看，则体现了不同时期国家对教育的政治、经济功能的期待，课程结构变迁打下社会变迁或一些重大社会历史事件的烙印。从课程的实质看，课程结构的调整体现了课程是人才培养目标的蓝图，课程是为实现人才培养目标服务的，课程结构的变迁实质是人才培养目标调整的具体化。

课程规划与设计，既须基于课程结构，又须优化课程结构。课程结构实质上是课程的各种类型、各个组成成分按照预定的一定准则形成的相对稳定的联系。课程结构体现了课程系统的组织化和有序性的程度，课程系统的有序性越高，课程结构就越严密。

## 一、课程类型

在课程发展的历史过程中，主要有下面的一些类型：

### (一) 学科课程和活动课程

依据课程内容的固有属性来划分，课程可以分为学科课程与活动课程。

1. 学科课程

学科课程是以学科的形式来区分和组织内容的一类课程，它以人类对知识经验的科学分类为基础，从不同的分支科学或学科中选取一定内容来构成对应的课目。学科课程是一种古老的、应用最广泛的课程类型。

2. 活动课程

活动课程，又称经验课程或经验学习、学生中心课程，是指打破学科逻辑组织的界限，以围绕学生的发展需要和兴趣爱好为中心、以活动为组织方式的课程形态。

活动课程的最早萌芽可以追溯到原始社会的教育，到了18世纪，法国思想家卢梭在他的自然主义教育理想中，首先描绘出了“活动”这种培养自由和谐发展的“自然人”的课程。接着，裴斯泰洛齐、福禄培尔（德国教育家）等在他们各自的教育实践中，设计和实施了“活动”课程。到了19世纪末，在批判和冲击传统教育的进步教育运动中，杜威及其门徒从理论上和实践上首次系统地提出和阐明了“活动或经验课程”。

### （二）分科课程和综合课程

从课程内容的组织方式来划分，课程可以分为分科课程与综合课程。

1. 分科课程

分科课程是一种单学科的课程组织方式，是指从不同门类的学科中选取知识，按照知识的逻辑体系，以分科教学的形式向学生传授知识的课程。分科课程与学科课程基本上是一致的，分科课程强调的是课程内容的组织形式，而学科课程强调的是课程内容固有的属性。从课程开发来说，分科课程坚持以学科知识及其发展为基点，强调本学科知识的优先性；从课程组织来说，分科课程坚持以学科知识的逻辑体系为线索，强调本学科自成一体。

2. 综合课程

综合课程是一种以对学校课程内容进行统整为特点的课程类型，是将具有内在逻辑或价值关联的原有分科课程内容以及其他形式的课程内容统合在一起，旨在消除各类知识间的界限，使学生形成关于世界的整体性认识，培养学生灵活运用知识综合解决现实问题的能力的一种课程。（详见本章“第四节　综合课程和综合实践活动”）

### （三）必修课程和选修课程

依据课程的地位与作用来划分，课程可以分为必修课程与选修课程。

1. 必修课程

必修课程是一个教育系统或机构法定性地要求全体学生或某一学科专业全体学生必须学习的课程。必修课程的根本特性是强制性，是国家和社会权威在课程中的体现，其主导价值在于发展学生的共性。

2. 选修课程

选修课程是在一个教育系统或机构中，学生可以按照一定规则自由地选择学习的课程种类。选修课程根源于社会经济和文化的多元发展。

### （四）基础型课程、拓展型课程和研究型课程

根据课程的功能和任务，可以将课程划分为基础型课程、拓展型课程和研究型课程。它们是有机的统一体，三者之间存在着关联性和互动性①。

1. 基础型课程

基础型课程的功能是着重培养学生的基本素质和基础学力，但也注意发展性学力和创造性学力的基础培养。

2. 拓展型课程

拓展型课程在功能上着眼于对基础学力从横向拓宽、纵向延伸等方面进行培养，但更注意发展学生各种不同的特殊能力，培养个性，培养为终身学习打基础的发展性学力，同时兼顾创造性学力的培养。

3. 研究型课程

研究型课程的主要功能是在基础型课程和拓展型课程的基础上，着重在专题性与综合

---

① 沈建民，谢利民. 试论研究型课程生命活力的焕发：兼论研究型课程与基础型课程、拓展型课程的关系. 课程·教材·教法，2001 (10).

性的研究或探究过程中培养学生的创造性学力，以实现知识的迁移以及相应的创新精神和实践能力的提高。

### （五）显性课程和隐性课程

从课程的表现形式或者说影响学生的方式为依据来划分，课程可以分为显性课程和隐性课程。

1. 显性课程

显性课程亦称正式课程、官方课程、公开课程、显露课程，是指为实现一定的教育目标而在学校课程计划中明确规定的学科以及有目的、有计划、有组织的课外活动，按照事先编制的课程表实施。

2. 隐性课程

隐性课程亦称非正式课程、非官方课程、潜在课程、隐蔽课程，是指学校政策及课程计划中未明确的、非正式和无意识的学校学习经验。有多种表现形式，其中包括校园环境、学校文化传统、教风、学风、考风等。“隐性课程”一词是由美国课程论专家杰克逊（Jackson，P. W.）在1968年出版的《班级生活》一书中首先提出的。

### （六）国家课程、地方课程与校本课程

新一轮课程改革明确规定，课程实行国家、地方、学校三级管理体制，由此产生国家课程、地方课程与校本课程①。

1. 国家课程

国家课程是指国家委托有关部门或机构制定的基础教育的必修课程或称核心课程的课程标准或大纲。国家课程，都集中体现了国家的意志，是决定一个国家基础教育质量的主要因素。因此，国家课程具有统一规定性和强制性。

2. 地方课程

地方课程也有广义和狭义之分。广义的地方课程是指在某一地方实施和管理的课程，既包括地方对本地国家课程的管理和实施，也包括地方自主开发的只在本地实施的课程；而狭义的地方课程专指地方自主开发、实施的课程。一般情况下，人们所谈的地方课程都是狭义的地方课程。

3. 校本课程

校本课程也有广义和狭义之分。广义的校本课程指的是学校所实施的全部课程，既包括学校所实施的国家课程、地方课程，也包括学校自己开发的课程。而狭义的校本课程专指校本课程，即学校在实施好国家课程和地方课程的前提下，自己开发的适合本校实际的、具有学校自身特点的课程。目前，人们习惯上将学校自己开发的课程称为校本课程，以区别广义的校本课程。

## 二、课程结构原理

课程结构的主要制约因素是学科知识的内在逻辑和学习者的心理逻辑，课程结构的内在关系主要涉及水平维度和垂直维度。

---

① 许洁英. 国家课程、地方课程和校本课程的含义、目的及地位. 教育研究，2005（8）.

### （一）学科逻辑与心理逻辑

1. 学科逻辑与心理逻辑的概念

课程内容是按照学科逻辑组织还是按照心理逻辑组织，是现代教育史上争论最激烈的课程与教学问题之一。课程的学科逻辑，是指根据学科内容本身的系统和内在的联系来组织课程内容。课程的心理逻辑，是指按照学生心理发展的规律和特点来组织课程内容。

2. 学科中心的课程组织与儿童中心的课程组织

关于课程组织的逻辑顺序与心理顺序的关系问题，在教育史上出现了相互对立的学科中心课程与儿童中心课程的主张，相应地存在着学科中心的课程结构和儿童中心的课程结构。当代已经很少有人只从学科逻辑或心理逻辑单一方面来组织课程，而是越来越倾向于把课程的学科逻辑与心理逻辑统一起来。

### （二）横向结构与纵向结构

课程结构或组织，总是区分为横向结构与纵向结构来加以处理的。

1. 横向结构

课程的横向结构，又叫水平结构，是指课程不同成分之间在横向上或水平面上的结构过程及其结果。现代教育研究与实践，使课程的横向结构具体表现为课程分科在内容和形式上的整合。课程整合是使分化了的教育系统的各要素及其各成分形成有机联系、成为整体的过程和结果①。

2. 纵向结构

课程的纵向结构，又叫垂直结构，是指课程要素的不同质量之间在纵向上或垂直维度上的结构过程及其结果。国内外许多人对课程的纵向结构进行了大量的研究，提出了许多优化课程纵向结构的主张，其中主要有直线型课程、螺旋型课程和阶梯型课程三种。

直线型课程，就是在课程内容的排列上，按照由浅入深、由易到难的原则，环环紧扣、直线推进、不与重复的排列方式。它对于解决课程内容逐渐增加与学生学习时间与精力有限的矛盾问题具有重要意义。

螺旋型课程在夸美纽斯那里就有了萌芽。20世纪50年代末，布鲁纳首次提出了螺旋型课程的概念。后来，拉根（Ragan，W. B.）和谢泼德（Shepherd，G. D.）又对其进行了探讨，提出："螺旋型课程是一种排列复杂课目主题的方式，这种排列方式使课目主题每次都在学程中反复出现，以便学生在课目中逐步深入或学习课目的一个方面。"② 螺旋型课程，实质上就是在课程内容组织上采取螺旋排列方式，这种排列方式按照学习的巩固性原理，在相邻的两个以上主题、单元、年级或阶段里安排主题相同但深度或广度不同的内容，以便让学生逐步深入学习某门课程。

直线型课程和螺旋型课程只是从排列课目主题的方式来探讨课程的组织，而课程结构的内容与课程排列的形式被人为地割裂了，学生的学习心理与课程内容的适切性也被人们遗忘了。事实上，课目主题的排列是目的明确的，为的是促进学生的学习与发展。优化课程纵向结构，实际上就是为学生造就依次前进和逐步上升的课程"阶梯"。因此，阶梯型

---

① 黄甫全. 整合课程与课程整合论. 课程·教材·教法，1996（10）.

② Lewy A. The International encyclopedia of curriculum. Oxford：Pergamon Press，1991.

课程便应运而生①。阶梯型课程是根据客观需要与可能，从人类文化中选择出精华部分作为预期教育结果，然后按照学生发展的动态水平层次，把它们按难度高低分解后由简单到复杂、从低级到高级排列成一道波浪式上升的阶梯，从而在课程实施中适应和促进学生的发展跃上一个又一个阶梯，一步一步地把预期教育结果内化为学生的发展成果。

## 三、基础教育课程改革有关课程结构的主要内容

根据基础教育课程的均衡性、综合性与选择性原则，课程改革重建新的课程结构，主要通过三方面的改革来实现②：

第一方面是建立由分科课程、综合课程、综合实践活动课程构成的新课程结构。课程设计的共同原则是：以学生的学习态度、能力培养为主线，精选对终身学习与发展必备的基础知识、基本技能，努力体现教育内容的现代化以及与社会经济、学生生活的联系，强调实践与探究，同时提供广博的科学知识背景。

第二方面是关于必修课与选修课。选修课的开设主要基于学生的兴趣与需要，占用地方课程、校本课程时间。高中选修课的多样性和高质量是改革的重点，目的是使课程具有多样性和选择性。

第三方面是加强普通教育与职业技术教育的联系。在农村中学推行通过“绿色证书”教育及其他职业技术的培训让学生获得“双证”的模式，城市中学也要开设适合的职业技术课程。

# 第四节　综合课程和综合实践活动

**案例 7-4**　　**深圳市科学综合课程实施访谈③**

深圳市南山区于2001年秋季启动了科学课程的实验。2003年秋，深圳市整体进行科学课程实验，成为全国首个以市为单位，在初中开设科学课程的实验区。自2012年秋季起入学的七年级新生采用分科课程，进行分科教学，不再配发初中科学教材。至此，实施11年之久的深圳科学课程画上了句号。有研究者就科学课程的目标、价值、内容等方面情况对参与教师进行了访谈。下面是关于科学课程内容编排方面教师的看法。

**内容的编排：“拼盘”还是“整合”**

与以往的分科课程相比，综合课程最明显的特点之一就是采用了螺旋式的编排方式，体现了课程内容的“整合”性，在同一册教科书中出现不同领域的内容。这种编排方式对

① 黄甫全. 阶梯型课程引论. 贵阳：贵州人民出版社，1996.

② 崔允漷. 新课程“新”在何处?：解读《基础教育课程改革纲要（试行）》. 教育发展研究，2001 (9).

③ 张二庆. 初中科学课程实施的个案研究：新课改中科学课程实施的特征与影响因素. 长春：东北师范大学，2014：75.

教师们的教学产生了很大的影响，在教师中间也产生了很大的反应。那么，受访教师是如何看待这种编排方式的呢?

教师1：你到高中，那肯定是要分科的，而现在的初中教材它没有分。一个科学一本书，而实际上它里面就是一个“拼盘”，四章，一章一章的，比如说一开始是物理，然后再是化学，再是生物和地理，并没有把科学作为一个系统。

教师2：科学教材就是一个“拼盘”，综合只是形式。

教师3：科学课在形式上成了一本书，可你翻开看看，还是一块一块的，非常明显的，那不就是一个“拼盘”吗?

一些受访领导或研究人员也认为，科学教科书的“拼盘”现象严重。在调查过程中发现，几乎所有受访者都认为科学课程“拼盘”现象明显，并且认为“整合”的程度不够。可见，受访者对科学教科书编写存在“拼盘”现象的认识是比较一致的，教科书的编写需要进一步研究。

[评析]

从深圳市开展科学综合课程实验的过程、结果及受访教师的体会看，综合课程的开发和实施是个严峻的、涉及面广的课题。受访教师一方面认可综合课程的基本理念与价值，认为如果综合课程能够得到有效实施，可以提高学生的科学素养，表现出对综合课程的憧憬；另一方面，他们多年来一直教授分科课程，又表现出对分科课程的眷恋，认为综合课程的内容缺乏系统性，逻辑不严密，是“拼盘”而非“整合”。

开设综合课程和综合实践活动课程已经成为教育理论与实践探索的重要课题。

## 一、综合课程

**名言欣赏**

对整体有很好的了解的人，就能了解每一部分应有的位置，对一个部分有彻底的研究的人，就能够成为一个有学问的人；至于要成为一个有卓见的人，那就需要对整体有彻底的了解了。

——卢梭

### (一) 综合课程的概念

综合课程也称整合课程，是指打破传统分科课程的知识领域，由两个以上的学科领域构成的课程。

### (二) 综合课程的设置依据

1. 学科的融合是知识发展的必然趋势

学科知识的发展不是相互隔离、彼此封闭的，而是相互作用、彼此关联的。自20世纪中叶以来，人类知识的发展呈现出两种相反相成的趋势：一方面，随着人类认识世界的程度不断加深，各门学科不断分化，分支学科不断涌现；另一方面，学科的综合趋势也相当明显，新兴的交叉学科、横断学科、边缘学科的诞生层出不穷。学科知识的分化有其合理性，反映了人们认识世界的不断深入，但并不意味着学科的隔离与封闭。文化或学科知识的健康发展所需要的是持续的交往，这意味着不同学科间要相互开放、相互作用、彼此关联、相互渗透和融合。这是人类知识发展的内在要求和必然趋势，综合课程体现了这种要求和趋势。

2. 综合课程有助于学生形成完整的世界观

综合课程的学习，有助于消除学生孤立地看待各门学科知识的现象，形成完整的世界观；有助于学生探寻各门学科知识之间的内在联系，以发现新的知识；有助于培养学生广阔的认知视野，提升学生的知识整合能力，使学生学会综合性地解决问题；等等。

### （三）综合课程的分类

1. 学科本位综合课程

学科本位综合课程又称综合性学科课程，它试图把那些具有相关性的学科知识整合起来，形成一种新的综合学科。比如，将植物学、动物学、生理学、解剖学融合为生物学，将地质学、自然地理、人文地理、历史地理融合为地理学。

按照学科的综合程度不同，学科本位综合课程又可分为：一是相关课程，就是在保留原来学科的独立性基础上，寻找两个或多个学科之间的共同点，使这些学科的教学顺序能够相互照应、相互联系、穿插进行。二是融合课程，也称合科课程，就是把部分的科目统合兼并于范围较广的新科目里，选择对于学生有意义的论题或概括的问题进行学习。三是广域课程，就是合并数门相邻学科的教学内容而形成的综合性课程。

2. 社会本位综合课程

社会本位综合课程又称问题中心课程，以值得关注的、重要的社会问题为核心来组织和编排不同学科的知识内容。20世纪70年代以来，国际上盛行的社会本位综合课程，主要有“科学（science）-技术（technology）-社会（society）课程”（简称“STS课程”）、“环境教育课程”、“国际理解教育课程”。“STS课程”主要关注科学、技术与社会三者之间的交互作用和互相影响；“环境教育课程”主要关注人类生存环境日益恶化的状况，试图唤起学生的环境保护意识，增强学生对人与环境相互关系的理解，发展解决环境问题的技能等；“国际理解教育课程”则主要关注如何使学生在尊重差异的基础上，发展对其他国家、民族、文化的理解能力，以促进国际交往与合作。

3. 儿童本位综合课程

儿童本位综合课程又称经验本位的综合课程，其特点是以儿童当下的生活与经验为核心，结合儿童的兴趣、需要和动机来组织课程活动。

当代课程改革与发展正在建构一种新的理念和新的整合形式，这就是“学习化课程”。在学习化课程里，课程设置不再以科目来划分，而改用“学习领域”作为基本结构形式。学习领域是在当代课程设计中，把儿童的学习作为课程的出发点和落脚点，为整合教学科目而设置课程的框架。

### （四）综合课程设置的难点

怎样开设综合课程？以什么依据将相关内容综合起来？这些问题是综合课程开发要解决的关键。要克服“拼盘式”课程的不足，主要是要科学地确定综合课程的设计原理，科学地确定综合课程的综合度，即综合的范围与强度。

1. 科学地确定综合课程的范围

一般而言，综合的范围是指综合课程内容所包含的学科领域的广度，比如融合课程的综合广度就小于广域课程的综合广度。综合的广度大小要根据课程目标和学生的年龄特征来决定，综合的范围并非越大越好。比如，一些国家和地区在小学开设的“自然科”和“社会科”，其综合的范围多是围绕学生的日常生活来设定的；而到了高中阶段，在开设分科课程的基础上，开设“综合理科”“社会研究”等科，综合的范围则多是围绕人类社会生存与发展等重大问题来设定的。

2. 科学地确定综合课程的强度

综合的强度是指综合课程中知识内容之间内在联系的强弱程度。关于综合的强度，美国学者布卢姆（Bloom，B. S.）曾区分为配合、联合和合并三种程度。前面所述的“相关课程”的综合强度就是配合，融合课程的综合强度就是联合，问题中心课程的综合强度接近合并。目前我国教育实践中出现的综合课程，一般是按配合、联合的办法来进行综合的，达到合并程度的综合课程不多，所以被称为“拼盘式”课程。那种知识内容高度融合的、逻辑严密的、结构紧凑的综合课程还严重缺乏，设计高水平的综合课程乃是当务之急。

### （五）综合课程设置的基本策略

1. 确立综合课程目标

不同类别、不同层次的学校具有不同的性质，肩负着不同的任务，具体的培养目标也不同，这直接制约着学校的课程目标，其中也包括综合课程的目标。比如，小学、初中是实施素质教育的关键阶段，面向全体学生、全面提高学生的基本素质是素质教育的根本目标，为此，弄清学生基本素质所包含的具体要素及要素之间的有机构成，才能科学地确定课程目标。综合课程的目标也应该以此为依据。

---

**案例 7-5　　深圳市福田区小学国际理解教育课程目标①**

1. 知识与技能：初步了解与其他国家、民族人民交往的行为礼仪和沟通交往常识，初步了解世界各族人民衣食住行、节日庆典的风俗习惯，初步了解世界著名景观和旅行常识，初步了解现代交通、通信技术让世界变成地球村的道理，初步学习与世界各国人民交往的基本能力。

2. 过程与方法：通过课文教学、课堂活动、社会实践以及主题探究活动课程等形式，在知识的学习和情景的体验中，让学生初步了解国际理解教育的相关知识，初步形成国际理解教育的相关能力。

3. 情感态度与价值观：通过教学，初步培养学生对其他国家和民族文化习惯差异的了解、尊重、理解和包容，初步培养学生善良、民主、热爱和平、关心人类共同发展的情操，同时，增强学生对中国传统文化的情感，进一步培养学生的爱国主义精神。

---

① 深圳市福田区“区域国际理解教育课程构建研究”课程组，徐素倪. 深圳市福田区《中小学国际理解教育课程纲要（修改稿）》节选. 课程教学研究，2014（9）.

[评析]

《纲要》提出，课程标准“应体现国家对不同阶段的学生在知识与技能、过程与方法、情感态度与价值观等方面的基本要求”，规定各门课程的性质、目标、内容框架等。综合课程目标的制定也应遵循“知识与技能、过程与方法、情感态度与价值观”三维目标的要求，制定具体的、层次清晰的、具有可操作性的目标体系。

2. 确定综合课程综合度

综合课程所预期的目标直接制约着综合课程的综合度。如果综合课程的目标指向开阔学生的视野，丰富学生的知识，那么其综合的范围较大，综合的程度可以较弱，即课程内部知识之间的联系和结构可以比较松散；如果综合课程的目标指向统合学生的知识，帮助学生认识世界的完整图景，培养学生综合运用知识解决问题的能力，那么其综合的范围可大可小，既可以是同一个科学领域内部各子学科的综合，也可以是广域式的综合，综合的程度较强，课程内部知识之间的联系和结构比较严密。比如，美国中学的“地球科学”是广域式的综合课程，这一科目将天文学、地理学、生物学、人类学等多门学科高度融合为一个新的知识系统，将天体史、自然史、人类文明史等作为一个有机的整体，便于学生形成对世界的整体认识。

3. 选择与安排综合课程内容

合理的综合度是安排综合课程内容的重要依据，直接决定知识内容的取舍与组织。一般说来，课程目标不明就会影响课程综合度的确定，而综合度的不确定就会直接影响知识内容的选择和组织。在科学技术迅猛发展的时代，仅靠“加法”安排课程内容是不现实的，只有考虑知识内容之间的有机整合才有出路。

在课程发展史上，曾经出现过课程设计的“钟摆现象”，即课程设计的基点在学科、儿童、社会三者之间摇摆不定。随着理论研究和实践的深入，人们逐渐形成了共识，认为只有在学科、儿童、社会三者之间寻求一种动态的平衡，才能保证课程设计的科学性和可行性。当前的综合课程设计同样需要考虑设计的基点，首先，要从儿童的需要和年龄特征出发，以此去联系和整合社会的需要，也就是要把社会对人才的需要与儿童成长发展的需要结合起来，并将此转移体现在学校培养目标和课程目标之中。其次，在目标的指引下，动态地去把握学科、儿童、社会三者之间的关系，并以此作为综合课程设计的依据。比如：从社会和儿童的现实生活出发，按认识事物的线索或解决问题的线索去考虑学科内部知识内容的整合或学科之间的综合；从儿童的需要出发，按儿童现实生活的组成部分去考虑学科与儿童活动的联合；从社会的需要出发，按社会实践的领域和相关内容去考虑学科与社会实践的联合；等等。由此可见，综合课程不单是学科内的整合和学科间的综合，还有学科与活动的综合、活动课程体系中各类活动的综合等，所以，不同类型课程内容的综合也是综合课程建设需要探索的课题。最后，综合课程也应该自成体系，有自己的逻辑和结构。比如，一些广域式、跨域式的课程，则是用具有较强统摄力的基本概念作为选择和组织知识内容的标准。在美国，有的理科课程是用科学上的共同概念来组织内容的，比如“初级理科概念教学大纲”主要有 4 个概念系统，即宇宙的结构、相互作用和变化、能量的衰变、自然计图。综合课程的内容体系已不同于单一学科知识本身的逻辑体系，它更多地注意多学科知识之间的呼应和联结，注意知识与学生实际及现实生活的有机联系，通常表现为“组合式”或“连环式”的内容结构。

## 二、综合实践活动

**名言欣赏**

一个儿童要学习的最难的课程就是实践课，假如他学不好这门课程，再多的书本知识也补偿不了。

——杜威

**案例 7-6**

### 巧嘴学对：真情对对碰①

#### 源与起：全球观、民族情

记得一学期即将结束的一天，我和孩子们谈理想。令我意想不到的是，全班80%的孩子表示长大后要到国外深造。我陷入了沉思。也许，我们阻挡不了孩子们远走世界的脚步，但我们至少应该送孩子们一颗立足东方的中国心！使他们不管是徜徉在巴黎街头，还是徘徊在塞纳河边，总记得遥远的东方有条龙，他们是龙的传人；使他们无论是聆听着西洋经典，还是享受着欧美风情，都不曾忘记悠远的中华文明，他们应该是东方文化的传承人。基于此，我写下了《东方小子系列文化探寻活动》校本课程开发方案，思忖着从国际视野弘扬中国文化，把我国优秀传统文化作为校本课程的精神载体，提升学生的文化素养，充实学生的精神底蕴。它分为巧嘴学对、百家姓氏、茶与文化、翰墨飘香等几个系列，我希望它能像一条潺潺的小河流进孩子们的心田，以东方的丰韵滋养身在特区面向世界的孩子们。

新年刚刚过去，空气中隐约飘荡着年的气氛，那家家户户门前檐下崭新如昨的对联悄无声息而醒目地向过往的行人表示真诚的祝愿，也无声地述说它辉煌久远的历史。是的，我就从这里开始吧！走进对联，走进精彩的迷你世界，走进浓郁的华夏情结！"巧嘴学对"的课程就这样定下来了。

#### 雏凤学飞：师生爱，紧相随

课程定下来了，教材呢？难道每天都东拼西凑？或是放马南山，走到哪座山头唱哪首歌？不，我决定和孩子们一起来编教材！我让大家利用课余时间上网查询或看书摘录有关对联的知识，收集名联趣联。而我则一头钻进无边的网络，精心挑选；一头扎进茫茫的书海，用心寻觅。半个月下来，我的电子教材"与你同行——东方小子校本课程网站"框架基本建成，它由五大版块组成：知识篇、欣赏篇、故事篇、积累篇和实践篇。知识篇里将分录我和孩子们共同筛选的有关对联的各种知识，如起源、作对法则、用字技巧等；欣赏篇珍藏闪烁着智慧和人文精神的佳联妙对、趣联奇联、名人名联等；故事篇里则将大量收录生活化、人性化、趣味化的对联故事；积累篇则筛选了我在大量阅读古人作对训练集后由浅入深编录的四大读本，即《声律启蒙》、《训蒙骄句》、《学对歌诀》与《笠翁对韵》；实践篇将探索和记录展示汇报的活动设计和方案。

① 王智慧．巧嘴学对：真情对对碰．教育导刊，2003（10）．

我给每个孩子一个对课记录本，送给孩子们第一联：雏凤学飞，万里风云从此始；潜龙奋起，九天雷雨及时来。“平对仄，仄对平，平仄两分明……”琅琅的书声和着有节奏的击掌声飞出育才一小四（5）班教室，自此，东方小子学对对，平地一声起惊雷，对出了真情，对出了智慧，直对出无比豪迈与无畏！

通过一个学期的摸索学习，我发现孩子们变了，他们开始对中国古典文化产生了浓厚的兴趣，尤其是在我让他们平日里留心找对联后，他们非常关注各处的对联。孩子们变了，班风跟着起了变化，孩子们举止文雅多了，课间也安分多了。

我自己也变了。首先，我在规划与调整、改进与实践中变得更加关注孩子们的学校生活，更加关注自己的专业发展。其次，随着活动的推进与深入，我不再武断地判定学生会喜欢这个喜欢那个，而是会巧妙地去询问他们已知道了什么，还想学到点什么。这让我们的关系变得更加随和亲切。当我看着孩子们自编的厚厚的《联集》，我觉得自己看到的不仅仅是可视的文字，还有绵延的精神。

[评析]

综合实践活动课程开发通常作为校本课程去开发与管理。这个综合实践活动课程开发值得借鉴之处主要有：一是选题上以我国优秀传统文化作为课程的精神载体，有丰富的内涵，而且问题源于现实的要求——针对大多数孩子都要出国深造的现实，从国际视野弘扬中国文化。二是课程的实施过程以学生为主体，引导与培养学生的兴趣。

综合实践活动以其“三无”即无教材、无课程标准和无现成的专职教师，使许多学校感到迷茫，甚至不知所措，也使教师们不敢轻易涉足这一新课程领域。其实，与所有的事物都有两面性一样，综合实践活动课程虽然没有教材和课程标准，给教师们的具体操作带来一定的难度，但同时也为师生们提供了广阔的自由发挥和尽情创造的空间。

### （一）综合实践活动的概念

综合实践活动作为活动课程的一种特殊发展形态，是我国新课程的重要组成部分。《纲要》明确规定，综合实践活动为小学到高中的必修课程。

综合实践活动课程是基于学生的直接经验，密切联系学生自身生活和社会生活，注重对知识技能的综合运用，体现经验和生活对学生发展价值的实践性课程。综合实践活动课程与前面的综合课程同样有“综合”二字，但是有显著的区别。在中国的课程体系里，综合课程的基本特点是学科的综合，而综合实践活动课程的基本特点是实践。

### （二）综合实践活动的主要内容

《纲要》指出，综合实践活动的内容主要有研究性学习、社区服务与社会实践、劳动与技术教育、信息技术教育。

1. 研究性学习

研究性学习是指学生基于自身兴趣，在教师指导下，从自然、社会和学生自身生活中选择和确定研究专题，主动地获取知识、应用知识、解决问题的学习活动。研究性学习强调学生通过实践，增强探究和创新意识，学习科学研究的方法，发展综合运用知识的能力，形成一种积极的、生动的、自主合作探究的学习方式。

2. 社区服务与社会实践

社区服务与社会实践是学生在教师指导下，走出教室，参与社区和社会实践活动，以获取直接经验、发展实践能力、增强社会责任感为主旨的学习领域。通过该学习领域，可以增进学校与社会的密切联系，不断提升学生的精神境界、道德意识和能力。

3. 劳动与技术教育

劳动与技术教育是以学生获得积极劳动体验、形成良好技术素养等多方面发展为目标，且以操作性学习为特征的学习领域。这是一个开放性的学习领域，它强调学生通过人与物的作用、人与人的互动来从事操作性学习，强调学生动手与动脑相结合。

4. 信息技术教育

信息技术不仅是综合实践活动有效实施的重要手段，而且是综合实践活动探究的重要内容。信息技术教育的目的在于帮助学生形成信息素养，包括发展利用信息技术的意识和能力、信息的反思和辨别能力，形成健康向上的信息伦理。

尽管研究性学习、社区服务与社会实践、劳动与技术教育、信息技术教育各有重点和独特的价值，但作为综合实践活动课程的有机组成部分，它们有着共同的性质和价值追求。因此，在实施综合实践活动的过程中，应将这四大领域融合在一起，使四大领域的内容彼此渗透，以达到理想的整合状态。

### （三）综合实践活动的特点

综合实践活动是综合程度最高的课程，具有自己的独特功能和价值，它与其他课程具有等价性与互补性。与其他课程相比，综合实践活动具有如下特性：

1. 整体性

综合实践活动具有整体性。世界具有整体性，世界的不同构成——个人、社会、自然是彼此交融的有机整体。文化作为世界的一部分也具有整体性，文化的不同构成——科学、艺术、道德也是彼此交融的。综合实践活动主题的选择范围应包括学生本人、社会生活和自然世界。对任何主题的探究都必须体现个人、社会、自然的内在整合，体现科学、艺术、道德的内在整合。

2. 实践性

综合实践活动具有实践性。综合实践活动以学生的现实生活和社会实践为基础发掘课程资源，而非在学科知识的逻辑序列中构建课程。综合实践活动以活动为主要开展形式，强调学生的亲身经历，要求学生积极参与到各项活动中去，在“做”“考察”“实验”“探究”等一系列的活动中发现和解决问题，体验和感受生活，发展实践能力和创新能力。

3. 开放性

综合实践活动具有开放性。综合实践活动面向每一个学生的个性发展，尊重每一个学生发展的特殊需要，其课程目标具有开放性。综合实践活动面向学生的整个生活世界，随着学生生活的变化而变化，其课程内容具有开放性，因而其活动过程与结果均具有开放性。

4. 生成性

综合实践活动具有生成性，这是由综合实践活动的过程取向所决定的。每一个班级、每一所学校都有对综合实践活动的整体规划，每一个活动开始之前都有对活动的周密设计，这是综合实践活动计划性的一面。但是，综合实践活动的本质特性是生成性，随着活动的不断展开，新的目标不断生成，新的主题不断生成。学生在这个过程中认识和体验不断加深，创造性的火花不断迸发，这是综合实践活动生成性的集中表现。

5. 自主性

综合实践活动充分尊重学生的兴趣、爱好，为学生的自主性的充分发挥开辟了广阔的空间。他们自己选择学习的目标、内容、方式及指导教师，自己决定活动结果呈现的形式，指导教师只对其进行必要的指导，不包揽学生的工作。

**请君一试**

1. 2013 年单项选择题：编写小学教科书的直接依据是（　　）

A. 课程目标　　B. 课程方案

C. 课程计划　　D. 课程标准

答案：D

2. 2012 年单项选择题：从课程论的视角来看，教室座位的安排、图书角的布置都属于（　　）

A. 活动课程　　B. 综合课程

C. 显性课程　　D. 隐性课程

答案：D

第八章

# 课程与教学目标

“十年树木，百年树人。”教育是有目的、有计划地培养人的活动。教育目标是宏观的、长期的育人总目标。宏观的教育目标要通过各门课程教学来实现。所以，教育目标要具体化为课程目标，而课程目标要进一步具体化为可操作的课堂教学目标才得以有效落实。

## 第一节　教育目标概述

**案例 8-1**　　　教堂里的枪声①

2015 年 6 月 17 日晚 21 时左右，在美国南卡罗来纳州查尔斯顿市中心的一座古老的黑人教堂里，一名白人青年向正在举行祈祷会的人开枪，导致 9 人遇难。枪手戴伦·鲁夫，21 岁，坦言自己此举“就是为了杀黑人”。在滥杀无辜的同时，他留了一名女子的性命并对她说：“我不杀你，就是让你告诉他们到底发生了什么。”

[评析]

据悉，这是一起种族仇恨引发的血案。这类惨案发人深省：教育要培养什么样的人？如何确定合理的教育目标？

### 一、教育目标、课程目标与教学目标

教育目标、课程目标与教学目标构成一个目标链，它们之间的关系如图 8-1 所示②。

① 陆佳飞. 南卡罗来纳教堂枪声再曝美国种族之殇. 中国新闻网，2015-06-19.

② 陈志刚. 对三维课程目标被误解的反思. 课程·教材·教法，2012，32 (8).

教育目标
↓
课程设置总目标（如基础教育课程目标）
↓
各学科课程目标（如语文、数学、英语等）
↓
学段课程目标（如小学、初中、高中等）
↓
学年/学期教学目标
↓
单元/课时教学目标

**图 8-1 教育目标、课程目标与教学目标构成的目标链**

可见，教育目标、课程目标与教学目标之间具有内在的一致性。在英语里这些概念没有截然分开，教育目标指的是课程目标、教学目标或学习目标。目前我国学界的基本共识是，教育目标是比较宏观的上位概念，课程目标与教学目标是一体的下位概念。为表述方便及实用考虑，本章将教育目标、课程目标和教学目标予以分别阐述。

## 二、确定教育目标

基于人类长期的教育实践探索形成的共识，确定教育目标必须研究学习者的需要、社会生活的需要及自然生态环境的需要，并将这些方面结合起来①。

### （一）学习者的需要

教育是培养人、促进人发展的活动，确定教育目标首要的是研究学习者。不同时期、不同阶段、不同地区、不同群体学习者的身心特点、兴趣与发展需要各异。教育目标的制定必须反映特定时期、特定年龄段学习者的共同需要，着眼于学习者身心健康、和谐、可持续发展。所以，教育专家要结合心理学尤其是发展心理学的研究成果，以及对当代学习者的调查研究所获取的信息等制定科学的、合理的教育目标。

### （二）社会生活的需要

个人的生存和发展离不开现实社会，无数个体的生存构筑起现实的社会，无数身心健康、和谐个体的可持续发展推动整个人类社会的健康、和谐与可持续发展。教育的职责在于传播正能量，帮助个体主动积极地适应、融入社会并推动社会健康、和谐与可持续发展。

当代社会生活及未来社会发展要求个人具备怎样的知识、技能、价值观？教育如何帮助学习者获得最基础、最重要的知识、技能，并引导他们形成积极、健康的价值观？这些是确定教育目标必须思考的重要问题。为此，教育者必须深入研究当代社会生活各个领域，研究物质层面与精神层面的需要，并据此确定教育目标、选择学习内容等。

---

① 黄甫全．现代课程与教学论．北京：人民教育出版社，2014：49．

### （三）自然生态环境的需要

人类文明的发展史，是一部人与自然的关系史。人类的生存和发展必须有良好的自然生态环境做保障。自然生态的变迁决定着人类文明的兴衰。当前环境污染严重、生态系统退化的严峻形势，使人类生存和发展面临严重威胁。自然生态环境保护是关乎人类生存和发展的长远大计，是功在当代、利在千秋的大事业。只有尊重自然、顺应自然、保护自然，才能实现人与自然的和谐、可持续发展。

## 三、教育目标分类

### （一）布卢姆教育目标分类学

布卢姆等人把教育目标分为三大领域——认知领域、动作技能领域和情感领域。每一领域的目标由低至高分成若干层次（见表 8-1）。

表 8-1 布卢姆教育目标分类学①

| 目标领域 | 目标层次 | 目标描述 |
| --- | --- | --- |
| 认知领域 | 记忆 | 对知识的记忆 |
| | 理解 | 与已有知识建立联系，领会知识的意义 |
| | 应用 | 在新的情境中运用所学知识 |
| | 分析 | 把复杂、整体的知识分解为各个组成部分并理解各部分之间的内在联系 |
| | 评价 | 对知识做价值判断 |
| | 创造 | 产生新思想、发现或创造新事物 |
| 动作技能领域 | 模仿 | 感知、模仿操作技能 |
| | 操作 | 独立完成操作任务，解决问题 |
| | 迁移 | 在新情境中综合运用所学技能完成新任务，创造性地解决问题 |
| 情感领域 | 经历感受 | 独立从事或合作参与相关活动，获得感性认识 |
| | 反应认同 | 表达感受、态度和价值判断，做出相应的反应 |
| | 领悟内化<br>形成品格 | 形成相对稳定的态度，表现出持续的行为，形成个性化的价值观念 |

其中，认知目标主要指知识学习，动作技能目标侧重于运用知识完成操作性任务及解决问题的过程与方法，情感目标则侧重于学习活动中伴生的情感体验。

布卢姆等人的教育目标领域分类分层研究深化了人们对教育教学活动的认识，为当代课程与教学设计尤其是课程与教学目标设计提供了重要理论基础。

### （二）加涅的学习结果分类研究

无论是教育目标还是课程目标、教学目标，最终落实在学生身上，表现为学习之后所发生的变化，即学习结果。

在《学习的条件》（1985）一书里，加涅将学习结果分为五种类型：言语信息、智慧技能、认知策略、动作技能和态度。

（1）言语信息，即知识，是回答“是什么”的陈述性知识，如名称、符号、事实、概念、规则等。言语信息的学习心理过程主要是记忆，目标是会复述（如果会用，那就达到

① Anderson L W, Krathwohl D R. A taxonomy for learning, teaching, and assessing: a revision of Bloom's taxonomy of educational objectives. New York: Longman, 2001.

更高一级的目标即智慧技能了）。

（2）智慧技能，即会用，是回答“怎么办”的程序性知识。智慧技能的学习心理过程主要经历辨别符号、概念或规则并尝试运用其来解决有关问题，其目标是如何做事，即会用。

（3）认知策略，即会学，是回答“怎么学”的程序性知识，是学习者用来选择和调节自己的注意、记忆、学习与思维方式等内部过程的技能。它指的是学习者在学习过程中控制自己“内在的”行为，是学生“用脑子”管理或操作自己的学习方法，如归纳法、演绎法、复述法等。

（4）动作技能，即会操作，能完成具体任务、解决实际问题，是回答“怎么行动”的问题。

（5）态度，是回答“怎样对待”的问题，是一种习得的，影响个人对事物、人或事件的行为选择的内部状态，表现为一种行为的取向。态度学习和情感是密切结合在一起的，也与价值观相关，学习兴趣、意志、信心等都属于态度的范畴。

其中第（1）、（2）类主要指的是知识与技能，第（3）、（4）类涉及方法与过程，第（5）类属于情感态度与价值观等。

以上教育目标分类研究从不同视角揭示了教育教学活动的丰富内涵，为当代课程与教学设计尤其是课程与教学目标设计提供了理论基础。

**名言欣赏**

没有目标的努力，犹如在黑暗中远征。

——沃维纳格

## 第二节　课程目标解读

课程目标是课程专家根据时代、社会及学习者的发展需要制定的课程学习应该达到的要求。课程目标规定学生学习的内容、学习活动方式及预期的学习效果。

课程目标既是课程内容选择与组织的依据，也是课程实施与效果评价的依据，如图8－2所示。

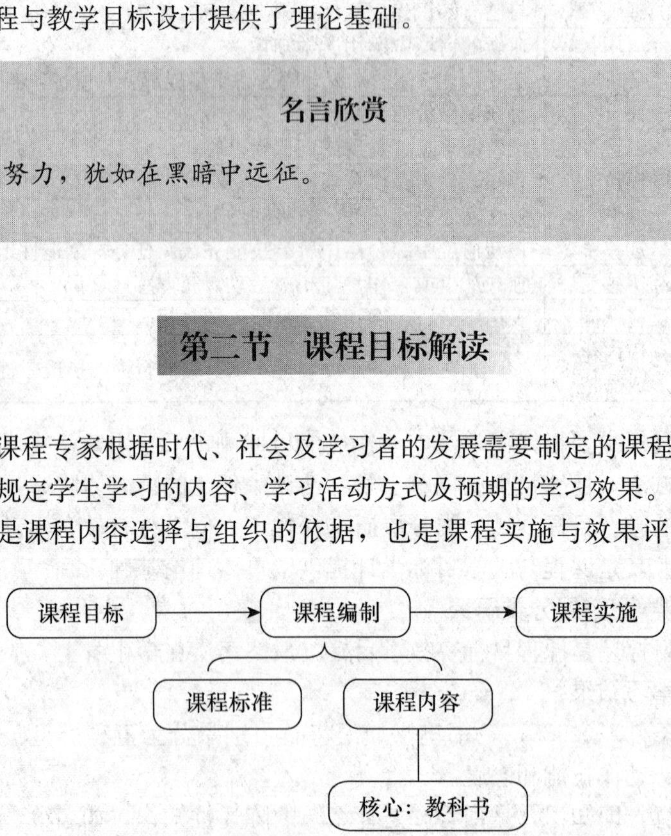


**图8－2　课程目标的地位与作用①**

① 陈志刚. 对三维课程目标被误解的反思. 课程·教材·教法，2012，32（8）.

课程目标可分为课程总目标和学科课程目标。具体说来，我国现行基础教育课程目标可以从以下四个层次来解读。

## 一、课程总目标

课程总目标即国家课程标准，是所有课程设置所要实现的目标。《纲要》对现阶段我国中小学课程总目标做了详细描述。（详见本书“第九章　课程实施与组织”）

《纲要》指出，国家课程标准“应体现国家对不同阶段的学生在知识与技能、过程与方法、情感态度与价值观等方面的基本要求，规定各门课程的性质、目标、内容框架，提出教学和评价建议”。

知识与技能、过程与方法、情感态度与价值观目标（简称“三维目标”）类似于布卢姆的认知、动作技能和情感三个领域的目标，其实质是强调学生的综合、整体发展，体现了全面育人的素质教育理念。

《纲要》里表达的课程总目标是国家对各门学科课程的共性要求，是制定各门学科课程标准及课程目标的依据。

## 二、学科课程目标

在《纲要》课程总目标的指导下，教育部于2001年组织各门学科专家根据基础教育各门学科课程特点、任务和学习特点与需求研制出中小学各门学科课程标准，如《全日制义务教育语文课程标准（实验稿）》等。2011年，各门学科课程标准经修订发行，是当前我国基础教育课程教学的指导性文件。各门学科课程标准遵循三维目标原则设计课程。其中，一部分学科直接运用了《纲要》的表述，另一些学科则结合自身的特点，在表述目标时有所变化，比如《普通高中信息技术课程标准（2017年版）》课程目标。

根据《普通高中信息技术课程标准（2017版）》，高中信息技术课程旨在全面提升全体高中学生的信息素养。课程通过提供技术对比、资源丰富的数字化环境，帮助学生掌握数据、算法、信息系统、信息社会等学科大概念，了解信息系统的基本原理，认识信息系统在人类生产与生活中的重要价值，学会运用计算思维识别与分析问题，抽象、建模与设计系统性解决方案，理解信息社会特征，自觉遵循信息社会规范，在数字化学习与创新过程中形成对人与世界的多元理解力，负责、有效地参与到社会共同体中，成为数字化时代的合格中国公民。

## 三、学段课程目标

各学科课程专家依据《纲要》精神及学科特点，分学段设计具体目标，形成目标体系。比如，《义务教育数学课程标准（2011年版）》分第一学段（1～3年级）、第二学段（4～6年级）、第三学段（7～9年级）设计课程具体目标。《义务教育英语课程标准》设计了九级目标体系并具体描述各阶段要达到的目标，如图8-3所示。

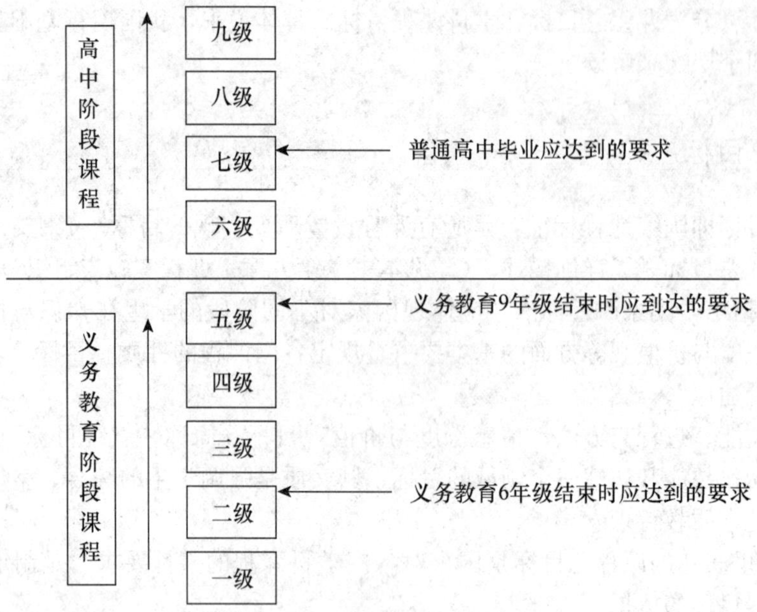


图 8-3　英语课程分级目标体系

## 四、学科课程内容目标

各门学科课程标准根据各学段的重点内容将课程目标进一步具体化，比如，《义务教育数学课程标准（2011 年版）》在第三部分“课程内容”，将数与代数、图形与几何、统计与概率、综合与实践四个领域的重点内容分成三个学段设计具体目标。

可见，课程目标具有相当的概括性，需要通过一系列持续的教学活动来实现。所以，课程目标不能直接运用到实际的课堂教学中。课程目标须由教师根据具体的课程内容和学情转化成具体的、可操作的系列教学目标，即“学段教学目标—单元教学目标—课时教学目标”链条来实现①。

# 第三节　教学目标设计

**案例 8-2**　　　　热闹的课堂②

在一堂公开课上，教学活动精彩纷呈：40 分钟内教师提问了 30 多次，组织了 8 次小组讨论，还有视频、弹琴、表演……这堂课热闹结束时，听课者却十分茫然：上这节课究竟是为了什么？学生在这节课上学到了什么？

① 钟启泉. “三维目标”论. 教育研究，2011（9）.

② 崔允漷. 教学目标：不该被遗忘的教学起点. 人民教育，2004（Z2）.

[评析]

听课者的茫然说明这节课教学目标不明确。教师心中没有目标，漫无目的的课堂就成了闹剧一场。缺乏目标的教学是一种不负责任的行为①。

教学目标即教学活动要达成的预期结果，通过学生学习之后所发生的变化体现出来。

## 一、教学目标的功能

教学目标是一切教学活动的出发点和归宿，它规定着教学活动的方向，是确定教学重难点、选择教学内容与教学方法、安排教学活动以及评价教学效果的主要依据，如图 8－4 所示。

由此可见，课程目标与教学目标之间有着天然密切的联系，即教学目标源于课程目标，但又有别于课程目标。课程目标是“国标”，是“应然”；教学目标则是预期的“实然”，是教师根据课程目标和特定课程内容与学情而预设的可以实现的目标，即将“应然”转化为预期的“实然”。

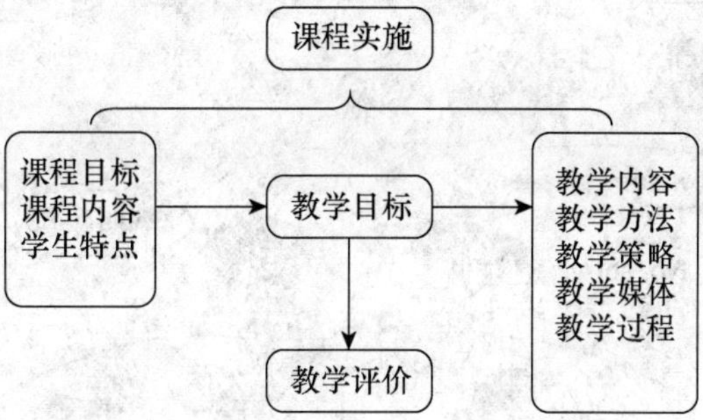


**图 8－4　教学目标的地位和功能①**

教学目标在教育教学活动过程中具有导向、激励和评价功能。

### （一）导向功能

所有的课堂教学活动都围绕教学目标展开，做到有的放矢，师生明确课堂上该做什么、不该做什么，从而避免漫无目的的无效劳动。

### （二）激励功能

恰当的教学目标可激发师生工作和学习的潜力与动力。过高或过低的目标则难以起到这样的作用。

### （三）评价功能

教学目标是检测、评价教学效果的基本依据，一堂课的教学效果主要看教学目标是否实现及其实现程度。

## 二、教学目标的设计要领

图 8－5 是人教版小学英语六年级下册“Unit 2　What's the matter，Mike？”（Part

① 熊川武．教学通论．北京：人民教育出版社，2010：206.

② 陈志刚．对三维课程目标被误解的反思．课程·教材·教法，2012，32（8）.

B）的课程内容。以此为例，如何设计一堂课的教学目标？

图 8－5　Unit 2　What's the matter，Mike？（Part B）

教学目标设计始于课程目标解读，要结合课程标准相关要求、具体课程内容和学情需要等来设计。

## （一）课程目标研读

教学目标设计旨在使所有的教育教学活动沿着既定的方向前进，最终实现教育总目标。所以，教学目标设计必须瞄准国家总课程目标及学科课程目标，教师必须认真研读《纲要》和学科课程标准相关内容，重点研读学科课程标准里的课程总目标、学段目标及具体内容目标，据此出发设计教学目标。

比如，在设计"Unit 2　What's the matter，Mike?"（Part B）这节课的教学目标之前，教师须仔细研读《义务教育英语课程标准（2011 年版）》中语言技能、语言知识、情感态度价值观、学习策略及文化意识等方面的二级目标相关要求。

### （二）课程内容分析

首先，教师要通过课程标准宏观了解学科课程的整体结构及具体学段教材的编排体系；其次，明确所用教材的目标要求和编排体系，理清各部分（单元）之间的逻辑关系；最后，深入钻研具体课程内容，认识其在整个教材体系中的地位和作用。教师必须思考这些问题：为什么要教这些内容？通过这些内容的学习，学生应该获得什么？要分析具体的内容及可利用的相关资源，充分挖掘这些内容对学生发展的潜在价值，确定教学重难点，并根据学情恰当定位教学目标。

### （三）学情分析

维果茨基的“最近发展区”理论指出，教学必须考虑两种发展水平：一是学生现实发展水平，即在教学之前他们能够做什么？二是学生在教师指导帮助下经过努力可以达到的发展水平，即在教学之后他们应该能够做什么？应该有什么变化？这两者之间的距离就是“最近发展区”。

“最近发展区”理论对教学目标设计的启示在于，教师要根据课程总目标及与特定课程内容相关的具体要求来确定学生在现实水平基础上经过教学可能达到的程度。教学目标表达的是教师预期自己的学生在现有水平上，经过师生共同努力可能达到的水平。

学生的现实水平是教学的现实起点。学情分析主要包括学生的心理状况（认知发展水平、情感、动机、兴趣及学习习惯等）和他们具备的与特定课程内容相关的知识基础及生活经验等。这些直接关系到教学目标的设定、教学内容与方法的选择及教学资源的开发。

在实际操作上，课程内容分析和学情分析既可以分别表述也可将两者结合分析。以下是对“Unit 2　What's the matter, Mike?”（Part B）课程内容及学情所做的分析（仅供参考）。

本节课的重点内容是在有关话语情景中学习运用 happy、sad 等六个表达心情的单词及用“How do you feel? /How does she feel?”句型进行对话。这样的话题与学生日常生活密切联系，易为学生所理解和接受。学生在本课以前已经学过“happy”，在此基础上，再学习另外五个表达心情的单词。通过对本单元 A 部分的学习，学生对于“How do you feel? /How does she feel?”已经有所接触。本节课的重点是在话语情景中对词汇和句型进行整合学习与运用，达到活学活用的目的。

根据以上分析，这节课教学目标可设计如下：

（1）能听、说、读、写六个情绪单词：tired、angry、excited、happy、sad、bored；

（2）能根据情景需要运用以上单词及句型“How does Amy feel? / She's tired.”进行对话；

（3）在情景对话中体会有关情绪的感受并学习关心他人的情绪。

这三个目标大致涉及知识与技能、过程与方法、情感态度与价值观。教学目标设计必须做到课堂教学任务明确、具体、可操作，目标可达成而且可以检测。

## 三、有效教学目标的特点

有效的教学目标设计需要重点考虑以下三个问题：一是教学目标如何贴近学生实际，

二是三维目标之间有着怎样的内在联系，三是如何兼顾教学目标的预设与生成。

**（一）贴近学生实际**

学生是学习的主人，教学目标能否实现以及实现程度如何，是通过学生的发展变化来体现的。合适的教学目标是针对特定的学生而设计的，是贴近学生实际的现实目标。教师必须根据学生的实际调整课程所设定的“标杆”，设计可达成的目标。

教学目标设计首先要面向全体学生，他们之间的差异如知识基础、能力条件、生活体验、兴趣、动机及学习特点与需求等都是影响教学的重要因素。教师应尊重这些差异，将其视为一种资源——一种使所有学生在原有的基础上实现真正学有所获的重要依据，并最大限度满足其个性化需要。所以，教学目标设计要考虑到如何让每个学习者都能在其原有能力水平基础上得到发展。

**案例 8-3　　语文《变色龙》一课教学目标①**

1. 全体学生能借助工具书正确地读、写“劈、戳、戮、胚、蔑、恐吓、异想天开、洋溢、径自、娇贵”等字词；能在教师的指导下找出表现人物性格的字、词、句；能用自己的价值观去评价沙皇俄国的专制统治；通过对课文中人物形象的认识，能体会具有正直、诚信和有正义感性格的重要性。

2. 大部分学生能够结合课外资料合理地分析归纳奥楚蔑洛夫、赫留金、市民等人物形象，清楚地表达自己对课文中人物形象的认识。

3. 少数学生能通过查阅资料，在结合时代背景深入分析、评价奥楚蔑洛夫的同时，理解《变色龙》的实质。

[评析]

此例教学目标设计既面向全体学生又关注个体差异，提供了多样化的学习目标，以最大限度地满足不同层次学生的学习需要。

**（二）三维目标的内在联系**

**案例 8-4　　高中化学《金属的防护与回收》教学目标②**

通过……实验探究铁生锈的原因和防止铁生锈的办法，体验合作学习、探究学习的乐趣；认识到金属生锈给国家带来的损失，自觉养成保护环境的习惯。

[评析]

此例教学目标突出过程与方法，并以此为载体将知识与技能、情感态度与价值观融于一体。

三维目标的实质是学生在同一学习活动中得到的是不同方面的收获，而不是分别完成

① 陈吉利，黄克斌，徐小双．新课程理念下的教学目标设计．教育理论与实践，2012（8）．

② 李润洲．三维教学目标表述的偏差与矫正．课程·教材·教法，2014，35（5）．

三项任务或三个环节分别操作。三个方面相互关联、内在一致，是学会、会学与乐学的关系。

当然，也可以根据具体教学内容的情况，侧重于某一维目标，以此带动其他目标的实现，而无须面面俱到。例如，高中数学“集合”的教学，其教学目标重点是知识与技能、过程与方法；初中语文“鸟专题文化内涵的探索”的重点目标可以是“反复诵读课文，结合自己积累的一些咏诗，体味古诗中‘鸟’意象的韵味、意境和寄托”。人教版高一语文第一单元“阅读鉴赏四首中国诗词”（《沁园春·长沙》《大堰河——我的保姆》《雨巷》《再别康桥》），教学目标是突出情感体悟①。所以，三维目标应该当作教学设计的理念与原则，实际的教学目标设计无须机械地一一对应，每节课无须面面俱到、牵强附会地分别设计出三维目标（过程与方法常与其他目标尤其是情感态度与价值观目标融合）。

### （三）预设与生成兼顾设计

教学目标是教师课前的预设，然而实际的课堂是师生共同参与、相互影响的动态变化过程。所以，真实的课堂会发生什么？教学过程如何推进？这些是不可完全预设的。师生主体性得到充分发挥的课堂往往会超出教师课前预设，出现始料未及的状况。比如，学生常常出人意料地从新的角度理解问题、提出不同的看法或新问题。斯腾豪斯指出，“教育的本质在于引导，教育成功的程度在于它所导致的学生不可预期的行为结果增加的程度”，“真正的教育是使人更加自由，更富于创造性”。

以学生发展为本的课堂鼓励学生自主探索、合作交流、发现创造，教学过程必须是动态的、开放的，是不断生成的。教师要善于捕捉和接纳新情况，并据此与学习者进行深层次的互动，充分发挥学生的主体性、创造性以实现超越预设目标的发展。因此，预设的教学目标要保持适度的开放与弹性，并根据课堂实际发生的情况适当调整预设的教学目标。

## 第四节　教学目标表述

教学目标大致可分为两类：一类是可预设、可精确量化的结果，即结果性目标（如知识与技能目标）；另一类是比较抽象、复杂的高级目标，是难以精确量化甚至不可预设的，随着教学活动的展开学生内心感受、体验在变化（如过程与方法、情感态度与价值观等），即体验性目标。前者比较显性化，后者具有潜隐性特点，其间的区别如表 8-2 所示：

**表 8-2　两类教学目标的区别**

| 结果性目标示例 | 体验性目标示例 |
|---|---|
| ● 认识大写字母<br>● 识别等高线地形图上的山峰、山脊、山谷<br>● 了解液体温度计的工作原理 | ● 体会数学与现实生活的紧密联系<br>● 感知物理学史中科学家焦耳的科学态度和科学精神<br>● 通过实例体会反证法的含义<br>● 组织讨论、比较秦始皇和汉武帝的历史作用 |

① 魏宏聚．新课程三维目标在实践中遭遇的尴尬与归因：兼对三维目标关系的再解读．中国教育学刊，2011（5）．

不难发现，前者对学习结果做出了明确具体的设定，后者则相对开放，对学习结果没有做出具体设定。两者分别采用的是行为目标表述法和表现性目标表述法①。

## 一、行为目标表述法和表现性目标表述法

### （一）行为目标表述法

行为目标表述法，即以具体的、可操作的行为方式指明教学过程结束后学生的行为变化。行为目标表述通常包含 A、B、C、D 四个要素，它们的含义分别是：

A（audience），即学习者，是目标表述句的主语（常省略）。

B（behavior），即行为，说明学习者要做什么。

C（condition），即条件，表明学习行为在什么条件下产生，在什么情况下或什么范围内完成指定的学习活动，如“借助工具书……”“用所给的材料探究……”“小组讨论制定……”“在网上搜集资料……”等。

D（degree），即程度，说明上述行为要达到的具体标准，如“写一段不少于 200 字的感悟”“分析归纳出 5 个要点”“能准确地说出……”等。

行为目标表述法明确展示学生在学习活动结束后能出现什么样的行为变化，并限定学生学习过程中知识、技能的获得和情感态度发展的层次、范围、方式及变化效果的量度。这样的教学目标讲求具体、准确，具有可操作性、便于检测等特点。

### （二）表现性目标表述法

由于过程与方法、情感态度与价值观等目标具有潜隐性特点，教师很难准确预设，美国课程专家艾斯纳（Eisner，E. W.）提出采用表现性目标表述方法，即只描述学习活动情景及学习活动行为，而不规定学习活动的结果。比如：

- 运用轴对称、平移和旋转的组合进行图案设计。
- 联系追星现象和小团体现象，讨论在生活中如何正确把握从众心理。

表现性教学目标是在教学情境中，随着教学活动的展开而自然生成的教学目标。它强调学生在具体的学习情境和活动中的个性化表现，尊重学生的个体感受性，旨在培养学生的创造性。

以上两种表述方法各有其特点、适用范围、作用及局限性。行为目标是在教学过程之前预先设定的，目标表述追求精确；表现性目标表述比较开放，鼓励在教学过程中的随机生成，关注学习情感兴趣体验、学习能力的形成过程等。行为目标具有具体化、精确化、可观察、可测量的特点，对提高学生的学习成绩有明显的促进作用，比较适合描述一些相对比较显性的、具体的学习结果；表现性目标则适合描述一些比较内隐的、高级的心理活动，如创造性思维、情感兴趣等难以具体化的学习结果。

教师常根据需要将两种方法结合起来表述教学目标。比如，表现性目标也尽可能表述得具体、可操作，否则容易落空。例如，“热爱集体”这一目标显然比较抽象、缺乏可操作性，如果列举几个具体行为（如积极参加班级活动等），其操作性就会增强。所以，表现性目标可采用内部心理状态与外显行为相结合的方式来描述，先用描述内部

① 黄甫全. 现代课程与教学论. 北京：人民教育出版社，2014：263-265.

心理活动的术语来表述比较抽象的一般性学习目标，以反映理解、运用、分析、创造、欣赏、尊重等内在的心理变化，然后描述反映这些内在变化的具体行为表现例子，使内在心理变化显性化、可观察、可检测。例如，先表述"理解友情"这个比较抽象的目标，接着可陈述相应的具体行为表现事例（如能列举几个关于友情的成语、说出几则关于友情的谚语、讲述几个友情故事等）。用具有一定概括性的动词开头，以关注比较高级的学习成果；用相应的具体表现行为来补充说明，则明确、具体、可检测。

## 二、教学目标表述规范

如何规范地表述教学目标？虽然没有统一标准，但必须符合以下的基本要求：

### （一）目标主语是学生而不是教师

**案例 8-5　　一堂数学课的教学目标①**

1. 让学生经历平行四边形面积公式的猜想、验证过程。
2. 通过猜想、操作、验证等活动，发展学生的空间观念。
3. 使学生初步感知事物之间的相互联系，培养学生运用转化思想解决问题的能力。

[评析]

此例教学目标主语是教师，表述的是教师的任务。这是许多教师对教学目标的惯常表达方式。这样的教学目标会使教师"心中无学生"，更多地关注自己的行为活动设计而忽视学习活动设计，会导致"教师中心课堂"，使教学目标难以有效落实。

教学目标具体表现为学生的学习结果，即学生学习后所发生的变化。所以，教学目标即学习目标，其行为主体应该是学生而不是教师（虽然常被忽略）。

**案例 8-6　　语文八年级下册《海燕》教学目标②**

1. 通过查阅有关资料，能说出《海燕》一文的写作背景。

2. 通过运用字典等工具，能准确认读和书写"遮、蜿"等生字，并能联系上下文解释"翡翠、飞沫、掠起"等词语的含义。

3. 能流利、有感情地朗读课文，并能背诵自己感兴趣的段落；能概述《海燕》一文的主要内容和层次结构。

4. 通过探究、交流，能说出象征、烘托等表现手法以及比喻、拟人、反复等修辞手法，并通过讨论交流，能描述出"海燕"在文中的象征意义，说出"海燕像黑色的闪电"等比喻的含义。

---

① 夏雪梅．基于标准设计教学目标：课程实施程度的视角．全球教育展望，2010，39（4）．

② 刘颖，岳亮萍．基于课程标准设定教学目标．教育理论与实践，2012，32（29）．

5. 在整体通读课文的基础上，能说出自己对《海燕》作品的思想情感倾向，并联系作品的文化背景表达自己对《海燕》的理解。

[评析]

教学目标主语是学生，教学活动过程的指向性明确。教师“心中有学生”，课堂以学生为本，教学目标易于落实。此例将行为目标表述法和表现性目标表述法相结合。

### （二）目标谓语尽可能用行为动词代替心理动词

试比较表 8-3 中两栏教学目标的表达效果有什么区别？

**表 8-3　心理动词与行为动词比较①**

| 谓语用心理动词 | 谓语用行为动词 |
| --- | --- |
| 理解课文如何围绕中心思想选材 | 阅读课文，按课文顺序列出记叙的主要事件，并说明它们如何表现中心思想 |
| 知道一些常见金属如铁、铝、铜的矿物 | 能说出赤铁矿、磁铁矿、铝土矿等矿物中的有效成分 |
| 了解铁冶炼的原理和方法 | 简单描述铁冶炼的原理与过程并写出相关的化学方程式 |

左栏是许多教师的惯常表达方法，教学目标谓语动词“理解”“掌握”“知道”“熟悉”等表示的是学生的内部心理状态。必须思考的是，这样的目标如何达成？如何检测目标是否达成？显然，这样的教学目标缺乏可操作性，难以实现。相比之下，右栏用了可观察、可检测的行为动词来表述，这样的教学目标任务明确具体、可操作、可检测，易于落实。

在布卢姆等人对教育目标的分类分层研究基础上，西方学者推荐用下列行为动词表述教学目标，如表 8-4 所示：

**表 8-4　描述各领域各层次教学目标的行为动词②**

| 领域 | 层次 | 行为动词举例 |
| --- | --- | --- |
| 知识目标 | 记忆 | 指认、识别、说出、写出、画出、标明、列举、选择、排列、复述 |
| | 理解 | 用自己的话说出……、定义、描述、区别、解释、比较、举例、举例说明、叙述、归纳、预测、重新写出、分类、转换、表达、表述 |
| | 应用 | 计算、操作、制作、列举、解答、证明、解释、推测、推导、解决、提出、得出、制订 |
| | 分析 | 说明、探讨、探究、探索 |
| | 评价 | 判断、评价 |
| | 创造 | 设计、创作 |

① 梁靖云，吕素巧．教学目标设计初探：如何理解、设定与表述三维目标．教育理论与实践，2014，34（8）．

② Anderson L W，Krathwohl D R. A taxonomy for learning，teaching，and assessing：a revision of Bloom's taxonomy of educational objectives. New York：Longman，2001.

续前表

| 领域 | 层次 | 行为动词举例 |
|---|---|---|
| 技能目标 | 模仿 | 尝试、重复、模仿 |
| | 独立操作 | 完成、运用、使用熟练操作、熟练使用、灵活运用、熟练演奏、有效使用、合乎规范地使用 |
| | 迁移创造 | 联系、转换、灵活运用改变、新编、创造、创作、提升、拓展、扩展 |
| 情感目标 | 体验感受 | 参与、尝试、感受、讨论、交流、合作、考察、注意、感知、经历、体会、体味、体验、亲历、观察、参观、收集、调查 |
| | 反应认同 | 接受、认同、遵守、尊重、同意、欣赏、关心、关注、拒绝、反对 |
| | 领悟内化 | 形成、热爱、树立、确立、追求、坚持、履行、抵制、做到、养成 |

有效设计、规范表述的教学目标才能在教学过程中起到导向、激励和评价的功能。以上推荐的这些行为动词在一定程度上能比较准确地描述教学目标，可供参考。

## 请君一试

请认真阅读下列材料，并按要求回答。

5 两位数乘两位数

1. 口算乘法

1

你每天要送多少份报纸？

我平均每天送300份报纸和60封信。

邮递员工作10天，要送多少份报纸？

300 × 10 = ______

300 × 10 = 3000

要送多少封信？

______

工作30天，要送多少份报纸？

300 × 30 = ______

300 × 3 = 900

300 × 30 = 9000

要送多少封信？

______

做一做

80 × 10　　60 × 20　　50 × 40　　24 × 10

700 × 20　　90 × 90　　40 × 80　　12 × 200

58

请根据上述材料回答下列问题：

（1）什么是运算能力？如何发展学生的运算能力？

（2）如果指导中年级小学生学习，试拟订教学目标。

（3）依据拟订的教学目标，设计导入环节并说明理由。

**【答案要点】**

（1）运算能力主要是指能够根据法则和运算律正确地进行运算的能力。培养运算能力有助于学生理解算理，寻求合理简洁的运算途径解决问题。

发展学生的运算能力要做好以下方面：

1）要具备基本的计算能力，这是提高运算能力的基础。

2）要理解和掌握基本的运算法则和公式，这是提高运算能力的保障。

3）要不断地应用法则和公式解决实际问题，这是提高运算能力的重要方法和途径。

（2）根据小学中段学生的学习特点，可将教学目标拟订如下：

1）经历探索口算乘法计算的过程，理解整十的口算乘法的算理，掌握其计算方法。

2）通过观察、操作和讨论等学习活动，感受口算乘法方法的多样性，培养数感和运算能力。

3）感受数学与现实生活的紧密联系，体验数学学习的乐趣。

（3）导入设计：

教师可提问："妈妈要去超市买东北大米，每斤是12元，一共买了20斤。妈妈带来300元，请同学们帮妈妈算算，妈妈带的钱够吗？"

设计理由：

从生活中选取情境，容易调动学生的兴趣；同时可以提高学生的数感、应用意识与直觉思维能力等。

第九章

# 课程实施与组织

课程实施与组织是课程研制过程的一个重要阶段，是把规划阶段研制的课程方案付诸实践的过程。本章主要介绍了课程实施的影响要素、课程实施的基本模式、课程组织的基本理论、校本课程开发以及新课程改革的历史回顾与发展趋势。

## 第一节　课程实施概述

**案例 9-1**　　**部落学历课程**①

台湾屏东县长荣百合小学首创全台湾的“部落学历”。部落学历课程由学校教育团队及部落人士共同参与建构完成，并邀请部落人士担任教师。希望透过“部落学历”的认证，让学生将所学的部落文化课程内化为知识技能，也让社区及家长更能重视自己优良的部落传统文化。学生除了要能用文字叙述出对部落文化的理解外，还有实作闯关、歌谣演唱、原民花环、服饰穿着、月桃编织、射箭等课业项目。“斜坡上的农耕课程”，是由部落的耆老、青年组成教学团队在教学现场，整地、取种苗、搭建工寮前的取材等准备工作都由老人家带着青壮年族人在上课前安排好。学生让老人教，等于部落年轻人也一起学习。特许学校在编教师与部落族人一起，利用“协同教学”的方式给学生上课，时间安排就是利用社会课的时数。了解传统文化知识的族人通常不会有体制内的教师资格，但能以协同方式进行教学，教师在旁边也是一种学习。

[问题]

影响课程实施的要素有哪些？

① 台湾屏东县长荣百合小学官方网站。

## 一、课程实施的概念

课程实施的概念有广义和狭义两种。一般而言，广义的课程实施是指把课程计划付诸实践的过程，是达到预期课程目标的基本途径。狭义的课程实施是指教师根据课程标准、教学目标、学生水平，对课程材料进行编制，产生课时方案，并将课时方案付之于教学实践的过程，以期达到预期的课时目标。狭义的课程实施多围绕“教学”甚至“课”的概念呈现。

研究者对课程实施的不同理解，产生了课程实施研究的不同思考方式，逐渐出现了对课程实施的几种取向模式。第一种是课程实施的忠实取向。这种实施取向假定所期望的课程改革结果应当忠实原计划。当教师执行了规定的课程计划，实施就是成功的，课程被执行的程度越高，表明实施的效果越好。第二种是课程实施的互动调适观。这种取向是将课程实施看作一个连续的动态过程，即一个由课程的设计者和执行课程的人共同对课程进行调适的过程。第三种是课程实施的参与制定模式。这种实施取向认为，课程并不是在实施前就固定下来，课程是由教师和学生共同参与的教育实践的结果，而教师和学生的教学实践是修正和制定课程的过程。

## 二、课程实施的意义

课程并不仅仅是教科书中所呈现的内容，或是计划好的学习经验，其实，课程是有赖于教师的教学转化来拓展的教学内容系列。

### (一) 实现教学的意义

课程实施的过程基本可以理解为教学的过程，符合教学的运行规律，科学化的课程实施可以实现教学的意义。

### (二) 实现人际交往的意义

课程实施的过程不仅是教师与学生之间交往的过程，甚至还包括社区人士、家长、辅助教育人员、教育教学管理人员等人参与的交往过程。科学化的课程实施可以实现人际交往的意义。

### (三) 实现知识的延续

课程实施的过程是知识依照其内部逻辑顺序运行的过程，这个运行过程只要符合教育性，可以有效保证知识顺利转化为学生的内在修养，从而保证知识的正常延续。

### (四) 实现全人的发展

课程实施最终也是为了学生个体全面发展、学生群体全人发展而存在的，这个意义不言而喻。没有这个目标，课程实施无从谈起。

---

**案例 9-2** **“学习共同体”的范例①**

日本滨之乡小学实验和创设了一种市民、家长与教师、儿童一起“学习参与”的教育实践事业。这是一种面向社会，与社会人士一起推进学校创新的重要举措。“学习参与”

① 钟启泉.“学习共同体”的范例：日本佐藤学教授访谈. 全球教育展望，2006，35 (4).

的课程既有通常语文的汉字学习和数学的计算学习的设计，家长和市民作为分组的导师和研发者；也有在社会科社区学习的田野作业中，依靠家长和市民的合作而进行的设计。通过“学习参与”教育实践事业的举措，滨之乡小学形成与发展了面向社区的、作为教育的公共空间的内涵。

[问题]

为什么说滨之乡小学的做法是一种教育实践事业?

## 三、课程实施的影响因素

从理论上讲，课程设计得越好，实施起来就越容易，效果也就会越好。但是如果课程设计在实践中得不到具体的实施，就会失去其意义。影响课程实施的因素很多，这些因素主要包括以下几方面：(1) 课程实施的文化背景。课程实施的文化背景，包括流行价值取向、课程实施态度和学校及社区的历史文化等。(2) 课程实施的主体。课程实施的主体主要包括教师、学生、校长与学校管理人员、家长、社区人士等。(3) 课程实施的对象。影响课程实施的重要因素还有课程自身，包括课程方案的清晰程度、可懂度、课程材料的质量、课程排列的质量、课程序列编排等，这些都是影响课程实施的关键前提。(4) 课程实施的管理。以地方教育当局为主的相关教育行政机构等对待教育发展的态度和方法，直接影响课程实施的难度和水平。(5) 课程实施的环境。社区课程资源，无论是博物馆、科学馆、图书馆、教育网络资源中心和青少年活动中心，还是学校周边的自然资源等，都是学校课程实施的良好资源。(6) 课程实施的理论基础。教育学理论、课程理论发展状况、心理学研究成果、教学理论研究成果等，都对课程实施产生了很大的影响。

# 第二节　课程实施模式

**案例 9-3**　　开放式学习情境①

以台中市大仁小学的“小小科学家”校本课程的规划与发展为例，一开始，校长组织课程专家开发了一门科技类的课程，但是，实施了一年，上课的教师感觉接受不了，于是，教师们开始着手研发自己的课程。起先“小小科学家”很难称之为课程，只能说是活动，只是几位教师的一些创意和心得零散而不成体系。但是课程发展就是这样，起初实施不成熟的课程，渐渐形成课程结构和范式，再渐渐成熟起来。其中关于“美丑一线间，与蟾蜍对话”一课的设计与实施，最初只是想简单介绍关于蟾蜍的小知识，但在实施的过程中发现，有些学生不喜欢蟾蜍，于是这部分课程就增添了关于蟾蜍的神话传说等内容。师生们共同设计了舞台剧等形式的课程实施形式，开发了刘海戏金蟾、布农族的传说等剧目，很

① 洪咏善. 科学经验中想象力的探究：Dewey 美学观点 // 陈伯璋. 课程美学. 台北：五南图书出版公司，2011.

快，学生在班级里布置了“蛙类之家”，并发明了“杯水养殖法”来养蝌蚪。除了观察、比较、调查、规划等科学探究技能，课程营造了开放式学习情境，逐渐形成多元化校本教材。

[问题]

以上材料呈现了哪种类型的课程实施模式?

## 一、研究—开发—推广模式

研究—开发—推广模式是较早出现的一种课程实施模式，也是最基本的课程实施模式形态。研究—开发—推广模式首先由国家组织学科专家和课程专家针对具体的学科或课程问题进行研究，并根据研究结果设计出新的课程方案，然后到学校中试用，测定成熟后再到其他学校推广施行。

研究—开发—推广模式认为，课程变革是由以下三个步骤按计划线性展开的过程：(1) 研究：依据普适的教育学理论，建构适合自己特定风格的某种教育理论，教育理论必须符合自身教育实践发展特点。(2) 开发：根据符合自身教育实践发展特点的教育理论设计新的课程方案，课程方案包含目标、知识序列、能力序列、技能序列、情境、活动程序、组织形式、评价与反馈机制、管理机制等内容。(3) 推广：将新方案系统地传递至学校和教师，学校和教师无权对课程方案进行修改或调整，只负责使用；或者先在少部分学校试验，一旦试用顺利、有效，就会广泛推广到其他的学校去实际执行。

## 二、变革阻力消除模式

变革阻力消除模式是课程实施研究中继的一个模式，课程实施在执行以前的研究—开发—推广模式的时候，忽然发现越来越多的阻力开始出现，阻力多来自教师的困扰。后来，课程研制专家发现，课程实施的参与者并非仅指教师，甚至更多的人开始形成既定模式运行的阻力，这些人包括家长、社区人士、课程实践专家、课程管理者等。这一模式认为，消除变革阻力的一个方法是，课程领导者和组织者要让实施者（主要指教师）共同参与课程决策，避免教师对新课程方案的抵制。课程领导者将课程权力与教师共享，让教师参与课程方案的制订和实施。

变革阻力消除模式基于以下假设：(1) 有计划的课程实施的成败，取决于课程领导者是否有能力克服课程实施参与者对新课程计划的抵制。(2) 个体的改变要先于组织的执行。课程实施也是一种个人的经验活动，我们必须允许人们的个性特点能够在课程变革与实施中有所体现，学生是课程革新过程中执行实施的最真实主体。(3) 在课程变革中必须明了教师和其他参与者的具体需要。(4) 课程实施的其他参与者也是课程实施模式的主力军，必要时，课程实施的其他参与者会掌控整个课程的运行。

## 三、领导—障碍过程的模式

领导—障碍过程的模式可以看作变革阻力消除模式的进一步延伸。这个模式认为，课程实施的主要问题在于教师对新课程计划的抵制。所以，课程研究者和管理者思索怎样搜集各种材料以确定教师抵制的程度和性质，对于课程研究者、领导和组织者来说，关键在于使这些障碍变得无效。课程研究者根据思索得出结论，需要通过提供下列五个条件可以做到障碍的消除：

（1）使所有课程实施参与的成员都清楚地了解课程改革的方案；

（2）使所有课程实施参与的成员都具有实施新课程计划所必备的技能，适当进行培训工作；

（3）提供实施新课程所必需的材料和设备，包括研发新课程附带的课程素材和软硬条件；

（4）调整学校组织方式，适当界定学校课程领导的理念和职责，以便与新课程计划的要求相一致；

（5）调动课程实施参与人员的积极性，力争使所有课程实施的成员都有参与的动机，愿意花费必要的时间与精力，以促使新课程计划的成功。

## 四、兰德变革动因模式

兰德（Rand）变革动因模式是由兰德社团在对美国联邦政府资助的20世纪70年代四项主要课程计划的评价过程中形成的。研究人员根据他们的调查结果得出结论，在学校决定采纳新的课程计划之后，课程变革的主要障碍存在于学校的组织动员之中。根据这一原因，兰德模式强调在课程编制过程的各种阶段（尤其是课程实施阶段）中的组织变数，无论是支持性的还是抵制性的，都要予以注意。

兰德模式认为课程变革过程包括三个阶段，即发起阶段、实施阶段、合作阶段。在发起阶段，课程变革的领导者要努力使大家支持预期的课程变革。领导者一旦获得了大家的支持，课程变革活动便进入第二阶段，即实施阶段。在这一阶段中，需要对新的课程计划的重点和要点做出适当的调整，以适应不同学校的情况。课程变革最终会走向合作阶段，在合作阶段，所实施的新课程计划已经成为现行课程的一部分，领导者要提供必要的人力和物力，以便新课程能按既定方式继续下去。由于课程实施通常是指把新的课程计划付诸实践，所以必然会和课程实践中已有的做法有所不同，即必然要做出某种变化。因此，把课程实施等同于课程变革实践也未尝不可。

## 五、罗根课程实施模式

罗根（Rogan）和格雷森（Grayson）认为，课程实施主要包括实施简况、革新能力和外部支持三个维度，并且这三个维度又包含着多个子维度，课程实施的评估是通过对子维度的水平等级评估实现的[①]。

维度一：实施简况。实施简况是被用来理解、分析和表述一个课程变革被付诸实践的范围。实施简况的一个重要贡献在于它能够使课程规划者根据学校的水平来确定学校目前

① 雷浩．罗根课程实施模式及其启示．全球教育展望，2014，43（1）．

的优势，然后把学校因素和周围环境因素考虑进来，明确学校自身特点从而选择最合适的新课程方案。

维度二：革新能力。革新能力试图理解和阐述能够支持或阻碍新课程思想付诸实践的校本因素。革新能力的子维度包括物理资源、教师因素、学生因素和校园管理与文化等。

维度三：外部支持。外部支持主要指校外力量对学校实践的影响。各种校外组织会通过课程实施简况的类型、支持水平、压力或者动机等对学校施加影响，进而促进其变革。外部支持有两种形式：物质的和非物质的。物质支持有物理资源如建筑、书籍或设备，也包括对学生的直接支持如学校午餐计划、学校安全和提供课外学习场所等。非物质支持最常见的形式是文化影响和专业影响。

## 第三节　课程组织

**案例 9-4**　　**透视“翻转课堂”①**

“翻转课堂”起源于美国科罗拉多州落基山的“林地公园”高中。2007 年春，该校化学教师乔纳森·伯尔曼（Jonathan Bergmann）和亚伦·萨姆斯（Aaron Sams）开始使用录屏软件录制演示文稿（PowerPoint）的播放和讲课声音，并将视频上传到网络，以此帮助缺席的学生补课。后来，这两位老师让学生在家看教学视频，在课堂上完成作业，并给学习中遇到困难的学生进行讲解。这种教学模式受到了学生的广泛欢迎。此外，“翻转课堂”的推动还要得益于开放教育资源（OER）运动。自麻省理工学院（MIT）的开放课件运动（OCW）开始，耶鲁公开课、可汗学院微视频、TED 的教育频道视频等大量优质教学资源的涌现，为“翻转课堂”的开展提供了资源支持，促进了翻转式教学的发展。

[问题]

“翻转课堂”给教育带来了什么样的影响？未来的课程组织资本特征是什么？

### 一、课程组织的含义

课程组织就是在一定的教育价值观指导下，将所选出的各种课程要素妥善地组织成课程结构，使各种课程要素在动态运行的课程结构系统中产生合力，以有效地实现课程目标。

### 二、课程组织的要素

关于对课程组织要素的理解，学界见仁见智。其中“四大要素说”是比较成熟的观点，其认为课程组织有四大要素，即学习者、教师、教材和教育环境。

① 张跃国，张渝江. 透视“翻转课堂”. 中小学信息技术教育，2012（3）.

### （一）学习者

学习者是指在各种教育活动中从事学习活动的人，是教育活动的对象和主体。学习者作为一个独立的个体，有自己的主体需要和意识，在接受教育影响时，他们还具有将学习内容进行重组、创新的能力。在当今社会，教育的对象已经从青少年扩大到所有的社会成员，学习者不再局限于在校学生①。学习者的背景、学习特性、先备知识技能、学习储备状态、学习风格等构成课程组织的先决要素。

**资料专栏：微学习**

全民已经进入微时代，随着新技术的发展，中国迎来了移动互联网浪潮。2012 年 12 月底，中国手机上网用户的规模约为 4.2 亿。在地铁、车站甚至饭桌上，你有没有看到身边的男男女女拿着手机看信息、学英语、上微博、玩游戏？于是微博、微信、微电影、微小说、微学习出现了，当下的中国悄然进入了一个微时代。在此背景下，学习也进入微时代，简称微学习，即碎片化学习，一次学习一点，只学最主要的，学习者能在任何时间、任何地点，以任何方式学习任何内容。

资料来源：纪德奎，刘可心．微学习的内涵、促进机理与运用．教育科学研究，2017（12）；郑绍红．微学习：内涵、理念及生态结构．现代教育技术，2015（1）．

### （二）教师

教师是履行教育教学职责的专业人员，承担教书育人、培养社会主义事业建设者和接班人、提高民族素质的使命。教师应当忠诚于人民的教育事业。教师的思维方式、活动方式、教学方式等是课程组织的关键要素。教师要素在课程组织中的显现主要反映在价值观、心理特征、能力特征、潜能、兴趣、特长等方面。

### （三）教材

教材是提供给教师教学和学生学习所用的资料，如课本、讲义等。教材的定义有广义和狭义之分。广义的教材指课堂上和课堂外教师和学生使用的所有教学材料，包括课本、练习册、活动册、故事书等。总之，凡是有利于学习者增长知识或发展技能的材料都可称为教材。狭义的教材即教科书。

### （四）教育环境

教育环境是指以教育为中心，对教育的产生、存在和发展起着制约和调控作用的几维空间和多元环境系统。它包括三个不同的层次：以教育为中心，结合外部的自然环境、社会环境和精神环境形成的教育生态系统；以特定学校或教育机构为中心构成的教育体系内部的相互关系；以人的个体发展为主线的外部环境。

## 三、课程组织的取向

课程组织不是一个价值中立的过程，任何课程组织模式总是受特定的课程价值观的支配。以下是几种课程组织取向：

① 任平，孙文云．现代教育学概论．广州：暨南大学出版社，2013．

### （一）学科取向的课程组织

学科取向的课程组织旨在围绕以人类已有的知识的内在逻辑体系形成的学科组织课程。这种课程组织取向强调学科的逻辑和知识的累积。支持学科取向课程组织的学者大都认为，课程的基础应以学科所包含的知识和探究方法为主。这种课程组织有利于学习者系统地学习人类文化遗产，掌握丰富的学科知识，促进智力的发展。但是它在某种程度上限制了知识的范围，妨碍了多重目标的追求，过于强调学科逻辑，重知识轻理解，难以培养学生在社会、心理、身体等方面的全面发展。

### （二）学习者兴趣和发展取向的课程组织

学习者兴趣和发展取向的课程组织旨在围绕学习者的兴趣、需要、心理逻辑等组织课程。这种取向认为，有效的课程组织需体现学习者的主体作用。这种课程组织适应和培养了学习者的个性差异，鼓励学习者主动学习，帮助学习者逐渐建构自我的知识结构。但是，这种课程组织在重视学习者的同时忽略了对教育同样具有关键意义的社会目标，也不利于学习者建构逻辑严密的知识体系，掌握各种必备的技能。

### （三）社会问题取向的课程组织

社会问题取向的课程组织旨在围绕主要的社会问题组织课程。这种课程组织取向强调对社会生活的适应或改造。这种取向的课程组织认为，日趋成熟的社会系统已从政治、社会、精神一直到个体的身体、健康等方面，完全改变了传统的生活。课程必须使学生能够有效地适应成熟的社会系统，教育也迫切需要通过课程来改变社会秩序，课程也是研究社会问题的独特工具。

### （四）混合取向的课程组织

混合取向的课程组织旨在围绕学科逻辑、学习者的心理逻辑和社会问题几个方面组织课程。这种课程组织强调学科、学习者、社会彼此间的协调与整合。支持混合取向课程组织的学者大都认为，学校课程的组织偏重学科知识、学习者的兴趣与需要或社会的问题与现实任何一个方面，都是失当的和不具生命力的，学习者素质的全面提高应以多方面经验的统整为基础。因此，从本质上说，学校课程应是学科知识、学习者经验和社会需求的有机统一。

## 第四节　校本课程开发

**案例 9-5**　　**台湾泰武小学校本课程开发**①

校本课程就是因为政府无法去配合每个地区、每个族群所需要的课程设计，希望学校能有自主弹性的课程，让学校自己去决定孩子需要什么就设计什么课程，因此我们决定将一些弹性学习节数拿来作为我们的校本课程。校本课程基本上就是我们的民族教育，就是把过去已经失去的传统、文学、社会、自然、艺术领域等方面的课程，利用从近到远、螺旋式的方式，从一年级到六年级编定课程，就是以“经验过去，正视现在，开创未来”来设计教育课程。

① 台湾泰武小学官方网站。

泰武小学的校本课程特色有：

(1) 向下扎根：在幼稚园推行全族语教学。

(2) 族语教学：将民族教育与国际教育当周教过的内容再用族语教一次。

(3) 基础学科：民族教育、国际教育一个礼拜各一节课。

(4) 第三学期的排湾族小学：上述皆为室内课程，而第三学期的排湾族小学则是课外活动课程，连续十天在佳新校区举办。

(5) 游学课程：期许每个学期至多到两个学校游学，让孩子有机会与别人分享自己所学的东西，从别人的回应、回馈中获得成就感。

[问题]

泰武小学的校本课程开发遵循了哪些原则？

目前，我国实行国家、地方和学校三级课程管理制度。2001年6月，国务院召开全国基础教育工作会议，随后发表的国务院《关于基础教育改革与发展的决定》指出："实行国家、地方、学校三级课程管理。国家制定中小学课程发展总体规划，确定国家课程门类和课时，制定国家课程标准，宏观指导中小学课程实施。在保证实施国家课程的基础上，鼓励地方开发适应本地区的地方课程，学校可开发或选用适合本校特点的课程。"同时，教育部颁发了《纲要》。《纲要》指出："改变课程管理过于集中的状况，实行国家、地方、学校三级课程管理，增强课程对地方、学校及学生的适应性。"

## 一、校本课程开发的含义

校本课程是以学校为本位、由学校自己确定的课程，它与国家课程、地方课程相对应。校本课程是相对国家课程、地方课程提出来的，"校本课程"这个概念包含两层含义：一是使国家课程和地方课程校本化、个性化，即学校和教师通过选择、改编、整合、补充、拓展等方式，对国家课程和地方课程进行再加工、再创造，使之更符合学生、学校和社区的特点和需要；二是学校设计开发新的课程，即学校在对本校学生的需求进行科学的评估，并充分考虑当地社区和学校课程资源的基础上，以学校和教师为主体，开发旨在发展学生个性特长的、多样的、可供学生选择的课程。

校本课程开发，这一术语源于英文 school-based curriculum development，最早是1973年7月欧洲经济合作与发展组织所辖的"教育研究革新中心"一次国际研讨会上提出的。在这次研讨会上，菲吕马克和麦克米伦对校本课程开发的内涵及意义做了最早的界定。1974年，在日本东京召开的国际课程研讨会上，校本课程开发又一次成为重要的研讨议题。之后，许多学者纷纷就此提出个人的观点与见解，许多专家开始进行校本课程开发的研究与实验，在世界范围内掀起了一个关于校本课程开发的浪潮。20世纪60年代末期，美英等发达国家开始反思国家课程开发策略脱离学校和学生实际的弊端，推动了校本课程开发策略的兴起。此后，校本课程开发大致经历了三个阶段：一是兴盛时期（20世纪70年代至80年代），各国政府大力支持和鼓励校本课程开发，基层学校也纷纷响应。二是回落时期（20世纪80年代末期），国家课程开发再次受到重视，校本课程开发相对走向低谷，进入回落时期。三是转型时期（1990年以来），由于社会变化节奏加快，学校课程的适应性问题再次引起广泛重视，新兴的课程议题不断涌现，要求学校及时做出反应。

校本课程开发，实质上是学校根据自己的教育哲学，为满足学生的实际学习需要，以教师为主体，吸收有关人员参与，并以学校为基地进行民主开放的课程决策的过程。简而言之，校本课程开发，就是校长、教师、课程专家、学生、家长以及社区人士等共同参与学校课程的规划、实施和评价的全过程。校本课程开发的最终目的是促进学生发展，不是开发校本教材抑或其他。

## 二、校本课程开发的原则

### （一）基于学生的实际发展需求的原则

在新一轮基础教育课程改革下，中小学设置校本课程的一个重要指导思想就是增强基础教育课程对学校和学生的适应性。由于各级各类学校和学生之间的多样性和差异性特征非常突出，因此这些特殊的发展需要对于学生的成长和发展来说非常重要。这一部分需求只有学校最有条件和可能去了解与满足，这恰恰就是校本课程的特点和优势所在。

### （二）主体是教师的原则

校本课程开发的主体必须是一线教师，而不是专家，否则，校本课程是很难真正满足学生实际发展需求的。事实上，依靠少数专家去为一所一所的具体学校开发校本课程，在客观上也是不可能的。所以，校本课程开发的主体应该是而且只能是学校的教师。

### （三）利用各种课程资源的原则

校本课程开发要更加善于利用蕴藏在当地社区和学校师生中的各种课程资源，更好地反映学生的实际生活。因此，校本课程开发可以根据具体实际情况，在满足学生实际发展需求的前提下有所侧重地展开。

### （四）从校情区情出发的原则

校本课程开发要根据学校的资源、社区情况资源等条件，紧密结合本校、本地社区实际情况，引导和组织学生利用一切可利用的课程资源，运用已有的知识、能力和智慧来解决问题，提升自己的综合素质与能力。

### （五）综合性原则

校本课程开发应以现有知识的综合运用为重点，其内容必须充分地体现人，呈开放性。它的特点是淡化课程的学科性，使课程内容呈现非学科性。要以学生的现有知识和经验为背景，实现各学科知识的沟通和融合，强调学习内容的丰富性和研究方法的多样性，强调培养学生的创新精神和实践能力。

## 三、校本课程开发的实施①

从已有的课程实践来看，校本课程开发的操作主要包括六大步骤：

### （一）成立课程委员会或相应的工作小组

课程委员会和工作小组的成员应该具有广泛的代表性，并且要体现出学校教师主体的

---

① 吴刚平．校本课程开发．成都：四川教育出版社，2002：119-127.

特点。它的工作程序要展现民主、开放、科学和合作的精神，要有利于教师专业自主性的充分发展和体现。

### （二）现状分析

现状分析包括需求评估、资源调查和问题反思等环节。其中，需求评估是对学生的发展需求、家长的期望、社会和社区的要求以及学校预期等因素做出有说服力的判断。资源调查的目的是弄清校本课程开发的条件和限制、教师的数量、知识经验和能力、各种课程资料和设备及相应的资金情况等。问题反思则是要在想做什么和能做什么之间取得一种动态的平衡。

### （三）校本课程开发的目标拟订

校本课程开发的目标拟订至少针对两个方面：一个是针对教师的专业发展目标及其相应的开发成果，另一个是针对学生的课程目标。

### （四）方案编制

根据现状分析的资料以及校本课程开发的目标规划和设计校本课程的横向结构与纵向结构，并使之成为一个整体，撰写和修改出校本课程开发方案。

### （五）解释与实施

在校本课程开发具体操作的过程中，教师要时刻关注所涉课程开发的可解释性，要保证所开发课程的可操作性，实施的过程本身也是反馈评估的过程。

### （六）评价与修订

评价工作可采取定点记录的方式执行，比照预设标准，一旦出现偏离状态，要及时关注修正，修订的过程也是校本课程开发实施的过程。

## 四、校本课程开发的管理

校本课程开发的管理贯穿、渗透于校本课程开发的全过程，起着协调、组织作用，其要点有以下几个方面：

### （一）成立组织机构

成立组织机构包括：建立课程开发的基本组织，明晰责任权限，健全制度保障机制。校本课程制度管理的核心是使课程走向科学化、规范化、制度化。学校要逐步完善一批基础制度，如校本课程开发制度、校本课程开发立项制度、校本课程实施制度、校本课程教学制度、校本课程管理制度等；要完善一批方案，如校本课程开发方案、校本课程实施方案、校本课程评价方案、校本课程管理方案等；要完善校本课程开发奖励制度。一些制度也需要在校本课程开发过程中逐渐揣摩。

### （二）加强宣传和培训，统一认识

加强宣传和培训主要指：加强对教师的宣传和培训，加强对学生的宣传，加强对家长的宣传，加强对社区的宣传，加强对政府管理部门的宣传等。

### （三）宏观指导，确保落实

宏观指导主要包括：校本课程管理要坚持“以人为本”，校长和教师必须转换在课程行政中的角色，建立恰当的课程决策程序和学校内部课程监督机制，建立校本课程开发的中介服务机构，教育行政部门应该确保校本课程权力的下放。

### （四）加强课程档案建设

具体应该搜集整理的档案材料主要包括：学校校本课程方面的制度，校本课程本身的各种方案、报告、案例、问卷，关于校本课程的各种培训讲稿、宣传提纲等，各级部门对校本课程的评价、建议，其他与校本课程有关的原始材料。

## 第五节　基础教育课程改革的现状和发展趋势

**案例 9-6**　　**城东小学扎实推进课程改革纪实①**

城东小学围绕国家课程的核心，并依据“基础性与发展性结合、校内学习与校外学习结合、知识性学习与实践性学习结合、非选择性学习与选择性学习结合”等四个原则，对国家课程进行广泛拓展，构建起了“6＋X＋Y＋J”课程模式。“6”课程包括“语言文字、数学、社会及自然科学、艺术、技术、体育健身”等六大学习领域，按国家课程计划要求，设置每一门学科。“X”课程为必修性拓展课程，将学校有特色的“足球、古筝、书法、学礼”等校本课程纳入其中。“Y”课程为选修性拓展课程，按“知识探究、体育艺术”两大类设置，包括国画、跆拳道、文学、问题解决、科学探究等三十多门课程，供学生选择学习。“J”课程为综合活动性课程，将有益于学生发展的各类教育教学活动规范化和系统化，将原本“零碎”性的活动提升为系统化、高效性的包括“地球环境节、生命健康节、阳光体育节、社会实践节、自我服务节、创意发明节、才艺展示节、校园音乐节、头脑风暴节、绿色体验节、创作演讲节、书画艺术节”等“十二节”的课程。

[评析]

基础教育课程改革的核心理念是“为了每位学生的发展”。学校改革课程设置，构建最适合学生学习的课程，能在源头上保障学生全面发展和个性发展。

### 一、基础教育课程改革的现状

#### （一）我国基础教育课程改革的历史回顾

在本次课程改革以前，中华人民共和国的基础教育课程经历了七次重大改革，历次改革之间有着密切的历史联系。全面考察这七次课程改革，将有助于了解当前的课程改革。

1. 第一次课程改革（1949—1952 年）

1949 年 12 月教育部召开第一次全国教育工作会议，初步确立了我国中小学新课程体系，形成了全国统一教学计划、统一教学大纲与统一教科书的“大一统”课程模式。1950 年 8 月教育部颁发《中学暂行教学计划（草案）》，这是中华人民共和国成立后的第一个教学计划；同年 9 月，人民教育出版社成立，承担了编写国家统一教材的任务，并于 1951 年出版了第一套中小学全国通用教材。1952 年 3 月教育部颁发了小学和中学暂行规程，这是中华人民共和国成立后颁发的第一个全面规范中小学课程的政府文件。

---

① 城东小学扎实推进课程改革纪实．东阳日报，2015-06-27．

2. 第二次课程改革（1953—1957 年）

1953 年 12 月，政务院颁布《关于整顿和改进小学教育的指示》。1954 年 4 月，政务院颁布了《关于改进和发展中学教育的指示》。这两个文件为课程改革提供了指导和依据。根据教学计划，教育部于 1956 年颁发了中华人民共和国成立以来全国第一套比较齐全的教学大纲，即《中小学各科教学大纲（修订草案）》。这一时期的课程改革存在的问题是：初步形成了比较全面的中小学课程体系，但模仿苏联的痕迹仍很深；课程变动过于频繁，教材跟不上需要，课程设置不尽合理。

3. 第三次课程改革（1957—1963 年）

教育部于 1957 年 6 月对中学课程做了调整和变动，加强知识教学与劳动教学相结合及完成中学肩负的“双基”任务。接着，“教育大革命”很快进入高潮。从 1958 年到 1960 年，中小学贯彻党的教育与生产劳动相结合的方针，实行勤工俭学，兴起课程和教学改革的群众运动，其中课程改革的主题是：缩短学制、精简课程。面对 1958 年“教育大革命”给教育事业带来的危害，从 1961 年开始对中小学课程进行改革。这一时期的课程改革出现了新的动向：重视学科与育人的作用，首次提出设置选修课，实行了国定制与审定制相结合的教科书制度，重视地方教材、乡土教材的编写。

4. 第四次课程改革（1964—1976 年）

1961—1963 年的调整和反思基本扭转了课程编写和实施中的混乱局面。根据毛泽东的指示，1964 年 7 月教育部发出了《关于调整和精简中小学课程的通知》。接着不久“文化大革命”爆发，使 1961 年调整以来取得的一些成果付之东流。1966 年“文化大革命”爆发，全国进入混乱状态，全国没有了统一的教育方针，没有了统一的教学计划、教学大纲和教科书，有的只是各地自编的生活式教材，生活、社会、革命构成了全部的课程。

5. 第五次课程改革（1978—1980 年）

1978 年 2 月教育部颁发《全日制十年制中小学教学计划试行草案》，开始了课程领域内的拨乱反正。1978 年颁布新修订的《全日制中学暂行工作条例（试行草案）》和《全日制小学暂行工作条例（试行草案）》，对课程设置进行了原则性说明。为配合教学计划草案，教育部颁布了全国统一的教学大纲。重建人民教育出版社，组织“中小学教材编写工作会议”，集中编写第五套全国通用的十年制中小学教材，于 1978 年秋开始在全国使用。新教材清除了“文革”时期教材中的许多谬误，进一步厘清了政治与业务、理论与实践等关系问题，注意到基础知识、智力和能力的培养。

6. 第六次课程改革（1981—1985 年）

1981 年教育部根据邓小平“要办重点小学、重点中学、重点大学”的指示精神，颁发了《全日制六年制重点中学教学计划（试行草案）》，并修订颁发了五年制小学和中学教学计划。根据新教学计划的要求，人民教育出版社立即组织编写了第六套教材。1984 年教育部颁发了六年制城市小学和农村小学教学计划，在数学、外语、自然常识、劳动课程分别提出了不同的要求，同时对教学大纲也进行重新修订，于 1986 年颁发了小学、初中各科教学大纲。

7. 第七次课程改革（1986—1996 年）

1986 年 4 月通过《义务教育法》，为配合《义务教育法》的实施，1992 年颁布《九年义务教育全日制小学、初级中学课程计划（试行）》，首次将“教学计划”更名“课程计划”，在课程表中将全部课程分为学科类和活动类，课程表中还留有空间让地方安排课程。与此同时，国家教委组织编订各学科教学大纲（初审稿），允许一些地区和单位按照大纲初审稿编写教材，在教材试验的基础上，对大纲做修改。国家教委于1996年颁发了同义务教育课程计划相衔接的《全日制普通高级中学课程计划（试验）》。由人民教育出版社负责编写和修订的第七套全国通用中小学教材，也于1988年秋开始使用。这一时期的课程改革特点有：在课程行政管理体制上开始打破“集权制”的绝对支配地位，确立了“一纲多本”的课程改革方略；“个性发展”“选修课程”“活动课程”等内容在各地的课程计划、课程标准中都有重要地位。

### （二）我国基础教育新课程改革（第八次课程改革）的三个阶段

1. 规划阶段

20世纪90年代以来，我国提出并开始实施素质教育。2001年至2003年，教育部相继颁发了一系列有关基础教育新课程的国家政策和文件，构建了本轮课程改革的总体政策框架。2001年颁布《纲要》，同时印发了《义务教育课程设置实验方案》和语文等21个学科课程标准（实验稿）；2002年印发了《教育部关于积极推进中小学评价与考试制度改革的通知》；2003年，印发了《普通高中课程方案（实验）》和语文等15个学科课程标准（实验）以及《中小学环境教育实施指南（试行）》。

2. 实验与实施阶段

2001年2月，国务院批准《纲要》，标志着我国基础教育课程改革全面启动。遵循“先实践，后推广”的原则，新课程于2001年9月起，在全国27个省（自治区、直辖市）的38个国家实验区（以县区为单位）开始了基础教育课程改革实验。2002年秋季，除上海、西藏外，全国范围内有530个省级实验区（以县区为单位）开始新课程的实验，参加实验的学生数达870余万人。到2003年秋季，全国共有1 642个县（区）、3 500万中小学生使用新课程。

3. 评估与改进阶段

2004年秋季，在对实验区工作进行全面评估和广泛交流的基础上，课程改革进入全面推广阶段。新一轮的高中课程改革首先在山东、广东、海南和宁夏四省进行实验，2005年增加了江苏，2006年又增加了天津、浙江、福建、安徽和辽宁。之后，针对2004年首次实验的山东、广东、海南和宁夏四省的高中学生，出台了新课程标准高考大纲，对于进一步推动新课改有重大意义。2005年，中小学阶段各起始年级原则上都将进入新课程。到2008年，全国初中已实行了一轮，有的地区达到二至三轮，小学也接近一轮，2010年将全部进入。除了一些尚未完成普及九年义务教育工作的西部省份外，普通高中新课程实验省份已扩展到25个。跟随新课程革新的不断深化，高考制度也在不断革新。

### （三）基础教育课程改革的理念

1. 基础教育课程改革的核心理念

贯穿于第八次课程改革的核心理念是：为了中华民族的复兴，为了每位学生的发展。《纲要》的颁布标志着课程的调整、改革和重构，标志着符合我国素质教育要求的基础教育课程体系这一工程全面启动。新的课程体系渗透着全面、和谐和创新的理念，凝聚着教育工作者的心血。

“为了中华民族的复兴”，其宗旨是通过深层次的课程理念和课程制度的创新，改变人才模式，构建具有中国特色、现代化的基础教育课程体系，全面实施素质教育。通过课程改革，基础教育主动适应社会发展和科技进步的时代需要，促进了学生全面而有个性地发展；加强基础教育课程与社会发展、科技进步以及学生生活的联系，能够促进科学化学习方式的多样化，发展学生自主获取知识的愿望和能力，创建富有个性的课程制度和学校文化。

"为了每位学生的发展"，其宗旨是"以人为本"，学生健康成长是课程改革的首要任务。学校的课程活动，都要把目标锁定在有利于学生终身发展之上，有利于学生在学校获得今后走向社会所需要的基本生存能力，包括自主学习的能力、与人合作的能力、信息搜集与处理的能力、学会办事的能力、独立生存的能力，以保证我们的下一代能够在未来社会生存与发展。

2. 基础教育课程改革的基本理念

（1）促进课程的适应性和管理的民主化，创建富有个性的学校文化。为了保障新课程能够适应各地区、学校的差异，新课程体系确立了国家、地方和学校三级课程管理的体制，这是促进课程适应性的重大举措。同时，这也推进了课程的适应性和课程管理民主化的进程。由于拥有独特的社会结构、地理环境、人文景观而形成的学校独有的一系列传统习惯、价值规范、思维方式和行为模式的综合，课程改革不仅仅意味着内容的更新、完善与平衡，更意味着理想的学校文化的创造。

（2）重建课程结构，倡导和谐发展的教育。全面发展教育是对含有各方面的素质培养功能的整体教育的一种概括，是对为使受教育者多方面得到发展而实施的多种素质培养的教育活动的总称。从实际看来，多数人通常把德育、智育、体育、美育作为全面发展教育的基本构成。新课程在重建课程结构时，强调研究性、综合性，加强选择性，并确保均衡性，倡导一种和谐发展的教育。

（3）提升学生的主体性，注重学生经验。新课程改革关注学生作为"整体的人"的发展，人是一个智力与人格和谐发展的有机整体，生活的完整性意味着学生的生活是学习生活和日常生活有机交融的整体世界。为了统整学生的生活世界和学科世界，当前的课程改革提出了"增强课程的生活化、凸显课程的综合化"的理念。

### （四）基础教育课程改革的目标

1. 基础教育课程改革的总目标

基础教育课程改革要以邓小平同志关于"教育要面向现代化，面向世界，面向未来"和江泽民同志"三个代表"的重要思想为指导，全面贯彻党的教育方针，全面推进素质教育。

新课程的培养目标应体现时代要求。要使学生具有爱国主义、集体主义精神，热爱社会主义，继承和发扬中华民族的优秀传统和革命传统；具有社会主义民主法制意识，遵守国家法律和社会公德；逐步形成正确的世界观、人生观、价值观；具有社会责任感，努力为人民服务；具有初步的创新精神、实践能力、科学和人文素养以及环境意识；具有适应终身学习的基础知识、基本技能和方法；具有健壮的体魄和良好的心理素质，养成健康的审美情趣和生活方式，成为有理想、有道德、有文化、有纪律的一代新人。

2. 基础教育课程改革的具体目标

（1）实现课程功能的转变。改变课程过于注重知识传授的倾向，强调学生形成积极主动的学习态度，使获得基础知识与基本技能的过程同时成为学生学会学习和形成正确价值观的过程。

（2）体现课程结构的均衡性、综合性和选择性。改变课程结构过于强调学科本位，缺乏整合的现状。设置综合课程，以适应不同地区和学生发展的需求，体现了课程结构的均衡性、综合性和选择性。

（3）密切课程内容与生活的联系。改变课程内容过于注重书本知识的现状，加强课程内容与学生生活以及现代社会和科技发展的联系，关注学生的学习兴趣和经验，精选终身学习必备的基础知识和技能。

（4）改善学生的学习方式。改变课程实施过于强调接受学习的现状，倡导学生主动参与的学习，培养学生搜集和处理信息的能力、获取新知识的能力、分析和解决问题以及交流与合作的能力。

（5）建立与素质教育观念相一致的评价与考试制度。改变课程评价过分强调甄选的功能，发挥评价对于促进学生发展、教师提高和改进教学实践的功能。

（6）实行三级课程管理制度。改变课程管理过于集中的状况，实行国家、地方、学校三级课程管理，增强课程对地方、学校及学生的适应性。

### （五）基础教育课程提倡改善课程实施的过程

新课程实施的指导思想面临着多样化的选择，其主要观点如下：

1. 教师是教学过程的辅助者

教师是教学过程的准备者和创设者，教学过程不是教师照本宣读和刻板地执行教案的过程。教师要精心准备探究活动的材料，营造一种宽松、自由的学习氛围。教师是教学活动的组织者和引导者，教师的组织包括教学材料的准备、学生的组合、教学时间的掌控等。教师的引领作用非常重要，教师既要引导学生搜集和利用资源，还要引导学生突破思维的难点，引导学生在合理的情境中建构知识，引导学生对自己的学习行为进行反思，启发学生自己提出问题等。教师还是教学活动的参与者、合作者，教学过程是师生交往、积极互动、共同发展的过程。交往意味着对话、参与、相互建构。

2. 学生是学习的主人

教学活动是一项双向活动，学生是学习的主人，教师起着指导和引导的作用。在学习的过程中，学生只有经过自己的一系列智力活动后，才能把所学的知识纳入原有的认知结构，成为属于自己的修养。因此，在教学中，引导学生动脑、动口、动手，引导学生积极主动地摄取知识，帮助他们掌握科学的学习方法，使他们成为学习的主人，是教学活动的根本任务。要把学生培养成学习的主人，首先要调动学生学习的积极性，要以调动学生的思维活动为主线展开教学活动，引导学生产生兴奋愉快的智力情绪，增大学生的信息量，引导学生经历获取知识的思维过程，顺应学生的思路开展教学活动，培养学生自我评价的能力。

3. 教材是教学内容的重要载体

作为课程内容的重要载体，教材能体现教学要求和培养目标，是教学内容的直接表现形式。对基于灵活化和效率化教学过程的课程建设而言，教材建设是其重要的构成要素。教材不应简单按学科结构的系统化思想和学科知识的逻辑顺序去建设，而应结合学生学习的实际情况，突出应用性和实践性的教育特色，适应当前教学改革的需要。教材的结构要以学生为主体，教材内容要注重符合学生的发展需求，充分调动学生的积极性，要让学生在搜集信息、规划学习的项目、具体实施、自我评价等过程中发挥主体作用。教师则要起引导和协调作用。教材内容还要以培养学生一般能力和专业能力为目标，循序渐进地培养学生的综合能力和独特专业能力。

4. 教学过程是师生相互交流和沟通的过程

教学是师生相互交流、相互沟通、相互启发和相互补充的过程，在这个过程中，教师与学生分享彼此的思考、经验和知识，交流彼此的情感、体验与观念，丰富教学内容，求得新的发展，从而达到共识、共享、共进，实现教学相长和共同发展。教学的动态生成是新课程倡导的一个重要的教学理念，生成性教学实施强调教学的过程性，突出教学的个性化建构，追求学生的生命成长，是一种开放的、互动的、动态的、多元的教学形式。创设教师与学生平等、互动的学习氛围，是促进教学实施动态生成的重要保证。

**资料专栏**

改变课程实施过于强调接受学习、死记硬背、机械训练的现状，倡导学生主动参与、乐于探究、勤于动手，培养学生搜集和处理信息的能力、获取新知识的能力、分析和解决问题的能力以及交流与合作的能力。

资料来源：《国家中长期教育改革和发展规划纲要（2010—2020年）》。

## 二、基础教育课程改革的发展趋势

### （一）以学生发展为本，将学生全面发展与培养个性相结合

新课程改革要以学生发展为本，是把学生的发展作为课程开发的逻辑起点和目标，强调学生是实践的能动性主体。“为了每位学生的发展”是我国基础教育课程改革的核心理念，也是未来课程改革的基本趋势，这种趋势将使学习者有更多机会主动地参与教学过程，充分激发出作为学习主体的学习者的自觉性和主动性。以学生发展为本的课程，是注重全体学生全面发展与学生个体差异相统一的课程。新课程关注提高人的创新能力，追求德、智、体、美、劳全面和谐发展的理想，同时又承认个性差异，能使每个学生的个性潜能得到开发和发展。

### （二）稳定并加强基础教育

在课程改革中，基础教育课程十分注重加强课程与社会、生活和自然的联系，增加学生的实践性学习环节，改变理论脱离实际的现状，培养学生的动手能力和创新精神。因此，仅仅坚持“双基”（基础知识和基本技能）的课程与教学是不够的，还必须具备基本能力，如求知的能力、共处的能力、在应变中做事的能力、做人的能力和基本观念态度，以应对经济发展和社会发展提出的挑战。这就意味着我国中小学课程改革不仅要巩固现有的教育基础，培养学生的基础性学力，还要进一步加深基础教育，提高学生的发展性学力和创造性学力。

### （三）加强道德教育和人文教育，加强课程科学性和人文性的融合

道德教育如何才能在学校课程中更好地体现并与学校课程融为一体，产生有效的德育效应和氛围，是未来课程改革必须面对的问题。道德教育绝不只是政治思想品德课的责任，而是各科教学和活动都应承担的责任。德育不仅要重视正式课程的作用，也要重视非

正式课程即隐性课程潜移默化的作用，进而形成学校、社会、家庭三位一体的局面。科学技术的发明和创造是一把双刃剑，既能造福于人类，也可能给我们带来难以预料的问题甚至灾难。如何让科学技术发挥其应有的功能，这就需要人文学科的指引。我国学校课程中数理学科比例大、人文学科分量偏低，平衡科学技术课程与人文学科课程是我国深化基础教育课程改革必须面对的问题。

### （四）加强课程综合化

综合课程所体现的是一种整体主义的教育理念，它基于整体论的视野关照学生的认知、心理和经验的发展，以学生心理发展的逻辑而不是以知识发展的逻辑为依据组织课程内容。综合课程能够跟学生的心理发展和社会要求相适应，涵盖了相关学科的内容领域，提供给学生整体性的知识经验而不是零碎的知识，能够关照学生的生活经验和体验，因而是一种更为人性化的课程。在学习综合课程中，不仅可以初步建立合理的认知结构，而且可以养成综合思维能力，培养自主创新的品质。一般说来，年级越低，综合的程度越高，特别是科学教育科目应该适当加以综合。

### （五）课程与现代信息技术相结合，加强课程个性化和多样化

中小学课程既要体现共同性，又要体现差异性、层次性，也即个性。课程的个性化实际上就是因材施教的问题。信息技术的发展、多媒体计算机和网络在学校教育中的普遍运用，为课程个性化和教学过程的因材施教提供了技术支持。个性化的课程必然带来多样化的课程，多样化的课程是我国未来的课程改革所倡导的，但并不是说不要统一性，多样化是统一性前提下的多样化，是与特色化、层次性、可选择性结合在一起的。

### （六）课程法制化

我国基础教育课程改革必须进一步沿着法制化的轨道健康前进。也就是说，无论机构变化如何，也无论人事更迭如何，我国基础教育课程改革都将致力于探寻客观规律、遵循客观规律，有法可依、有章可循，处理好继承、改革、创新、发展的关系。我国基础教育课程建设与改革的体制必将更加健全，队伍必将更加巩固，机制必将更加合理。

**请君一试**

2013 年单项选择题：我国第六次基础教育课程改革在课程设置上的重大变革之一是（　　）

A. 小学和初中分别设置　　B. 十二年一贯整体设置

C. 九年一贯的整体设置　　D. 初中和高中分别设置

答案：A

# 第十章

# 教学过程

课程与教学目标确定以后如何实现，则需要通过教学过程来落实，因而教学过程是课程与教学的关键环节。

## 第一节　教学过程的基本理解

**案例 10-1**　　**老师是一只青蛙**①

那是个阳光灿烂的日子，同往常一样，我们又该学习新课了。不同的是，有许多老师来听课。

学习的课文是《坐井观天》，一切都在有条不紊地进行着。以前，每学完这节课，为了培养同学们的创造性思维，我都要让他们根据课文内容展开联想，以“青蛙跳出了井口”为题进行说话写话训练，效果非常好。按照惯例，学完新课后我又一次让同学们想象：青蛙要是跳出了井口，将会怎样呢？同学们的学习兴趣一下子被激发起来，有的和同桌互说，有的前后同学凑在一起争论，还有的仰起小脸在思考。

待教室平静下来后，我开始点名叫学生回答。李梦说，青蛙跨出井口后，看到了无边无际的大海，海涛声吓得它忙向小鸟求救。王婉佳说，青蛙看到了高高的山峰和一眼望不到边的田野，田野里开满了五颜六色的花儿，上面飞着蝴蝶和蜜蜂，它觉得以前的日子都白过了。孙艳蔷同学竟然让青蛙坐上了飞机去环球旅行，青蛙一下飞机就对小鸟说：“不看不知道，世界真大啊!”听课老师都被她的话逗笑了，我也没想到她会把《正大综艺》的广告词“不看不知道，世界真奇妙”改用得这么恰当。

张雨是新转来我班的学生，我看到她把手举得高高的，便点了她的名。她站起来说：“青蛙从井里跳出来，到外面看了看，觉得还是井里好，又跳回了井里。”同学们听了哄堂大笑，我也笑了。我打断了她的话，问大家：“是井里好，还是井外好?”我示意张雨坐

---

① 傅道春，齐晓东. 新课程中教学技能的变化. 北京：首都师范大学出版社，2003：29-30.

下，随口说道："我看你是一只青蛙，坐井观天。"之后，我又让大家把自己想的和说的写出来。

在批阅同学们交上来的作业时，我看到了张雨续写的案例：青蛙跨出井口，它来到一条小河边，它累了想去喝口水。突然，它听到一声大吼："不要喝，水里有毒！"果然，水上漂着不少死鱼。它抬头一看，原来不远处有一只老青蛙在对它说话。它刚要说声谢谢，就听到一声惨叫，一柄钢叉已刺穿了那只老青蛙的身子，那只老青蛙正在痛苦地挣扎。青蛙吓呆了，这外面的世界太可怕了，它急忙赶回去，又跳到了井里。还是井里好，井里安全啊！

我的心被震撼了。河水里常漂有死鱼，菜市上也常有卖青蛙的，这都是有目共睹的，让青蛙跳回井里又有什么不好？可我却没有给她一个发表自己观点的机会。倘若让她把话说完，不仅同学们不会说她，而且也会给我的课堂增添一抹亮色。我不是要培养他们的创造性思维吗？可我竟然说她是一只坐井观天的青蛙。孩子的心灵就像井外那多彩的世界，需要跳出来的恰恰是自以为是的我自己！

于是，我在张雨作业下的空格里工工整整地写下一句话："对不起，老师是一只青蛙。"

[评析]

这个案例呈现了一位教师从课堂教学到课后反思的较完整的教学过程。从课堂方面，这个案例给了我们许多启发。一般来说，教师在教学设计时，会对自己课堂中的教学基本行为进行提前的预设，对学生可能的反应，教师要有个预测和应对的准备，但并不是所有学生的行为教师都能猜测得到，因而当课堂中学生出现了教师意料之外的行为时，有些教师自己就不知如何应对了。在上面这堂课中，教师预先设计了一个很好的环节，让学生就一个开放性话题进行探讨，师生之间有了较好的互动，但当一个学生的回答出乎教师意外之外时，教师的行为就出现了反常，说出了教师不应该说的话，也暴露了教师骨子里的旧观念。不过难能可贵的是，这位教师在批阅学生的作业时，意识到自己的行为严重失误，勇于解剖自己，虽然其反思比较粗浅，但是不推卸责任，并主动地、勇敢地向学生承认了自己的错误。

这个案例从反思的角度来看，并不深入。其一，教师对造成问题行为背后的原因没有进行分析，教师感到的似乎只是一种后悔，后悔没有让学生说完，错过了给自己课堂增添亮色的机会，而是什么使其错过这个机会却没有追本溯源；其二，教师虽然意识到了自己教学行为的不当，意识到了学生中蕴藏的巨大能量，但是怎样运用新课程改革的理念来及时调整自己的预设行为，优化自己的即时行为，使学生得到更大的发展空间，教师也没有进行相关的反思；其三，一次行为的失误也许并不重要，但是，教师如果不能从一次失误中认真深刻地反省，并切实地提出改进的方案和具体措施，那么教师的课堂教学行为是不可能从根本上得到改善的。

对教学过程的理解本身也有一个持续深化的过程，与当时人们对教育的理解、期望紧密相关，也与当时的社会、经济发展状况密不可分。

## 一、教学过程的界定

教学过程是教学构成要素相互作用、促进学生发展、实现教学目标的过程。如果做进一步的展开，则可以将其界定为：教学过程是教师根据一定社会的要求和学生身心发展的特点，通过有目的、有计划地指导学生掌握系统的科学文化知识和基本技能，发展学生的智力和体力，培养学生的良好品德和健康个性，使其形成科学世界观的过程。

教学过程这个概念可以从两个方面进行理解，即教和学两个方面；而过程则是一个多维的概念，既有时间的延续，也有空间的展开，还包括知识、能力的增长等。从时间的维度来说，教学过程既可以是一节课的时间，也可以是一个单元，或者是一个教育活动周期；从空间的维度来说，教学总是在一个空间里进行的，如教室、操场、图书馆或校外其他场地等；从知识、能力增长的维度来说，教学过程就是一个师生知识和能力在量和质两个方面不断增长的过程，在量上由多到少，在质上由弱到强。

因此，教学过程是一个复杂多元的过程，具有以下基本特征：

（1）情智相融。教学起点和终点都是人，是学生和教师的发展，而人是由情感和理智两方面融合而成的。因此，教学不能无情无理、缺情少义，不能培养有理无情或有情无理的人。从教学过程来说，情在智先，情感应先行，究其原因有三：一是人在没有接受知识之前，已经具有情感；二是情感能够点燃智慧，一个人如果对某事感兴趣，其注意力就会自然向其集中和聚集，精力就会自然投入其中；三是与西方相比，中国人具有重情的传统，中国人的交往往往起源于情，比如志趣相投。当然，理智能调节和优化情感，使情感的表达更具理性和魅力。“这表现为理性对非理性的驾驭。众所周知，教学活动受社会要求的制约和教学目标的指导，不可以完全按教学人员的兴趣办，忍痛割爱、好而不求之事经常发生，迫使教学人员这样做的主要动因在于教学智慧。教学智慧告诫师生冷静与沉思，要透过现象看本质，并经常反思自己的言行。”① 也就是说，反过来，理性和智慧能指引和升华人的情感，使人的情感由低级走向高级，甚至高尚。

（2）方法与技术并重。随着学习型社会的建设和信息时代的到来，教育教学更加重视学生的终身发展，重视让学生掌握正确的学习方法，以让学生在离开校园后也能自主自觉地去学习，从而使其终身在学习中受益。而互联网时代的到来，使教学的边界也大大拓宽，教学不再局限于教室，也不再局限于教材。对互联网的掌握和运用本身也已成为教师和学生需要掌握的重要技能。当下，教与学的方法呈现出越来越与互联网技术相结合的趋势，互联网不仅成为教与学的平台，也成为师生交往的重要形式。因此，方法与技术并重也成为新型教学的重要特征。

（3）继承与创新结合。教学过程所传递的知识主要体现的是继承的维度，因为知识大多是人类实践经验的总结。但是，人类过去的实践经验难以告诉人们未来会面临什么问题，如何去解决，这就需要创新。另外，就教学过程本身来说，它既受传统的教育思想和教育目标的影响，又要面对社会的变革和科技的发展，需要创新。教学过程应做到既上承历史与文化，又下接未来与理想。

---

① 熊川武．教学通论．北京：人民教育出版社，2010：76.

## 二、教学过程的基本要素

教学过程要顺利展开，需要一些基本要素。这些要素是教学过程中必不可少的组成部分，它们之间相互作用，形成了丰富多彩的教学过程。但是，在具体由哪些要素构成教学过程上，人们也有不同的看法，形成了不同的观点，如“三要素说”、“四要素说”、“五要素说”、“六要素说”和“七要素说”。

三要素说：学生、教师和教学内容（教材）。

四要素说：学生、教师、教学内容（教材）和教学手段。

五要素说：学生、教师、教学内容（教材）、教学手段和教学环境。

六要素说：学生、教师、教学内容（教材）、教学方法、教学媒介和教学目的。

七要素说：学生、教师、教学内容（教材）、教学方法、教学目的、教学环境和教学评价（反馈）。

从以上不同的要素说可以看出，学生、教师、教学内容（教材）和教学手段是构成教学过程的基本要素。其中，学生在教学过程中居于主体地位，教师则发挥着主导作用，教学内容（教材）和教学手段是师生活动的中介。随着信息技术，特别是互联网技术的飞速发展，教学技术手段对教学过程的重构正发挥着越来越大的作用。

# 第二节　教学过程的本质

**案例 10-2**　　**李吉林《太阳》课堂教学精彩片段①**

师：（出示太阳幻灯片）初升的太阳光芒万丈、光彩炫目。在晴朗的日子里，我们都能看到太阳。早晨，从东方升起，把光明带给大地；傍晚，日落西山，黑暗亦即来临。太阳对我们来说似乎是挺熟悉的，其实又是陌生的。因为关于太阳的真实情况我们还知道得太少，需要一代又一代的科学家去研究、发现，揭开它的奥秘。同学们，我们要研究一个事物首先要会提问题。（板书：?）现在你们面对太阳，想知道些什么吗?

生：太阳到底有多大?

生：太阳的温度是很高的，那么我们人类为什么不会被晒死？动植物还生长得那么好?

生：太阳究竟离我们有多远呢？读过课文，可我心里还是没底。

……

师：这些问题提得很好，那我们怎样去寻找答案呢?

生：从课文《太阳》中找答案，还可以从课外阅读过的有关材料中找。

生：我想，有些问题我们人类还没有得出结论，要靠我们将来去研究、去发现、去解答。

---

① 郑百苗．三重对话：构筑新型的课堂生活：特级教师李吉林、支玉恒《太阳》课堂精彩片断解读．河北教育，2006（1）．

师：是呀，太阳有无穷的奥秘待我们人类去挖掘。关于大家提出的太阳有多远、多大、多热的问题，课文中说得很清楚，那我们就把这篇课文当作一份资料去阅读，看谁能通过自己的阅读找到答案。

师：太阳有多远、多大、多热，你找到答案了吗？（学生回答，教师将数字填入设计好的表中。）

师：从这个表上我们可以知道，课文中说太阳的远、大、热是通过什么来说明的？

生：列举数据。

师：对，资料中数字比较多，可做一个表格，就一目了然了。

师：文章中是不是光用数字来说明呢？还用了什么方法？

生：引用传说。文章是用传说带出来的。

师：对。谁还记得我们二年级时学过的一个关于太阳传说的案例？（《后羿射日》）谁能说说，如果这里不用传说，光用数字，这三节就变成："太阳离我们很远，有 3 万万公里；太阳很大，有 130 万个地球大；太阳很热，表面温度有 6 000 摄氏度，中心温度有 1 800 万摄氏度。"文章这样写，你们在阅读时会产生什么感觉？

生：老师，传说不可靠。

师："传说"是流传在民间的口头案例。科学家非常讲究科学性，必须说明它的性质。文章在传说以后，用一个什么词来揭示实质？

生："其实"——文章开头引用传说，引人入胜，接着用"其实"一词揭示实质。

师：讲得很好，那么下面一节说明实质的又用了什么词？

生："觉得"，还有"实际上"。

师：说太阳，怎么又说了地球，说了沸水和钢铁呢？

生：是为了突出"抵得上""比"等词语。

师：（板书：比较）俗话说得好，"不怕不识货，就怕货比货"，比较的方法能够帮助读者进一步了解所说明的事物。

师：太阳的"远、大、热"这三大特点，与我们地球的关系十分密切，你们要做科学家，阅读资料时就得认真思考，自己思考一些问题。（出示句式：因为……所以……）

（1）太阳虽然大，但因为________，所以________。

（2）太阳虽然热，但因为________，所以________。

（3）因为太阳大，所以________。

（4）因为________，又离________，所以太阳光使我们感到温暖。

[评析]

这个案例较好地体现了教学作为一个认识主体的参与教学的过程。新课程改革重视学生的主动参与，重视发挥学生学习的主动性。但是怎样让学生能主动地参与到教学中来呢？这是让许多教师颇感困惑和棘手的问题。李吉林老师的教学案例给了我们一个很好的回答——那就是把时间交给学生，让学生在与文本对话的基础上，自己尝试着去发现问题、提出问题，然后再通过教师的引导、师生之间的相互交流，帮助学生寻找问题的答案。在引导学生的过程中，教师应注意结合材料的对比，注意问题的逐步递进，适当增加难度，使学生的思维逐步深化，从而让知识得以生成。

在课堂教学改革的探索中，有一些教师由于对新课程改革的理念把握不是很准，片面地以为要让学生学习主动化，就要放弃自己的主体地位，让学生自由自在、毫无约束地去发挥，这种教师无条件的“放权”只会导致学生无方向、无目标地乱“动”，学生并不能从中获得知识，增长智慧。从李吉林老师这个案例中我们可以看出，课堂教学节奏的把握、课堂教学话题的更替、课堂教学环节的转换，都是在教师的引导下进行的，这样就能使整个课堂教学显得紧凑而有效率，使学生的学习不至于原地踏步、徘徊不前。因此，只有教师更加“主动地”去分析学生的兴趣爱好，去思考教材与学生思维水平的切合点，学生才能真正地走向主动，教师也才能在与学生的互动中提升自己的专业能力，实现与学生的共同成长。

在这个案例中，我们还可以看到，李吉林老师非常善于利用追问的方法来引导学生对问题进行探究式的思考，让学生沿着一条思维的主线不断地深入，从思维的方法到对具体知识点的分析，逐步递进，这样学生就能受到一种高质量的思维训练，在教师这个知识“产婆”的引导下，较圆满地解决学习中的问题。

教学过程的本质是指“教学过程内在的、能被人的思维所把握的基本关系和属性”[①]。对教学过程本质的把握有一个长期和动态发展的过程，也存在着不同的观点。但对学生来说，主要是一种认识活动，因为学生主要依靠教学过程来认识世界和探索世界。

## 一、教学过程主要是一种认识过程

人类的认识活动一般遵循从感性到理性，再从理性到实践这样的过程，教学过程无疑要遵循感性认识和理性认识相统一、认识和实践相统一的认识规律。对儿童和青少年学生来说，他们先对事物有一个感性认识，在获得感性经验的基础上，通过思维的提炼，上升为理性的认识。比如，概念、原理、公式及其他专业知识，学生在掌握这些基础性知识后，就要去运用和实践，使知识内化为自己的能力。

具体来说，教学可以分为教和学两种活动，但在传统教学思想中，教学基本是指教师的教，而忽略了学生的学，或者是学服从于教。但教学过程的主要矛盾是教师提出的教学目标与学生的实际能力之间的矛盾，要解决这一矛盾，主要应依靠学生学习能力的不断提升。学生能力的培养和锻炼主要在自己的学习实践中，通过充分发挥自身的主体性，逐渐把握认识的规律，最终实现教育的目标。

## 二、教学过程又是一种特殊的认识过程

教学过程与一般的认识过程又有所区别，表现在以下几个方面：

首先，它具有间接性。这意味着学生的学习不是一个直接的认识过程，而是一个间接的认识过程。学生学习的是前人总结的知识与经验，不是自己探索获得的知识，因而具有间接性。

其次，它具有统一性。在某一区域、某一年龄段的儿童或青少年，他们所接受的教育

---

① 黄甫全．现代课程与教学论．北京：人民教育出版社，2014：312.

内容、教育过程和教育评价基本相同，因而具有较大的相似性。

再次，它具有简捷性。这表现在教学认识是建立在对前人经验的梳理和归纳上，“有着一条认识的捷径，避免了一般科研认识过程中的无数次尝试、失败和曲折”①。

最后，它具有中介性。学生的学习过程不是一个自学的过程，它需要教师的指导和帮助。儿童和青少年在生理上和心理上没有完全成熟，处于发展的过程中，不能像成人一样独立自主地进行探索，教师这个中介在学生的成长过程起着不可替代的作用。

### 三、教学过程是以认识活动为基础，促进学生身心健康发展的过程

作为认识活动的教学过程，虽然过程丰富多彩，但最终的目的是促进学生身心和谐健康发展。因此，教学过程是实现学生发展的途径和手段。教学过程不仅要让学生系统地掌握科学文化知识，增长能力，形成健康的体魄，而且要培养学生积极向上、主动发展的良好心态，不怕困难和挫折的意志品质，使学生能够终身受益。

因此，教学过程应是一个情智相融、身心相通的过程，但教学过程本身并不等于发展过程。如果教师没有先进的教育教学理念、科学的教育教学行为，压抑了学生的主体性，则教学过程有可能阻碍学生身心的健康发展，或者使学生的身心发展相脱离。

## 第三节　教学过程的基本理论

教学过程是在一定教育理论指导下的实践探索过程，古今中外关于教学过程的基本理念非常丰富，下面分而述之。

### 一、我国古代理论

我国春秋时期的儒家学说对教学过程非常重视，它把教学过程看作学生在教师的启发和引导下，自主去修养品德和增长智慧的过程，也是一个学习与思考相结合的过程。孔子主张“学而知之”“学思结合”“学而时习”等，把“学”“思”“习”“行”四者有机结合在一起。孔子以后，荀子则把学习看作“闻”“见”“知”“行”的统一过程。荀子提出，“不闻不若闻之，闻之不若见之，见之不若知之，知之不若行之”，“学至于行之而止矣”。他主张感性认识和理性认识的统一、知和行的统一。而儒家思孟学派提出了“博学之、审问之、慎思之、明辨之、笃行之”的主张，从而进一步将教学过程拓展为“学”“问”“思”“辨”“行”这样一种包含五个方面的过程。

### 二、欧美经典理论

19 世纪初，赫尔巴特从心理学的角度出发，认为在教学过程中学生的一切心理活动

---

① 黄甫全. 现代课程与教学论. 北京：人民教育出版社，2014：312.

都是观念的运动。他把教学过程分为四个阶段：（1）明了，即要求学生认真学习新知识，理解新概念；（2）联合，即在新概念与原有概念之间建立联系；（3）系统，即把零散的知识结构化，整理成体系；（4）方法，即教师指导学生掌握学习的方法。“方法贯串于系统之中，产生系统的新的成分。它在应用中注意着结果。”① 这四个阶段都是围绕知识的传授展开的，知识成为教学过程的核心，却忽视了知识与生活的联系，使理论脱离实践。但是，赫尔巴特运用心理学来解释教学过程，最早提出和论述了教学阶段问题，明确地把教学当作一个过程来研究，具有重要的历史性意义。一般来说，以赫尔巴特为代表的教学流派被视为传统教学理论，这一理论标志着教学过程理论的形成。

19 世纪末，以杜威为代表的实用主义教育家对赫尔巴特的传统教学流派进行了批判，他们认为在教学过程中必须将学生个人生活实践或直接经验作为学习的中心，要求围绕特定的生活事务来学习知识，即“在做中学”。杜威把教学过程分为 5 个要素，构成不同的阶段。这些要素是：（1）教师要为学生创设一个真实的、经验的情境，并设计一个让学生感兴趣的连续的活动；（2）这个情境内部要能促进学生产生真实的问题，以刺激思维的活动；（3）学生围绕问题去占有知识性的资料，并通过必要的观察，尝试探索这个问题；（4）学生必须负责一步一步地展开他所想出的解决问题的方法；（5）学生要有机会通过应用来检验他的想法，使这些想法意义明确，并且让他自己去发现它们是否有效。杜威轻视系统的书本知识教学，使实际脱离理论的概括与指导。这种教学过程理论在许多国家实验过，结果都导致教学质量降低。不过，杜威重视学生的主动活动及其亲身经验，是针对传统教学的缺点而提出的，有一定的意义与作用。

## 三、其他理论流派

除了以上两种经典的教学过程理论之外，比较著名的现代教学过程理论还有加涅的信息加工理论、布鲁纳的结构教学理论、赞科夫（苏联教育家）的教学与发展理论、巴班斯基（苏联教育家）的教学过程最优化理论、斯金纳的程序教学论等。

### 名著欣赏：赞科夫的实验体系

“实验体系的中心思想是：教学要在学生的一般发展方面达到尽可能比较高的效果。”“本书中所说的一般发展，就是指心理活动的多方面的发展。一般发展区别于智力发展之处，就在于它的含义中不仅包括认识过程，而且包括意志和情感。”

“在实验体系中，教学论原则是为保证该体系各个局部和各个成分之间的统一和协调服务的。下面我们简单地谈谈这些教学论原则。”

“以高难度进行教学的原则的特征，并不在于提高‘平均的难度标准’，而是首先在于展开儿童的精神力量，使这种力量有活动的余地，并给予引导。”

“与高难度教学原则有机地联系的另一原则是在学习大纲教材时快速度前进的原则。”

“新体系的下一个教学论原则是在小学教学中理论知识起主导作用的原则。”

---

① 赫尔巴特．普通教育学·教育学讲授纲要．杭州：浙江教育出版社，2002：59．

"实验体系的下一个原则是使学生理解学习过程的原则。""现在谈谈在小学实验教学体系中占有特殊地位的另一条原则。这条原则要求教师进行目标明确的和系统的工作，使班上的所有学生（包括最差的学生）都得到发展。"

资料来源：赞科夫．教学论与生活．北京：教育科学出版社，2001：15-32.

## 第四节　教学过程的基本规律

**案例 10-3**　　成长的尊严①

在我毕业后走上讲台的第二年，班里来了一个内向、胆怯的小女孩。她在课堂上总是不敢举手回答问题。我找到她，她对我说，因为在农村学校基础没打好，现在来到城里学校读书，怕大家笑话她，越是害怕就越不敢举手，甚至一听到教师提问就胆战心惊。

在我又一次找到这个小女孩的时候，从她失望和悲伤的眼神里，我看到了她对我的失望。过了好一会儿，我对她说："以后，你碰到能够回答的问题时，你就举左手；遇到不会回答的问题时，就举右手。但每次都一定要举手，好吗?"当时，小姑娘显然不太明白我的意思，她将信将疑地点了点头。

从那以后，当小姑娘颤抖地举起右手时，我便送给她一个会心而温暖的微笑；当她勇敢地举起左手时，我便将答问的机会巧妙地送给她。有几次，我设置的问题太难了，学生们都回答不上来，但她仍按我们的约定，勇敢地举起了右手，我同样把问题交给她，虽然她答错了，但我还是当着全班学生的面表扬了她，并让全班学生都要学习她勤于思考的习惯。经过一次又一次的锻炼，这个女孩子不断获得来自班上同学的尊敬，她学习的信心也越来越足了。渐渐地，在课堂上，她便自信而又勇敢地一次次地举起了她的手。毕业时，她以全班第二的好成绩考上了大学。

其实，在我们的生活中，每时每刻都有许许多多正在成长的新生命，他们都需要成长的尊严，哪怕是一点点，也会激发出他们奋进的热情和执着追求的信念。

[评析]

本案例中的李老师可谓是一位具有爱心和智慧的教师，为了改变一位后进生做出了不懈的努力。教学过程是一种知识与能力、智力因素与非智力因素相互交融的过程。从表面上看，师生之间知识层面的互动并不难，课堂中的问答、言语的交流都是互动，但要达到情感和精神层面的有效互动并不容易。首先，能不能实现有效的互动，关键在于教师是不是真正地关心和爱护学生，只有真正关心和爱护学生的教师才会平等地去与学生互动；其次，要实现师生互动的有效性必须尊重学生，承认每一个学生都有发展的权利和成长的尊严，理解他们，并创造机会让他们参与到师生互动中来；最后，教师要善于根据不同的学

---

① 李桂芳．成长的尊严．上海教育，2004（21）．

生采取不同的互动方式，有些教师简单地以为师生互动就是课堂中师生之间的问答行为，而这种行为又往往集中于部分善于回答教师问题的优秀学生中间，而一些不讨教师喜欢的后进生则往往被冷落，这实际上仍然是一种传统的教学观念在作怪。在课堂中，最需要教师关注的正是那些不愿意、不善于参与到课堂活动中的学生，他们自卑、孤独，对自己失去了信心，无法改变自己。因而，教师与他们的交往便显得尤为重要，但是令教师感到苦恼的是，对这部分学生有时教师虽然想尽办法，但互动的效果并不明显，有些教师因此丧失了耐心和信心。

从这个角度来说，教师与学生之间的浅层次互动容易做到，而深层次的师生互动，特别是与那些对学习失去兴趣和信心，甚至喜欢在课堂中捣蛋的学生的互动，则需要教师对学生进行长期的观察、理解和分析，充分发挥教师的智慧，倾注教师的爱心，经过与学生耐心执着地交流才能实现。

教学过程作为特殊的认识过程，自有其独特的规律，这些规律主要体现在教学过程的几对基本关系和教学过程的结构两个方面。教学过程的结构即教学过程的基本阶段，详见本章“第五节 教学过程的基本阶段”。

## 一、教学过程中的几对关系

要深入把握教学过程的基本规律，就需要明晰教学过程的几对关系。

1. 间接经验与直接经验的关系

学生认识的主要任务是学习间接经验，学习间接经验是学生认识客观世界的基本途径。因此，教学过程要以间接经验为主，直接经验为辅，但学习间接经验也必须以学生个人的直接经验为基础，两者应有机结合。

在教学过程中要避免两个片面的取向：一是不能片面强调书本知识等间接经验的传授，而忽视学生的实践探索和情感体验；二是不能过分强调学生的实践探索和亲身经验，而忽视教师的引导和书本知识的系统学习。

2. 掌握知识与发展智力的关系

知识和智力都是人类实践经验和智慧的总结，不过知识侧重于人类对客观世界的主观认识。对于学生来说，知识主要以间接经验的形式呈现，如概念、命题、定理等；而智力则是人类认识客观世界、解决问题的基本能力，它通常是通过思维的训练来培养，如判断、推理、类比等。对中小学生来说，掌握知识和发展智力是相辅相成的，统一于教学过程之中。智力的发展离不开知识的掌握，知识是基础，没有知识，智力活动难以展开，思维就会成为无源之水；同时，知识的掌握又依赖于智力的发展，知识不是死的东西，它需要智力来对它进行理解和转化，最终内化为学生认识问题、分析问题和解决问题的能力。

但是，在现实的教学活动中，一些教师只重视学生对知识的记忆和背诵，而忽视了智力活动的参与，学生没有运用判断、推理和分析等思维活动对知识进行加工和处理，只是原封不动地接受教师传授的书本知识，这样就造成了中小学生创新意识和创新能力的缺乏，难以推动新知识的生成，因而反过来也影响了知识的学习。因此，在课程改革完成对知识的重新结构化以后，我们更需要通过课堂教学的改革来促进学生智力的发展，最后形成知识掌握与能力发展相互促进、和谐发展的良好局面。

要实现这一目标：首先，要打破单一的教学形式——讲授法，要将教学过程还给学生，恢复学生认识主体的地位，解放他们的思维，让他们不再是知识的容器。其次，要鼓励和促进多样化的教学形式出现，如问题启发式、自主探索式、小组合作式等新的教学形式，从而唤起学生的主体意识和能动精神，激发他们的探究欲望，让他们主动走向学习、走近知识。最后，应尊重学生的差异，关注学生个性的健康发展。每个学生的潜能不同，优势智能也各有区别，教学不应忽视学生的差异，而应顺势而为，使每一个学生都能得到最适合自己的发展。

3. 掌握知识与提升品质的关系

掌握知识与提升品质是教学过程中两个重要的方面，也是衡量学生能否成才的两个重要维度。知识本身含有丰富的教育价值，能传递正确的思想和理念。因此，它是提升学生思想品质和道德认识的基础。另外，掌握知识的过程不仅需要智力的参与，同时也需要学生付出艰苦的努力，在遇到困难时要坚持不懈、迎难而上。因此，学习本来也是一个培养锻炼学生的情感、意志品质的过程，没有无教育的教学。

思想品质和道德的提升反过来又有助于学生正确认识学习的意义和价值，为学生持续深入的学习提供动力机制。学生学习是一个长期的过程，伴随学生的童年、少年和青年，如果学生没有远大的志向、没有为中华之崛起而读书的精神，其学习的主体性和自觉性也就较难保证，相反还可能厌倦学习、逃避学习。因此，教师在教学过程中要善于挖掘知识中蕴含的德育因素，积极把握教育契机，不断提升学生的思想品质和道德水平。

但是，在目前的教学现实中，还存在着较严重的教育教学“两张皮”现象。部分教师在教学过程中重视知识的传授，忽略了德育的渗透，导致教学过程缺德少情；学生虽为应试成绩而拼力学习，但部分学生只知机械记忆、缺乏创新激情，对社会缺乏了解，不懂尊重他人，不善于合作。同时，现在中小学的德育状况也令人担忧，德育的效果不容乐观。因此，教学过程要将掌握知识与提升品质有机结合起来、融为一体，反对只重知识传授而忽视思想品德提升的做法，也反对只重思想品德教育的做法。

4. 智力因素与非智力因素的关系

智力因素是人们认知能力的总和，主要包括观察力、注意力、记忆力、思维力、想象力和创造力等。思维力是智力的核心，而创造力是智力的最高表现。与智力因素相对的非智力因素指那些不直接参与人们认知活动的个性心理因素，主要包括需要、兴趣、动机、情感、意志、性格等。人们的自我意识、社会适应能力、情绪的控制、自我激励、人际关系的处理等方面都与非智力因素密切相关。一般来说，智力因素先天的成分较多，而非智力因素则是由后天的培养而成的。智力因素与非智力因素共同组成一个完整的教学活动，两者缺一不可，统一于教学认识活动之中。智力因素与学生的学业表现高度相关，影响着学生掌握知识与技能的速度、深度和广度，然而并不是智力优的学生学业表现就一定好，综合素质就一定高，因为一个人的智力潜能能不能得到充分的挖掘和发挥，又与后天的非智力因素密切相关。一个学生即使智力很高，如果没有兴趣的指引、意志的支撑和情感的激励，其智力的发展也会受到压抑。相反，一个学生的智力水平不是很高，但如果他对学习抱有浓厚的兴趣，又能自我激励、坚持不懈，他也有可能会有优秀的学业表现。

因此，在教学过程中，既要重视智力因素，也要重视非智力因素。没有智力因素参与，学生就无法掌握知识，形成能力；而如果没有非智力因素参与，教学过程就会让学生感到非常枯燥，缺乏学习动机和兴趣，学习也难以持久。从这个维度来说，两者之间相辅相成，相互促进。

**名言欣赏**

心何以知？曰：虚壹而静。

——荀子

5. 教师主导作用与学生主动性的关系

**案例 10-4　　学生的“动”，教师的“教”①**

在教完两步计算的应用题后，我出示了这样一道练习题：“三年级 4 个班的同学坐 3 辆车去郊游，每辆车上坐 60 个同学，4 个班男生共 96 人，4 个班女生有多少人？”学生先独立解答，再在小组内讨论交流，然后在全班汇报。汇报时，全班 12 个合作小组都踊跃发言，连坐在前排平时很少举手发言的小胡也举起了手，还伸到我的鼻子底下呢。看他满脸通红，一副迫不及待的样子，于是我让他回答。他说：“我们小组认为，应先求男女生一共有多少人，也就是 60×3=180 人，再减去 4 个班的男生 96 人，也就是 180－96=84 人，所以 4 个班的女生有 84 人。”他说得合情合理，大家一致同意他的解法。

我正准备布置下一道题时，第 8 小组的小张却仍然把手举得高高的，很激动地说：“胡老师，我们组还有一种解法。”还有一种解法？估计你们做错了吧！我想。但出于尊重学生的意见，我还是让他说了。“我们组是把 4 个班的男女生都分开坐，从 96 个男生里分出 60 个人坐第一辆车，那么还剩下 96－60=36 个男生，这 36 个男生坐第二辆车，这样第二辆车里剩下 60－36=24 个座位，这 24 个座位由女生坐，再加上第三辆车的 60 个女生，一共是 24+60=84 个。”他一口气把他们组的想法说了出来。真没想到他们还有这么一种奇特的想法，虽然复杂了一点，却说得有条有理。我表扬了他们组肯动脑筋。

“老师，我们组也有另外的一种解法。”我一看，是第 10 组的数学组长陈得为同学。这个小家伙一向很聪明，人称小机灵，平时最喜欢动脑筋了，看到别人发表了意见，他也不甘示弱，还没等我叫他，他就已经跑到黑板前面来了，边说边在黑板上画示意图。你听他的说法：“平时老师带我们去郊游，总是会让我们男生分开坐，因为老师怕我们调皮捣蛋。”“哈哈……”教室里乐开了！看来这家伙平时挺会观察的。“如果老师让一半男生，也就是 48 个男生坐第一辆车，那么第一辆车上的女生就是 12 个，第二辆车上的女生也是 12 个，再加上第三辆车上 60 个女生，一共是 12×2+60=84 个女生。当然也可以 96 个男生平均分成 3 份，即 96÷3=32 人，每辆车上的女生就是 60－32=28 人，那么一共是 28×3=84 人。”

你看，这个小机灵多厉害，俨然像一个小老师，说得头头是道！我不禁带头鼓起掌来，教室里响起了热烈的掌声。一节课就这么结束了，虽然没有完成预定的教学任务，但

① 胡立才. 学生的“动” 教师的“教”. 湖南教育，2005 (9).

我心里充满了喜悦。

[评析]

与教学案例10-3不同的是，在这个案例中，学生的主动性表现出乎教师的意料——教师并没有有意识地去引导和激发学生，也没有安排这一互动环节，这是学生自己自觉的行为。这让教师略微感到突兀，打乱了教师原来的教学安排，但是这位教师表现了良好的心态，充分尊重学生的主体性，让学生自由地表达自己的观点。

在新课程改革的过程中，随着学生主体地位的确立、学习主动性的不断增强，教师的教学计划将赶不上课堂中的变化，教学的有序状态可能会随时被打破。遇到这样的情况，教师首先就应有一个开放的心态，应看到这是新课程改革带来的可喜变化，应对学生进行及时恰当的鼓励；其次，教师要对学生的观点做出自己的判断，不能对学生提出的一切观点都无条件地肯定，不能让“主动”变成“乱动”，而要让学生的活动围绕一个主题进行；最后，要引导学生学会正确地提问，恰当地表达自己的思想，这样的“主动”才会有质量。

教师是教学过程的规划者、组织者、指导者和帮助者，学生的学离不开教师的教。教师的主导作用主要体现在：一是教师规划教学过程的活动，是教学过程的规划者。一般来说，教师要根据课程大纲的要求和学生学习的表现情况，规划着学生学习的具体内容和学习的进度。二是教师确定教学过程的组织形式，是教学活动的组织者。学生在教学过程中是进行自主学习，还是开展合作学习，要接受教师的指导。三是教师是教学过程的调节者。教学过程是一个长期而复杂的过程，学生在这个过程中难免会出现失误和偏差，教师要及时提供帮助，调节和改善教学活动，以引导学生回到正确的发展方向和道路上来。

但教师发挥主导作用是有前提和条件的，并不是所有的教师和教师的所有行为都能发挥主导作用。首先，教师主导作用的发挥与其自身的综合素质密切相关。教师的学识和能力，特别是教师的人品和修养，决定着其主导作用发挥的程度。那些在教学过程中过分强调教师权威、强迫灌输、包办代替和不尊重学生主体地位的行为，都不是教师的主导作用。因此，教师在教学过程中要以师德为先，关心和爱护每一位学生，激发其上进心和求知欲，使其主体性得到充分的发挥；要因材施教，使不同的学生都得到个性化的发展。同时，教师要努力学习先进的教育教学理念，用辩证的眼光看待以赫尔巴特为代表的“教师中心论”和以杜威为代表的“儿童中心论”，吸收其合理、先进之处，抛弃其不足，以适应知识时代和信息社会的要求。其次，教师主导作用的发挥，还与其所处的客观环境密切相关。比如，一个国家或一个地区是不是重视教育、是不是尊重教师、是不是为教师的发展提供各种必需的条件和机会等等。就我国的实际情况来说，教育投入仍较低，教师的整体地位也不够高，而且地区之间差异较明显，区域内校际差距也较大，导致薄弱地区和薄弱学校教师的流动性较大，这样不利于教育的均衡发展，也不利于教师主导性的发挥。

学生是教学过程的主体，是教学过程中的自主发展者、同伴合作者。其主体性主要表现在：一是主动探究。让学生自己提出问题、分析问题和解决问题。在传统教学中，教师总是代替学生提出问题，让学生被动接受；总是代替学生分析问题，害怕学生听不懂；总是代替学生解决问题，担心学生能力不够，浪费时间。在这样的教学过程中，教师总是力求讲得明白易懂，让学生易于接受和记忆。从表面上看这样提高了教学的效率，但让学生养成了不爱思考、被动等待的习惯，主动性的智力活动和非智力活动都受到压抑。二是自主合作。教学活动重要的目的之一是让学生养成良好的学习习惯，掌握科学的学习方法，以让他们在离开学校后也能自觉地学习，使其终身受益。另外，教学过程还是一个团队合作的过程，要让每一个学生融入一个团结互助的团队之中，培养他们的团队精神和合作意识。但是，在传统教学过程中，教师过于强调课堂的规范性和纪律的控制性，总是按照几个固定的环节进行程序式的教学，不能将课堂还给学生，使部分学生缺乏自主性，不能和同伴进行有效的合作。三是参与评价。教学过程不仅要有教师的评价，还要有学生的相互评价。这是能不能实现学生主体性的关键因素，因为评价权决定着教学过程的核心价值观，也决定着教学过程的走向。当学生有了评价权的时候，学生在教学活动中就有了主动权，学生的主体性就能得到保证。

因此，在教学过程中尊重教师的主导性和发挥学生的主体性是辩证统一的，不能只重视教师的主导性而忽视学生的主体性和创造性。调动学生的学习主动性是教师有效教学的一个主要因素，要防止忽视学生积极性和忽视教师主导作用的偏向。

**名言欣赏**

吾爱吾师，但吾更爱真理。

——亚里士多德

## 第五节　教学过程的基本阶段

**案例 10-5**　**《奇妙的指纹》教学实录与反思①**

**1. 导入新课**

师：同学们喜欢看魔术吗？

生：喜欢。

师：好，老师来给大家变一个小小的魔术。（教师出示一张白纸）这张白纸上有什么？

生：什么也没有。

（教师用手按一下纸，再让学生看看纸。）

师：我在上面做上我的记号，看见了没有？

生：没有。

师：老师借用一样工具把它找出来。

（教师将指纹粉刷到白纸上，显现出指纹，学生很兴奋。）

① 朱小雪.《奇妙的指纹》教学实录与反思（教科版《科学》三年级上学期）. 科学课，2004（9）.

师：这上面有什么？

生：指纹。

师：肉眼看不见并不代表不存在。同学们很好奇是吧？老师用的这一招，是向警察叔叔学过来的，警察叔叔找罪犯指纹的时候经常这样做。

**2. 初步观察指纹**

（略）

**3. 拓印指纹**

师：为了使我们研究指纹更方便一些，你们有什么好的建议吗？

生：用放大镜来观察。

生：可以用那种红红的盖章的东西，把手指在里面按一下再印到纸上。

师：这个东西叫印泥。

生：可以印在橡皮泥上。

生：可以用水彩笔在手指上涂上颜色，再按到纸上。

生：可以用胶带纸印一下。

生：可以用铅笔在纸上涂呀涂，再用手在上面印一下，然后再在纸上印一下。

师：（教师用课件出示课本上的方法）你说的是不是这种方法呀？

生：是。

师：同学们真聪明，能想出这么多办法。今天，老师给同学们提供了印泥、胶带纸、铅笔，同学们可以先在白纸上试一试每一种办法，然后用你认为最快、最清晰的办法把自己左手的指纹印到指纹卡上。

（学生拓印指纹，教师巡回指导。完成指纹卡的拓印后，整理好器材。把指纹卡留下来，其他东西整理到盒子中放回抽屉。）

**4. 研究指纹**

师：指纹已经取下来了，关于指纹你想研究什么？

生：每个人的指纹是不是一样的？

生：指纹的形状是怎样的？

生：指纹有几种？

生：我的每个指纹是不是一样的？

生：人的手指受伤以后指纹会不会变化？

生：指纹有什么作用？

师：你看黑板上这么多问题，哪些问题比较适合我们在课堂内解决呢？

生：每个人的指纹是不是一样的？

生：指纹有几种？

生：我的每个指纹是不是一样的？

生：指纹有什么作用？

师：你打算怎样研究每个人指纹是不是一样这个问题？

师：怎样去研究一个人不同手指的指纹不一样？

生：把一个人的每个指纹进行比较。

师：指纹的形状怎样？你准备怎样研究？

生：用放大镜看看指纹的形状。

师：那你准备用什么方法把你观察到的指纹的形状告诉别人呢？

生：用话告诉别人。

师：老师建议你也可以用画画的方法告诉别人。

师：下面就请每一组选取一个问题进行研究。如果研究好了，可以研究第二个问题。看看哪一组合作得最好，发现得最多。建议：同学们声音轻一些，记录员及时把自己小组的发现记录下来。等老师的提示音乐响起，就把自己小组的研究成果整理一下。我们来开一个科学汇报会，与大家交流自己的发现。

（学生分组研究，教师巡视并指导个别小组的研究。研究几分钟以后，组织学生利用自己记录的科学报告单进行交流汇报）

组1：我们小组研究的问题是“每个人的指纹是不是一样的?”，我们的研究方法是用放大镜来观察。我们小组的发现是每个人的指纹都是不一样的。

师：同学们对他们小组的发现有意见吗?

生：没有。

师：我还有一个问题请教你们小组，你们是怎样知道每个人的指纹是不一样的?

生：我们比较我们小组四个人的大拇指指纹，发现有的中间一圈圈，像旋涡一样，有的向这边歪的，有的向那边歪的，有的像山坡一样。

生：我们发现指纹的方向、圈数、形状都是不一样的。

组2：我们小组研究的问题是“指纹的形状是怎样的?”，我们的研究方法是用放大镜看。我们发现：指纹是有一条条线的，有的指纹是中间开始一圈圈的，有的是向一边扭来扭去的，有的像山洞一样中间是高起来的。

师：能把你们的发现画在黑板上吗?

组3：我们小组研究的问题是“一个人不同手指的指纹是一样的吗?”，研究方法是用放大镜观察比较。我们的发现是：一个人的不同手指的指纹都是不一样的。

（多组学生研究的是“一个人不同手指的指纹是一样的吗?”这个问题。）

**5. 指纹归类与作用**

师：同学们刚才研究自己的指纹研究得这么好，也帮老师来研究研究好不好。（出示教师的指纹）这是老师的大拇指的指纹，你们看看跟刚才同学们画的哪一种比较像?

生：跟这个比较像，中间都是圆圆的。

师：你能给它取个名字吗?

生：旋涡指纹。

生：蜗牛壳指纹。

师：老师中指的指纹跟同学们画的哪个比较相似?

生：跟那个中间高起来的比较像。

师：你也给它取个名字吧。

生：山坡指纹。

生：老师，我发现它跟鼻子的形状很像，就叫鼻子指纹吧。

（学生哄堂大笑）

生：我觉得挺像山洞的，叫它山洞指纹。

师：老师的无名指的指纹跟同学们画的哪个比较相似？

生：跟那个往右偏的比较像。

师：给它取个名字吧！

生：右偏指纹。

生：右歪指纹。

师：这些指纹你喜欢叫它们什么名字就叫什么名字吧。

师：同学们刚才研究指纹研究得都很好，你想了解科学家研究指纹的情况吗？（课件出示介绍指纹的三种类型。）科学家经过研究发现指纹中有三类形状较多。一种是这样拱起来、弯弯的，同学们叫它山坡指纹、鼻子指纹、山洞指纹，科学家觉得它像弓，就叫它为弓形指纹；一种是这样向一边偏的，同学们叫它右偏指纹、右歪指纹，科学家觉得它像扫地用的簸箕，就叫它箕形指纹；还有一种中间是这样圆圆的、一圈一圈的，同学们叫它旋涡指纹，科学家觉得它像烟斗，就叫斗形指纹。

师：指纹是我们每个人的特征之一，人们在生活中怎样利用指纹呢？

生：可以用指纹来破案。

生：我在妈妈的单位见过一种机器，妈妈上班的时候把手放在那个上面按一下就可以了。

师：那叫指纹考勤机。

生：还有用指纹来开门的。

师：指纹锁。

（课件出示指纹扫描仪、指纹门锁、指纹考勤机、指纹鼠标、指纹保险箱等物体的图片。）

师：我国有些地区将把人们大拇指的指纹放到身份证上，来区别人们的身份。

**6. 课外延伸**

师：今天我们班同学认真地上了一堂有趣的科学课，有许多自己的发现，好比吃了一顿美味的正餐。下面老师送给同学们一些课外自助餐供同学们选择，希望你们能喜欢。[出示课件介绍“课外自助餐”：（1）上中国指纹网，了解更多关于指纹的知识。（2）拓印父母的指纹，建立“家庭指纹档案”。（3）研究“趾纹”。] 当然，还可以继续研究在课内已经提出的还没来得及进行研究的问题，有了研究结果可以跟老师和同学们交流。

[评析]

这是一堂相当精彩的科学探究课，可谓是自然流动、精彩纷呈，基本呈现了一个相对完整的教学过程：激发学生的求知欲、感受新知、理解知识、巩固知识、运用知识等，让学生对科学研究有了一个较完整的体验。科学是一种探究未知世界的过程，教师要培养学生的科学精神和探究意识，最重要的就是要激发学生的兴趣。在本案例中，教师主要采用了两种方法来激趣：其一是游戏激趣，用一个小魔术激起了学生的好奇心，这就为随后问题的提出做好了铺垫。其二是探究激趣，在激起学生探究欲的基础上，教师引导学生对指纹进行观察，然后顺势提出探究的话题：“为了使我们研究指纹更方便一些，你有什么好的建议吗？”这样就使学生的注意力一下子得以聚集。在学生饶有兴趣地将指纹拓印下来后，教师又趁机对学生提出：“指纹已经取下来了，关于指纹你想研究什么？”启发学生提出自己想要研究的问题。

在这里我们可以看到，由于学生是在探究的基础上提出问题的，提的问题不仅数量较多，而且质量较高。有的学生想研究不同人的指纹是否一样，有的学生则对同一个人不同手指的指纹产生了兴趣，还有的学生想对指纹的不同形状进行研究。由于所有学生研究的兴趣都得到了调动，所以提出来的问题就有了差异。但教师充分尊重了不同学生的差异，对不同学生提出的不同问题都给予了同等的关注，极大地保护了学生的兴趣和探究欲望，从而为下一步的感受知识、理解知识和运用知识打下了良好的基础。教师正是通过这样的步步追问、环环相扣，使整个教学过程显得灵动和谐，使学生学得快乐、学有所获。

教学过程无疑是以不同的阶段展开的，这些不同的阶段具有不同的功能，承担不同的教学任务。教学过程一般分为六个阶段。

## 一、激起求知欲

求知欲是学生内部产生的一种学习动机。所谓学习动机，是指推动个体自觉进行和维持已有学习活动，并引导学习行为朝向一定学习目标的一种内部心理过程或状态①。当学生带着强烈的学习动机参与到教学过程中时，其注意力、思维力和想象力就被调动起来，就会积极主动地去完成学习任务，也就是说，学习动机引发了学生的学习行为。心理学研究表明，学习动机和学习行为是互惠的，可以相互激发、相互强化。一方面，一开始就让学生感到快乐和神奇的学习活动可以激起和强化学生的学习动机，使他们自觉地走向学习；另一方面，学习动机一旦形成，它就会自始至终，贯穿于某一学习活动的全过程②。

要激起学生的求知欲：首先，教师应了解学生的爱好和兴趣，不同时代的学生具有不同的群体特征，教师对此应进行深入细致的观察，创设学生喜欢的情境，策划学生喜欢的活动，并使学生明确学习的目标；其次，教师应制订有效的激励机制，将个人评价与小组评价结合起来，使每个学生融入一个团队，通过适当的奖惩措施使个人与团队的利益紧密结合在一起，从而达到个人与团队相互促进的目的；最后，通过榜样或感人的案例激起学生主动学习或模仿的欲望，培养他们的荣誉感和责任意识，从而使他们产生较长久的学习动机，使他们的学习行为能持续深入地进行下去。

## 二、感受新知

这一阶段主要是让学生感知新的学习材料。一般来说，学生进入课堂以后，感受的多是书本知识，间或会辅之一些实验或活动，但总的趋势是根据学生的思维发展规律，从直观形象的材料逐渐过渡到逻辑抽象的材料。感知新材料的目的，是让学生对新知识有一个初步的把握，形成基本的表象，为进一步理解新知识打下基础。

感受新知的方法和途径有很多，特别是在信息化和互联网时代，形式更加多样化。最常见的方式是间接感知，教师通过书本、视频录像或网络展示等形式，将知识或材料间接

---

① 李伯黍，燕国材．教育心理学．上海：华东师范大学出版社，1993：235.

② 黄甫全．现代课程与教学论．北京：人民教育出版社，2014：324.

地呈现出来，让学生通过文字、图片或活动影像来更好地感知抽象的知识，获得更深刻的感受。另外，教师也可以通过组织学生实地参观、动手实验、实物操作等让学生直接感受知识的形成过程。

## 三、理解知识

这是教学过程的核心环节。知识只有通过学生自己的思维加工，并得到深入理解后才能转化为学生个人的能力，形成对世界的认识。理解是通过思维进行的，思维就是在感知学习材料的基础上，借助概念、判断、推理等形式来把握知识的内涵和本质的过程。

要准确、深刻地理解知识：首先，教师应从学科教学各自的特点出发，让学生掌握不同学科的思维方式，让学生掌握正确的思维方法。比如：数理学科注重逻辑思维的严密性，人文艺术学科注重形象思维的开放性等。其次，教师应努力培养学生的思维能力，鼓励学生学会自主探究和团队合作。自主探究是让学生个体努力去发现问题、分析问题和解决问题，而团队合作则是让学生围绕某一主题通过集体的分工协作，群策群力来解决问题。最后，教师应鼓励学生大胆质疑，这是锻炼和培养学生创新意识和创新思维能力的重要途径。学生如要提出有质量、有价值的问题，就要先深入理解现有文本，然后再进行批判性的思考，在此基础上才能质疑和提问。

## 四、巩固知识

教学过程是一个新旧知识不断交替、融合的复杂过程，特别是由于学生学习的主要是间接经验，因而需要反复地记忆和练习才能使知识由陌生变为熟悉，才能使能力从无到有、从弱到强。

应该说，在教学现实中，许多教师都非常重视教学过程中的巩固环节，让学生反复背诵、重复练习，但是这种死记硬背、机械训练的方式并不是一种科学有效的巩固方式。因此，在这个阶段教师应设计一些受学生欢迎的教学组织形式和教学活动，比如开展一些有趣的游戏或知识竞赛，让学生在愉快中巩固知识。另外，巩固知识应在理解知识的基础上进行，没有理解就去记忆，不仅效率低，而且容易让学生产生厌倦感，对学习失去兴趣。最后，教师应帮助学生掌握科学的记忆方法，制订有效的复习计划，力争使学生的学和教师的教做到低负高效。

## 五、运用知识

运用知识就是学生运用所学知识去分析问题和解决问题的过程，这是检验学生对知识理解和迁移的水平。学生运用知识具体体现在完成作业、参加测试和科学探究及实践等方面。

学生运用知识的方式主要有两种：其一是在理论层面的运用，也就是学生运用所学的知识、原理、方法去解决同类型的习题，主要表现在解题上。其二是在实践层面的运用，也就是学生运用所学的知识和方法去解决生活中的问题。比如，运用物理知识去解决生活中的用电问题，运用化学知识去解决生活中的食品问题等等。

当然，对中小学生来说，他们所学的知识大多是基础性和原理性的，实践应用并不是主要的。因此，他们运用知识的目的仍主要在于巩固所学知识，在理论层面上能熟练地迁移，灵活地应对众多的变式，以拓宽视野、提升能力。

### 六、评估教学效果

作为教学过程的最后一个环节，评估教学效果既是对整个教学过程的检测、反思，也是对下一个教学过程的调整与优化，因而具有承上启下的作用。要评估教学效果，主要有两个途径：其一是从教学过程收集各种相关信息，比如，学生作业和练习的易错点、课堂提问中学生反馈的情况以及学生主动来向教师请教的问题等；其二是从教学结果中了解学生知识掌握和能力培养的情况。相关的信息主要来自考试和测验中反馈的情况，包括学生易犯的错误、知识的薄弱环节以及能力方面存在的问题。通过这两个途径来收集教学过程的事实信息，并对教学过程的优劣进行价值判断。

但是，目前在教学评估环节存在着许多问题。首先是唯知识取向，教学评估以检测书本知识和教师课堂所要求的考试的内容为主，这样导致了学生机械的学习，以死记硬背为主。其次是唯教师取向，对学生各方面的评价以教师的评价为唯一标准，因此存在以偏概全的现象，对学生难以形成客观全面的评价。再次是唯考试取向，现实中教师大多是以结果性评估为主，也就是以考试分数为主。这种评价取向导致学生片面追求考试成绩，而忽视了态度价值观以及情感的养成。最后是唯个人取向，目前的评估都是以评估学生个人为主，导致学生以自我为中心，不愿意帮助他人，缺乏团队合作意识。

针对以上问题，教学评估的改革任重道远。首先，评估主体要多元化，要从教师一元评估转向由学生、教师和家长不同主体参与的多元评估，特别应重视学生在教学过程中的相互评价和即时评价。其次，要由知识评估转向知识与能力相结合的评估。知识并不是不重要，但更重要的是运用知识解决问题的能力，特别是创新能力。知识是前人探索世界的成果，但难以解决现在的问题。而能力则需要将前人的知识与现实的问题相结合，这更体现教学的效果。再次，需要将应试检测与活动评估相结合。要改变考试的形式，将书面考试与活动评估等形式有机结合起来，在过程性的活动中来评价学生学习的效果。因为在活动中更能体现一个人的综合素质，体现他的团队意识、合作精神以及解决问题的能力等。最后，要将个人评估与团队评估结合起来。个人评估考核的是单个学生的自主能力、学习习惯以及学习成果，评选的是优秀学生；而团队评估则可以考量一个集体的凝聚力。当然，这里指的团队不是以班集体为单位的团队，而是班级内以小组为单位的团队，这样的团队比班集体更紧密、更有效。这样的评估模式既能促进个体的全面发展，又能促进所有学生共同进步。

## 第六节　教学原则

教学原则对于实践中设计与组织教学过程具有重要意义，需要教育者加以明确与遵循。

**案例 10-6**　　**好机灵的孩子！①**

小学二年级的英语课。离下课的时间还剩十分钟，我照惯例对学生们进行一周一次的小测验，这次重点考十至二十的英语写法和名词复数表达方法。发下试卷后，我像平时一样在教室巡考，不时看看学生们完成的情况。句中出现了一个难写的词“eighteen videotapes”，一些学生被这道题难住了，很着急。当我走到一个男生身边时，有了一个重大发现：他把“eighteen”写出来了，而不会写的“videotapes”（录像带）却用一幅画代替，在画后边很小心地加了一个“s”！我心中一乐，不由赞了一句：“好机灵的孩子！”这孩子平时就很机灵，讲难点的时候，他总是很认真。铃响了，学生们以最快的速度交了卷。

阅卷时，看到那个男生的试卷除了“videotape”用画代替，后边加了一个“s”外，其他全对。到底给不给满分？我犹豫了。按考试惯例，他没有写出单词，不能得满分，但按他这个年龄段的水平，他算是给出了完全正确的答案。我想了想，便给他打了个“A+”，意思是全对。但未像平时那样另加一个100分，因为我担心他以后对不会写的词全用图画代替。发卷子时，我对他说：“你很有创造力，但单词没有写出来，不能得100分。”他看了我一眼，接过试卷。

[评析]

小男孩很有创造力，老师很想给他打满分，但是单词没有写出来，不能打满分。于是老师便打了“A+”，没有打满分，这既肯定了他的创造精神，也指出了他的不足。老师的做法无疑是正确的，自觉遵循启发性原则，承认学生是学习的主体，保护了学生的创造力。

## 一、教学原则的概念

教学原则是人们根据一定的教学目的、遵循教学规律而制定的指导教学工作的基本要求②。教学原则受教学目的的制约，是为实现教学目的服务的；教学原则的形成和应用，以教学原理为基础，有赖于对教学规律的认识；教学原则用来指导教学实践，对教学内容、教学方法、教学组织的设计与运用起着指导作用。

教学原则作为一个研究范畴，主要源自苏联。20世纪50年代，我国全盘引进苏联的教学论体系，重视对教学原则的研究，这对我国的教育教学产生了重大影响。

## 二、我国目前中小学主要的教学原则

根据我国现阶段教育教学目的的基本精神，在系统地总结教学实践经验的基础上，批判地改造吸收古今中外教学原理和原则的思想资料，全面而具体地分析教学过程中的规

① 梁祝，卢福波．小学英语：新课程课堂教学案例．广州：广东高等教育出版社，2004：153-156.

② 黄甫全．现代课程与教学论．北京：人民教育出版社，2014：317.

律，经过长期的实践检验修正，我国的教学原则体系已经初具雏形。

### （一）思想性和科学性相统一原则

思想性和科学性相统一原则，是指教学要以马克思主义为指导，在学生学习掌握科学知识的过程中，对学生进行社会主义品德、辩证唯物主义思想和心理健康等教育。这条原则要求处理好知识教学与思想品德教育之间的关系。

人们在应用这条原则时，需要达到三个基本要求：第一，教学内容的选择和组织要注意思想性和科学性相结合；第二，发掘教学材料的思想性，在教学活动中渗透思想教育；第三，不断提高教师的专业水平和思想素养。

### （二）理论联系实际原则

理论联系实际原则，是指教学必须坚持理论与实际的结合与统一，用理论分析实际，用实际验证理论，使学生从理论和实际的结合中理解和掌握知识，培养学生运用知识解决实际问题的能力。这条原则一是继承了我国的知行统一的优秀教学传统，二是遵循学习活动的“直接感知”原理，要求教师联系学生的知识基础和思想状况，用丰富的实际事例论证书本知识，使学生从具体到抽象，获得必要的直接经验，领会科学知识，用以指导实践。

人们在应用这条原则时，需要达到四个基本要求：第一，加强基本理论和基础知识的教学；第二，恰当联系实际；第三，重视基本技能的培养；第四，适当补充乡土教学材料。

### （三）直观性原则

直观性原则，是指在教学中要通过让学生观察所学事物，或教师利用语言的形象描述，引导学生形成对所学事物、过程的清晰表象的认识，丰富他们的感性认识，从而使他们能够正确理解书本知识，发展认识的能力。

夸美纽斯率先提出了教学中的直观性原则。20 世纪以来，广播、幻灯、电影、录音、录像、电视、电子计算机等现代化技术手段的发展和应用，使直观对象和人的感官的局限有了重大的突破，这为直观性教学原则的贯彻开辟了新的广阔前景。

贯彻此原则的要求有：第一，正确选择直观教具和教学手段；第二，将直观教具的演示与语言讲解结合起来；第三，重视运用言语直观。

### （四）启发性原则

启发性原则，是指在教学中教师要承认学生是学习的主体，要注意调动他们的学习主动性，引导他们独立思考、积极探索，使他们生动活泼地学习，自觉地掌握科学知识，从而提高他们分析问题和解决问题的能力。

启发性原则的思想和实践有着悠久的历史。孔子提出：“不愤不启，不悱不发。举一隅不以三隅反，则不复也。”（《论语·述而》）《学记》继承和发展了启发式教学的思想，指出：“君子之教喻也，道而弗牵，强而弗抑，开而弗达。道而弗牵则和，强而弗抑则易，开而弗达则思。和易以思，可谓善喻矣。”

贯彻启发性原则的基本要求有：第一，加强学习的目的性教育，调动学生学习的主动性；第二，设置问题情境，启发学生独立思考；第三，鼓励学生将知识创造性地运用于实际；第四，发扬教学民主。

### 创造思考教学的原则

1. 支持并鼓励学生不平凡的想法和回答
2. 以失败作为实际的教材
3. 适应学生的个别差异
4. 允许学生有时间思考
5. 制造师生间、同学间相互尊重和接纳的气氛
6. 察觉创造的多层面
7. 鼓励正课以外的学习活动
8. 倾听及与学生打成一片
9. 让学生有机会成为决定的一分子
10. 鼓励每个学生都参与

资料来源：吴武典. 创造力研究：课程计划及讲义. 湛江：岭南师范学院，2012：16-17.

### （五）循序渐进原则

循序渐进原则，是指教学要按照学科的逻辑系统和学生认识发展的顺序进行，使学生系统地掌握基础知识与基本技能，形成严密的逻辑思维能力。《学记》要求“不陵节而施”，提出“杂施而不孙，则坏乱而不修”。

人们在应用这条原则时，需要达到五个基本要求：第一，严格按照教学内容的系统性进行教学；第二，突出重点，突破难点，注意新旧知识之间的联系；第三，由浅入深，由易到难，由简到繁；第四，培养学生踏实而系统地学习的良好习惯；第五，根据学生的接受能力灵活处理“渐进”和“骤进”的关系。

### （六）巩固性原则

巩固性原则，是指教师要引导学生在理解的基础上牢固地掌握所学的知识和技能，能根据需要迅速再现出来并加以运用。

贯彻巩固性原则的基本要求：第一，教师讲授知识要清晰而深刻；第二，帮助学生掌握记忆的规律和方法，“所有的专家都认为：应该从幼年开始就训练记忆力，而且在学校中取消一些被看作使人厌倦的传统训练是不当的”①；第三，组织学生进行有效的复习；第四，在扩充改组和运用知识中积极巩固。

### （七）因材施教原则

### 孔门艺术：“进”“退”自如

子路问：“闻斯行诸？”子曰：“有父兄在，如之何其闻斯行之？”
冉有问：“闻斯行诸？”子曰：“闻斯行之。”
公西华曰：“由也问闻斯行诸，子曰‘有父兄在’；求也问闻斯行诸，子曰‘闻斯行之’。

① 联合国教科文组织总部中文科. 教育：财富蕴藏其中. 北京：教育科学出版社，1996：78.

赤也惑，敢问。”子曰：“求也退，故进之；由也兼人，故退之。”

资料来源：论语. 北京：中华书局，2017：144-145.

在后世教育家心中，孔子是因材施教的典范。据《论语》记载，孔子将十大弟子分为“德行”“言语”“政事”“文学”四科，因材设科；又根据每个人的特点施以相应的教育。朱熹对孔子的因材施教做了系统总结，他在《四书集注》中说：“目其所长，分为四科，孔子教人，各因其材，于此可见。”①

因材施教原则，是指教师要从学生的实际出发，针对学生的发展水平和个别特点进行教学，使每个学生都能扬长避短，获得最佳的发展。

应用这条原则的基本要求：第一，按国家统一规定的课程计划、课程标准并结合学校实际可能来教学；第二，针对学生的特点进行差异教学；第三，采取有效措施，使有才能的学生得到充分的发展；第四，热情关怀与帮助成绩不良的学生。

### （八）量力性原则

量力性原则，又称可接受性原则，是指教学的内容、方法、分量和进度要适合学生的身心发展，是他们能够接受的，但又要有一定的难度，需要他们经过努力才能掌握，以促进学生的身心发展。墨子有云：“知者必量其力所能至而从事焉。”（《墨子·公孟》）

贯彻量力性原则需要做到：第一，了解学生的身心发展水平，从实际出发进行教学；第二，准确评估教学内容的难度。

#### 请君一试

2014 年材料分析题：吴老师用投影仪出示了一道开放题——3 位老师带 50 名学生去参观植物园。票价分别是：成人每人 10 元、学生每人 5 元、团体（10 人以上）每人 6 元。问题是：怎样买合算？很快，很多同学给出了答案：老师和同学一共需要花费 280 元。小宇提出了另一种方案：“把老师、学生凑成 10 人的组，剩下的同学按照 5 元的票，一共花费 275 元，比 280 元少了 5 块钱。”吴老师笑着点点头，其他同学听了若有所思，有的似茅塞顿开。小思却说：“不就少了 5 块钱嘛！”他满不在乎地说：“老师，都出去玩了，谁还在乎这 5 块钱啊？”其他同学也附和道：“就是，5 块钱算什么！”

[问题]

（1）如果你是吴老师，如何应对这一状况？

（2）谈谈在教学中如何贯彻科学性和思想性相统一的原则。

**【答案要点】**

（1）如果我是吴老师，首先肯定发言的同学。然后以“5 块钱是否重要”作为教学点进行讨论突破，让学生进一步明白“问题是：怎样买合算?”，养成仔细审题的习惯，同时形成节约的意识。（2）贯彻科学性和思想性相统一的原则应做到：1）教师要保证教学的科学性；2）教师要结合教学内容的特点进行思想品德教育；3）教师要通过教学活动的各个环节对学生进行思想品德教育；4）教师要不断提高自己的业务能力和思想水平。

---

① 朱熹. 四书集注·论语集注. 北京：中华书局，1983：123.

第十一章

# 教学方法与策略

教学是一门艺术。教学艺术的实现依赖于教师能否灵活地运用各种教学方法与策略，激发学生的学习兴趣，使学生愉快地掌握知识。教学方法与策略是连接教育理论与实践的桥梁，也是联系教师、学生和内容的中介，选择合适的教学方法与策略是教育目标达成的必要条件。

## 第一节　教学方法与策略概述

**案例 11－1**　　　　**苏格拉底的精神助产术**①

一位青年一心想当政治家，为帮助这位青年认清正义与非正义问题，苏格拉底运用启发式方法和这位青年进行了下面的对话。(以下皆是苏格拉底问，青年答)

问：虚伪应归于哪一类?

答：应归入非正义类。

问：偷盗、欺骗、奴役等应归入哪一类?

答：非正义类。

问：如果一个将军惩罚那些极大地损害了其国家利益的敌人，并对他们加以奴役，这能说是非正义吗?

答：不能。

问：如果他偷走了敌人的财物或在作战中欺骗了敌人，这种行为该怎么看呢?

答：这当然正确，但我指的是欺骗朋友。

问：那好吧，我们就专门讨论朋友间的问题。假如一位将军所统率的军队已经丧失了士气，精神面临崩溃，他欺骗自己的士兵说援军马上就到，从而使士兵鼓舞起斗志取得胜利，这种行为该如何理解?

---

① 柏拉图. 理想国. 北京：商务印书馆，2007：145.

答：应算是正义的。

问：如果一个孩子有病不肯吃药，父亲骗他说药不苦、很好吃，哄他吃下去了，结果治好了病，这种行为该属于哪一类呢？

答：应属于正义类。

问：如果一个人发了疯，他的朋友怕他自杀，偷走了他的刀子和利器，这种偷盗行为是正义的吗？

答：是，也应属于这一类。

问：你不是认为朋友之间不能欺骗吗？

答：请允许我收回我刚才说过的话。

[评析]

苏格拉底与青年的对话向人们展示了一种古老而富有魅力的教学方法。他并不直接告诉青年什么是正义和非正义，而是向学生提出问题，引导学生在回答问题的过程中发现自己原有观点的矛盾，学会辩证地看待问题，在探讨美德的过程中开启智慧，从而实现智德统一的理想。苏格拉底认为，他把学生头脑中的美德、智慧引导出来，就像助产士把婴儿从母体中助产出来一样。因此，苏格拉底教学法又叫助产术或者产婆术。

人们为了有效教学，一直在探讨与研究怎样教学的问题，形成了一个特殊的理论与实践领域。在这个领域中，国内外使用最广的是教学方法（method）和教学策略（strategy）两个词。本书将其统称为教学方法与策略。

## 一、教学方法的概念

**小资料：关于方法**

笛卡儿说过，“没有正确的方法，即使有眼睛的博学者也会像瞎子一样盲目摸索”，进而他认为“最有价值的知识是关于方法的知识”。

资料来源：墨耕. 经典教学方法荟萃. 福州：福建教育出版社，2009：1.

古今中外，对于教学方法的界定数量繁多，而且不尽相同，但有一些共同特点①。其一，教学方法是为实现教学目的服务的，与教学目的紧密相连；其二，教学方法体现了教学活动的双边性；其三，教学方法由一系列的教学方式组成，从大的方面来说有教师的教授方式和学生的学习方式。人们对教学方法的各种探索，丰富了教学方法的内涵，为进一步深刻理解和体会教学方法的含义奠定了基础。

教学方法是为了达成一定的教育目标，教师组织引导学生进行专门课目主题内容的学习活动所采用的方式、手段和程序的总和。

① 李森. 现代教学论. 北京：人民教育出版社，2011：260.

## 二、两种对立的教学方法思想

各种教学方法总起来说，依据指导思想的不同，可归并为两大类：注入式和启发式。这是两种对立的方法①。

注入式教学亦称“灌输式教学”“填鸭式教学”，指在教学过程中，教师视学生为盛装知识的容器，不顾学生的理解能力、知识基础和学习兴趣，把大量现成的概念、原理、公式之类的知识结论灌输给学生，主观地决定教学过程，并强迫学生呆读死记的教学类型②。

启发式教学是指教学中注意运用各种方法和手段，充分调动学生学习的主动性、积极性，引导学生独立思考、积极探索、主动学习的一种教学方法③。

**与君分享**

怀特海明确提出反对注入式的教学法，认为学习过程就是儿童主动地逐渐掌握知识、发展心智、组合概念并解决实际问题的过程。他指出：“好奇心、判断力和控制复杂的环境能力的激发，运用理论对特殊的情况有预见性——所有这些能力，不是一个考试科目中所包含的一条固定规则所能传授的。”

资料来源：单中惠. 西方教育思想史. 北京：教育科学出版社，2007：369.

## 三、教学策略的含义

**案例 11-2　　课堂教学原来可以是这样的!④**

我们曾经观摩过一节小学二年级的语文自读课，内容是关于一位发现味素的科学家。教师组织学生开展教学活动的过程如下：

**1. 课前准备**

教师导入新课；学生主持课前演讲；教学目标是学生背诵“新课学习三部曲”，即扫除文字障碍、理解大意、提出问题。(5 分钟)

**2. 新课学习**

教师活动为：(1) 巡视；(2) 检查小组学习情况（抽取学生读课文、提问、解疑和组织讨论）。学生活动为：(1) 按照“新课学习三部曲”，小组学习新课；(2) 学习汇报、提问、解疑和讨论。教学目标是：(1) 学认读生字；(2) 找出不懂的词；(3) 找出每段的中心句；(4) 提出问题及小组讨论；(5) 提交小组无法解决的问题。(20 分钟)

---

① 南京师范大学教育系. 教育学. 北京：人民教育出版社，1984：441.

② 顾明远. 中国教育大百科全书. 上海：上海教育出版社，2012：2618.

③ 同②1458.

④ 黄甫全. 现代课程与教学论学程. 北京：人民教育出版社，2006：720.

**3. 扩展学习**

教师活动为：(1) 巡视、监控；(2) 与个别学生或小组交流。学生活动为：(1) 全班范围的两两学习或小组学习；(2) 学生进行学习汇报，以“我向×××学习了什么，或我教了×××什么”两种句式开头。教学目标是：(1) 没找到资料的学生向有资料的学生请教；(2) 组织汇报语言。(10 分钟)

**4. 小结及课后活动**

教师活动为：(1) 结束新课；(2) 布置作业。学生活动为：(1) 没有汇报的学生课后排队向教师汇报；(2) 语文课代表收集学生资料，张贴在学习栏上。教学目标是：用几个词概括科学家的精神。(5 分钟)

[评析]

经过上述概括，这节课虽然少了点韵味，但仍然遮掩不住它的风采。教师对学生的有效“控制”、学生高涨的学习热情以及师生之间的默契等等，都使观者感到惊叹、疑惑和好奇。从感性的直观到理性的思考，人们的思维将很快触及教学中教学活动的顺序安排和师生间连续的有实在内容的交流，这实质是一种教育领域的“策略”体现。

教学策略是指在课程与教学目标确立以后，依据学生的学习规律和特定的教学条件，有针对性地选择与组合相关的内容、媒体、评价技术、组织形式、方法和各种手段等，以便形成具有效率意义的特定教学方案的原理、原则和方式。

教学策略与教学方法，既有密切联系又有区别。教学策略包含对教学方法的使用。教学方法在实际应用中，主要指详细具体的方式、手段和途径，操作性强，属于“战术”的范畴。而教学策略规定和支配教学原则、方法、媒体、组织形式、手段等的选择和使用，属于“战略”的范畴。

## 四、教学策略的特征

教学策略具有综合性、可操作性、灵活性和层次性等四个基本特征①。

综合性是指选择和制订教学策略必须对教学内容、媒体、组织形式、方法、步骤、技术与评价等要素加以综合考虑，将它们的结构与功能进行整合。

可操作性表明教学策略是可供教师和学生在教学中参照执行或操作的方案，有着明确具体的内容和应用的基本步骤。

灵活性是指在教学实施的过程中，教师可以根据具体的教学情境对有关教学策略的要素进行变通和组合，具体问题具体分析。

从教学实践看，教学策略至少有两个层次：一个层次是教学监控策略，它以反思性为特征，将对教学各方面因素的考察提高到一个一般策略性认识的水平。另一个层次则侧重于具体教学目标，因为教学策略是针对具体教学目标而制订的，只有根据教学目标有效地选择和使用具体的教学策略才能成功地达到教学目的。

① 周军. 教学策略. 北京：教育科学出版社，2003：18-19.

## 第二节　教学方法的类型与特征

**案例 11-3**　　《登高》电影片段①

师：同学们愿意听电影故事吗？

生：愿意！

师：不过，这故事会使听者心情沉重，我请大家边听边在脑海中把这个故事幻化成电影画面，一定要把画面在大脑中构想得场景逼真，这样能够确实地身临其境，能做到吗？

生：能！

师：（语调低沉，语速缓慢，满怀感情）一千两百多年前，一个秋天，九月初九重阳节前后的夔州，长江边大风凛冽地吹，吹得江边万木凋零，树叶飘飘洒洒、漫山遍地。满是衰败、枯黄的树叶的江水滚滚翻腾，急剧地向前冲击。凄冷的风中，有几只孤鸟在盘旋。远处还不时传来几声猿的哀鸣……这时，一位老人朝山上走来。他衣衫褴褛，老眼浑浊，蓬头垢面。老人步履蹒跚，跌跌撞撞。他已经满身疾病，有肺病、疟疾、行痹而且已经"右臂偏枯耳半聋"。重阳节，是登高祈求长寿的节日。可是，这位老人，一生坎坷，穷困潦倒，似乎已经走到了生命的冬季。而且，此时，国家正处在战乱之中，他远离家乡，孤独地在外漂泊。面对万里江天，面对孤独的飞鸟，面对衰败的枯树，老人百感千愁涌上心头……

（放音乐《二泉映月》）

师：（在乐声中满怀深情地朗诵）

风急天高猿啸哀，渚清沙白鸟飞回。
无边落木萧萧下，不尽长江滚滚来。
万里悲秋常作客，百年多病独登台。
艰难苦恨繁霜鬓，潦倒新停浊酒杯。

（课堂中气氛凝重，有些学生流下泪来）

师：这个老人是谁呀？

生一：是杜甫。

生二：老师，请您再朗诵一遍吧！（她红着脸，噙着眼泪）

……

[评析]

讲授法过时了吗？韩老师用一段精彩的教学片段回答了这一问题。自古以来口耳相传的教学方法，在多媒体迅速发展的今天仍然焕发出生命活力，关键是使用者如何设计和使用这一方法。韩老师运用讲授法，为学生呈现了一幅画面，学生沉浸其中，思维、情感随着韩老师的语言变化而不断地升华。通过语言的描述，在诗、诗人、老师和学生之间达成

① 韩军.《登高》课堂实录. 中学语文教学，2001（7）.

了一种自然流畅的视域融合。

教学方法是教学活动的媒介，具有独特的教学功能，同时也承载着学生学习活动的特点。人们通常从媒介的视角划分教学方法，大体上可以将常用的教学方法分为“以语言传递信息为主的教学方法”、“以直观感知为主的教学方法”、“以实际训练为主的教学方法”、“以情感陶冶为主的教学方法”和“以引导探究为主的方法”五大类，每一类又包括若干种具体的方法①。

## 一、以语言传递信息为主的教学方法

以语言传递信息为主的教学方法，是教师通过应用口头语言向学生传授知识、技能和以学生独立阅读书面语言为主的方法。这类教学方法与人类教育教学活动一起产生，先以口头语言为主要媒介，文字产生以后又增加了书面语言这一媒介，至今仍然是教学活动中主要的方法。

### （一）讲授法

1. 讲授法的内涵

讲授法是教师通过语言系统连贯地向学生传授知识、促进学生发展的方法，主要分为讲述、讲解和讲演三种具体的方法。

2. 讲授法的运用

对待讲授法的科学态度是，认识它的合理性，承认它的合法性，坚持它在诸多教学方法中的主导作用。在这样的前提下，要合理地利用它，不断地在实践中探讨和提高它的科学化水平。使用讲授法要做到②：

首先，讲授法应避免机械使用和过度使用。讲授法的机械使用，是指教师在没有唤起学生前理解的前提下生硬地向学生传递信息，使学生机械被动地接受教师的信息，形成机械记忆。讲授法的过度使用，是指教师讲授过了头，任何内容、任何时候都由教师讲解，学生总是处于接受的状态，以至于一节课下来，课堂上只有教师的独白声，没有学生的话语权，这就是所谓的“满堂灌”。

其次，探索讲授法的变革方式。其一，提高讲授的艺术性。教师要确保讲授的语言清晰、鲜明、准确、生动，尽量做到深入浅出、通俗易懂、快慢适度。其二，使讲授内容直观化。很多教师在讲授新知识时注重利用实物、模型、图片等教具将抽象的内容具体化、形象化，提高学生的感性认识。其三，增加讲授的情感色彩。以情激情是教师提高讲授效率的策略和艺术。其四，开讲之前提供先行组织者。先行组织者，就是上课前为学生提供的与教学内容有关的引导性材料。

最后，重视讲授法的设计与安排。一是严格控制讲授时间；二是结合问题进行讲授，改变教师直接告诉学生概念、原理的“直接教学法”；三是讲授之中预留理解时间；四是教学方法多元化。

### （二）谈话法

当教学由“独白”走向“对话”的时候，教师和学生的心灵得以靠近。谈话不仅是教

---

① 李秉德. 教学论. 北京：人民教育出版社，1991：201-207.

② 陈振华. 讲授法的危机与出路. 中国教育学刊，2011（6）.

学相长、启迪智慧的教学方法，更是一种心灵感动心灵、智慧点燃智慧的坦途。

1. 谈话法的内涵

谈话法又称问答法，是教师按照一定的教学要求向学生提出问题，要求学生回答，并通过问答的形式来引导学生获取或巩固知识的方法。谈话法具有现代班课教学和教育理论所推崇的师生双向交流、双向反馈和双向调节的特点，对于调动教与学双方的积极思维，培养学生分析问题、理解问题和解决问题的能力具有重要作用。

2. 谈话法的运用

直抵心灵的谈话教学：首先，注重营造鱼水亲和的对话情境。情由心生，境由心造，教师把学生看作心灵上的朋友，学生把教师当作灵魂中的亲人。其次，注重缔造人格平等的对话精神。谈话中，教师不是高高在上的“师皇”，而是平等对话的首席，不是绝对真理的代言人，而是平等对话的精神领袖。最后，注重追求流动生成的对话品味。对话的过程中不仅充满着一种教学相长、技艺切磋、相互信赖、心智启迪的雄浑气象，而且呈现着一种用心灵感动心灵、用生命点燃生命、用灵魂塑造灵魂的相互造就的大美①。

### （三）讨论法

1. 讨论法的内涵

《辞海》对“讨论”的解释是“探讨寻究，议论辨析”。《现代汉语词典》对“讨论”的定义是“就某一问题交换意见或进行辩论”。讨论法是学生在教师指导下为解决某个问题而进行探讨、辨明是非真伪以获取知识、形成技能和发展能力的方法。恰当运用讨论法，能发挥学生的主体作用、学习积极性和主动性，优化学生参与学习的质量和效果，培养学生间的合作与交往能力。

2. 讨论法的运用

讨论法在课堂教学中的作用日益突出，师生之间、生生之间的对话、交流，是学生、教师生命价值的体现形式。同时，讨论既是一种方法、手段，又是一种目的②。使用讨论法时应做到：

第一，讨论开始之前的认真准备。首先是角色准备，学生要意识到“我”与他人（尤其是教师）都是平等的参与者，学生要意识到“我”应该是一个积极的说话者和谦逊的倾听者，这样的角色意识是任何一种形式的讨论得以展开的前提；其次是问题准备，问题是讨论的一个引子，问题的好坏影响着讨论的质量；最后是观点准备，讨论是在观点的碰撞中展开并走向深入的，要提前思考清楚自己的观点。

第二，讨论中注意的事项。首先是不偏心、不跑题，不偏心是每个参与讨论者都有发表观点的机会，不跑题是讨论的范围始终围绕着所讨论的主题进行；其次是彼此点评，在讨论中要有分歧和观点的碰撞；最后是留有“余音”，正如好的文艺作品会让人回味无穷一样，一次热烈的课堂讨论会让人意犹未尽、激动不已。

### （四）读书指导法

1. 读书指导法的内涵

读书指导法，是教师指导学生通过阅读课本、参考书等以获取知识或巩固知识，培养

---

① 孙建锋. 小学语文：享受对话教学. 重庆：西南师范大学出版社，2009：2.

② 叶丽新. “瞻前”“顾后”话“讨论”. 上海教育科研，2001（4）.

学生阅读习惯和能力，使学生养成自学能力的方法。读书指导法主要适用于学生已能相对独立学习的阶段，学生读书是基础和核心，教师指导是关键和前提，包括指导学生预习、复习、阅读参考书、自学教材等。

**小资料："两套教学大纲"，发展学生思维**

阅读应当跟学习紧密地联系起来。如果通过阅读能深入思考各种事实、现象和事物，它们又是应当保持在记忆里的那些概括的基础，那么这种阅读就有助于识记，这种阅读就可以称为给学习和识记创造必要的智力背景的阅读。学生从对材料本身的兴趣出发，从求知、思考和理解的愿望出发而阅读的东西越多，他再去识记那些必须记熟和保持在记忆里的材料就越容易。

考虑到这一条非常重要的规律，我在自己的实际工作中始终把握住两套教学大纲：第一套大纲是指学生必须熟记和保持在记忆里的材料，第二套大纲是指课外阅读和其他的资料来源。

资料来源：苏霍姆林斯基．给教师的建议．北京：教育科学出版社，1984：15-16.

2．读书指导法的运用

教师使用时要做到：提出具体的目标、要求和思考题，教给学生读书的方法，加强辅导和检查，适当组织学生交流读书心得，不断发展学生独立学习的能力。

第一，帮助学生理解文本。在课堂教学过程中，教师应给学生足够的时间自读自悟、潜心会文，给学生一个广阔的阅读和发现的空间。教师对低年级学生的读书指导，采取范读、读演结合、朗读表达的方式进行；通过默读批注、小组讨论、反馈展示等方法，可以使中高年级学生达到"理解文本"的目的。

第二，注意指导的重心。教师可以在指导读书的时候采取检查的方法，目的是检查学生的读书效果。教师还可以采取适时指导的方法，注重纠正学生在读书中的问题，以帮助其克服和解决。

第三，关注内容的同时更注重方法。对学生读书的指导，使学生掌握知识的同时也要重视掌握读书方法。即使学生有阅读的兴趣，但不会方法，效果也会大打折扣。因此，在阅读教学中，教师要结合教材的特点、学生的实际，有意识、有目的地进行阅读方法的指导。

## 二、以直观感知为主的教学方法

以直观感知为主的教学方法，是教师通过实物或直观教具的演示和组织专门参观等，使学生利用各种感官直接感知客观事物或现象而获得知识、形成技能和发展能力的方法。这类方法具有形象、直观、具体和真实的特点，能激发和强化学生的学习兴趣，吸引和维持学生的学习注意力，但需要有较多的时间保障。

### （一）演示法

1．演示法的内涵

演示法，即"示范教学法"，是指为了配合教学，教师通过课堂实际示范，以增加学生的感性知识，加深他们对教学的印象，激发他们的学习兴趣，使他们明确所学知识的形态以及方法步骤等，从而提高教学效果的方法。

2. 演示法的运用①

第一，设置悬念、激发兴趣。教师需要为学生在课堂上寻找乐趣，充分利用演示法，为学生设置悬念，激发学生探索与发现的欲望，让学生主动地学。

第二，创设恰当情境、走出误区。教师可以先设置一个错误的情境，使其无法达到目的，再引导学生思考、试验，慢慢地接近正确的答案，使学生深刻理解所学的知识。

第三，让学生参与到演示实验中来，做课堂的主人。教师在利用演示法进行课堂教学时，可以让学生到讲台前亲身演示，或在课前预习中预留表演性质的课业。

**（二）参观法**

1. 参观法的内涵

参观法是教师根据教学目标和内容的要求，组织学生到工厂、农村、展览馆、风景名胜区以及其他场所，通过对实物和现象的观察和研究而获得、巩固和应用知识的方法。参观法能让学生开阔视野，在社会和大自然中接受熏陶和教育。

2. 参观法的运用

（1）适时适当组织参观。组织参观要根据教学内容以及教学安排进行，要配合课堂教学的实施。

（2）参观前的准备工作。参观前要做好准备，首先教师应该做好联系工作，并履行相关的手续，为顺利进行参观奠定基础。其次学生要提前了解问题，查找资料，做好充分的准备，有目的地带着问题进行参观。

（3）加强参观活动的纪律。为了确保参观的顺利进行，必须加强参观纪律，提前评估参观中的风险，做好预防工作。

（4）参观后进行总结。参观回来后，要学生提交参观心得或参观后的反思等，要对参观教学进行评估，了解学生的学习效果。

## 三、以实际训练为主的教学方法

以实际训练为主的教学方法，是在教师的指导下，学生通过练习、实验和实习等实际活动，巩固并完善所学知识、技能和技巧，向更高层次发展的方法。这类方法以学生的实践活动为基本特征。教育心理学的研究和教学实践表明，技能包括外部动作技能和内在心智技能两方面。技能技巧的形成和完善，是与动作技能和心智技能相互联系、相互依存的。特别是动作技能的形成，始终受到心智技能的支配和调节。比如，写字、运算、实际操作等方面的技能的形成和熟练，不能仅仅依靠语言的传授，还必须依靠实践训练。

**（一）练习法**

1. 练习法的内涵

练习法是学生在教师指导下运用知识去反复完成一定的操作以形成技能技巧的方法。

① 王春其. 演示法在物理“静电场”教学中的应用. 高中数理化，2013（2）.

根据学科性质和任务的不同，它可以分为各种口头练习、书面练习、实际操作练习、模仿性练习、独立性练习或创造性练习等。

2. 练习法的运用

第一，学生要明确练习的目的和要求，练习法是在掌握一定知识基础上的活动；第二，教师应加强对学生的指导，使学生掌握正确的练习法，首先由教师进行讲解和示范要领，然后再让学生进行练习；第三，在学生练习过程中，教师要及时反馈，纠正学生的缺点和错误；第四，教师要统筹考虑练习的质量与速度的关系，既要重视质量，也要控制速度；第五，要做到练习的适量、适度，既要有充分的练习经验，又不宜实施“疲劳”战术；第六，练习法要形式多样、避免单一，这样才能更好地调动学生的积极性。

### （二）实验法

**案例 11-4　　高中生物课“植物细胞的吸水与失水实验”①**

**1. 创设情境**

课前让几名学生选择 6 个大小形态等基本相同的新鲜萝卜，将其均分成两组，一组放在清水里，一组放在高浓度的蔗糖溶液中。上课时，让学生通过观察、触摸，感受比较两组萝卜的情况，从而使学生产生疑问：为什么放在清水里的萝卜比较硬，而放在高浓度的蔗糖溶液中的萝卜比较软？进而要求学生尝试着从细胞结构和功能的角度提出假设。

**2. 提出假设**

有的学生提出的假设是：“原生质层相当于一层半透膜。”有的学生提出的假设是：“细胞壁和细胞膜具有选择透过性，都相当于半透膜。”同时引导学生讨论提出相应假设的理由。

**3. 引导探究**

教师进一步设疑引导探究：同种生物同一部位的细胞在不同质量分数的同种溶液中的吸水和失水情况有什么不同？同种生物同一部位的细胞在相同质量分数的不同种溶液中的吸水和失水情况有什么不同？不同的生物材料在相同质量分数的同种溶液中观察到的质壁分离和复原的效果有什么不同？选取怎样的材料比较适合？等等。

**4. 设计、修正探究方案**

课前要求学生通过阅读教材，查找资料，先设计实验方案，可以修正教材中的实验方案，并根据实验设计方案设计出相应的实验记录表格。教师可以针对实验方案提供一些指导性的意见，体现了开放式实验的“学生自主探究与教师引导相结合”的原则。

**5. 进行实验探究**

以四人小组为单位进行实验探究活动。学生可自备实验材料，所需溶液等试剂由学生课代表统计好，交由教师准备提供，实验工具由实验室提供。

**6. 讨论、分析、交流与评价**

组织学生互相交流、展示实验成果并进行学生自评、学生互评以及教师评价。每个小组可推荐一名学生对该小组的实验进行汇报、交流、答辩，其他小组的成员可以自由

---

① 陈旗建，周晓阳．高中生物开放实验教学的探索．上海教育科研，2008（7）．

提问。

[评析]

案例中的教学设计充分反映了实验教学法的优势，将理论知识与学生的经验结合起来，将“实验”转化为“试验”，将设计好的实验改为学生生成中的实验，调动了学生的学习兴趣，培养了学生的参与意识。

1. 实验法的内涵

实验法是教师指导学生运用一定的仪器设备进行独立作业，观察事物和过程的发生和变化，探求事物规律，以获得知识、形成技能技巧的方法。实验法可以培养学生探索创造的精神和严谨科学的态度。

2. 实验法的运用

(1) 教师课前做充分准备进行先行实验，对仪器设备、实验材料要仔细检查，以保证实验的效果和安全；(2) 在学生实验开始前，创设实验问题，引导学生认真观察，对实验的目的和要求、依据的原理、仪器设备安装使用的方法、实验的操作过程等，通过讲授或谈话做充分的说明，必要时进行示范，以增强学生实验的自觉性；(3) 小组实验尽可能使每个学生都亲自动手；(4) 在实验进行过程中加强指导，及时发现和纠正出现的问题，进行科学态度和方法的教育；(5) 实验结束后，由师生或由教师进行小结，并由学生写出实验报告。

### (三) 实习作业法

实习作业法可以将理论与实践联系起来，将学生的动脑与动手结合起来，使学生的活动贴近真实的社会生产和生活，形成实际操作技能，培养学生实际工作的能力。

1. 实习作业法的内涵

实习作业法是教师指导学生进行一定的实际操作或其他实际活动，以获得知识和培养实际操作技能、技巧和发展能力的方法。

2. 实习作业法的运用

在运用实习作业法的时候应该做到[①]：(1) 根据教学大纲的规定进行；(2) 做好知识准备；(3) 教师与实习部门协作，并加强技术指导；(4) 自始至终注意教育学生遵守劳动纪律、爱护生产工具和公共财物；(5) 结束时进行检查评定，做好总结。

### (四) 实践活动法

1. 实践活动法的内涵

实践活动法是指让学生参加社会实践活动，以培养学生解决实际问题的能力和多方面实践能力的教学方法。

2. 实践活动法的运用[②]

运用实践教学法前，要做好准备和计划；实践中要密切关注学生的表现，及时对学生的困难、疑问给予帮助；实践结束时要进行总结，了解学生各方面的收获、体验以及思想感情上的变化。

---

① 顾明远. 教育大辞典：第1卷. 上海：上海教育出版社，1990：202.

② 丁锦宏. 教育学基础. 北京：高等教育出版社，2009：267.

## 四、以情感陶冶为主的教学方法

以情感陶冶为主的教学方法，是指教师根据教学内容，营造氛围对学生进行情感陶冶，激发学生的情绪，从而使学生全身心地投入，愉快地进行学习的方法。

### （一）欣赏教学法

1. 欣赏教学法的内涵

《现代汉语词典》将“欣赏”定义为：享受美好的事物，领略其中的情趣。欣赏教学法是指教师在教学活动中，创设一定的教学情境，或利用特殊内容和艺术形式，使学生通过体验事物的真善美，陶冶性情，养成良好的态度、兴趣、理想和审美能力的方法。在中小学教学中，欣赏主要有三类：一是艺术美和自然美的欣赏，比如，对音乐、美术、文学作品和大自然的欣赏；二是道德美的欣赏，比如，对教学内容中的人物和事件中的道德品质的欣赏；三是理智美的欣赏，比如，对科学研究中追求真理、严密论证、发明创造、探索精神等的欣赏。

2. 欣赏教学法的运用

（1）欣赏的教材必须符合学生的程度。学生的年龄、认识能力与经验都是教师应事先考虑的因素。（2）提供给学生必要的知识。对作品或人物的了解是欣赏的基础。（3）避免做分析。欣赏是一种感性的活动，分析则是理性经历，将美感的事物做理性的分析，往往会破坏了欣赏的情绪，使学生无法产生情感的反应。（4）与其他教学活动配合。欣赏教学法通常配合语文、社会、美术、音乐等科目的教学活动进行，由此才能发挥其知、情、意兼备的教育功能。

### （二）情境教学法

**案例 11－5　　李吉林老师《麻雀》的情境创设①**

导入新课：老师读了《麻雀》这篇小说，觉得就像在看一幅一幅的图画。你们读读课文，看能不能看到？看到了哪些画面？（根据小说主要是以刻画形象展开情节的特点，通过想象画面，小说中的形象成为孩子们眼前的视像，抽象的语言文字就有了生命，孩子们就感兴趣了）

结合孩子们的回答，我随手画了四幅简笔画：（1）“我们带猎狗去打猎”；（2）“小麻雀被大风刮落在地”；（3）“老麻雀从树上飞下与猎狗搏斗”；（4）“猎狗后退”。（画面为孩子们认识理解课文形象提供依托）

利用画面，细读课文，找出课文描写小麻雀和猎狗的词语。分别让男女生轮读，形成鲜明对比，一强一弱，渲染感人的气氛。（孩子们开始同情小麻雀）

突出重点，用音乐强化情境：播放一段节奏快、力度强的音乐，进一步渲染弱者奋不顾身地去与强者决一死战的紧张气氛。（音乐的旋律扣动着心弦，孩子们都很紧张，十分关注老麻雀和小麻雀的命运）

音乐的语言、眼前的画面连同课文语言的形象，激活了生活中原来积累的表象，并融合在一起。孩子们仿佛真的看到了老麻雀勇敢地与猎狗搏斗的扣人心弦的场面，开始焦急

---

① 李吉林．李吉林文集：第3卷．北京：人民教育出版社，2006：326．

不安，忧虑的情感油然而生。当我引导孩子们谈感受时，有孩子说："我好想听到麻雀尖利的叫声。""我担心猎狗会把麻雀一口吃了，我不敢透气。""后来，我听到猎狗的叫声似乎变得无力了。"

课文描写老麻雀"像一块石头似的落在猎狗的跟前""绝望地尖叫""呆立着不动，准备一场搏斗"等的生动语言，伴随着形象让孩子们理解了含义。孩子们朗读时很自然地表现了相应的语气、语调，表明课文描写的形象孩子们已经看到，并为之动情。

[评析]

李吉林老师通过富有感染力的语言，让学生仿佛看到的同时整个心灵也感受到了课文中的一个个栩栩如生的形象。在学习语文的过程中，学生的情感与他们对教材的认识相关联，而作者的情感是寄寓于他描绘的对象之中的。因此，情境教学法就是让学生去认识、感受教材中寄寓情感的形象。

1. 情境教学法的内涵①

情境教学法是指在教学过程中，教师有目的地引入或创设具有一定情绪色彩的以形象为主体的生动具体的场景，以引起学生一定的态度体验，从而帮助学生理解教材，并使学生心智技能得到发展的方法。

2. 情境教学法的运用

李吉林老师经过反复的推敲、概括，最终明确提出了情境教育的四个基本原理②：暗示诱导原理、情感驱动原理、心理场整合原理和角色转换原理。

(1) 暗示诱导原理。根据教育教学的远期目标或近期目标，针对学生的特点，运用图画、音乐、表演等艺术的直观，或运用现实生活的典型场景，直接诉诸学生感官。

(2) 情感驱动原理。实践证明，学生在对客观情境获得具体的感受时，会表现出一种积极的态度，从而激起相应的情感。这时，在教师语言提示、语言描绘的调节下，学生会情不自禁地将自己的情感移到学习内容上。

(3) 心理场整合原理。设置的教育情境、人际情境、活动情境、校园情境都渗透着教育者意图，它们使儿童的生活空间不再是一个自然状态下的生活空间，而是富有教育内涵、富有美感、充满智慧和儿童情趣的生活空间。情境、教师和学生三者之间形成互动的、良性推进的多向折射的心理场，促使学生情不自禁地用"心"去学。

(4) 角色转换原理。情境教育往往蕴含着教育者的意图，但要结合教材的特点和活动需要设计角色，让学生扮演或担当角色，引起学生进行再现学习内容角色或显现相关角色的活动。角色的转换可以概括为"进入情境—担当角色—理解角色—体验角色—表现角色—自己与角色同一—产生顿悟"。

## 五、以引导探究为主的教学方法

以引导探究为主的教学方法，是指教师组织和引导学生通过独立的探究活动而学习知

① 米俊魁. 情境教学法理论探讨. 教育研究与实验，1990 (3).

② 李吉林. 李吉林文集：第3卷. 北京：人民教育出版社，2006：209.

识、形成技能和发展能力的方法。使用这类方法，教师的作用更重要地体现在：为学生设计探索研究的情境，提供相关的资料，引导学生开展有目的的探究活动，给予学生进一步学习与研究的指导与要求，组织和监督学生及时完成学习与探究任务，帮助他们发现结论或结果。这类方法主要有发现法。

发现法，又称探索法、研究法，是指在教学过程中，教师只给学生一些事例、课题和问题，指导学生通过独立地阅读、观察、实验、调查、思考、讨论或听报告等途径，创造性地解决问题，获取知识、形成技能和发展能力的方法。使用时要求教师正确选定研究课题，提供必要的条件，给予明确的要求与指导，促进学生独立思考与探索，并做到循序渐进与因材施教。

## 第三节　教学方法的选择和运用

**案例 11-6**　　**捞铁牛**①

〔教具：盛水的长方形玻璃缸一只，两只小木船，一块小铁块，一根细绳，泥沙一堆〕

师：《捞铁牛》一文中，怀丙和尚为了捞起铁牛，做了一番准备工作。现在，我们要弄清楚，他为什么要这样准备，又是怎样“捞”起铁牛来的。下面，请同学们仔细观察模拟演示。

（老师将一只小木船装满泥沙，用细绳的一头系住船的一侧，另一头拴住水底的铁块，逐步将船上的泥沙铲除，结果，小木船翻沉）

师：刚才，小木船为什么会翻沉？

生：绳子不能拴在船的一侧，否则船会失去平衡而翻沉。

师：对，那么再看看这样的模拟实验行不行呢？

（老师把两只小木船并排拴在一起，装满泥沙，竖起一个木架子，跨在船上。细绳的一头拴住铁块，另一头拴在两船之间的架子顶端，然后，逐渐铲去泥沙，船身慢慢上浮，细绳渐渐拔起水中的铁块）

师：请大家回忆一下准备工作和“捞”的过程。回答时，要注意先后顺序。

生：先准备两只木船，装满泥沙，再行驶到“铁块”沉没的地方，然后，才能照他所讲的去做。

师：对，实际准备工作这样才合理。

生：最后，铲起船上的泥沙，船身上浮，拔起水底的铁块。

师：很好。但请注意这样一种现象：就是空船慢慢装上泥沙后，渐渐沉下，铲掉泥沙，船身则上浮，为什么呢？原来，水有一股把船向上托的力即浮力。怀丙和尚就是利用了水的浮力，拖起了铁牛。

---

① 朱家栋.“演示法”突破教学难点举隅. 天津教育，1986（2）.

［评析］

《捞铁牛》是小学三年级的语文课文。由于小学生还是以形象思维为主，与课文中体现的怀丙和尚具有的高超智慧还有一段不小的距离。为了帮助学生理解课文，欣赏怀丙和尚的智慧之光，教师化抽象为形象，选择了演示法。"捞铁牛"的准备工作及对水的浮力的理解是教学难点，如果不凭借直观的模拟演示而停留于照本宣科，学生确实难于理解。通过演示，学生弄清了"捞"的准备工作、"捞"的先后顺序及水的浮力，教材难点顺利突破。

古往今来，在教育教学领域中形成了各种各样的教学方法，而且新的方法还在不断出现，合理选择和恰当运用教学方法直接关系到教学效果的好坏。因此，"教师在实际教学中必须结合具体的客观条件和自己的主观情况，周密计划、选用并组织好具体的教学方法的实施程序，方可望取得优良的教学效果"①。

## 一、选择和运用教学方法的基本依据

选择和运用教学方法，要考虑教学内容、教学目标、学生的层次及水平、教师的特点和现有的教学条件等。在各种因素分析基础上选择出来的教学方法才更具有适切性和有效性。

### （一）对教学内容的分析

教学内容是确定教学目标、教师的教法和学生的学法的重要依据，直接影响教师对教材的把握。教学内容可以从以下三个方面进行分析：一是建构教材内容的知识体系，二是确定知识点，三是确定教学内容的重点和难点②。

### （二）对教学目标的分析

明确教学目标将有利于教学方法的选择和运用。分析教学目标时，要区分不同层次的教学目标，以及与教学目标密切相关的学生的学习目标。

### （三）对学习者的分析

教学方法选择的恰当与否，最终是通过学习者的变化反映出来的。方法的选择必须充分考虑学习者的特征，要对学习者进行分析。首先要分析学习者的现有水平，包括学习者所处的阶段、心理特点和知识基础等；其次要分析学习者的学习风格和习惯。

### （四）对教师自身特点的分析

教学方法的选择还要依赖于教师自身的特点。不同的教师拥有不同的教学观、教育教学能力与教学风格等，教师在选择教学方法时要与自身的特点相符合。有的教学方法虽然很好，但由于教师自身的特点，有些教师无法充分发挥这些教学方法的优势，教学也很难达到好的效果。

### （五）对教学条件的分析

任何一种教学方法的开展都离不开一定的条件。教师应充分挖掘和整合现有的教学资源，为教学方法的选择提供依据。另外，教学媒体在教学过程中越来越重要，媒体的运用

---

① 李秉德．教学论．北京：人民教育出版社，1991：217.

② 何克抗．教学设计理论与方法研究评论．电化教育研究，1998（2）.

恰当与否将影响到教学方法的使用，应分析现有媒体对教学方法的适合度。

## 二、教学方法运用的综合性、灵活性和创造性

### （一）教学方法运用的综合性

教学方法运用的综合性是指根据教学任务和教学内容的需要，综合运用多种教学方法，而不是长期只使用一种教学方法。

### （二）教学方法运用的灵活性

教学方法运用的灵活性是指在实际应用中，要从实际需要出发，随时对其调整，避免死板教条地运用教学方法。“教学有法，但无定法”说的就是这个道理。

### （三）教学方法运用的创造性

教学方法运用的创造性是指从教学实践出发，在把握现有教学方法的基础上有所创造。教学方法和教学内容是相互砥砺的，在这一过程中就容易使原有的教学方法有所改进和创新。

**小资料：方法选择的重要性**

南宋理学大师朱熹说过，“事必有法，然后可成，师舍是则无以教，弟子舍是则无以学”。也就是说凡事必有解决的方法，找到方法，就能把这件事给做成了。

资料来源：朱熹．四书集注·孟子集注．北京：中华书局，1983.

# 第四节　教学策略的层次与特征

**案例 11－7**　《全民族的抗战》与蒋介石①

讲授人教版八年级下册《全民族的抗战》这一节内容时，对课文进行了整合。

(1) 教师首先将这节课的内容整理成需要探究的问题。

问题1：当日本侵略者的铁蹄开始践踏祖国神圣国土的时候，蒋介石政府却置国家利益于不顾，仍实行“攘外必先安内”的政策，全力进行反共内战，致使民族危机空前严重。在这民族危亡的时刻，张学良、杨虎城将军采取了什么行动？他们为什么这样做？

问题2：西安事变爆发后，许多人主张杀死蒋介石，假如蒋介石被杀会有怎样的后果？而中国共产党主张和平解决西安事变，这是为什么？

问题3：西安事变的和平解决对中国的时局有什么影响？假如你生活在那个时代，你

① 王莉萍．历史与社会教学中学生主体参与的策略研究．(2014－07－16)．http://www.pep.com.cn/lsysh/jszx/jxyj/jxxd/201407/t20140718_1213502.htm.

主张杀蒋还是放蒋?

(2) 要求学生以所学知识为背景，并请同学们就以上问题提出设想。

(3) 小组讨论，就各自设想的可行性进行讨论并在讨论中进行综合丰富，最后形成小组建议。

(4) 各小组公布本小组的讨论成果，接受其他小组的提问，并对相关问题进行讨论。

(5) 教师引领学生研究课文内容，结合当时中国的历史背景，分析为什么当事人会采取那样的行动，在他们的行动中有什么可借鉴的经验和教训。

[评析]

教学策略可以通过多种教学方法实现。这位历史老师把课文内容整合成几个有争议的问题，巧妙地把学生带进了当年特定的历史情境，使久远的历史事件与丰富的现实生活联结起来，激发了学生的民族热情，使学生主动投入历史与社会的学习活动之中。

教学活动是人类的一种特殊认识活动，具有教师和学生两类不同的主体。教学策略是教师和学生所专门使用的，不同的教学策略有不同的使用操作主体。由于教学策略的主体不同，实际上广义的教学策略包括了学习策略、教授策略和互动式教学策略。

## 一、学习策略

学习策略（learning strategy）以学生为主体，指向学生的学习。学习策略是学生学习中极为重要的机制，直接影响到学生的学习效率。在学习化社会中，使学生掌握和使用有效的学习策略尤为重要。

### （一）学习策略的内涵

学习策略是指学习者在学习活动中有效学习的程序、规则、方法、技巧及调控方式，既可是内隐的规则系统，也可是外显的操作程序与步骤。

### （二）学习策略的教学

研究表明，学习策略是可以用于教学的。

1. 学习策略的教学方式

不同的学习策略，需要不同的教学方式。

在通用学习策略的教学中，策略训练内容不涉及任何特定的知识或内容，通过单独开设学习策略课，可以训练学生学会学习的一般方法和技巧。比如，训练适合任何课程的复述策略、精加工策略、组织策略等。

在科目学习策略的教学中，策略训练结合特定的内容而编制，直接传授特定科目学习的方法与技巧。比如，专门传授语文课的阅读理解策略或数学课的应用题解题策略。

交叉学习策略的教学是前两种方式的综合，一般采用先独立地教通用普通的学习策略，包括学习策略的意义、具体操作程序；在此基础上，再与特定的科目主题内容相结合，根据学习情境的不同，要求并提示学生把所有的策略用到具体的知识或内容学习中①。

2. 学习策略的教学过程

根据对学习策略教学的理解，为了在班课教学中方便操作，学习策略的教学过程一般

① 刘电芝. 学习策略研究. 北京：人民教育出版社，1999：304-305.

由“趣味引入”“策略剖析”“策略运用”“策略反思”四个阶段构成①。

趣味引入，就是通过对话或有趣事例的引入，或让学生自发地完成某个学习任务，待其产生困惑或无力解决困惑时，再呈现新策略，以激发学生了解、掌握和运用学习策略的欲望与动机，使学生处于一种求知的心理状态。

策略剖析，是指教师深入浅出说明策略的实质。说明时需要考虑学生的年龄差异，对年龄小的学生运用归纳法，对年龄大些的学生运用演绎法，并详细提示策略的运用过程。

策略运用，就是提供联系策略的机会，使学生体验到运用策略的过程。教师应设计或精选运用具体策略的典型习题或科目主题作业，从不同角度让学生进行尝试。

策略反思，包括策略运用过程的回顾、策略运用的关键地方、策略运用的有效性评价、策略的迁移，以及进一步改善策略学习和运用的设计。

## 二、教授策略

教授策略（teaching strategy），常被称为“教学策略”。教授策略是指教师在教学中采用的以知识和技能传授为目的、主要是有利于教师进行教授的策略。

### （一）呈现技巧

教学过程涉及向学生讲授新的事实、概念和原理，向学生解释有难度的过程或步骤，以及澄清有冲突的论点和探究错综复杂的关系。这些都需要教师运用一定的技能和技巧来处理教师与教学内容之间的关系，使教学内容直接通过教师的“呈现”而内化为学生自己的经验，促进学生的发展。常用的教学呈现技巧主要有导入、解释、结尾和讲座②。

### （二）内容转化

在教学过程中，教师通过创设一定的情境把教学内容转化到学习环境中去，把学生置于一定的问题情境中，从而使学生产生学习兴趣和内驱力。这种以环境为载体而实现的传授策略称为内容转化策略。

内容转化根据其符号载体不同可以区分为环境设计、媒体设计与活动设计三条基本途径。环境设计途径，是指利用已有环境因素或创设某些环境因素，将所欲传授的内容融会进去，使环境因素成为其符号特征。媒体设计途径，是指利用知识交流传播的媒体将所欲传授的内容融会进去，使媒体成为其符号象征。媒体设计分为传统媒体设计与现代媒体设计。活动设计途径，是指利用各种活动形式将所欲传授的内容融会进去，使活动成为符号象征。

### （三）指导

随着学生年级的提升和学习能力的发展，学生自主性学习在学校教育中逐步走向主导地位，班课教学行为也会从呈现走向指导。在中小学，教师常用的指导有练习指导、阅读指导和活动指导③。

练习指导是指教师通过帮助学生成功地完成班课练习，达到学会知识或形成技能的目

① 刘电芝，张荣华．学习策略教学的类型、阶段与特点．课程·教材·教法，2004（3）．

② Cooper J M. Classroom teaching skills. Toronto：D. C. Heath and Company，2010.

③ 施良方，崔允漷．教学理论：课堂教学的原理、策略与研究．上海：华东师范大学出版社，1999：220-231.

标，保证教学顺利进行的行为。阅读指导是指教师在学生独立阅读教学材料时，帮助学生理解阅读内容、学会阅读方法与策略的指导行为。活动指导是指教师对学生独立从事的操作或实践活动的组织、引导和促进行为。

## 三、互动式教学策略

以师生群体作为主体，以增强学生学习的交流互动为特征，以促进学生发展为根本目的的策略，称为互动式教学策略。

### (一) 教学互动的内涵

"互动（interaction）"一词最早源于米德（Mead，G. H.）对"符号互动思想"的阐述，指的是发生于个人之间、群体之间、个人与群体之间相互作用的社会行动的过程，是人们注入了意义的行动之间的相互作用与相互影响①。建构主义对教学情景中的互动进行了深入分析，揭示了存在"个体与环境互动"和"个体与自身互动"②。所以，教学互动是一种特殊的社会互动，指的是作为教学活动主体的师生与环境发生的各种交往与相互作用。从学生学习的角度观察，教学互动主要有师生互动、生生互动、生境互动以及学生自我互动。教学互动已经引起了人们的关注，需要心理学和教育学开展深入、具体和持久的研究与开发。

### (二) 班课教学互动策略

在班课上，主要的教学互动策略有支持性教学互动策略和班课交流策略。

1. 支持性教学互动策略

在教学过程中，为了促进班课中各种形式的交流互动，教师需要创设一定的物理和心理背景，从而为教学的顺利进行提供物质上和精神上的支持，这类教学策略就是支持性教学互动策略。它包括物理背景创设策略和心理背景创设策略。

物理背景的创设非常重要，因为它们有助于确定人们相互交往的特定场合③。物理背景的创设包括班课中各个方面的布置和安排，主要有班级规模、座位安排和课室布置等几个方面。融洽的师生关系、良好的班级气氛和积极的教师期望，是促进学生学习的有利因素，可以为学生的学习创设一个适宜的心理空间，达到激发学生学习动机、促进班课交流的目的。

2. 班课交流策略

班课交流策略主要有"提问"和"讨论"两类。

提问在班课教学中扮演着非常重要的角色，教学和提问是相互关联在一起的活动，一个优秀的教师同时也一定是一个很好的提问者。

在班课教学中，若要增进教师与学生、学生与学生之间的相互作用，讨论和以小组为单位的学习是最恰当的选择。真正的小组讨论意味着所有的学生通过积极的学习和参与，可以达到相互的全面的交流。

---

① 王思斌. 社会学教程. 北京：北京大学出版社，2003：82-83.

② 斯特弗. 教育中的建构主义. 上海：华东师范大学出版社，2002：390.

③ 佐斌. 师生互动论：课堂师生互动的心理学研究. 武汉：华中师范大学出版社，2002：74.

### （三）课外教学互动策略

课外教学互动要求教师面对学生个体，因此，教师应该注意因材施教。课外教学互动策略主要有协调策略和人际交往策略等。

1. 协调策略

教师和学生在教学过程中有不同的兴趣和角色。在课外的各种活动中，教师和学生都需要"将心比心"，通过"契合'两种兴趣'"和"角色磨合"，消解可能的冲突以协调活动。

（1）契合"两种兴趣"。"两种兴趣"即学科兴趣与学生自己的兴趣，而学科兴趣体现为教师对所教科目主题的兴趣。在学生学习中，学生兴趣与教师兴趣的不一致，使得师生关系紧张，妨碍了相互的交流。这时候，教师就要寻找两种兴趣的"过渡区"和契合点，利用师生都感兴趣的事物来加深彼此的联系，缩短彼此的距离，达到促进交流和增进知识的双重目的。

（2）角色磨合。角色磨合是师生双方从陌生与封闭走向互相解读与选择的过程。个体是在与他人的相互作用与解释中，根据别人的看法来认识自己并形成"自我"概念。师生双方在"镜中我"彼此碰撞的过程中，加深了对各自角色以及对方角色的认知，从而更注意对彼此的选择。

2. 人际交往策略

人际交往策略，是指一系列能够激发个人在两人或多人之间探究活动中的特定言语和非言语行为，包括"个别谈话技巧"和"非言语交往的技巧"，如眼睛接触、面部表情、身体姿势、身体接触以及愉快的物理空间距离等。在进行个别对话时，要注意师生身份的差别、性别差异和个性差异。

### （四）反思性教学策略

反思性教学策略，是近年来国内外比较关注的领域，已经形成了清晰的概念，开发出了许多有效的具体策略，探讨了策略运用中师生的特殊角色。

1. 反思性教学策略的内涵

反思性教学策略，就是激发教师组织引导学生利用已有经验进行自主发现学习的策略①。在反思性教学过程中，教师通过互动交流，激发和保持学生学习的兴趣和动机；学生则在教师的引导下根据已有的经验，积极地开展学习活动，从问题中发现意义，探求答案。

2. 教师与学生的角色定位

在反思性教学过程中，学生的探究发现活动处于教学活动的中心，教师与学生的角色必然发生相应的变化。

（1）教师的"冰山"角色。教师的"冰山"角色，指的是在反思性教学过程中，教师承担和发挥"准备代理人"作用。在进入班课之前，教师就要为学生的探究发现活动准备所需材料，而这种大量的努力和工作如淹在水面之下的冰山一样，即教师所充当的只是辅导者与引导者的角色，学生才是教学活动的主角。

（2）学生的"股东"角色。学生作为"股东"，指的是学生能够和应当参与教学活动

---

① Freiberg H J，Driscoll A. Universal teaching strategies. Boston：Allyn and Bacon，1992：296.

的计划与决策过程。在反思性教学过程中，学生自身成为一种资源而非一块可由教师任意涂抹的白板。这种资源所依赖的是学生已有的经验。凭借这种经验，学生可成为教师教学计划和决策的一种参考。

反思性教学策略要求学生认识自己的所知所想，独立地处理新信息，从而成为一名“反思型学生”；而教师根据学生的探究目标和进程，不断地、及时地调整教学方案使之与学生学习保持一致，从而成为一名“反思型教师”。

**小资料：教学要讲策略**

北宋学者欧阳修说过：“教学之法，本于人性，磨揉迁革，使趋于善。”译为：教学方法，是依据人的本性，磨炼、糅合、引导、改变，使受教者走向正道。

资料来源：欧阳修．吉州学记//欧阳修．居士集：39卷．

## 第五节　新课改下的课堂教学策略新发展

**案例11-8**　**《月光曲》的合作学习①**

在学习六年级语文教材上册课文《月光曲》时，教师采取了合作探究的教学策略。

**1．自学**

课前学生自学新知识，教师为学生安排了充裕的自学时间。根据教材内容和学生实际，向学生提出自学建议。学生在感知教材内容后通过调查、访问、查阅资料、网上搜索等方式采集处理信息，尝试通过自己的努力自主解决问题。

**2．自主认格**

学生根据自学尝试后的自评、自省，自主确定进入“自学层”还是“助学层”。“自学层”主要采取个人独立学与小组合作学的方式，“助学层”则在独立学与合作学的同时，教师适度参与。70%的学生选择进入“自学层”，组成六个自学小组；30%的学生自愿进入了“助学层”，组成了三个小组。

**3．集疑定向**

教师通过激趣、情境、演示等多种方法进行集体引导，全体学生在对新学习任务的期待中交流自学收获，简单问题顺势解决，重要疑难问题集中整合，焦点问题开始明确为“贝多芬为什么当场创作《月光曲》”。集疑定向不仅激发了学生的求知欲，还可以将学生的思维聚合起来，使后续学习围绕核心问题展开。

**4．小组讨论**

活动过程中注意：分工明确，设立组长和召集人；召集人做好组织工作，每位同学都有发言机会；讨论采用辩论式、诊断式或补充纠正式进行；讨论过程中教师对“助学组”

① 王义堂，田保军，王硕旺．新课程理念与教学策略．北京：中国言实出版社，2003：138．

的活动进行指导，对“自学组”采取观察巡视方式进行必要的调控。

**5. 全班交流**

各小组在充分讨论后由代表向全班汇报本组讨论情况，通过交流，实现共进。

[评析]

差异是互动的基础，没有差异就没有互动。差异过小，学习者的潜能发掘受到制约，个性的发展就不会充分；差异过大，互动双方沟通维系困难，容易造成互动的夭折。案例中“助学组”和“自学组”的出现，尊重了差异。这种合作探究的策略唤醒了学习者的进取意识，诱发了学生的合作和竞争。鼓励学生自评自省，体现了学生的主体性，同时，注意发挥教师的组织、参与、合作、引导的职能，实现了教与学的统一。

## 一、主体参与策略

教学中的主体参与是学生对教学行为的先在性创设，是他们对教师教学的共时性合作，也是他们用饱满的情绪分享、支持与创造教学活动的过程①。

### （一）创设情境，激发学生的参与兴趣

主体参与策略离不开有效教学情境的创设，有效教学情境可以激发学生的参与兴趣，使学生乐于参与。教师通过精心的设计将学生引入所学的具体知识中，从而引起学生的注意。

### （二）创设条件，提供学生参与的机会

教师通过创设条件，提供学生参与的机会，创设民主、自由与和谐的氛围，使学生敢于参与。“教学中学生的自由，是指学生自主而非强制学习的一种状态。它可以分为内在自由与人身自由。有利于学生主体参与的教学就必须既有人身自由，又有内在自由。”②

### （三）指导有方，让学生学会参与

教师在学生参与过程中要进行有效指导，使学生善于参与。这就要求教师应具有以主体教育为核心的教育理念，在课堂上将预设成功与动态生成结合起来；同时，教师要有足够的智慧和经验应对在参与过程中出现的一些临时情况。

## 二、合作探究策略

合作探究的教学策略是为了追求共同的教学目标而谋求高效合作、共生共创、协调发展的交往互动策略。

### （一）把握合作要领，培养合作精神

1. 合理分组

教师要根据学生的知识基础、兴趣爱好、学生能力、心理素质、性别等方面进行综合

① 王升. 主体参与型教学探索. 北京：教育科学出版社，2003：157.

② 同①230.

评定，然后搭配成若干个学习小组，使各小组之间做到同组异质、异组同质，以便于组内合作、组际竞争。

2. 提出难易适中的问题

探究教学中所提出的问题必须与学生已有的知识结构相适应。否则，问题太难，超出学生已有的知识水平，学生解决不了；问题太易，对学生的帮助不大。

3. 进行明确分工

小组成员之间要有明确分工，落实具体任务，每个人担任不同的角色。在一定时间内角色互换，使得每个人能在不同角色位置上得到锻炼与提高，为学生的全面发展和个性张扬奠定基础。

### （二）巧妙理解合作方法，在合作中得到发展

1. 学会表达

在教学中，教师要善于给学生创造“说”的机会，培养学生的语言表达能力，促进学生思维能力的发展。动手操作时，让学生说过程；解决问题时，让学生说思路；总结时，让学生说要点。在“说”的过程中，逐步使学生语言表达规范化、完整化。

2. 学会倾听

倾听是合作学习的重要环节。学生要学会倾听教师的提问，同学间的发言；要倾听操作要点，也要倾听小组分工的要求；要倾听表扬之词，也要听得进批评之言。只有这样，才能提高合作学习效率。

3. 学会质疑

合作探究过程不可缺少质疑，质疑是学习、思考和探索中非常重要的一个环节。教师要引导学生在倾听的基础上提出自己的看法。

## 三、知情融合策略

**案例 11-9**　　**统计图与情感**①

教学统计图时有这样的数学内容：某饮料厂全年生产的利润 120 万元，请你按照季度划分后，制成条形统计图。显然它的知识内容非常清楚，若不研究教学内容，学生制完条形统计图后就结束，那么情感因素就被忽视。组织交流、讨论：全年 120 万元的利润，按季度你是怎么样划分的，为什么这样划分？很快可能会出现多种情况：

（1）第二、三季度的利润多，因气温高，市场饮料需求量大；第一、四季度的利润少，因天气凉，饮料销量小。

（2）各季度利润平均分配。可能这是计划经济造成的，各季度销量一样，利润一样。也可能是第四季度改进了技术，降低了成本，虽然第四季度比第一、二、三季度销量小，但利润没有减少。

（3）第一季度利润最多，理由是春节期间，销量要大一些。

---

① 彭传新. 知情融合与主动发展：现代小学数学课堂教学的两种策略. 湖北教育，2003（7）.

（4）第四季度利润最多。可能是研制出新的产品利润高；也可能是开辟第三产业，增加了利润。

［评析］

教育界呼吁的“有情感的学习”的实质是对知情融合的一种期望，人们在教育过程中看到了情感因素对于学习的重要作用。将日常生活、生产实际、社会现实联系起来，多角度考虑，学生思维的空间变大了，情趣更浓了，认知和情感都能得到发展。

**（一）有效控制自身情感**

学生喜欢一个学科往往与喜欢教授这门课的教师有关。一个热爱教育事业、热爱学生，并且对教学充满兴趣，以满腔热情投入教学活动中的教师会很大程度地感染到他的学生，从而使学生树立起学习这门课的信心，同时也有利于建立民主和谐的师生关系。

**（二）激发学生学习情感**

赞科夫指出，教学法一旦触及学生的情绪和意志领域，触及学生的心理需要，就会变得高度有效。所以，教师首先要激发学生对学习内容的好奇，激发他们的学习动机，调节他们的学习积极性。

**（三）挖掘和把握教材固有的情感因素**

在未来的课堂上，知识将由三方面组成：教科书及教学参考书提供的知识、教师个人的知识、师生互动产生的新知识。知识的认知主线比较明显、易于把握，而情感因素就比较隐蔽、难以发现，需要教师挖掘出潜在的情感因素。

**（四）赋予情感色彩，促进知情交融**

教学中，认知、情感相互作用，贯穿于始终，直到知情发展、目标的共同实现。教师要精心设计教学，把缺乏情感因素的内容赋予情感色彩，达到知情交融。

## 四、个性发展策略

在学生达到教学基本要求的前提下，实现学生个性的发展，使学生能够在教师的指导下有个性地学习。

**（一）鼓励学生自主学习**

教师要鼓励学生到互联网上、到实际生活中进行学习，把课堂学习和实践学习结合起来，提高学生自主学习的能力，为学生终身学习打下良好的基础。

**（二）让学生学会自我调整和自我评价**

首先，教师对学生的评价要实事求是，让学生看到自己的优缺点，明确今后努力的方向。其次，教师要积极引导学生进行自我评价。采取实时评价和阶段性自我评价相结合，从细节入手进行自我教育，使学生充满希望，积极乐观。最后，转变角色，帮助学生客观认识自己。教师通过三个方面的引导，使学生能够进行自我评价，根据自我评价着手进行自我调整。

### 请君一试

1. 2014 年单项选择题：李老师在教学《落花生》一课时，让学生谈谈做人该做落花生这样的人，还是做苹果、石榴这样的人，大家各抒己见。李老师运用的教学方法是（　　）

A. 讲授法　　B. 讨论法

C. 谈话法　　D. 发现法

答案：B

2. 2012年单项选择题：张老师讲授《我爱故乡的杨梅》时，用多媒体播放江南水乡的美景，为学生创设真实、具体、生动的场景。其教学方法是（　　）

A. 演示教学法　　B. 现场教学

C. 示范教学法　　D. 情境教学法

答案：D

# 第十二章

# 学习方式

20 世纪下半叶以来，教学模式的“教师本位”和“有效操作”的僵化，遭遇了激烈的批判。随之各种学习方式逐步兴起，并在学校教育中得到越来越广泛的应用和发展。在教育学意义上，学习方式泛指各种以学习为本的教与学的组织实施方式，它使师生组成学习共同体，根据具体课目的主题内容，使用各种可能的有效策略和方法，使学生积极主动地投入学习过程，从而习得知识、形成经验并建构知识经验的意义与价值。

## 第一节　内容定向型学习方式

**案例 12 - 1**　　《鸟的天堂》①

**1. 教材分析**

《鸟的天堂》是选自小学语文教材第十一册第六单元中的一篇讲读课文。课文记叙了作者巴金和他的朋友两次经过“鸟的天堂”时所见到的不同景象，表现了大榕树的庞大、茂盛，对生活在大榕树中的鸟儿进行了描绘，可见大榕树被称作“鸟的天堂”名不虚传，表达了作者对大自然中这种生命现象的热爱和赞美。

从整个教学单元甚至整个语文教学目标中分析本课在语文教学中的地位，了解学习本课需要达到哪些学习目标和学生已有哪些知识准备？分析学习新知识与旧知识、学生已有知识与将要达到的目标之间的联系，为新内容的教学做好准备。

单元导读明确提出，教学本组课文，要在理解课文内容的基础上，引导学生领悟作者的表达方法。这是一项新的训练项目。文章表达上的特点主要表现在两个方面：第一，抓住景物特点，进行静态与动态的描写；第二，借景物描写表达感情与直接表达感情相结合。学生在以往的学习过程中已经学习了景物描写、人物外貌描写、动作描写的表达方法，而这一课对描写提出了新的要求，这些新的要求是重要的新的学习内容。因此课文的

① 李志厚. 变革课堂教学方式. 广州：广东教育出版社，2010：204-210.

重点、难点定位为领悟作者抓住景物特点进行静态、动态描写和寄情于景的表达方法。

**2. 整体把握三维目标**

在确定教学目标时，力图体现“以学生发展为本”的理念，不仅注重语文的工具性，让学生在读、写、听、说中得到锻炼，掌握一定的学习方法，还极力从教学中展现一幅美丽的大自然画面，让学生感到人与自然友好相处的和谐之美，并增强保护生态环境的意识。

［评析］

在本课的教学中，教师的主要任务是创设情境让学生质疑，学生在先行组织的材料的基础上提出许许多多不同的问题。如何让学生懂得从繁多的问题中分析哪些问题是这堂课必须解决的问题？如何设置和充分利用先行组织者？如何引导学生更积极地主动构建自己的知识结构，使学习更有意义？这样，学生的学习能力就会有更大的提高。

大量学习方式总是围绕具体课目主题学习目标来建构，它们均以具体内容的习得与理解为取向，可以称为内容定向型学习方式。

## 一、意义学习

意义学习（meaningful learning），由奥苏伯尔等创立，又被称为有意义的接受学习。

### （一）意义学习的概念

奥苏伯尔认为，学生的学习如果要有价值，则应该尽可能有意义。“有意义学习指的是把新获得的信息与记忆中已有的知识相联系，从而习得观点、概念和原理的学习。”① 只有当新的材料与长时记忆中的相关概念形成系统的联系时，学习才有意义。这里需要注意的是，“‘联系’……应是实质性的联系”。“意义学习与机械学习并不是绝对的，而是处在一个连续体的两个极端上。学校中的许多学习，往往处于这两端之间的某一点上。”②

### （二）意义学习的类型

意义学习主要有表征学习、概念学习、命题学习三类。

表征学习是指学生学习单个符号或一组符号的意义，即学习符号代表什么。比如，识字教学中的词汇学习，学生必须掌握字词的意思。

概念学习是指学生掌握同类事物的关键性特征，比如，在几何图形的学习中对三角形概念的掌握。概念学习有两种基本方式：一是概念形成，即学生自己从大量的同类事物的不同例证中发现概念，如家、父母等概念；二是概念同化，即教师通过下定义的方式把概念呈现给学生，使他们利用原有的知识和观念加以理解。

命题包括两种：一种表示两个特殊事物的关系，如“越南的首都是河内”；另一种属于概括性命题，如数学中的“速度等于距离除以时间”。在命题学习中，新的意义是在有潜在意义的学习课题同认知结构中有关观念联系起来并与之发生相互作用以后出现的。

### （三）意义学习的条件

意义学习与其他活动方式一样，要依赖一定的条件，具有独特的适用范围。

---

① 申克. 学习理论：教育的视角. 南京：江苏教育出版社，2003：168.

② 施良方. 学习论. 北京：人民教育出版社，2001：222.

意义学习需要学生的学习心向、材料的意义联系、学生的主动学习、教学的逻辑组织等基本条件。学生在学习前必须具备相应的学习心向，具有积极主动地把新知识和新观念与原有认知结构中的适当观念联系起来的倾向性，具备适当的可以利用的知识或观念，以便联系新知识或新观念。学习材料本身必须按照一定的原则和逻辑进行排列与组织，以便与学生认知结构建立起非人为的和实质性的意义联系。在教学过程中，学生必须积极主动地加工新学习材料，并与自己原有知识与观念互动，获得心理意义。教师对教学材料以及先行组织者的教授和呈现，必须符合认知规律和材料本身的逻辑规则。

**小资料：朱子读书法**

朱熹重视读书穷理，总结出了一套读书治学的经验和指导学生读书学习的方法。其后学将其归纳为六条：循序渐进、熟读精思、虚心涵泳、切己体察、着紧用力、居敬持志。

资料来源：张传燧. 中国教育史. 北京：高等教育出版社，2010：284.

## 二、掌握学习

掌握学习（mastery learning）主要由布卢姆创建，他的理念是使“大多数学生都高水平地学会所学课目”①。

### （一）群体学习成功的原理

布卢姆等人做过大量群体教学与个别教学的实证研究。研究发现，个别教学组学生的平均分远远高于群体教学组，个别教学组学生的能力与其最终的学业成绩不甚相关；而群体教学组学生的能力与最终学业成绩显著相关，能力愈强，最终的学业成绩也愈好。

这就使布卢姆突发奇想，在个别教学中一定有某种因素可以使即使能力不强的学生也获得优良的成绩，应当把这一因素找出来并放到群体教学中去，从而使群体教学达到个别教学的效果。布卢姆利用卡罗尔假说，找出了这个因素，即学习时间。卡罗尔认为，一个学生的能力倾向（简称能倾）是指其掌握一项学习任务所需的时间量，亦即：能倾 = $f$（学习速度）。这个公式意味着，只要有足够多的时间，每一个学生都能圆满完成一项规定的学习任务。因此，布卢姆建立了以下学习模型：学习达成度 = $f$（实际学习时间/需要学习时间）。学习达成度是指学生完成学习任务的百分比。学习达成度与该学生需要学习的时间成反比，与实际给予的学习时间成正比。

### （二）掌握学习的形成

概括说来，掌握学习就是一种努力使每个学生都掌握一定课目内容从而获得成功学习经验的班课教学方式。它以一定课目内容的学习目标为依据，通过诊断性评价把握学生的个别差异，开发个性化的教学材料与手段促进学习，并应用形成性评价掌握学习进展，采取加深学习与矫正学习满足不同学生的学习需要，并应用同质异次的形成性评价对学习成功达标加以确认。

① 布卢姆. 教育评价. 上海：华东师范大学出版社，1987：78.

### （三）掌握学习的教学结构

掌握学习是结构化的，其教学过程结构大致由单元教学目标设计、依据单元教学目标的群体教学、形成性评价（A）（区分出达标组与未达标组）、矫正学习（或加深学习）、形成性评价（B）和终结性评价六个环节组成。这六个环节构成的掌握学习的教学程序如图 12－1 所示：

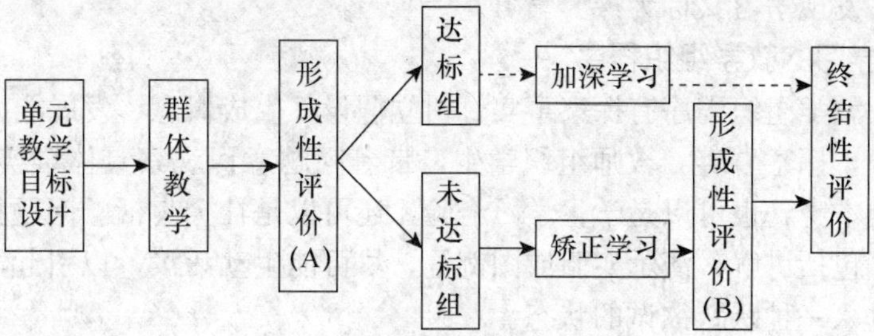


图 12－1　掌握学习的教学程序

## 三、发现学习

发现学习（discovery learning）历史悠久，而在当今的勃兴，与布鲁纳的极力倡导分不开。

### （一）发现学习的勃兴

美国从 19 世纪末期以来一直进行课程改革，到 20 世纪 50 年代形成了传统教育的学科中心主义课程与进步教育的经验主义课程并存的局面。1957 年，苏联人造卫星上天，这使美国上下无不惊诧。美国强烈要求加强美国中小学的科学教育，以培养出一流的科技人才。1959 年，美国国家科学院召开专门的伍兹霍尔会议，布鲁纳主持会议，做出总结报告，会后出版了著名的《教育过程》一书，大力倡导结构主义认知心理学的发现学习。

"发现"，以前仅仅是科学家的专利。然而，布鲁纳鞭辟入里地指出："发现不限于那种寻求人类尚未知晓之事物的行为，正确地说，发现包括用自己的头脑亲自获得知识的一切形式。"① 此后，发现学习得到不断发展与广泛应用。

### （二）发现学习的概念

发现学习是一类具体的教学方式，人们用以使学生整个身心投入到探究之中，并在教师与材料的引导下去发现预期学习内容②。它具有深厚的心理学基础，尤其奠基于结构主义认知心理学的基础之上，格外强调学生的内部动机与探究能力的培养。

发现学习十分强调内部动机的作用。布鲁纳认为，学习的内部动机作用是学生在学习过程中取得初步成功后产生的，最好的学习动机莫过于对学科内在兴趣的产生及发现的自信。因此，发现学习十分强调使学生从自己的兴趣出发，形成独立学习的倾向，并努力获得学习成功的体验；同时格外凸显教师的指导作用，要求教师采取有效策略，使学生获得学习成功的体验。

发现学习是为了满足探究能力的培养而创生的。探究能力的心理实质，就是形成可迁

① 布鲁纳. 发现的行为//瞿葆奎，徐勋，施良方. 教育学文集：教学：上册. 北京：人民教育出版社，1988：584.

② Hammer D. Discovery learning and discovery teaching. Cognition and Instruction，1977，15（4）.

移的认知结构。所以，它十分重视创造态度的培养，强调独立思维、直觉思维和洞察力的养成。布鲁纳认为，创造思维的核心之一是直觉思维，在探究的过程中要大胆地凭借直觉来推测事物的本源，而这正是科学家与学者们所具备的思维特征。要培养这样的高级思维能力，最好的途径就是探究。因此，发现学习在后来的发展过程中形成了一个根本特征，即探究。所以，发现学习又称为探究学习。

### （三）发现学习的教学组织程序

发现学习的教学组织程序有探察事实、树立假设、生成概念、发展能力四个阶段。

第一个阶段，探察事实。教师组织学生，带着问题意识观察具体事实。问题的来源，可以是课目主题本身，也可以是学生学习经验，还可以是社会生活。问题提出时，教师可以用多种手段，包括讲解、演示实验或图例等，尽可能生动活泼，以引起学生的悬念、好奇心，使学生进入一种跃跃欲试的状态。

第二个阶段，树立假设。在教师的指导下，学生对问题进行讨论，把所观察或了解到的各种现象加以理解、解释与改组，从各个不同的角度去研究它，然后把先前的经验（知识）联系起来，把目前的各种片段知识组织起来，最后提出一个或几个假设。

第三个阶段，生成概念。教学的最终目标是使学生的感性体验符号化，成为认知结构的内在成分。第二个阶段的假设也许有几个，这就需要对假设进行逻辑的甄别与精选，用科学的语言来表达它，使其成为精确的概念或定理、定义。

第四个阶段，发展能力。发展能力就是把已经抽象化了的概念应用到新的情境中去，用概念体系去解释新的现象。这种过程既是概念的复现，有助于加深概念的理解、记忆，又将凝固了的认知结构化成能动的能力，培养学生应用概念、解决问题的能力。

**知识专栏**

问题式学习（problem-based learning）指称的是一类围绕具体问题组织教与学活动的情景化教学方式，它格外强调理解或解决一个问题的作业过程。这种问题是在学习过程一开始就遭遇的，并且作为一个焦点或刺激，以促进问题解决或推理技能的应用，并激发人们进一步探寻或研究有关信息或知识，深入理解问题及其如何解决的机理。

在学校教育中使用问题进行教学并不是问题式学习的专利，还有一种有些类似的“问题解决学习”。在问题解决学习中，问题只是辅助性的，问题本身是强结构性的，学生在限定的条件中寻找预先设定好的答案。而在问题式学习中，问题是弱结构性的，也就是条件不充分的问题。

## 第二节　主体定向型学习方式

**案例 12－2**　　**教育激扬生命**[①]

在学习乘法的时候，一个小学生在数学日记中画了 4 条小金鱼，每条吐出 5 个泡泡，

① 郭思乐. 教育激扬生命：再论教育走向生本. 北京：人民教育出版社，2007：8-9.

下面写着式子：5×4＝20；另一个小学生画的是3只小蟹，每只有8只脚，问：蟹妈妈买鞋子给小蟹，要买多少只？昌乐小学的几个小朋友则在下课的时候齐声哼唱自己作的歌："一颗荔枝3把火，两颗荔枝6把火，三颗荔枝9把火，吃得越多越上火。"他们如同哼着牧歌，洋溢着悠闲和欢喜，原来他们的语文课在上《荔乡》，而数学课则刚上乘法。有一次，我去听深圳一所实验小学的"乘法"课，课堂上每个学生都带来了4个自己举的乘法例子，一个学生写的是"我家电脑上网每个月7元，今年我上了3个月，共用了7×3＝21（元）；一页大字有36个，我写了5页，共写了180个大字……"。也就是说，在这节课上，每个4人小组有16个例子，全班就有160个例子。一个学生带的例子居然是：我的姐姐谈朋友谈了两个。另一个学生说："你这个不是乘法。"那个学生说："怎么不是？她一次谈了一个，谈了两次，就是2×1＝2。"

[评析]

生本教育在以学为本、以学生为本的含义中，更蕴含着以生命为本的含义。实施生本教育，不是"控制生命"，而是"激扬生命"。生本教育让所有的人，包括校长、教师、学生和家长，享受为生命气息所激动着的美好的教育世界。学生把学习变成自己的生活，时时都在想着在学习中开辟新的领域，如清新的文字、热烈的讨论、独特的思考、有趣的游戏、数学日记等等。

大量学习方式围绕师生主体关系来创新与建构有效策略，以师生主体及其关系为取向，这些学习方式可以统称为主体定向型学习方式。

## 一、自主学习

随着学生中心教育观与建构主义学习观的确立，国内外发展最快的当数自主学习的理论与实践。

### （一）自主学习的概念

自主学习的基本含义是，个体自觉确定学习目标、制定学习计划、选择学习方法、监控学习过程与评价学习结果的过程①。

国外自主学习的类型大致可以区分出导向型自主学习、调节型自主学习、自律型自主学习、管理型自主学习等，它们共有的成分是"自主"，不同的成分为导向、调节、自律、管理等。其中，导向型自主学习影响较广，它最初是由成人教育家图赫于1966年提出的。

**名言欣赏**

君子深造之以道，欲其自得之也。自得之，则居之安；居之安，则资之深；资之深，则取之左右逢其原。

——孟子

① 丁桂凤. 员工自主学习研究. 北京：中国社会科学出版社，2004：137.

### （二）自主学习的教学策略

自主学习的教学策略主要包括元认知、教师调节、交互性教学、内部言语的应用。

1. 元认知

自主学习中的元认知，指的是帮助和促进学生对自己所学内容的内化、理解与记忆的思维操作进行反思和监控的心理过程。比如，自我提问、检查和监督等思维技巧，以及用记忆术对所学内容进行归类储存和正确提取等。

2. 教师调节

教师调节，就是在指导中帮助学生重新调整各自的学习，让学生从具体内容中构建各自的观点，向预期的目标靠近。提供认知刺激、促进思维互动和纠正学习错误，是教师调节的重点。

3. 交互性教学

交互性教学，又称互动性教学。通过小组讨论，学生可以通过班课对话的方式来探讨所学内容，这是一种典型的创造性和自主性策略。交互性教学由预测、提问、总结和澄清四种子活动构成，基本的作用和功能是让学生充分参与到学习过程中去，并意识到自己的思维推理过程。

4. 内部言语的应用

在自主学习中，教师不断给学习者施加任务，让学生以评论、阐述和引申的方式创造出新颖的语言表达，促使学生形成自己的内部言语，并能逐步通过自我指导来解决学习问题。当外部的教师教授策略转为学生自己掌握内部言语的能力时，学生可以仿效教师的示范，模拟相似的逻辑推理过程。教师的作用转向监控，并在必要时做出适当的提示和暗示，使学生的思维紧紧围绕主题，最终让学生能内化教师的外部言语，成为自己的老师。

## 二、合作学习

合作学习（cooperative learning），是一种班级上课环境里教师指导学生分组，以合作方式开展学习的高度组织化和结构化的教学方式。

### （一）合作学习的兴起

20 世纪下半叶，教育心理学发生了巨变。合作学习的创建者斯莱文（Slavin，R. E.）将这些巨变描述为两方面：一是学习研究从心理学实验研究走向了班课教育学实践研究，二是学习理论与实践样式的建构成为教学模式创新的趋势①。于是，合作学习的理论与实践勃然而兴。

### （二）合作学习的效果

研究结果表明，合作学习可以使学生获得一系列重要的学习结果，包括养成态度与价值观、传播亲社会行为、去自我中心化、整合身份、促进高级思维发展。通过合作学习，学生在彼此互动中形成自己的态度和价值观，在成人的关注和指导中使亲社会行为得以顺利传播，在接触不同观点后逐步削弱了自我中心化，在面对和解决自己与他人矛盾中获得

---

① Slavin R E. Cooperative learning. Review of Education Research，1980，50（2）.

一种整合身份，并通过与他人的互动释放用复杂化方式进行思考和行事所需要的动机，从而有利于分析、综合和决策等高级思维的发生和发展。

### （三）合作学习的实施步骤

合作学习一般包括目标的具体化、任务的结构化、协作教学与评价、小组表现的监控、师生的总结和反馈五个具体步骤。

1. 目标的具体化

合作学习的目标具体化，需要师生均明确活动结束时预期的结果。为了确保获得预期的结果，教师需要设计确切的学习目标，确保学生加以理解，并设定合作基调。

2. 任务的结构化

任务的结构化包括小组规模、小组组合、时间安排、角色分配、支持奖励等。研究揭示，有效教学的小组规模是4～6个成员；为了促进合作过程，教师需要把班里不同程度的学生都考虑在一个小组里，再据其性格特点进行组间的适当调配；根据学习任务的复杂性，教师要在时间安排上做出一些较为精确的估计，需要在合作学习中的每一个环节设置时间界限；教师要巧妙分配不同角色的职能与责任；为了保证学生为小组合作目标而工作的持续性，教师需要建立与实施一种适宜的强化和奖赏制度。

3. 协作教学与评价

合作活动中，需要教师组织协作教学与评价，以促进学生学习和掌握合作技能。这些合作技能主要涉及：怎样向他人表达自己的思想和感情，怎样使信息完整和具体，怎样使言语信息和非言语信息一致，怎样营造尊重和支持的气氛，如何评估信息是否被恰当地接收，怎样准确转述别人的观点，怎样讨论事物含义，怎样理解信息，怎样参与和领导。

4. 小组表现的监控

组织合作学习，教师必须进行观察、介入和监控，以帮助学生达到小组目标。教师的监控职能是：指导学生找到相关信息，复述怎样完成任务，展示要完成的任务范例，或示范怎样实现小组目标的工作。

5. 师生的总结与反馈

师生对小组合作的总结与反馈，对学生获得合作技能非常重要。教师可以直接询问小组在合作过程中的执行情况，征求改善合作工作以期达到更高水平的合作建议，听取预先安排的观察者的意见等等；还可以小组成员间相互评定各自的合作技能，在小组中进行适当讨论，以精确找出彼此的弱势和优点，帮助学生相互取长补短。

## 第三节　整合型学习方式

**案例 12-3**　　**同学们的早餐**[①]

教学内容：在小学生学习完“百分数”和“简单统计”之后，教师设计了以“同学们

① 案例是编者吴建明指导学生参加本校的“挑战杯”比赛的作品。

的早餐”为题的研究活动。

教学目标：巩固与应用百分数及统计知识、养成吃好早餐的良好习惯、形成简单研究的能力与兴趣、培养用事实说话的科学精神。

教学准备：查询资料、调查问卷

教学时间：两个月

教学过程：

**1. 课题的提出**

班里的同学时常上课肚子疼，到医务室检查是得了胃病，主要原因是饮食习惯不好。有的同学经常不吃早餐，久而久之，胃病就犯了；还有的同学经常感冒，缺乏抵抗能力，再加上没有良好的吃早餐的习惯，因此也得了胃病。

**2. 成立课题小组**

根据上述情况确立研究课题。组织同学们讨论，围绕早餐情况指定课题，在同学们中间出现了许多课题，如早餐与健康、早餐与学习成绩、早餐与父母工作特点、同学们的零食调查、早餐与上课注意力等。不论课题的成熟水平如何，作为学生的研究题目，只要能引起学生的研究兴趣就可以了。然后让同学们自主地参与到喜欢的课题组中，形成若干个课题组，选出组长。

**3. 制订研究计划**

各课题小组自由讨论制订研究计划，同学们的研究计划普遍十分简单，根据老师的介绍，把计划分成两部分，即资料查询与问卷调查。

**4. 设计问卷调查表**

组织各课题组围绕自己的课题编制问卷调查表。

**5. 实施调查，整理信息**

以“早餐与健康”课题组为例，4位同学利用在校时间，在本校一至五年级中各选择一个班做了问卷调查，收回问卷182份，利用统计学知识，计算出各类学生占该项目总人数的百分比。具体格式如表12－1所示：

**表12－1　　健康情况调查表**

| 类别 | 每天都吃 | | | 经常不吃 | | |
|---|---|---|---|---|---|---|
| 状况 | 很健康 | 不太健康 | 经常生病 | 很健康 | 不太健康 | 经常生病 |
| 百分比 | | | | | | |

**6. 形成建议，组织报告会**

各课题组根据各组的调查以及所查阅的科学知识，形成集体意见，写出简短的研究报告。班级举行一次报告会，邀请部分家长（孩子早餐吃得不正常的家长）和部分老师参加，最后将各课题组的研究报告加上各成员的心得装订成册，以小册子的形式向大家发放。

**7. 二次调查，跟踪访问**

对第一次调查中经常不吃早餐的同学跟踪访问、搜集数据，了解到有几位同学的早餐情况因本次课题研究而得到改善。

本次研究性学习活动历时两个月，共进行了5次集体活动，同学们利用了大部分的课余时间进行研究，多数同学的课余活动得到了父母的支持。

[评析]

“综合与实践”是《数学课程标准》在数与代数、图形与几何、统计与概率的知识领域之外新增的学习领域，为改变以往单一的接受式学习方式创造了机会，学生在亲身实践、自主探索、合作交流的氛围中，以积极的情感体验深层次地认识数学，解决问题。研究性学习方式处于整个学习方式的中心位置，旨在通过这个平台，培养学生科学的思维方式、创新精神及实践能力等，并把这种学习方式推广到其他领域的学习中去。

伴随着学习方式的多样化与具体化发展，一些具有整合性特征的学习方式出现了。这里选择介绍与探讨其中的研究性学习与媒介学习。

## 一、研究性学习

研究性学习（research-based learning），又称项目式学习，很快被引入我国，得到普遍重视。

### （一）研究性学习的兴起

20 世纪 60 年代，西方国家掀起课程改革运动，大力提倡探究学习。经过 20 世纪 70 年代“返回基础运动”的冲击，探究学习热有些降温。20 世纪 80 年代，研究者把目光投向高等教育，并聚焦到研究性大学。进入 21 世纪以来，研究性学习的理论与实践在高等教育领域发展得越来越迅速，同时在中小学、幼儿园亦不断发展。

随着教育、课程与教学改革的不断深化，我国于 20 世纪 80 年代开始借鉴国外的探究学习，开发研究性课程，探索研究性学习。在世纪交替之际启动新一轮基础教育课程改革，增设了综合实践活动课程，其中包括了研究性学习课程。至今，研究性学习得到广泛的开发与应用。

### （二）研究性学习的概念

随着“旁观者知识观”向“参与者知识观”的发展，教学组织形式由权威控制型向平等参与型转变，课程组织形式由知识导向型向能力导向型转变，学习方式由浅层学习向深层学习转变。因此，研究性学习并不像流行观念所狭隘理解的那样仅仅是一种具体而模式化了的学习方式，它还表征了教育领域中学习、教学与研究三种基本活动的特殊关系形态。研究性学习实质上是一类以学习为价值取向、以研究为基本途径的特殊教学方式。研究性学习的发展，实质上就是学校教学与研究关系形态的演进。

### （三）研究性学习的建构

从知识修养到能力培养的扩展，是当代学校教育的核心价值追求。培养目标从知识到能力的扩展，必然要求学习内容覆盖各种自然、社会与生活问题，其中特别重要的是博大精深的学术问题。面对这些丰富多彩的问题，人们开发与创新了丰富多彩的研究性学习形式，不仅采用已有的研讨班、研究小组、发现学习、探究学习、项目式学习和问题式学习等，而且还创用了多样化的新型学习方式，如服务性学习、合作活动学习、网络学习、混元学习以及研究实践等。

## 二、媒介学习

媒介学习经验理论，是以色列著名心理学家费厄斯坦（Feuerstein，R.）创立的①。

### （一）结构性认知塑造理论

费厄斯坦认为，有机体的认知能力是可塑的，提供给有机体乐于接受和敏感的内外刺激源能促进其继续成长，通过这样一种干预活动可以达到认知塑造。换言之，人类能学会怎样学习，即人类有能力去改变他自身的认知基本结构。这里值得强调的是，可塑性的概念不是完全指特殊行为的弥补，而是指“结构特性”的变化，是个体自身的一种持久的、稳固的、有意义的变化，包括其个性特征、思维能力以及能力的整体水平。

### （二）媒介学习经验

费厄斯坦洞察到，那些被称为“智力迟钝”孩子的父母无法将顺序和意义置入孩子们的经验中，于是孩子们从外界所获得的各种不同的刺激不能有组织地进入经验中，从而无法评估新的情形和解决新的问题。因此，他开发出了一套干预程序，能使孩子们意识到他周围的世界，这就是“媒介学习经验”。与维果茨基的媒介符号有所不同，费厄斯坦特别强调人的媒介作用。这里的“媒介人”可能是家长、动机促进者、教师或者某些重要人物，他们有意识地起到了解释、强调、理解和拓展环境的作用，因而学习者能够建构起一个关于所经历的整个世界及其时间先后的有意义的内在模型。

媒介学习，是基于结构性认知塑造理论通过他人营造的媒介作用开展学习从而实现认知发展的特殊活动。

### （三）媒介学习经验的结构

费厄斯坦提出，高质量的媒介学习经验应具有意向与互惠、意义的媒介、超越三个必要成分。

1. 意向与互惠

媒介者要有一个清晰的意向，并向学习者表明和分享他的意向；互惠则需要学习者将内隐的意向转变为清晰的、有目的的结果。

2. 意义的媒介

媒介要让学习者了解交互的意义。在媒介学习经验互动中，学习者对意义的知觉构成了动机系统的主要成分。

3. 超越

超越就是把学习者带出“此时此地”的学习情境。从某种程度可以说，超越不仅是关于推动跨情境、跨文化背景学习的运用，也是推动一种未来导向的、高瞻远瞩的心理图式发展的运用。

**请君一试**

1. 2013 年简答题：请简述奥苏伯尔有意义学习的条件。

① 黄甫全．现代课程与教学论．北京：人民教育出版社，2014：386．

**【答案要点】**

奥苏伯尔有意义学习的条件有：(1) 学生的学习心向：学生在学习前必须具备相应的学习心向，具有积极主动地把新知识和新观念与原有认知结构中的适当观念联系起来的倾向性，具备适当的可以利用的知识或观念，以便联系新知识或新观念。(2) 材料的意义联系：学习材料本身必须按照一定的原则和逻辑进行排列与组织，以便与学生认知结构建立起非人为的和实质性的意义联系。(3) 学生的主动学习：在教学过程中，学生必须积极主动地加工新学习材料，并与自己原有的知识与观念互动，获得心理意义。(4) 教学的逻辑组织：教师对教学材料以及先行组织者的教授和呈现，必须符合认知规律和材料本身的逻辑规则。

2. 2012 年材料分析题：读《找骆驼》课文，了解课文大概意思后，教师提出问题：商人找到骆驼后，回来的路上再遇老人，会对老人说什么，你的理由是什么？学生通过自己读课文后，想法很多，例如：(1) 对老人说："谢谢，对不起，我错怪你了。"(2) 不和老人说话，不理老人，自己偷偷走掉。(3)"一个老头，闲着没事干，出来瞎溜达啥?"。

学生说第一种想法时，教师引导他们从书上找理由，学生快速说出。当学生说到第二种想法时，教师问："你的理由是什么?"

"这是一个忘恩负义的商人。"一个学生说。

"对，我在童话书里看到很多商人都是坏蛋。"又一学生说。

"那如果你看到这样的商人，你想对他说些什么呢?"教师试图通过这个问题让学生说出"老人帮你找到了骆驼，你应该谢谢他。"之类的话，可是学生却说："这个坏蛋，打他一拳，让所有人都打他一拳。"

[问题]

请运用新课程改革中学习方式的有关理论对以上材料进行简单评析。

**【答案要点】**

(1) 在教学中，先让学生自读课文，后提出问题研讨，整个进程中实施了自主学习、探究学习等学习方式。(2) 选择这样的方式展开教学，应该说在学习方式选择上并没有什么问题，只是在引导学生探究时，出乎意料，出现了生成。(3) 美中不足的是他们年幼易冲动，有些人还不知采用怎样的方法更好地处理问题，有待于教师正确的引导，从而让学生回到对文本的深入探究中来。

第十三章

# 班课教学技能（上）

班课是班级和课堂的简称，是学校教育的基本单位和主要阵地。有效教学的核心就是有效班课教学。有效教师就是在班课教学技能技巧的学习与研究中成长起来的。可以说，学校工作的方方面面最终都要落实到班课上。

## 第一节　班课教学技能概述

**案例 13－1**　　你是我们的朋友①

在操场上，老师正兴冲冲地为孩子们戴小袋鼠的头饰，准备玩“袋鼠妈妈”的游戏。可轮到东东时，他说什么也不肯戴头饰，问他为什么，他也不说话，只是摇头。老师没办法，只好先给其他孩子戴上头饰。等孩子们都戴完后，老师把小袋鼠们召集到东东身边，笑着告诉东东说：“看，小袋鼠们要跟妈妈一起到草地上玩游戏了。你是我们最好的朋友，如果你愿意留下来为我们看家，我们可要谢谢你了；假如你想跟我们一块去玩，我们欢迎你。怎么样，想好了吗?”东东没有立即回应，可看得出，他的脸上有了一丝笑意。老师没有怪他，而是亲切地说：“没关系，我们是朋友，想好了再告诉我，好吗?”

过了约五分钟，东东坐不住了，他慢吞吞地尾随而来。老师看见了，立即拍手欢迎他说：“哟，我们的好朋友东东来了，大家可要好好跟他玩。”于是，东东又回到小伙伴中间，和大家一起玩得非常开心，只是一直没戴头饰。

[评析]

一般而言，每个班上都有很多学生，每个学生都有自己的个性，学生个体差异的客观存在和社会对人才需求的多样性决定了我们课堂教学组织必须随机应变、灵活多样。

本案例是一堂示范课，其教学活动的成败关系到该教师能否晋级市里的决赛。东东不

① 李德芳．教学案例：组织教学中的教育机智与策略．北纬网，2015-06-08.

戴头饰、不参加活动，若置之不理或处理不当，那么这次教学活动无疑会前功尽弃。因为观摩的同行都在看着，东东不参加游戏，那么你的活动设计、教学组织就有缺陷，也就没有照顾到每一位学生，很难说你的教学是成功的。然而，该教师及时转换了东东的角色，让他扮演"我们的朋友"。由于角色的转变，东东不参加或参加游戏都在情理之中。若学生不参加也没关系，因为他是客人，是我们的朋友，他可自由选择玩法；若学生要参加游戏，那么他不戴头饰也可自主玩耍。显然，这位教师的处理是明智的，教学组织是恰当的，不仅使自己摆脱了尴尬局面，又顾全了大局。

教学中把教师和学生组织起来的方式主要有哪些？组织教师和学生的依据是什么？有哪些好的组织方式？等等。这些问题是教学管理和实施的大问题，也一直是教学论所关注的话题。本章我们就围绕这个主题来学习和思考。

## 一、教学组织形式概述

### （一）教学组织形式的含义

教学活动的顺利开展必须依托一定的时间和空间。教学组织形式规定了以什么样的外部形式，使教学活动的各要素在特定的时空条件下展开运行。

关于教学组织形式的定义，可谓"仁者见仁，智者见智"。刘克兰认为，教学组织形式就是关于教学活动应怎样组织，教学的时间和空间应怎样有效地加以控制和利用的问题[①]。《教育大辞典》把教学组织形式界定为"教学活动的一定结构方式。受教育普及程度、学科性质、教学任务制约，其发展变化反映社会生产方式的要求"[②]。裴娣娜认为："教学组织形式是指为完成特定的教学任务，教师和学生按照一定制度和程序相互作用的结构形式，或者说，是师生的共同活动在人员、程序、时空关系上的组合形式。"[③] 苏联的休金娜认为，教学组织形式是教学过程的重要组成部分，体现出对学生学习活动进行的按时间的严密组织，与教师的活动相互联系，这种活动可以是全班教学、小组教学、个别教学，还可以是群众性的教学[④]。《教育大百科全书》没有关于"教学组织形式"的词条，只是在第八卷《教学》中涉及了课堂环境与限制、课堂管理与控制，把教学组织形式中的如个别教学、小组教学等纳入了教学方法和教学策略的范畴中，认为这些是在教学中运用的一种方法和策略[⑤]。

上述观点从不同的侧面反映了教学组织形式的不同特点，但也蕴涵着一些共性的东西，那就是教师和学生都要服从一定组合形式，形成一定的"搭配"关系，并以此种关系共同活动，直接或间接地相互作用。

综上所述：教学组织形式就是根据一定的教学思想、教学目的、教学内容以及教学主客观条件，组织安排教学活动的方式。要准确把握教学组织形式的内涵，必须明确以下三点：

---

① 刘克兰．教学论．重庆：西南师范大学出版社，1988：340．

② 顾明远．教育大辞典：第1卷．上海：上海教育出版社，1999：206．

③ 裴娣娜．教学论．北京：教育科学出版社，2007：223．

④ 休金娜．中小学教育学．北京：人民教育出版社，1984：395．

⑤ 胡森，波斯尔斯韦特．教育大百科全书：第1卷．海口：海南出版社，2006：265-350．

第一，教学组织形式是围绕一定的教学内容而设计的。不同的教学内容必须有与之相适应的组织形式，比如，陈述性知识的教学可以采用集体上课的形式，而表现为各种技能、技巧的程序性知识的教学则应尽可能做到教学的个别化。

第二，教学组织形式直接体现为师生相互作用的方式。这种作用方式可以是直接的，也可以是间接的；既可在班集体中进行，也可在小组内或个体间进行。

第三，师生的活动必须在一定的时空背景中完成，且要遵循各种互动方式所要求的规范和程序。

总之，教学组织形式是教学系统的各个要素以一定的教学程序连接起来的，以确保教学活动的顺利完成。

### （二）教学组织形式的重要意义

教学组织形式是教学活动的落脚点，对于教学质量和效益均有直接影响。具体说：

（1）合理的教学组织形式有助于教学任务的完成。教学组织形式是一切教学活动的基础，具有重要的能动作用。

（2）合理的、科学的教学组织形式有利于提高教学工作效率，并使种种有效的教学方法、手段得以在相应的教学组织形式中应用。

（3）教学组织形式同教学方法及教学活动模式有密切的关系，教学方法、教学手段的改革，抑或是教学思想的整体变革，都要通过一定的教学组织形式落实。

（4）合理的教学组织形式还有利于使教学活动多样化，有利于实现教学的个别化。

### （三）教学组织形式的特点

1. 教学组织形式的确定化

班级教学自创立到运用已有数百年历史，虽然不断遭到批评，但至今仍没有哪种教学形式能完全取代它。个别化教学组织形式虽能弥补集体教学的不足，但也只能作为集体教学的补充；班级授课作为集体教学的代表，仍然是当前及今后较长时期的主要教学组织形式，但必须随时代发展而变革。

2. 教学组织形式的多样化、综合化

教学组织形式正朝着多样化的方向发展。值得关注的形式主要包括以下几种：基于能力差异的分组教学、基于合作的分组教学、开放式教学、小班教学、小队教学、协同教学、网络化教学、实践教学。

由于各个国家和地区的文化背景不同、生产力发展水平不同、教育发展程度存在差异、教育目标不一致等，未来的教学组织形式必然呈现多元化的态势。班级授课制、分组教学、合作学习等均有各自适用的范围和生长的土壤。同时，任何一种教学组织形式都有特定的目标指向，各有利弊，不可能存在万能的形式。在众多的教学组织形式中，一种组织形式的优点可能恰恰是另一种组织形式的不足之处，反之亦然。现代教学更强调多种教学组织形式的优化组合，使具有互补性的教学组织形式互相配合、互相补充，以取得最佳教学效果。

3. 教学组织形式的个别化

现代信息技术的发展极大地改变了教学组织形式，其重要表现就是实现了教学个别化。学生可以通过互联网和信息高速公路等途径，在教师的帮助下按照自己的实际情况选择学习内容，自定学习的时间和地点，自己控制学习进度和步调并及时了解自己的学习效果。由此可见，现代的个别教学不同于原始形态的个别教学，它非常有利于因材施教，能充分发挥学生学习的自主性、积极性和主动性，发挥学习者的最大潜能。

4. 更加重视课外、校外活动

在现代社会，单纯追求学校课堂教学形式是不够的。人们不仅把课外、校外活动看成课堂的延伸和补充，而且把它视为整个教学活动不可缺少的组成部分。

各种课外活动形式多样，内容丰富多彩，吸引了不同年龄层次和爱好的学生参加。比如，苏联中小学均成立各种类型的活动小组和俱乐部，美国的社会机构积极向中小学开放等。

在我国，新一轮的基础教育课程改革提出了从小学至高中设置综合实践活动并作为必修课程的要求，其主要内容包括：信息技术教育、研究性学习、社区服务与社会实践活动以及劳动与技术教育。这种课程的学习不再局限于课堂教学，而是通过大量的课外、校外活动，培养学生综合运用知识的能力，它需要通过课外阅读学科小组、科技小组、社会调查、专题讲座、选修课、劳动技术活动等形式去实现。

总之，今后的教学组织形式应该是融合了个别教学及集体教学优点的综合性的教学组织形式。

### （四）教学组织形式的选择

教学组织形式主要受教学观念、教学任务、教学内容、教学对象和教学条件等因素的制约。因此，选择教学组织形式的依据如下：

1. 根据学校的物质资源选择

学校的物质资源既包括学校现有的物质条件，也包括学校的文化背景等。

2. 根据师生数量和教师专业水平选择

师生数量较多时，可采用班级授课制的形式；师生数量较少时，可采用复式教学的形式。另外，教师专业水平的高低决定了该教师驾驭各种教学组织形式的能力。

3. 根据教学目标选择

如果教学目标是传授新知识，可以选择班级教学的形式；如果教学目标是培养学生的技能技巧，可以考虑采用小组教学的形式；如果教学目标是完成多种教学任务，可以考虑多种教学组织形式的整合。

4. 根据课程的性质和课程内容选择

从不同的课程来看，如历史、地理和音乐、体育、美术等，其内容的性质不同，要考虑采用不同的教学组织形式。从同一门课程来看，不同的教学内容，如难易程度不同，或复杂程度不同，也可以采用不同的教学组织形式。

5. 根据教学对象选择

不同年龄阶段的学生在身心发展方面存在着差异，在选择教学组织形式时必须顾及这些差异，采用合适的教学组织形式。例如，在小学阶段，高年级和低年级学生的注意力发展水平不同，不宜一律采用 45 分钟一节课的组织形式。

6. 选择恰当时机灵活运用教学组织形式

教学组织形式的采用没有固定的模式，更不是千篇一律，要依据形势的变化，随机应变。

## 二、教学组织形式的历史变迁

### （一）教学组织形式的发展

在教学史上先后出现的影响较大的教学组织形式有个别教学制、班级授课制、分组教学制、设计教学法和道尔顿制。

1. 个别教学制

在奴隶社会和封建社会里，世界各地普遍采用个别教学这一组织形式。所谓个别教学，是指教师分别对个别学生进行教学的形式。这是最早的教学组织形式，在古代希腊罗马和古代东方国家都采用过，一些国家直到 18 世纪还在使用。个别教学由于学生的年龄相差悬殊，又没有严格的组织，难以完成系统化、程序化的传授知识的任务，因而教学效率较为低下。这种教学组织形式只能适应初级形式的教育要求，也是当时占统治地位的个体小手工生产方式在教学工作中的反映。欧洲中世纪的学校和中国封建时代私塾的教学就属于这种组织形式。

随着社会的发展，学校教育的内容逐步增多，教学组织形式也发生了相应的改变。在我国宋代以后的书院和各类官学，以及欧洲中世纪的学校出现过一种教学组织形式，即班组教学，也有人称之为“个别-小组教学制”。它既不同于个别教学，也有别于班级教学，但在更大程度上类似后者，是班级教学的雏形。

班组教学制的基本特点是：教师（可能不止一名）同时教的是一组学生，班组学生的学习活动和学习课程具有某些共同性，具备了集体学习的特点。但通常班组的学生人数并不是固定的，学生入学和退学较为自由，对学生的年龄、文化程度、学习进度和学习内容也没有明确的统一要求。例如，我国的书院大师讲学一般是选取经书的某一片段，重在启示，强调自学。主讲教师不限于本院，听讲的学生也不限于本院。学生的修业年限和课程进度也没有严格的规定。班组教学为后来的班级教学形式的确立奠定了基础。

2. 班级授课制

在西欧中世纪末期，由于工商业的逐步发展和科学文化的繁荣进步，一方面学校教学内容显著增多，课程不断增加；另一方面社会对人才的需求量日益加大。因而，个别教学制越来越不适应社会发展的需要。这样，一种新的教学组织形式——班级授课制就应运而生。

16 世纪中叶，德国斯特拉斯堡古典文科中学已经采用分级教学制度。每个班学生年龄和水平基本一致，按固定的课程和教科书进行教学。学龄从 6 岁到 15 岁，共分 10 个班级。还有法国的居耶讷中学，分为 10 个年级，以十年级为最低年级，一年级为最高年级。在一年级以后，还附设二年制的大学预科。这就是班级授课制的萌芽。后来，欧洲各国如俄罗斯、乌克兰以及捷克兄弟会学校等也都出现了类似的教学形式。

17 世纪，夸美纽斯总结了前人和自己长期的教学实践经验，在《大教学论》中第一次提出了班级授课制的理论。他提出并论证了一个教师同时教很多学生是可能的假设，进而对课堂教学的课程、时空模式、班级组织等进行了界定，为班级授课制的发展奠定了理论基础。

后来，赫尔巴特提出教学过程的形成阶段理论（明了—联想—系统—方法），从而使班级授课制基本定型。

班级授课制是一种集体教学形式。它把一定数量的学生按年龄和知识程度编成固定的班级，根据周课表和作息时间表，安排教师有计划地向全班学生集体上课。班级授课制的特点如下：

（1）把学生按年龄和水平编成人数和成员均固定的班级，多个平行班组成年级，年级之间互相衔接，每一学年后，学生升级一次。

（2）由专任教师进行分科教学，每一学科均有相应的课程标准或教学大纲，用以规定各学科的教学目标与各学年的教学内容。

（3）在统一且固定的课时内进行教学，课时与课时之间设一定的休息时间。

班级授课制的产生是教育史上的一个重大进步。它适应了资本主义经济发展的客观要求，提高了教学效率，符合现代社会普及教育的需要，因而班级授课制很快在全世界范围内得到发展。中国采用班级教学最早的雏形，是始于同治元年（1862 年）清政府在北京开办的京师同文馆。20 世纪初废科举、兴学校以后，全国逐步地采用班级教学的组织形式。

19 世纪初，为适应资本主义发展的需要，英国国教会牧师贝尔（Bell，A.）和公谊会的牧师兰卡斯特（Lancaster，J.）创立了一种名为导生制的教学组织形式。在使用“导生制”的学校里，一个大教室安置许多排长课桌，每排 10 多个学生，其中有一个导生。教师首先教这些导生，然后由他们领着一排学生围站在一个地方，把刚学到的教学内容再转教给其他学生，以后，也由导生对这些学生进行检查和考试。有了作为助手的导生，一位教师在一个教室里往往能教几百个学生。导生制最大的优点是既扩大了受教育的人数，又节省了师资和经费。导生制在英国、美国、法国、意大利等国家曾流行一时，不过班级授课制仍然是这一时期占绝对优势的教学组织形式。

3. 分组教学制

分组教学是把学生按能力或学业成绩分为水平不同的组，通过定期测验决定学生升级（组）或降级（组）的教学组织形式。分组教学是集体教学的一种，一般可分为外部分组和内部分组、能力分组和作业分组等。

外部分组，即取消按年龄编班，按学生的能力或某些测验成绩编班；内部分组，即在按年龄编班的班级内，再根据学生的成绩将他们分成若干个不同的小组。

能力分组，即根据学生的能力发展水平进行分组教学，各组课程相同，学习年限则不同；作业分组，即根据学生的特点和意愿进行分组教学，各组学习年限相同，课程则不同。

分组教学出现在 19 世纪末。由于工业生产迅猛发展和资产阶级自由竞争的需要，不仅要求教育培养大批人才，而且要求教育适应学生个别差异，于是出现了按能力、按成绩分组的教学形式。

分组教学是对班级授课制的改革，它强调教师通过指导小组成员展开合作，形成“组内成员合作，组间成员竞争”的学习模式，发挥群体的积极功能，提高个体的学习动力和能力，达到完成特定教学任务的目的。分组教学的优点在于它比班级上课更切合学生个人的水平和特点，便于因材施教，有利于人才的培养；便于学生的交流合作，有助于学生组织能力、管理能力、表达能力以及解决问题能力的培养；同时，有利于学生在与小组成员的竞争与合作中，强化自己的学习动机。

但是，它仍存在一些较严重的问题。一是很难科学地鉴别学生的能力和水平；二是在对待分组教学上，学生、家长和教师的意愿常常与学校的要求相矛盾；三是分组后造成的副作用很大，往往容易使快班的学生骄傲，使普通班、慢班的学生的学习积极性降低。正是这种形式往往导致对差生的歧视，所以被认为不民主，在 20 世纪 40 年代开始受到尖锐的批评。然而，20 世纪 50 年代后期，由于国家间科技竞争加剧和对培养尖端人才的需要，分组教学在美、英、法等发达国家再度受到重视①。

4. 设计教学法

设计教学是美国教育家克伯屈（Kilpatrick，W. H.）在 1918 年根据其老师杜威的实用主义理论而创设的一种教学组织形式。其突出的特点是废除班级授课制，打破学科界限，取消教科书，学习以单元划分，根据学生的生活经验和偶发的兴趣来制定学习单元。教师的作用在于指导学生从实际生活情境中自己确定学习目标，制订达到目标的工作计划，开展各种实际活动，并检查工作结果。该教学组织形式的程序一般为：决定目的（包括引起动机）、制订计划、实行、评价。

这种教学组织形式在克服班级授课制的不足方面有积极的作用，特别有助于发挥学生的主动性、积极性，有助于学生能力的培养，缺点是学不到系统的文化知识。这种教学组织形式曾于 20 世纪 20 年代在我国南京等地试行过，对我国有一定的影响。

5. 道尔顿制

最早对班级授课制进行改造的是“道尔顿制”。它由美国教育家帕克赫斯特（Parkhurst，H.）提出，最初在马萨诸塞州道尔顿市的一所中学实施，亦因此而得名。

按照这种教学形式组织教学活动，班级被打乱，教师不再系统地讲授教材，而只指定一些参考书并布置一些作业，学生独立学习教材后向教师送交作业，通过后再进入下一步的学习。它主张改善传统教授法几乎不考虑每个学生自身特点的弊端，使学习者能按照自定的步调学习；针对传统方法中各科的课程时刻表不分优劣生一律平等的弊端，依据每个学生学习各科的难易程度，适当分配课程时间。这是一种典型的自学辅导式的教学组织形式。

这种教学制度强调学生独立工作能力的培养，受到进步主义者的推崇，与活动课程、设计教学法等结合在一起，成为进步主义者教学实践的重要组成部分。

这种教学形式流传很广，北欧和苏联在 20 世纪 20 年代实行过，1922 年介绍到我国，在一些学校进行试验，后来就销声匿迹了。

### （二）班级授课制是我国现行的教学组织形式

班级授课制适应了现代社会大规模培养人才的需要，体现了教学活动的基本规律，是一种富有生命力的、经济实用的教学组织形式。班级授课制是我国目前学校教学的基本组织形式，也是国际上最通用的教学组织形式。

1. 班级授课制的优点和局限

班级授课制的优点如下：

（1）有严格的制度保证教学的正常开展和达到一定的质量。班级授课制在其发展过程中形成了一整套严格的制度，比如：同一年级的学生使用相同的教材，按照同一进度上

① 侯占峰. 信息技术课堂教学的分组教学策略. 山西电教，2011（1）：10-13.

课，有统一的教学要求，教学质量的评价标准基本相同，对教师的要求也大体一致等等，这使教学活动日益规范化、科学化，保证了教学活动的正常运转。

（2）有利于经济有效地、大面积地培养人才。教师按固定的时间表同时对几十名学生进行教学，扩大了教育对象，加快了教学进度，大大提高了单位时间的教学效率，有利于大面积地培养人才。

（3）有利于系统知识的传授。班级授课制以周课表的方式科学地安排各科教学，使教学有条不紊地交错进行，确保学生循序渐进地学习和掌握各学科的系统科学知识，完成预定的教学计划。

（4）有利于充分发挥教师的主导作用。各国的教学实践都反复证明，迄今为止最能充分发挥教师主导作用的教学组织形式仍然是班级授课制。它保证了每个学生的活动自始至终都在教师的指导下进行，使学生的学习活动得到了很好的组织。而且，班级授课制主要也是在对充分发挥教师的主导作用，最大限度地提高教师工作效率和使各科教师协调一致对学生进行教育、教学等的探索中产生、发展和完善的。

任何事物都有利有弊，班级授课制也不例外。它的主要局限是：

（1）难以满足学生个性化的学习需要，不利于因材施教。班级授课制为学生准备了统一的教学进程表、统一的教学评价标准、统一的课程内容，过于集中化、同步化和标准化，很难顾及学生的个别差异，学生的独立性、自主性受到很大的限制，不利于因材施教。

（2）理论与实践脱节，不利于学生创新精神和实践能力的培养。班级授课制多实行分科教学，偏重于书本知识的学习，一方面容易肢解知识的整体性，另一方面容易忽视学生的实践活动，使理论脱离实际。学生的探索机会和实践机会较少，知识世界与生活世界常常隔离，创新意识不易得到提高，实践能力不易得到锻炼。

2. 班级授课制的特殊形式——复式教学

复式教学是把两个或两个以上年级的学生编在一个班里，由一位教师分别用不同程度的教材，在同一节课里对不同年级的学生采取直接教学和自动作业交替的办法进行教学的组织形式①。

复式教学是班级教学的特殊形式，当教师给一个年级上课时，其他年级的学生根据教师的安排进行预习、练习、复习或做其他作业。一般把前者叫作直接教学，后者则称作自动作业。复式教学的特点可概括为直接教学和学生的自学或做作业交替进行。

复式教学适用于我国农村，尤其是那些人口稀少、师资缺乏、交通不便的山区或边远地区。复式教学便于儿童就近入学，可以最大限度地节约师资、教室和教学设备等，充分利用教育资源。

3. 班级授课制的辅助形式——现场教学和个别教学

除采用班级授课制外，现代教学还使用一些辅助的教学组织形式，如现场教学和个别教学，以巩固、加深和补充课堂教学知识，弥补其在照顾学生个别差异、进行因材施教和理论联系实际等方面之不足。与课堂教学相比，这些辅助形式有如下特点：不需要通过课堂形式而往往在课外进行；每次活动时间不固定，视需要可长可短；对学生的要求因人而

---

① 马云鹏. 课程与教学论. 北京：中央广播电视大学出版社，2002：268.

异，因材施教；不一定面向全班，可采取小组活动或个人作业等形式进行。这里主要介绍现场教学和个别教学两种形式。

(1) 现场教学。

现场教学是根据一定的教学任务，组织学生到生产现场或社会生活现场，通过观察、调查或实际操作进行教学的一种组织形式。学生可以以班为单位，也可以以小组为单位。讲课可以由教师讲，也可以得到现场工作人员的配合与指导。现场教学不仅是课堂教学的必要补充，而且是课堂教学的继续和发展，是与课堂教学相联系的一种教学组织形式。

依据教学任务的不同，现场教学可分为两大类：一是根据学习某学科知识的需要，组织学生到有关现场进行教学；二是学生为了从事某种实践活动，需要到现场学习有关知识和技能，如劳动技术教育、汽车修理等。

现场教学的意义在于：首先，它有利于学生获得直接经验，深刻理解理论知识；其次，它可以增强教学的趣味性，使教学更为生动、丰富；再次，它可以让学生在轻松、愉快的环境下掌握知识、技能，丰富学生的情感世界；最后，它可以增强学生的动手操作能力，提高学生解决实际问题的能力。

(2) 个别教学。

个别教学又称个别辅导，是指教师针对不同学生的情况给予个别引导、启示、咨询和指点，以帮助他们完成学习任务的教学组织形式。

依据其内容的不同，个别辅导大体可分为两类：一是针对在教材预习和复习中发现的问题进行辅导；二是针对与学科内容相关的学习中发现的疑难问题进行辅导。前者是为了让学生打下坚实的基础，后者是为了拓宽学生的视野，发展学生的思维。

个别辅导在教学中具有重要意义：首先，辅导从学生的需要与问题出发，有的放矢，能具体解决他们的疑难问题，保证学习的顺利进行；其次，便于因材施教、区别对待，给成绩优异者以特殊指导，给落伍者以补课，可以促进他们全面提高；最后，可以发现课堂教学存在的问题，及时进行补救和改进。

4. 教学组织形式的多样化发展

当代国内外教学组织形式改革的总趋势是：以班级授课制为基本形式，向多样化、综合化和个别化发展；同时，也积极探索班级授课、分组教学和个别教学最佳的优化组合。

**拓展阅读：分层递进教学**

这是20世纪90年代初我国中小学兴起的一种教学组织形式，主要是针对集体教学与个体差异之间的矛盾而展开的。为了解决这个矛盾，可以将某些重要特征相似的学生归为一类或一层，针对这一层学生的共同特点开展教学活动。这样，既可以提高教学效率，又可以在群体中增加个别化施教的因素。江苏省常州市小学“分层递进教学”课题组通过实验构建的分层递进的课堂教学机制是一个有代表性的例子，试简介如下：

(1) 教学目标的选择机制。分层设置教学目标是“分层递进教学”的一个重要方面。根据对学生一般学习可能性和具体学习准备情况的分析，分层制订教学目标，并注重低层次学生的水平向高层次转化。

(2) 课堂问答的作用机制。“分层递进教学”的课堂问答对象性特别强，在课堂提问中强调“给予中差学生较多的机会”。

（3）“分”与“合”的结合机制。“分”与“合”，即分组学习与集体授课的协调，是分层施教的主要操作手段。具体地说，在教学进程的某一阶段，首先将学生分层次学习，即一部分学生接受教师的直接教学，另一部分则依据教师提供的自学提纲或口述的学习要求进行自学，然后再合起来集体授课，其基本程序是分、合。

资料来源：吴立岗，夏惠贤．现代教学论基础．南宁：广西教育出版社，2001：354.

## 三、班课教学工作的基本环节

班课教学工作是一个复杂的过程，由许多环节有机构成。从教师的角度看，班课教学工作基本环节包括备课、上课、作业的布置与反馈、课外辅导、学业成绩的检查与评定；从学生的角度看，班课教学工作包括预习、听课、课后复习、练习和系统小结等基本环节。本部分着重从教师的角度来分析班课教学工作的基本环节。

### （一）备课

教学是一种有目的、有计划的活动，在进行课堂教学活动之前，教师必须进行准备，在头脑中或书面中做一个计划。备课就是教师根据课程标准的要求和本门课程的特点，结合学生的具体情况，选择最合适的表达方法和顺序，以保证学生有效地学习。

备课有个人备课和集体备课两种。前者是教师自己钻研学科课程标准和教材的活动，后者是由相同学科和相同年级的教师共同钻研教材，解决教材的重点、难点和教学方法等问题的活动。

1．备课的意义

备课是整个教学工作的起始环节，备好课是上好课的前提。备课主要涉及教学内容和教学对象两个方面，而二者又是不断发展和变化的。因此，无论是经验丰富的老教师，还是缺乏经验的新教师都应认真备课。唯有如此，才能取得良好的教学效果。

2．备课的要求

（1）教师备课要做好三方面的工作，即钻研教材、了解学生、设计教法，也即备教材、备学生、备教法。

第一，钻研教材。钻研教材有助于教师掌握教材的逻辑体系，有助于教师科学设计教学内容，有助于教师全面落实课程标准。钻研教材包括钻研课程标准、教科书以及有关的教学参考书。课程标准是教师备课的指导性文件，钻研课程标准就是要弄清该门学科的教学目的，了解该门学科的教材体系和基本内容，明确该门学科在教学法上的基本要求。教科书是教师备课的主要依据。钻研教科书，必须熟练地掌握教科书的全部内容和组织结构，分清重点章节和非重点章节，熟悉各章节的重点、难点、疑点和关键。教师还应在钻研教科书的基础上广泛阅读各种教学参考书，充分占有相关材料，以扩充教学内容，从而更好地把握教材。

钻研教材有一个深化的过程，一般要经过“懂”“透”“化”三个阶段。所谓“懂”，就是掌握教材的基本结构，弄懂整个教材的体系；所谓“透”，就是吃透教材的范围和深度，对教材融会贯通，把它纳入自己的知识体系；所谓“化”，就是将教师自己的思想感情和教材的思想性、科学性融合在一起，达到融化的程度。如此，可算完全掌握了教材。

第二，了解学生。学生是学习的主体，也是教学的依据之一，教师要备好课，搞好教学工作，必须对学生有全面的了解。全面了解学生，一是要了解学生总体的年龄特征，熟悉他们身心发展的特点；二是要了解学生原有的知识水平基础、学习态度、学习习惯和学习方法以及学生的兴趣特点等；三是要了解班级的一般状况，如班风班纪等。只有了解学生，才谈得上备好课，才能科学而客观地确定教学的起点、深度、广度和速度。了解学生的途径很多，比如，平时多深入学生中，注意观察、研究学生的档案材料和平时成绩；进行家访、开座谈会、做个别谈话等；还可运用一些心理测试技术，获得一些较准确的智力、个性等方面的资料。

第三，设计教法。科学合理的教学方法是提高教学质量的重要保证，因此备课必须考虑教法，包括如何组织教材以及选择什么样的教学方法。组织教材就是对教材进行教学方法的加工，使之从内容顺序到体系安排再到难度进度的确定，都符合学生心理发展的特点，便于学生接受。选择教学方法主要是指根据影响教学方法的因素，如教材本身的特点、学生的实际状况、学校条件和教师自身条件等，尽可能选择那些能优化教学过程、发展学生能力、提高教学效果的教学方法。此外，还要相应地考虑学生的学法，包括预习、学生在课堂中的学习活动与课外作业等。

（2）在做好上述三项工作的基础上，制订好以下三种计划，即学期（学年）教学进度计划、课题（或单元）教学进度计划、课时计划（教案）。

第一，学期（学年）教学进度计划。这是某学科的全学期（学年）教学工作的整体规划，是对全学期（学年）的教学工作所做的总的准备和制订的总的计划。内容包括：学生情况的简要分析，本学期或学年教学的总要求，教科书的各章节或课题及其教学时数和时间的具体安排，各个课题所需的主要直观教具及其他资料、实验、参观、讨论等活动的安排，教学改革的设想等。这种计划，一般应在学期（学年）开始前制订出来，它可以用条文的形式逐条叙述，也可以用表格的形式呈现。

第二，课题（或单元）教学进度计划。这是对课程标准中一个较大的课题或教科书中一个单元的教学工作的整体规划，应在课题或单元教学前制订出来。其内容主要有：课题（或单元）名称、课题（或单元）教学目的、课时划分、每一课时的教学任务与内容、课的类型与主要方法、必要的教具等。此外，教师还要考虑课题之间的联系，做好协调工作。

第三，课时计划，即我们习惯上所称的“教案”。一个完整的课时计划应包括如下内容：班级、学科名称、授课时间、课题、教学目的、课的类型、教学方法、教具、教学进程、板书设计、评定或小结等。其中，教学进程是课时计划的主要组成部分，包括教学内容的详细、具体安排，教学方法的运用和教学时间的分配等。有的课时计划还会留有“教学后记”栏目，以便教师简要记录自己对上课后的自我分析和体会，为研究改进教学工作积累资料。课时计划可详可略，其格式有文字型、表格型和卡片型三种，教师可根据各自的教学经验和教学的实际情况进行取舍。

只有认真制订了以上三种计划，才能把整体备课同课时的局部备课有机地结合起来，进而有效地提高教学质量。

## （二）上课

1. 上课的意义

上课是整个教学工作的中心环节，是提高教学质量、培养学生的关键。教师上课，应以教案为基础，但现实的教学情况千变万化，教师又不能拘泥于教案，必须结合具体情况，灵活使用教案，切实提高教学质量。

2. 课的类型

课的类型，是指课的种类，依据不同的划分标准可以有不同类型。常见的分类方式有两种：

一种是根据一节课所完成教学任务的类型数，把课区分为综合课和单一课。其中，综合课是一节课内同时完成几种教学任务的课，又称混合课；单一课是一节课内只完成一种教学任务的课，它又可细分为以传授新知识为目的的新授课，以巩固复习已学知识为目的的复习课，以培养技能、技巧为目的的技能课、实验课，以检查学生知识、技能、技巧为目的的检查课等。

另一种是根据教学方法的不同来划分课的类型，一般分为讲授课、演示课（演示实验或放幻灯片、录像）、讨论课、练习课、阅读指导课等。

上述两种分类也是有联系的，具体表现在两类课程有相对应之处，比如新授课多属于讲授课。

3. 课的结构

课的结构，是指课的基本组成部分及各部分的顺序、时限和相互关系。课的结构与课的类型密切相关。课的类型不同，结构也不同。即使同一类型的课，也由于教材特点、班级特点和学生状况的不同而有所区别。一般来说，综合课的结构大体为：组织教学、检查复习、讲授新教材、巩固新教材、布置课外作业等。而单一课的结构则主要依据具体教学任务而定，一般占 30～40 分钟。

依据课的类型和结构特点进行教学，才可能更好地完成教学任务，但又不能使课的结构凝固化、公式化，而应视实际情况，创造性地运用。

4. 上好课的基本要求

（1）教学目标明确。

教学目标明确有两层意思：第一，教学目标应符合课程标准的要求，从学生的实际出发来制定；第二，教学时教师不仅自己要明确这些目标，而且要让学生明确这些目标，使课堂上的一切教学活动都围绕教学目标来进行。

（2）教学内容准确。

讲授的内容必须是正确的、科学的，对内容的说明和解释应准确无误，讲授要有条理、符合逻辑、层次分明。一句话，要保证教学内容的科学性和思想性。

（3）教学结构合理。

教学要有严密的计划性和组织性，何时讲新内容、何时练习、何时演示、何时让学生动手操作等，都要进行合理的安排。

（4）教学方法适当。

方法适当既包括教学方法选择上的适当，又包括教学方法运用上的适当。

（5）讲究教学艺术。

教师要讲普通话，语言流畅生动，语音清楚准确，语调抑扬顿挫，富有节奏感；教师的表情要自然，动作要优美，要富有情感。

(6) 板书有序。

教师写板书时要字迹规范、清楚、位置适当；内容上要突出重点、详略得当。

(7) 充分发挥学生的主体性。

这是上好课的最根本的要求，离开了这一点，以上所有要求就失去了意义。

总之，衡量一堂课的标准不仅要看教师教得怎么样，更要看学生学得怎么样，归根结底是要看单位时间内学生的学习质量和学习效率。

### (三) 作业的布置与反馈

1. 作业的意义

作业是结合教学内容，要求学生独立完成的各类练习，是课堂教学的延续。无论是课内作业还是课外作业，其目的在于巩固课堂上所学的知识，培养学生的技能、技巧，训练学生独立工作的能力和习惯。通过这一环节，教师可以及时发现学生在知识或技能方面的缺陷并加以纠正，同时对学生完成作业的情况做出评价并提出进一步学习的建议。

2. 作业的形式

作业的形式有多种：

(1) 阅读作业，如复习与预习教科书、阅读人文和科学读物。

(2) 口头作业，如口头回答、朗读、复述、背诵。

(3) 书面作业，如演算习题、作文、绘图。

(4) 实践作业，如观察、实验、测量、社会调查。

3. 布置作业的要求

第一，作业内容应符合学科课程标准规定的范围和深度；第二，考虑不同学生的能力需求；第三，作业分量要适当，难度要适中；第四，作业形式多样，具有多选性；第五，要求明确，规定作业完成时间；第六，作业反馈清晰、及时；第七，作业要有代表性、典型性，能使学生举一反三；第八，作业应有助于启发学生的思维，尤其是学生的创造性思维；第九，作业应尽量同现代生产和社会生活中的实际问题结合起来，力求理论联系实际。

如何改进作业布置和批改方式，是当前教学改革研究的重要问题。有的学校和老师提出了学生自主作业、选择性作业、小组合作作业等新形式，在作业批改上更加注重指导性、鼓励性和互动性，这些新的经验都值得借鉴。

### (四) 课外辅导

1. 课外辅导的内容

第一，指导学生课外作业，解答学生学习中的疑难问题；第二，给基础差的学生和因病缺课的学生补课；第三，给成绩优异的学生做个别辅导；第四，对学生进行学习方法上的辅导；第五，对学生进行学习目的和学习态度的教育。

2. 课外辅导的意义

课外辅导是适应学生个别差异、贯彻因材施教原则的重要措施，是课堂教学的必要补充，是教学工作的必要环节之一。

3. 课外辅导的要求

教师要做好课外辅导工作，一是必须深入到学生中去，耐心细致地调查研究，根据学生的不同情况，确定不同的辅导内容和措施；二是明确辅导只是对课堂教学的补充，不能将主要精力放在辅导上。

### （五）学业成绩的检查与评定

1. 学业成绩的检查与评定的意义

学业成绩的检查与评定是教学工作不可缺少的重要环节，是诊断学生的学习状况和教师教学效果、调控教学进程的重要手段。

这一环节对教学工作的顺利进行和教学质量的提高有重要的意义：第一，对教师来说，可以了解自己的教学效果，总结教学经验，不断改进教学工作，提高教学质量；第二，对学生来说，可以了解自己在学习上的进步与不足，明确努力的方向，不断改进学习方法，争取更大的进步；第三，对学校来说，可以了解全校教师的教学情况，不断改进对教学工作的领导和管理，以促进教学质量的提高；第四，对学生家长来说，可以了解其子女的学习情况，更好地和学校配合，共同帮助学生提高学习成绩。

2. 学业成绩检查的方式

学生学业成绩检查的方式一般有平时考查和考试两种。

（1）平时考查。

平时考查在平时教学中随时进行，主要有口头提问、检查书面作业、单元测验等形式。

（2）考试。

考试是对学生知识、技能等进行总结性检查时所采取的一种方式，多集中在期末或教学一个时间段以后进行，包括口试、笔试和实践性考试等方式，可开卷考，也可闭卷考。

3. 学生成绩检查的基本要求

第一，要注意科学性、有效性和可靠性。科学性是指检查要客观公正，不能主观臆断；有效性是指检查要能有效地检查出学生的学习情况；可靠性是指检查要能反映学生较稳定的学习水平。第二，内容应力求全面，又突出重点，使其既能反映出学生对课程知识的掌握程度，又能反映出学生认知结构的情况。第三，方法要灵活多样。

4. 学生成绩评定的基本要求

第一，客观公正，必须严格遵循评定标准；第二，方向明确，要向学生指出学习上的优缺点和努力的方向，这是评定学生学习成绩的主要目的；第三，鼓励学生创新，在评定中不仅要看答案，而且要看思路，要重视学生的创造性。

## 第二节　教学设计

**案例 13-2**　　“My new room”教学设计片段①

教材依据：PEP 小学英语（五年级上册）Unit 5 A Let’s Learn

在热身复习阶段，教师先带领学生练习（chant）：

① 案例是编者根据网络公开材料整理而来。

Mom is in the living room. Dad is too.

I'm in the bedroom. Where are you?

Brother's in the kitchen. Sister is too.

I'm in the bedroom. Where are you?

然后进行自由交流（free talk）：What is in your bedroom? What colour is your desk/bed? Where is your TV? How many windows are there in your bedroom?

在呈现操练阶段，教师呈现一幅 Zoom 的卧室图，说：Look，this is Zoom's bedroom. What can you see in his room? 引导学生回答：I can see a desk，a lamp and a ……教师接着说：What can you see on the wall? Look，it's white. It can make you feel cool in summer and make you feel warm in winter. 请学生猜是什么物品，由此引出新授单词 air-conditioner。

[评析]

教师引导学生就相关的话题联系学生的生活实际展开讨论，创设语言氛围，使学生尽快融入英语课堂中。采用多媒体、挂图或简笔画吸引学生的注意力，同时设计有效的提问，让学生通过观察进行回答，既活跃了学生的思维，又提高了他们的口头表达能力。并且，教学设计是从学生已经掌握的旧词中引出新词，整个教学流程自然顺畅。

## 一、教学设计的含义

所谓"设计"，就是为了创造某种具有实际效用的新事物而进行的探究。教学设计最早萌芽于军队和工业培训领域，到20世纪60年代才逐渐被引入学校教育中，并作为一门独立的知识体系得到了迅速的发展。在近半个世纪的发展中，在从理论走向实践、从实践反馈到理论的过程中，教学设计不断地变化和发展。

教学设计有广义和狭义之分。广义的教学设计是指把课程设置计划（总体规划及各门具体课程计划）、课堂教学过程、媒体教学材料等看作教学系统的不同内容层次所进行的系统设计。狭义的教学设计是指某一门课程或某一教学单元、单课或某一项培训这些较小教学系统的设计。概而言之，教学设计是运用系统方法分析教学问题和确定教学目标，建立解决教学问题的策略方案、试行解决方案、评价试行结果和修改方案的过程。

## 二、现代教学设计理论体系的特征

### （一）能在设计层面上集中反映现代教育教学理论，特别是学习理论的研究成果

教学设计是将教育教学理论、学习理论、传播学理论、系统科学等基础学科的研究成果应用于设计教学系统的一门应用性学科。因此，它的发展取决于上述基础学科的发展，要将上述基础学科最新的研究成果吸纳到自身的理论体系中来。

### （二）能体现教学设计活动的创造性

创造性是教学设计的一个基本特点，同时也是它的最高表现。教学设计的过程，实际上也就是教师在深入钻研教材的基础上，根据不同的教学目标、不同学生的特点，创造性

地思考、创造性地设计教学实施方案的过程。

教学设计理论应为这种创造性理论提供理论空间。早期的教学设计理论简化了目标、方法和条件之间的关系，形成了封闭的理论框架，不利于教学设计者创造性的发挥。现代教学设计理论应该反映目标、方法和条件之间的多对多的关系，构筑开放性的理论框架。

### （三）能对教学现象具有较强的理解能力

教学设计者在构建自身的理论体系时，应充分吸收基础学科的研究成果，使其成为可以直接利用的东西，进而增强教学设计理论的解释力。

### （四）能提供发现教学问题、分析教学问题和解决教学问题的方法

当前，教学设计理论大致有两种设计取向：一种是从学习理论出发，建构理想的教学系统模型，并照此来设计实际的教学系统；另一种是从教学现实出发，分析现有的教学系统状况，发现问题并着手改善教学系统，使之能够解决实际的教学问题。后一种设计取向更务实、更可取。教学设计理论的核心就是发现教学问题、分析教学问题和解决教学问题。

### （五）能提供控制教学的方法和手段

教学设计理论应包含已被证明有效的教学方法、教学策略、教学模式等方法性成分。教学设计理论中所提供的方法、策略和模式不是单纯的技巧和流程，这些方法性成分必须被纳入“目标-方法-条件”的框架中考查。

### （六）能提供寻找解决教学问题新方案的方法

教学设计活动应该有两个层次：一是根据教学问题和教学条件选择解决方案，二是根据教学问题和教学条件创建解决方案。后者集中体现了教学设计的创造性。因此，教学设计理论应提供寻找解决教学问题新方案的方法。

## 三、教学设计的基本程序

教学设计作为对教学活动系统进行规划、决策的过程，其适用的范围比较广泛。无论在什么范围上进行教学设计，它所遵循的程序是基本一致的，大致包括以下几个方面：

### （一）分析教学对象

教学的服务对象是学生，学生的学习是教学活动的中心，学校中一切教学活动都是围绕着学生的学习活动进行的。因此，分析教学对象是教学设计的基础。

### （二）确定教学目标

确定教学目标即确定教学实际要达成的目标。（详见本书“第八章　课程与教学目标”）

### （三）制定教学策略

教学策略是在教学目标确定以后，根据已定的教学任务和学生的特征，有针对性地选择与组合相关的教学内容、教学方法、教学媒体、教学组织形式等，形成特定的、具有效率意义的教学方案。

### （四）设计教学评价

设计者进行教学评价设计时，要以教学目标为指导，以教学内容为依据，根据学生的实际情况设计出相应的教学评价内容和方法。

在实际工作中，教学设计要从教学系统的整体功能出发，保证“学习者、目标、策

略、评价”四大要素的一致性，各要素要相辅相成，产生整体效应。

## 四、教学设计的模式

尽管目前教学设计的模式有很多种，但大多数模式源自两大范式：一是客观主义，二是建构主义①。

### （一）客观主义教学设计模式

1. 教学设计模式的构成要素

自教学设计诞生以来，客观主义一直在教学设计领域占据着统治地位，客观主义教学设计模式可以说是经典的教学设计模式，其突出特征是基于客观主义。

客观主义教学设计过程包括下列步骤：

（1）确定教学目标（我们期望学生通过学习应达到什么样的结果）；

（2）分析学习者的特征（是否具有学习当前内容所需的预备知识，以及具有哪些认知特点和个性特征等）；

（3）根据教学目标确定教学内容（为达到教学目标所需掌握的知识单元）和教学顺序（对各知识单元进行教学的顺序）；

（4）根据教学内容和学习者特征的分析确定教学的起点；

（5）制定教学策略（包括教学活动进程的设计和教学方法的选择）；

（6）根据教学目标和教学内容的要求选择与设计教学媒体；

（7）设计教学评价（用以确定学生达到教学目标的程度）。

2. 典型的客观主义教学设计模式

客观主义教学设计模式的共同特点可以用 ADDIE 来概括：分析（analysis）、设计（design）、开发（development）、实施（implementation）、评价（evaluation）。

分析：包括目标分析、任务分析、学习者分析、媒体（资源）分析、成本分析等。

设计：包括宏观教学系统（教育系统、各类学校、学科专业、人力资源、培训系统等）设计和微观教学系统（课程设计、课的设计、教学环境设计、教学材料设计、学习者的控制）设计。

开发：通过教学设计人员、学科内容专家、学科教师、信息技术人员，以及美术、音乐人员等共同合作将上述设计蓝图具体化并产生一个工作模型；然后，通过对工作模型的形成性评价，以及在开发过程中对评价反馈结果的整合，最终产生一个完整的实施程序。

实施：把上述实施程序交付给相关人员（如决策者、教师、学习者）进行实际操作。

评价：在实施过程中和结束后，对目标的达成度做出评价，并对设计方案提出反馈修改意见。

### （二）建构主义教学设计模式

1. 建构主义教学设计的特点

建构主义认为学习并不是教师将知识简单地传递给学生，而是由学生自己建构知识的过程，学生不是简单被动地接收信息，而是主动地建构知识的意义，这种建构是他人所无

① 张广兵．教学设计范式重构：客观主义与建构主义的融合．教书育人（高教论坛），2010（6）．

法替代的。因而在建构主义指导下的教学设计，更加重视学生已有的知识经验与认知结构，尊重学生的意见，强调以学生为中心，注重互动、合作的学习方式；教师的作用也就相应地转变为设置适当的学习情境、鼓励学生反省与思考、帮助学生进行知识的意义建构，而教师也成为学生意义建构的指导者、帮助者、促进者。

建构主义教学设计的特点主要有：

（1）教学设计过程是递归的、非线性的，有时是混沌的。设计是递归的或反复的，可以对同一问题进行多次反复的调整。设计也是非线性的，不存在统摄一切的、居于其他任务之前必须完成的起始任务。

（2）教学设计是有机的、发展的、反思的、协作的。研发工作往往从一个粗略的、模糊的计划开始，在实际活动的发展过程中逐渐完善。

2. 建构主义教学设计的模式

建构主义教学设计包含下列内容与步骤①：

（1）教学目标分析。对整门课程及各教学单元进行教学目标分析，以确定当前所学知识的“主题”。

（2）情境创设。创设与主题相关的、尽可能真实的情境。

（3）信息资源设计。确定学习本主题所需信息资源的种类和每种资源在学习本主题过程中所起的作用。对于应从何处获取有关的信息资源、如何去获取以及如何有效地利用这些资源等问题，如果学生确实有困难，教师应给以适当的帮助。

（4）自主学习设计。根据所选择的不同教学方法，对学生的自主学习做不同的设计。

（5）协作学习环境设计。包括以下内容：能引起争论的初始问题；能将讨论一步步引向深入的后续问题；教师要考虑如何站在稍稍超前于学生智力发展的边界上（最近发展区），通过提问来引导讨论，切忌直接告诉学生应该做什么（不能代替学生思维）；对于学生在讨论过程中的表现，教师要适时做出恰如其分的评价。

（6）学习效果评价设计。包括小组对个人的评价和学生个人的自我评价。如前所述，评价内容主要围绕三个方面：自主学习能力、协作学习过程中做出的贡献、是否达到意义建构的要求。应设计出使学生既不感到有任何压力且乐意去进行，又能客观地、确切地反映出每个学生学习效果的评价方法。

（7）强化练习设计。根据小组评价和自我评价的结果，应为学生设计出一套可供选择并有一定针对性的补充学习材料和强化练习。这类材料和练习既要反映基本概念、基本原理，又要能适应不同学生的要求，以便通过强化练习纠正原有的错误理解或片面认识，最终达到符合要求的意义建构。

3. 基于问题的教学设计模式

基于问题的教学设计模式最早由戴克斯塔与迈瑞保尔于 1996 年提出，这一模式强调经验性的学习，以发展学习者分析能力、问题解决能力为目标，帮助学习者在学习中发现问题，形成认知冲突，然后去探索问题、解决认知冲突。

基于问题的教学设计模式有五个步骤：

（1）设计者应该意识到原有的问题情境，确认其中哪些客体是要被利用的以及怎样描

① 何克抗. 建构主义的教学模式、教学方法与教学设计. 北京师范大学学报（社会科学版），1997（5）.

述情境以便发现解决方案。

（2）设计者针对初始问题创设经验性学习情境。

（3）设计者应努力找寻导学性活动与经验性活动之间的平衡。

（4）必须为每一类问题设想经验性学习情景并加以描述。

（5）在解决初始问题的基础上发展预期知识与技能，并尝试解决新问题。

总之，基于建构主义的教学设计模式，是进入20世纪90年代以后随着多媒体和网络技术的日益普及才逐渐发展起来的。尽管这些模式在实际操作过程中还存在这样或那样的问题，也受到不少批评，但它仍然代表着教学设计模式建构的一种趋向。

## 五、教学设计的原则①

### （一）系统性原则

教学设计是一项系统工程，它是由教学目标和教学对象的分析、教学内容和方法的选择以及教学评估等子系统所组成，各子系统既相对独立，又相互依存、相互制约。在诸子系统中，各子系统的功能并不等价，其中教学目标起指导其他子系统的作用。同时，教学设计应立足于整体，每个子系统应协调于整个教学系统中，做到整体与部分辩证地统一，系统的分析与系统的综合有机地结合，最终达到教学系统的整体优化。

### （二）程序性原则

教学设计是一项系统工程，诸子系统的排列组合具有程序性特点，即诸子系统有序地成等级结构排列，且前一子系统制约并影响着后一子系统，而后一子系统依存并制约着前一子系统。根据教学设计的程序性特点，教学设计应体现出其程序的规定性及联系性，以确保教学设计的科学性。

### （三）可行性原则

教学设计要成为现实，必须具备两个可行性条件：一是符合主客观条件，主观条件应考虑学生的年龄特点、已有知识基础和师资水平，客观条件应考虑教学设备、地区差异等因素；二是具有操作性，教学设计应能指导具体的实践。

### （四）反馈性原则

教学成效考评只能以教学过程前后的变化以及对学生作业的科学测量为依据。测评教学效果的目的是获取反馈信息，以修正、完善原有的教学设计。

## 六、教学设计的基本内容

一般来说，教学设计的基本内容主要有：教学目标的设计、教学内容的设计、教学措施的设计、教学评价的设计。

### （一）教学目标的设计

教学目标是教学活动的出发点和归宿。因此，确定教学目标是教学设计中首要的问题。具体明确的教学目标，对教的方式和学的方式起着决定和制约的作用。

---

① 胡惠明．教育教学知识与能力．北京：高等教育出版社，2012：159.

### （二）教学内容的设计

教学内容的设计过程也就是教师认真分析教材，合理选择、组织教学内容以及合理安排教学内容的表达或呈现的过程。依据知识的性质，教学内容的设计具体有：

1. 陈述性知识及其教学设计

陈述性知识主要是有关世界是什么的知识，它可分三种形式：第一，有关事物的名称或符号的知识；第二，简单命题知识或事实知识；第三，有意义命题的组合知识，即经过组织的言语信息，如陈述太平天国失败的原因等。

陈述性知识的教学设计的重点是如何帮助学生有效地理解、掌握这类知识。

2. 程序性知识及其教学设计

程序性知识是有关“怎么办”的知识。程序性知识主要涉及概念和规则的应用，即对事物分类和进行一系列运算、操作。例如，要学生根据给定的半径数计算圆的面积、将一堆混杂的蔬菜水果逐一归类、根据语法修改病句等，如果学生能顺利地完成这些任务，就获得了相应的程序性知识。

程序性知识的教学设计的主要目的是帮助学生形成运用概念、规则和原理解决问题的能力。

3. 策略性知识及其教学设计

策略性知识也是回答怎么办的问题的知识，它与程序性知识的主要区别在于，它所处理的对象是个人自身的认知活动，是个体调控自己认知活动的知识。例如，在陈述性知识具备的条件下，有些学生面临新的学习任务时显得灵活、适应能力很强，有些学生则显得呆板、应变力差，造成这种学习上差异的一个重要原因就是学生是否掌握了一定的策略性知识。

一般来说，策略性知识分为两级水平：较低级的为一般学习活动的策略知识，如控制与调节注意的策略、记忆的策略和提取的策略等；较高级的为创造思维策略知识，如获取灵感的策略等。

根据策略性知识的特点进行教学设计，需要解决好课程、教师、学生三个方面的问题。

### （三）教学措施的设计

教学措施的设计范围较广，它一般包括教学方法的选择与设计、教学媒体的选择与设计、课堂教学结构的设计等内容。

1. 教学方法的选择与设计

教师在选择教学方法时应遵循以下一些步骤和要求：

（1）要明确选择教学方法的标准。

（2）要尽可能广泛地了解和提出有关的教学方法，以便自己考虑和选择。

（3）要对各种供选择的教学方法进行比较，主要比较各种教学方法的特点、适用范围、优越性和局限性等，以便优化组合。

2. 教学媒体的选择与设计

教学媒体种类繁多，各种媒体的适用范围、特点和要求也不尽相同。因此，必须从以下几方面考虑媒体的选择与设计：

（1）教学目标和教学内容。在选择教学媒体时，应首先考虑媒体的使用是否有利于达成特定的教学目标、是否符合具体教学任务的实际需要、是否切合教学内容的性质和特点。

（2）教学对象的特点。选用教学媒体时必须考虑学生的年龄特点和学习的实际需要，最充分地利用媒体的优势激发学生的学习兴趣，发展他们的学习潜能。

（3）教学媒体的技术特性。要考虑各种媒体的技术特点和功能，比如，录音、录像、幻灯、电视等媒体的技术特性和具体功能是不相同的，究竟选用哪种或哪几种，需要结合这些媒体的技术特点加以考虑。

（4）现有的教学条件。一是要考虑教师自己能否熟练地操作所选媒体；二是要考虑教学媒体的可提供状况，包括资源状况、经济能力等。

3. 课堂教学结构的设计

所谓教学结构是指为了完成一定的教学目标，对构成教学的诸因素在时间和空间上所设计的比较稳定的、简化的组合方式及其活动程序。在确定了具体的教学目标、内容、方法和媒体后，如何将这些因素有效地组织在教学过程中，就需要从教学结构的角度加以设计。因此，确定课堂教学结构的过程，实际上也就是对各种教学因素、教学环节进行组装、统整的过程。课堂教学结构的设计一般遵循三个步骤：

（1）选取教学环节。一般的教学环节包括明确教学目标，阅读感知教材，教师讲授、解疑，学生讨论问题、演练、复习，以及系统小结等。但由于学科性质、教学任务的差异，这些环节并不是每堂课都必须具备的。一堂课究竟应由哪些环节组成？各个环节需要多少时间？需要教师根据学科特点和教学的实际需要来选取和决定。

（2）具体设计课堂教学各环节的组织，即将各教学环节进行有机组合，安排各环节的先后顺序，使之前后环连，成为一个适于教学的整体结构。

（3）对各教学环节的设计进行“统调”，使各部分教学内容的组织有机协调、协同作用，做到重点突出、兼顾全面，以保证整体功能大于各部分之和，保证教学目标的实现。

由于学科性质不同、教学目标不同、课的类型各异，课堂教学结构在实际教学中也就存在着多种不同的程序。

### （四）教学评价的设计

合理设计教学评价，对于促进教学目标的达成和提高教学设计的科学性、有效性，无疑都有着积极的作用。主要步骤如下：

1. 确定评价目的

确定评价目的，就是要解决为什么要评价的问题。具体教学活动中评价的目的多种多样，既可能是针对教师的教，也可能是针对学生的学；既可能是为了完善教学，也可能是为了选拔人才；等等。

2. 确定评价对象

确定评价对象，就是要解决评谁、评什么的问题。评价对象有内容对象和人员对象之分。前者指评价活动针对哪些方面的教学，如教学内容、教学条件、教学技巧、教学效果等；后者指评价活动针对教学中的人员，如教师、学生、班级、年级等。

3. 分析评价目标与确定评价标准

这是教学评价设计中的关键环节，是要解决评价的依据问题。评价目标应该尽量具体化，力求科学、合理，形成一个目标结构。一般来说，教学评价目标应该以教学目标为依据。

4. 选择评价方法与编制测量工具

这是解决用什么评价技术获取评价信息的问题。评价技术是指评价主体为完成评价任务所采用的工具及方式和方法。教学评价采用的方式和方法也是多种多样的，如课堂提问、讨论、练习、作业和各种测验等。教师究竟采用什么评价方法、运用何种评价手段，还需要根据评价的目标、性质以及教学的实际情况而定。

## 七、教学设计的依据

教学设计是一项复杂的工作，教学设计的目的在于促进教学过程的最优化，以达到事半功倍的效果。因此，成功的教学设计必须综合考虑多方面的因素，这也是教师劳动创造性的表现。

一般来说，教学设计的依据主要有以下几方面：

### （一）现代教学理论

理论的指导是教学设计由经验层次上升到理性、科学层次的一个基本前提。科学的理论是对教学规律的客观总结和反映，依据科学的教学理论和学习原理设计教学活动，实际上就是要求教学设计的方案和措施要符合教学规律。因此，教育工作者只有自觉运用科学的理论指导教学设计，才有可能使教学摆脱狭隘的经验主义窠臼，才有条件谈论追求教学效果的最优化问题。

### （二）系统科学的原理与方法

系统科学的原理和方法要求研究者在研究事物的过程中，把研究对象放在系统的形式中，从系统的观点出发，从系统和要素、要素和要素之间的相互联系和相互作用的关系中综合地、精确地考察对象，从而取得解决问题的最佳效果。系统的方法抛弃了静态、片面分析的研究方法，而把重点放在分析客体的整体属性上，放在其动态的多种多样的联系和结构上。运用系统的方法分析课堂教学系统中各因素的地位和作用，使各因素得到最紧密的、最佳的组合，从而优化课堂教学效果，是教学设计的一个基本特征，同时也是教学设计成功的关键所在。因此，在实际的教学设计过程中，教学设计者应自觉遵循系统科学的基本原理，以系统的方法指导自己的设计工作，在此基础上不断提高教学设计的水平。

### （三）教学活动的实际需要

从根本上讲，教学设计的全部意义就在于满足教学活动的实际需要，在于为实现这种需要提供最优的行动方案。在具体的教学过程中，教学活动的实际需要集中体现在教学的任务和目标中。教学工作者在进行教学设计时，应首先明确教学任务和教学目标，并对它们进行认真的分析、分解，使之成为可操作的具体要求。在此基础上，综合考虑各种教学因素，选择设计必要的教学措施和评价手段，使教学设计方案在立足教学现实需要的基础上发挥出其应有的作用。

### （四）学生的特点

教学设计的基本特征之一是既关心教，又关心学。在教学设计的过程中，教师除了要从教的角度考虑问题外，还必须把学生身心发展的特点和规律作为教学设计的一个重要依据加以认真对待。这正如加涅所指出的：校舍、教学设备、教科书以至教师绝不是先决条件，唯一必须假定的事是有一个具备学习能力的学习者，这是我们考虑问题的出发点①。

---

① 罗炜．中小学美术．北京：教育科学出版社，2014：121．

### （五）教师的教学经验

在一定意义上说，教学设计的过程也是教师个体创造性劳动的过程，成功的教学设计方案中往往凝聚着教师个人的经验、智慧和风格。在教学设计中，教师既不能完全依据经验行事，也不能排斥教学经验的作用。只有将科学的理论和方法与好的教学经验结合起来，才能使教学设计既有共性，又有个性，并最终达到科学性和艺术性的有机统一。

## 第三节　教案设计

**案例 13-3**　　《少年闰土》教案（小学语文六年级上册）①

教学目标：

1. 知识与技能

（1）会写 7 个字，能正确读写"胯下、厨房、刺猬、畜生、明晃晃"等词语。

（2）能快速地默读课文，背诵自己喜欢的自然段。

（3）整体感知闰土的形象。

2. 过程与方法

（1）有速度地默读课文。

（2）概括课文主要讲了几件事。

（3）根据画面展开联想。

3. 情感态度与价值观

体会在旧中国深重的黑暗下，闰土身上的健康、机灵、纯朴和勇敢。

教学重点：有感情地朗读课文，了解课文内容，初步感知闰土的形象。

教学难点：揣摩人物的特点，体会课文的表达方法。

课前准备：课前了解旧社会封建家庭的生活方式，了解文中提到的动物；多媒体图片；网络教室。

课时安排：2 课时

教学过程：

**第一课时**

**1. 直接导入，激发兴趣**

（1）介绍朋友。

今天老师给同学们介绍一个新朋友，他叫闰土。板书：闰土（出示课文插图）

与朋友初次见面，谁能与闰土打个招呼？指名说。

过渡：看来同学们都会打招呼，想不想赶快了解我们的这位朋友？

① 《少年闰土》教学设计.（2006-10-24）. http://www.pep.com.cn/xiaoyu/jiaoshi/tbjx/tb11/tb11_5/3_1_1/201009/t20100901_861223.htm.

（2）故事欣赏。

鲁迅先生在回到阔别已久的故乡时，也像你们一样想起了他三十年前儿时的伙伴，他就是鲁迅小说《故乡》中的主人公——少年闰土。当母亲和他提起这位朋友时，他的脑海里就忽然闪出一幅神异的画面。（在静静的音乐声中听老师讲述闰土刺猹的故事）说说听了故事之后的感受。

**2. 以读促思，感知课文**

（1）辅助阅读。

你想认识这位少年吗？细细地读读课文。

1）注意文中生僻的字词，能联系上下文想想意思。（其间、仿佛、素、如许、单、无端、便是）

2）填填你读课文后对闰土的认识：（　　）的少年闰土，还能说说理由。（机智、勇敢、知识丰富、自由、健康、可爱……）

3）文中还有一个“我”，“我”又是一个怎样的孩子？（　　）的我

（2）反馈交流。

板书：学生对闰土和“我”的认识。

**3. 提出问题，互释疑点**

（1）合作学习。

鲁迅的文章语言精辟，同学们在初读课文中是否有不理解的地方？请大家快速读读课文，找一找，做好记号。先由四人小组长组织，进行组内交流，再把你们解决不了的写在黑板上，看看大家是否能够相互解决一部分。

（2）问题存疑。

反馈交流，部分问题存疑。老师从学生的问题中了解学生的关注点和疑问点。

**4. 学习外貌，把握特点**

由学生问题进入第一自然段教学。

（1）请同学们找一找，二人初次见面时闰土是怎样的形象。

（2）指名读，同学们仔细听，听完后说说闰土的形象有什么样的特点。（看出闰土是一个纯朴、活泼的孩子）

（3）老师给大家捎来一顶绍兴的小毡帽，我们找个小朋友戴一戴。仔细观察，戴上毡帽的小朋友像闰土吗？区分紫色——又白又嫩，体会闰土的健康。

（4）抓住重点词，亲切地朗读这些话。闰土是一个健康的孩子，形象非常可爱，可惜课文中没有写到“我”是怎样的一种形象。再读读课文，你们能不能根据闰土的形象特点来想象一下“我”会有怎样的形象？注意：要有想象力，但要有根据，合乎逻辑。

（5）学习作者对闰土外貌的描写，将大家对“我”的设想用几句话写一写。

（6）反馈交流，师生评价。

（7）小结：同学们的想象力很丰富。这样想的缘由，我们到下节课可以继续研究。

**5. 看瓜刺猹，感受英雄**

原文：正是这不同于我的外貌给我留下了深刻的印象，而让我最记忆犹新的则是看瓜刺猹的闰土。

（1）轻读课文。

轻轻地读读这段话，注意这段话什么地方给你留下了最深刻的印象？

(2) 体味提升。

1) 第一句教学：

(a) 指名读第一句。同桌互读，并且把认为读得好的同桌推荐给大家。再请这些同学齐读。学生评价，学习读。

(b) 教师点播：在闰土奔驰在一望无际的海边时，“我”在哪里？试想，每每回忆起这幅画面时，“我”的心中是一种怎样的感受？

(c) 深情地读读这段话，把这幅画面和这个小英雄深深刻在脑中。

2) 第二句教学：

(a) 刺猹——闰土不仅健康可爱，还非常勇敢，看插图中的少年分明是一个小英雄。

(b) 不同形式的体味朗读，鼓励生生之间的评价与赏识。

(c) 小英雄的形象是否也刻在你的脑中了？闭上眼睛，再把这个形象回味一下：“其间……”

3) 指导背诵本段。

### 第二课时

**1. 复习旧课，直入主题**

(1) 谈话导入。

同学们，这一节课我们继续来学习《少年闰土》。请同学们先看大屏幕。

(2) 出示图片。

1) 教师引述：深蓝的天空中挂着一轮金黄的圆月，下面是海边的沙地，都种着一望无际的碧绿的西瓜。其间有个十一二岁的少年在做什么呢？谁能把这幅画的内容续下去？

2) 请全班同学看图，背诵第一自然段。

3) 小结：看来同学们对上一节课的内容掌握得不错。

这幅画可以看出闰土是个怎样的少年呢？(机智勇敢)

闰土还不只机智勇敢，他还有很多特点呢！接下来我们一起来学习课文。

**2. 以思导读，品读体会**

(1) 阅读提示。

课文讲了闰土几件事？你对哪一件事情最感兴趣？

(捕鸟、拾贝、刺猹、观鱼)

在这四件事中，我们还能了解到闰土的什么特点呢？请同学们根据阅读提示学习课文。

出示阅读提示：自由阅读课文，体会课文是怎样通过人物的对话、外貌、动作描写来表现人物的特点，把你的感受写在旁边，把你印象最深的、最感兴趣的段落或句子多读几遍，然后和老师同学交流讨论。

1) 闰土是个捕鸟高手。

2) 闰土很勇敢。

3) 简略学习“捡贝壳”“看跳鱼儿”部分，体会闰土的自由自在。

(2) 阅读小结。

综合闰土给“我”讲的这四件事，我们可以看出闰土是一个怎样的少年？

重点理解：

“啊！闰土的心里有无穷无尽的稀奇的事，都是我往常的朋友所不知道的。他们不知道一些事，闰土在海边时，他们都和我一样，只看见院子里高墙上的四角的天空。”

师：“无穷无尽的稀奇的事”指哪些事？“他们”指谁？“高墙上的四角的天空”又是指什么？这句话表达了“我”怎样的感情？

总之，由于环境的不同，闰土和文中的“我”对生活有不同的理解。

**3. 争辩研读，深入理解**

作者鲁迅是如此向往闰土的生活，那么闰土和作者相比，谁的生活有意思呢？同学们，如果要你选择，你是向往闰土的生活还是课文中“我”的生活？请结合课文内容谈一谈，也可以结合你对鲁迅的了解以及鲁迅的作品来谈。

**4. 展开想象，拓展思维**

(1) 过渡：与闰土相处了一个月，“我”与他已经产生了深厚的感情，可惜正月过去了，闰土必须回家了。当时会发生怎样感人的情景呢？请同学们看大屏幕，想象一下“我”和闰土分别时会说些什么？

(2) 谁能结合图中人物的神态、动作再说一说。

(3) 课文是怎样写的呢？请同学们齐读最后一段。

(4) 课文最后说他们从此没有再见面，其实三十年后，他们俩又见面了，不过三十年后的闰土改变太大了，究竟是什么原因使他改变的呢？有兴趣知道的同学，请去找鲁迅的小说——《故乡》来读读吧！

[评析]

本教案充分贯彻了新课程改革的新教育理念，以读代讲，体会人物形象，扩大自主学习的选择余地，学生学得积极、主动。在学习过程中，通过主要问题，学生自读课文，写下自己的体会，然后交流感受，教师给学生提供自主学习的空间和时间，鼓励学生说出独立的见解和感受，促使学生从多种角度理解课文的人文内涵。

## 一、教案的概念与类型

### （一）教案的概念

教案是教师为顺利而有效地开展教学活动，根据教学大纲、教科书要求及学生的实际情况，以课时或课题为单位，对教学内容、教学步骤、教学方法等进行的具体设计和安排的一种实用性教学文书。换言之，教案是教师备课结果的主要呈现形式，它是以授课单元或章节为单位编写的具体的教学方案，是授课思路、教学内容、教学技能的客观反映。教案包括教材简析和学生分析、教学目的、重难点、教学准备、教学过程及练习设计等。

教案与教学设计既有联系又有区别。教案是教学设计的呈现形式，而教学设计是形成教案的一个系统化过程。

### （二）教案的类型

课的类型不同，其授课教案也不同。根据课的类型，我们可以把教案分为新授课教案、复习课教案、实验课教案和检查课教案等。

1. 新授课教案

这种教案的主要内容是提出新课的教学目标，把握传授新知识的深度、广度、重点与难点，其主要任务是完成新知识的传授。

2. 复习课教案

这种教案的主要内容是提出复习的范围和要求，主要任务是帮助、引导学生巩固掌握已有的知识，并将知识系统化、网络化。

3. 实验课教案

这种教案的主要内容是提出培养技能、技巧的具体内容和要求，主要任务是教师完成示范性操作、实验原理的讲解，指导学生独立进行实验，培养学生的技能、技巧和严谨的科学态度，让学生掌握基本的学科实验操作方法。

4. 检查课教案

这种教案的主要内容是提出检查（诊断性评价、形成性评价、终结性评价）的具体目标和要求，主要任务是检查和了解学生学习的实际情况，以利于下一阶段制订针对性极强的且有效的教学设计方案。

此外，在同一类型的课中，教案由于其应用的功能不同，又可分为详细教案、表格式教案、课堂实录教案。目前中小学教案编写的格式一般有：课时教案、表格、流程图等几种形式。

## 二、教案设计的步骤和要求

### （一）教案设计的步骤

1. 教学目标阐述

从知识与技能、过程与方法、情感态度与价值观三方面来阐述。但是，这是就教学过程的总体而言的，每堂课不可能都能兼顾上述三维目标。因此，在确定教学目标时，需根据课程标准、教学内容和学生的实际来考虑，不能脱离实际提出笼统抽象的口号。

这里核心的问题有两方面：一个是要正确认知教材，一个是要关注学生的经验基础。因此，教学目标设计首先要创造性地使用教材，“用教材教，而不是教教材”是时代的要求。教材是根据课程标准和实际需要，为师生教学应用而选编的材料。教材覆盖的时空广阔，极具宏观性，对师生的教学起着指向作用。不过，教材只是教师组织教学活动的素材，要创造性地使用教材就必须改变过去视教材为“圣经”的观点，在吃透教材的基础上，根据实际情况重组教材，增加其探索性、思考性的成分，为培养学生的创造精神和实践能力提供平台。

2. 重点、难点分析

在精心分析教材和学生实际情况的基础上，对教学内容的安排要保持恰当的量、度和序，科学安排进度，突出重点、讲清难点、注重启发。教学重点、难点一定要与教学目标相对应，重点一般是根据教学内容确定的，难点一般是根据学生的实际情况确定的。

**行动学习：重点与难点**

什么是重点？重点就是教材的核心部分，是最基本、最重要的内容。抓重点要注意三个问题：第一，抓住“三基”，即基本概念、基本理论、基本技能。比如，理科教学中的定义、文科教学中的字词句。第二，抓住富于启发性的内容。第三，抓住对学生有较大应用价值和实际意义的内容。抓好重点是提高教学质量的关键，平均用力、面面俱到、蜻蜓点水不可能取得良好的教学效果。

什么是难点？有人认为，难点就是学生难掌握的那部分教材内容。由此出发，教师仅从学生的学习去确定难点。我们认为，教师确定教学难点应从教师的教和学生的学这两方面去考虑。从学生的学来看，以下类型的教材学生感到难学：(1) 特别抽象概括的内容；(2) 文字深奥、寓意深刻的内容；(3) 学生缺乏感性认识的生僻的内容。从教师的教来看，一般说来，以下类型的教材教师感到难教：(1) 非教师专长，而且缺乏参考资料的内容；(2) 内容干干巴巴，枯燥乏味，很难讲得生动有趣的内容。

资料来源：华南师大教育系教育学教研室. 现代教育学. 广州：广东高等教育出版社，1997：233-234.

3. 教学准备

课前教学准备主要包括：一是物质准备，如调试电教设施（硬件、软件）、准备教具等；二是心理准备，如教师温习教案、教学的主要流程，调整自己的心绪等。

4. 教学课时计划

依据教学目的、任务来安排教学步骤和具体的课时计划，以便将课组织得井然有序，充分发挥每一分钟的效益。

5. 教学过程设计

紧扣教学目标设计教学过程。主要包括：(1) 创设情境，力求真实、生动而又富有启迪性，充分发挥情境的功能及与教学内容的对应；(2) 设计学生活动，针对教学环节的具体目标，对学生活动的内容、形式、方法、手段及结果做出较为具体的预测、规划及描述；(3) 设计教学评价，包括课内评价和课外评价两部分。前者着重于目标达成度的诊断与检测，后者要适度控制训练量，突出基础，强化实操。

目前我国中小学课堂教学过程通常有两种基本模式：探究发现式和意义接受式。

探究发现式教学的基本环节是：问题情境→建立模型（得出有关概念、法则、定理等结论）→求解→解释与应用→拓展、反思。

意义接受式教学的基本环节是：创设有意义接受的情境→采用接受式传授有关知识→正反例解释应用→巩固、强化→小结、结束。

根据新课程改革的要求，我们要将新的学科观、新的课程理念贯彻到教学设计之中，关注自主实践、合作、探究与传统学习方式的融合和优化。

6. 板书设计

注重知识形成的过程性和生成性，着重体现探究环节和学生的思维过程。

7. 教学反思

在教学结束后，依据新课程的理念进行反思，主要反思以下三方面：一是教学设计的有效性和可行性；二是有没有教改意义上的突破；三是根据施教中的问题，提出具体的改进意见。

### （二）教案设计的要求

1. 导入环节

“良好的开端是成功的一半”，教学导入是一堂课成功的重要环节。这一环节要求通过适当的内容和简短的语言，尽快把学生引入问题情境，激发学生的学习兴趣和求知欲。导入要以学生的接受能力为标准，要服务于教学内容和重点。一句话，导入环节的设计要考虑：针对性、启发性、流畅性、趣味性。

2. 问题设计

问题的设计，一是要具体、明确、适宜；二是要有启发性、层次性、条理性、探究性，有一定的价值和思维的广度（发散性、开放性）；三是切忌“满堂问”或“以问代讲”；四是设计的问题要明确反映在教案中，以防提问的随意性。此外，教师要创设一定的情景，抛砖引玉，引导、启发学生自己发现问题、提出问题以及筛选问题。

3. 学生获取知识的过程

教学设计要把落脚点放在引导学生参与学习过程上，对学生在获取知识、方法的过程中可能出现的问题、困难要有充分的估计和应对之策。教案中应突出对教学重点、难点的处理，要重点体现教法和学法。

4. 练习设计

要根据具体教学内容精心设计练习。一是要合理定位，紧紧围绕教学重点、难点，使练习真正起到巩固、深化知识的作用；二是要典型精炼，切忌贪多、贪全，练习的内容要精，达到举一反三的效果；三是要有针对性，要针对教学目标、考察的知识点、学生的学习现状等，具体问题具体分析，切忌随意性和盲目性；四是要有层次性，要根据学生的实际情况设计不同层次的练习，要有适当的梯度；五是要有探究性，要设计具有实效性、开放性、体验性的多样化的课堂练习，拓展学生的视野，强化学生的思维训练，培养学生的探究能力。

5. 教学后记

教学后记要重点写自己教学过程中的得与失、教后的体会与认识以及对教学效果的自我评价和原因分析。避免应付式的空话、套话，要注重教学后记的质量。写教学后记，贵在及时、贵在坚持、贵在执着地追求。一有所得，及时记下，有话则长，无话则短，以记促思，以思促教，长期积累，必有收获。

总之，在新的教育理念下，编写教案的过程是一个学习的过程、研究的过程。成功的、精彩的教学离不开成功的设计，只有经过充分的酝酿、精心的思考、熟练地驾驭教材和学生，才有可能使我们的教学精彩纷呈，高潮迭起。

**请君一试**

1. 2013 年单项选择题：在按年龄编班的前提下，根据学生的学习能力或学习成绩的发展变化进行分组教学。这种分组属于（　　）

A. 综合分组　　B. 外部分组

C. 内部分组　　D. 交叉分组

答案：C

2. 2013 年单项选择题：目前我国小学普遍采用的主要的教学组织形式是（　　）

A. 班级教学　　B. 分组教学

C. 复式教学　　D. 个别教学

答案：A

3. 2013 年教学设计题：请认真阅读文章，并按要求作答。（文章《黄山奇石》参见小学二年级语文教材）

请根据材料，回答下列问题：

（1）试对文章进行文本解读。

（2）若指导低年级小学生学习本文，试拟订教学目标。

（3）围绕教学目标，设计并写出教学环节。

**【答案要点】**

（1）文章向学生介绍了景色奇特的黄山奇石。文章思路清晰、语言生动，给人以身临其境的感觉，激起学生对祖国大好河山的热爱之情。

（2）教学目标：①学习生字并能联系上下文理解新词。②带感情地朗读课文，有能力的学生当堂背诵自己喜欢的段落。③通过看图、朗读等形式，学生体会黄山石的奇特，产生对祖国大好河山的热爱之情。

（3）导入：同学们，上节课我们读了课文，记住了生字的字音，了解了黄山有哪些奇石，并且学习了课文的第一自然段。这节课我们继续欣赏这一课文，请大家齐读课题。新授：①通过上节课的学习，你觉得黄山石怎么样？学生答。（奇特，有趣）②默读课文。你觉得哪块黄山石最奇特、最有趣？请大家结合课文插图，默读课文。一边读，一边把描写奇特、有趣的词语标出来。③小组讨论，品读奇石。引导学生欣赏作者用词的准确，品味黄山石的个性之美。④齐读课文。黄山上的石头真奇特、有趣，请大家带着对黄山石的喜爱之情齐读课文。⑤背诵课文。请大家熟读并背诵自己喜欢的段落。结课：同学们，黄山石奇特有趣，黄山更美！课后同学们可以搜集有关的资料，自己拓展学习。

# 第十四章

# 班课教学技能（下）

班课管理很重要也很特殊。班课管理与教学实施是同一活动的两个方面，班课管理聚焦于学习者的管理，教学实施强调学习的管理。班课管理旨在将已有的班级管理与课堂管理整合起来。没有离开课堂的纯粹班级管理，也没有离开班级的纯粹课堂管理。教师只有具备较强的班课管理技能，才能加以有效组织与运作。

## 第一节　班级管理概述

**案例 14-1**　　设计“三最”班级形象[①]

我接手南县北河口中学初一（4）班时，该班是一个任课教师“一想到进课堂就不舒服”的“差班”。初步调查之后，我决定改变班级形象，希望以此来改变任课教师的感觉。通过一段时间的观察，我发觉（4）班虽然调皮的学生在同年级六个班中最多，但是，调皮的另一个含义就是活跃，只要引导得法，调皮的学生往往能创造奇迹。正好这个学期学校举行排球比赛，而班上的男同学又比较喜欢打球，实力较强，因此，我决定借机打一个侧翼迂回战，避开目前较差的成绩问题，而以在排球赛中得胜作为改变班级形象的突破口。为了保证胜利和精彩，在加强训练的同时，我还特意将 1998 年世界杯主题曲《生命之杯》中那句振奋人心的“Go，Go，Go……”教给了班上的啦啦队。这种特殊的加油方式不但震慑了对手、激励了自己，也赢得了全校师生的关注和好评。最后，虽然只拿到了整体第二名（男队第一名），但整个比赛过程中最精彩、最能吸引观众的就是（4）班了。因此，这次比赛大大地改变了（4）班“纪律差”的形象，为其赢得了较高的荣誉，从而为整个班级形象的转变提供了有利条件。于是，我在记述这次比赛的《班级日志》中为他们写了“最调皮、最厉害、最可爱”的九字评语。这既是对他们在这次排球赛中优秀表现的评价，也是我为他们量身打造的班级形象设计。六个班中（4）班“最调皮”，要做到合

① 周勇．班级文化建设操作纪实．教学与管理，2005（28）．

理的调皮，才能更好地张扬个性，才会“最厉害”；而只有合理的“最调皮”和全面的“最厉害”，才能让人感到“最可爱”。在取得排球“最佳表现奖”的大好形势下，学生很自然地接受了这个“三最”班级形象，并且个个喜形于色。由于“三最”这一班级形象目标的无形约束和激励作用，良好的班风逐渐形成。

［评析］

良好的班级管理能收到全方位的教育效果。良好的班级管理需要班级管理者（班主任）领会班级管理的模式、原则和方法，并充分了解和发挥班级每个成员的潜能，使班级管理成为每一个班级成员自觉参与的过程。

## 一、班级管理的意义

### （一）班级

1. 班级的概念

班级是学校按照教育目的要求，把年龄和文化程度相同或相近，有共同学习任务的学生集中起来进行教育、教学和管理的组织。班级通常由教师、一群学生及环境组成，是一个复杂的小社会体系。班级是学校行政体系中最基层的正式组织，是开展教学、教育活动的基本组织单位，是学生从事集体活动、结交好友的场所。因此，它具有满足学生需求、促进学生发展、矫正学生行为的功能。

班级作为学校的一个基本单位，它的活力是学校工作整体水平的表现，既可以促进又可以制约学校工作的进展。学校培养人才的数量与质量，在很大程度上取决于班级管理的成功与否。

2. 班级组织的产生和发展

班级组织是历史发展的产物。16 世纪，随着资本主义商业的发展和科学技术的进步，教育对象范围的扩大和教学内容的增加，需要有一个新的教学组织形式，班级组织应运而生。在西欧一些国家创办的古典中学里出现了班级组织的尝试，运用班级的形式开展教学活动。率先正式使用“班级”一词的是文艺复兴时期的著名教育家埃拉斯莫斯。

17 世纪，夸美纽斯在其代表作《大教学论》中对班级组织进行了论证，阐述了班级管理的优势，从而奠定了班级组织的理论基础。此后，班级组织逐步成为世界各国学校广泛采用的最基本的组织形式，班级教学也成为最基本的教学形式。

我国学校教育最早采用班级组织形式，是 1862 年清政府在北京开办的京师同文馆。20 世纪初，清政府废科举、兴学堂之后，我国的学校逐步普及了班级组织的形式。

19 世纪 70 年代，对班级教学形式的反思和批判开始出现，由此出现了道尔顿制、文纳特卡制、分组教学、协同教学等诸多改革。班级作为学校的基本单位也随之发生某种变化，如小班化、走班制等。

### （二）班级管理

1. 班级管理的概念

班级管理是指班级班主任为了建构良好的班级集体和实现班级工作目标，通过对学校班级中的各种资源进行计划、组织、指导、协调、控制的一系列活动。班级管理是一种有目的的活动，这一活动的根本目的是实现教育目标，使学生得到充分的、全面的发展；班级管理的对象是班级中的各种重要管理资源，包括人、财、物、时间、空间、信息，而主要对象是人，即学生；班级管理的主要手段是计划、组织、指导、协调和控制；班级管理是一种组织活动，体现了教师与学生之间、学生与学生之间互动的多向活动。

班级管理的好坏直接关系到学生的生活、学习和教育教学质量，因而在学校工作中处于极其重要的地位。

2. 班级管理的功能

（1）有助于实现教学目标，提高学习效率。

班级组织产生的根本原因是更有效地实施教学活动。因此，运用教学技术手段来精心设计各种不同的教学活动，以及组织、安排、协调各种不同类型学生的学习活动，是班级管理的主要功能。良好的班级管理能促使学生在课堂上将注意力集中于教师的教学主题，投入到课堂的全过程中，从而提高学习效率。

（2）有助于维持班级秩序，形成良好的班风。

班级是学生群体活动的基础，是学生交往的主要场所。因此，调动班级成员参与班级管理的积极性，共同建立良好的班级秩序和健康的班级风气，是班级管理的基本功能。良好的班风可以规范学生的行为，调节学生的心境。班级里一旦形成健康向上的风气，可以使学生有强烈的归属感，激发学生关心集体、为集体负责任的意识，从而使学生愿意并努力使自己成为对班集体有所贡献的一员，也有利于学生在集体中追求个人的发展。

（3）有助于锻炼学生能力，学会自治自理。

班级组织中存在着最基本的人际交往和社会联系，存在着一定的组织层次和工作分工。班级管理的重要功能是：帮助学生成为学习自主、生活自理、工作自治的人，帮助学生进行社会角色的学习，使学生获得认识社会、适应社会的能力，促进学生人格的完善。

**名言欣赏**

真教育是心心相印的活动。

——陶行知

### （三）班级管理的模式

1. 班级常规管理

（1）班级常规管理的概念。

班级常规管理是指通过制定和执行规章制度去管理班级的经常性活动。规章制度是学生在学习、工作和生活中必须遵守的行为准则，是维护班级各种正常教育教学活动的保证。常规管理具有管理、控制和教育的作用。规章制度的制定，使班级各项工作有章可循、有条不紊。通过规章制度的贯彻，可以培养学生良好的行为习惯以及优良的班风。

（2）班级常规管理的内容。

开展以班级规章制度为核心的常规管理，是班级管理的重要内容。一般来说，班级的规章制度按照从下到上、从微观到宏观的顺序可以分为以下内容：

1）班级层面的规章制度。它是班集体根据学校要求和班级实际情况，由班级全体成员（班主任和学生）共同讨论制定的班级规范，如班规、值日生制定、考勤制定、班干选拔制定等。

2）学校层面的规章制度。它是学校根据教育目标、上级有关的指示和学校的实际情况制定的学校常规制定，如考勤制度、奖惩制度、课堂常规、作业要求、课外活动要求等。

3）教育行政部门层面的规章制度。它是由教育行政部门统一规定的有关班集体与学生管理的制度，如中小学生守则、中小学生日常行为规范、体育锻炼标准等。

2. 班级平行管理

(1) 班级平行管理的概念。

班级平行管理是指利用集体与个人相互影响的关系，班主任既通过对集体的管理去间接影响个人，又通过对个人的直接管理去影响集体，从而把对集体和个人的管理结合起来的管理方式。

班级平行管理的理论源于苏联教育家马卡连柯的“平行影响”的教育思想。马卡连柯认为，教师要影响个别学生，首先要去影响这个学生所在的班级，然后通过这个学生集体与教师一起去影响这个学生，这样就会产生巨大的教育力量。这种模式也称树状模式，以班主任为班级管理的主干。

(2) 班级平行管理的要求。

1）充分发挥班集体的教育功能，使班集体真正成为教育的力量。这要求班主任首先要培养一个良好的班集体，帮助班级形成良好的氛围。

2）通过转化个别学生，促进班集体的管理与发展。在班级管理中，常常会有个别学生、个别事件需要专门管理，适当处理这些学生和事件对整个班级的管理起着画龙点睛的作用。

总之，要实施对班集体与个别学生双管齐下、相互渗透的管理。

### 名著欣赏：理论的诞生

我们教养院最初成立的几个月，对我和我的同事们来说，不仅是失望和徒劳无功的时期，同时还是探求真理的时期。在一生中，我从没有像在1920年的冬天读过那么多的教育学的书籍。

这是弗兰格尔和波兰战争的时代。弗兰格尔在米尔高罗德附近的什么地方，波兰人在离我们很近的切尔卡瑟进攻，全乌克兰到处都有土匪头子的踪迹，我们周围有许多人沉醉在蓝黄色的魅惑中。我们却待在我们的树林里，双手捧着头，竭力忘掉外面的轰轰烈烈的大事变，专心阅读教育学的书籍。

我这次读书的主要成绩，是使我得到一个不可动摇的，而且不知道为什么忽然成为很有根据的信念，那就是：我手里并没有什么现成的科学和理论，理论应该从我眼前发生的全部现实事件里归纳出来。起初我甚至不是懂得，而只是感到：我需要的不是我反正无法和实际联系的书本上的公式，我需要的是刻不容缓的分析和行动。

资料来源：马卡连柯．教育诗．深圳：海天出版社，1998：14-15.

3. 班级民主管理

(1) 班级民主管理的概念。

班级民主管理是指班级成员在服从班集体的正确决定和承担责任的前提下，参与班级管理的一种管理方式。班级民主管理的实质是在班级管理的全过程中，调动学生自我管理、自我教育的力量，发挥每一个学生的主人翁精神，让每一个学生都成为班级的主人，积极主动地参与班级事务管理。

(2) 班级民主管理的要求。

1) 组织全体学生参与班级全程管理，即在班级管理的计划、实行、检查、总结的各个阶段，都让学生参与进来，班主任与学生共同实施管理活动。

2) 建立班级民主管理制度。尽可能让每个班级成员来参与班级管理的各方面工作，参与班级管理的决策。制定和实施学生干部轮换制度、定期评议制度、值日生制定、值周生制度、定期召开民主教育活动制度等，最大限度体现学生的主体意识。

4. 班级目标管理

(1) 班级目标管理的概念。

班级目标管理是指班主任与学生共同确定班级总体目标，然后转化为小组目标和个人目标，使其与班级总体目标融为一体，形成目标体系，以此推进班级管理活动，实现班级目标的管理方法。

(2) 班级目标管理的要求。

1) 要围绕全体成员共同确立班级奋斗目标，将学生个体的发展与班级进步紧密地联系在一起。

2) 要在共同目标的引导下，实施学生的自我管理。

**名言欣赏**

让人们因我的存在而感到幸福！

——李镇西

## 二、班级管理的原则和方法

### (一) 班级管理的原则

班级管理的原则是根据班级管理目标和管理规律而确定的关于班级管理的基本要求和准则。它既是班级管理实践经验的总结与提炼，又对班级管理实践起着指导作用。其意义主要体现在指导班级管理人员合乎规则地确定管理目标、内容，选择管理方式、方法，但它并不解决具体做什么和怎样做的问题。班级管理成效的高低，往往取决于能否正确地坚持和贯彻班级管理的原则。

1. 整体性原则

班级管理的整体性原则就是要求班主任把班级视为一个整体，通盘规划，统一指挥，合理组合各个系统、各个层次、各个因素的力量，以达到最佳的教育效果。整体性原则反映了班级管理各组成部分之间相互联系的原理，反映了对立统一法则和事物普遍联系的规律。任何一个事物都是由许多因素构成的一个整体，统筹全局、合理规划、充分发挥各个因素的协调整合作用，则能发挥超乎各要素之数学加和的系统效应，实现“1＋1＞2”的效果。

(1) 整体性原则的特征。

1) 管理目标的“全”。贯穿在管理活动中的管理目标是全面、明确、切实可行的。从目标的内容上看，应包括德、智、体等全面发展的各项目标；从目标的时间特质上看，应把近期目标、中期目标和远期目标有机结合，全面统筹安排。

2) 管理对象的“全”。对管理对象中人、财、物、事、时间、空间等各个方面要统筹兼顾，全面落实。其中对人的管理即学生的管理是核心，管事、管物是为了更好地管理好学生。而且要面向全班学生，不能只管理部分学生而忽略其他人。对各类学生，既要不分亲疏一视同仁、统一要求，又要因人而异、因材施教、区别对待。

3) 管理过程的“全”。班级管理应该是全程管理，管理过程中的计划、组织、检查和总结要紧密衔接，互相促进。全程管理，并不等于也不能够全部包办，而是密切关注、始终协调与组织。

4) 管理力量的“全”。对班级管理不能仅仅依靠班主任，应该充分发挥各方面的力量因素，构建一个全方位、多层次的管理力量体系。各方力量主要包括班级主要成员学生的力量、各科任教师的力量、家长的力量、社会的力量（如校外辅导员）等等。其中，学生既是管理的客体，又是管理的主体，要充分发挥学生自我管理的意识和能力。在班级管理中要协调学校、家庭、社会多方面的力量，产生教育合力，减少分歧。

5) 管理手段的“全”。班级管理应采取各种行之有效的管理手段，要拓宽管理班级的途径和渠道。思想教育的手段先行，组织工作、规章制度、实践活动、奖励措施等应彼此配套、综合运用。

(2) 整体性原则的要求。

1) 整体观念，形成全局思想。班级本身虽然是一个相对独立的整体，但它从属于整个学校、整个社会的更大整体；同时，班级内部的各个组成部分以及各个成员既是互相独立、互相区别，又是互相联系、互相依存的小整体。所以，班主任应树立整体观念，形成全局思想，一切以大局为重，做到部分服从整体、小局服从大局，并与其他部分加强联系，共同致力于整体目标的实现。在此过程中，也应教育学生懂得“一滴水只有放进大海里才永远不干枯”的道理，服从整体管理，自觉融入集体。

2) 统一各方力量，面向全体学生，全面提高质量。对学生的管理必须一视同仁，要对全体学生负责，避免偏爱、歧视；要促进学生德、智、体全面发展，全面提高教育质量，防止只抓智育，轻视德育和体育；防止只抓“主科”，忽视其他学科；防止只抓分数，忽视能力培养；防止只抓升学率，忽视合格率的倾向。

3) 分工合作，步调一致，统一指挥。班级管理有思想管理、学习管理、生活管理，有课内管理、课外管理、校内管理、校外管理，有学生管理、干部管理等等，各项工作既有相对独立性，又有密切联系。因此，在管理上既要实行科学分工、明确职责，又要加强联系、密切配合。

2. 民主性原则

民主性原则是指班主任充分发扬民主，调动全体学生的积极性和创造性，发动和组织他们参与班级管理，从而最大限度地提高管理效果。这要求班主任必须正确处理班级内部教师与学生、集中与民主、纪律与自由、组织与个人之间的关系。

贯彻班级管理民主性原则的要求如下：

（1）班主任必须树立民主思想和作风，调动全员积极性。要调动全员积极性，关键在于班主任要言传身教，以自身的积极性作为无声的动员。

（2）提供机会，充分发挥家长、校外辅导员的智慧和才能。家长中藏龙卧虎，校外辅导员更有一技之长，班主任都要尊重他们，并在调动他们积极性的基础上为发挥他们的作用创造机会、提供条件。通过开设讲座、开展社会实践活动等形式，拓宽学生知识面和社会接触面，增强学生的学习责任感。

（3）扶放结合，培养学生的独立性、自主性和创造性。扶是为了放，对学生必须而且必然有一个从“扶”到“放”的发展过程。学生是班级的小当家，不能把他们仅仅视为管理的对象而一切包办代替，要根据每个学生的实际情况，通过行之有效的方法，培养学生的独立性、自主性和创造性，培养他们的自理、自学、自治能力。

（4）通过必要的组织手段保证民主管理。必要的组织手段是班级民主管理实现的保证。要建立健全组织机构，加强班委会建设，培养和发展班干部；要组建高水平的班委会。

3. 高效性原则

高效性原则是指管理者要按客观规律办事，理论联系实际，科学合理地安排和实施管理，使管理与教育有机结合，班级管理始终做到有规律、有节奏、高效率地运行。

贯彻高效性原则的要求是：

（1）科学地支配时间和安排工作，实现班级管理的程序化、系列化。

班级管理的程序化，要求科学、合理地支配时间，使班级工作有稳定的秩序，保证循序渐进。学期初做好周密的工作计划，整个学期按部就班有序地实施与检查，期末做好总结工作。班级的各项工作都有严密的计划和实施程序。班级主要成员即教师和学生对什么时间做什么工作都做到心中有数，要相互配合、步调统一、协调运转，共同完成管理工作。

（2）建立健全各项规章制度，加强班风建设，形成规范体系。

合理的规章制度可以使班级管理的各项工作有章可循、职责分明，从而形成班级的良好秩序，提高管理质量。要根据《中小学学生守则》和《中学生日常行为规范（修订）》，结合本校本班的实际，制定出实施细则，严格地按照规章制度加以管理，分期实施，步步落实。要特别注意班级常规管理，坚持不懈、一丝不苟，要有“咬定青山不放松”“任尔东西南北风”的精神，力争班级工作制度化、规范化。

要通过各种途径，采取各种方式，致力于优良班风建设。教师要以身作则，以良好的教风、作风和管理方式，帮助班级形成积极向上的班风。

（3）完善班级管理体制，建构沟通、反馈网络。

完善班级管理体制应该充分调动全体班级成员的积极性，建立“全员管理班级”体系。具体表现为：所有科任教师都分工到具体班级参与管理；让全体学生发挥主人翁意识，积极参与本班管理工作；建立与家长的联系制度，使班级各项工作都能得到家长支持；注意班级内部沟通。教师可以通过听课、听汇报、听意见、抽查作业等方式了解学生的学习生活情况，利用班会、队会、晨会、与学生谈心等活动了解情况，找出问题并引领学生健康成长。

### （二）班级管理的方法

1. 制度管理方法

（1）制度管理方法的含义。

制度管理方法是指管理者制定并运用规章制度管理班级的方式和方法。规章制度是班主任为了实现本班的教育教学目标而规定的，全体成员必须遵守的行为准则。制度管理方法的作用是约束和规范班级成员的言行，使学生形成良好的行为习惯，使班级管理工作有条不紊。

（2）运用制度管理方法的要求。

1）班规制定的要求。一是制定的班规要合理，要符合国家、学校的各种规章制度，要符合学生的身心发展特点；二是班规的内容要具体明确和具有可行性，要使学生易于理解、记忆和执行；三是班规的制定过程是全班学生共同讨论协商而成的；四是制定的班规要求相对稳定，不能朝令夕改，使学生无所适从，造成班级管理混乱。

2）通过多种途径和方法让班级每个成员内化各项规章制度。班级管理者要通过各种途径和方法，如班级主题班会、规章制度知识竞赛、环境熏陶等，使学生清楚地知道什么事情该做、什么事情不该做、为什么要做和怎样做，使规章制度内化为学生自觉遵守的行为习惯。

3）严格要求，认真检查与监督，做到持之以恒。学生对规章制度从了解、认同到自觉遵守需要一个漫长的过程。在这个过程中，学生由于容易受到外界不良的诱惑和自身的控制能力较差等因素，对班规不能做到持之以恒，这需要班主任在实施班规的过程中建立相应的监督和考核机制，以身作则和坚持严格要求，帮助学生养成良好的行为习惯。

**案例 14-2**　　**我还帅吗？**①

以下是一位六年级学生写给其班主任——武汉市常码头小学顾兢老师的一段话：

一段时间，班上有一男孩故意把头后的一片头发留得较长，好像想告诉大家：我长大了！您那段时间见到他只是眯眯笑，什么也不说。有一天，这个男孩终于在家长的逼迫下剪掉了长发，很伤心地上学来了。您走过去亲热地摸摸他的头，似乎很随意地说："你们瞧，多可爱的小男孩！"男孩幽怨的眼神里有了惊喜，问我们："真的可爱？我还帅吗？"我们由衷地异口同声说："帅呆了！"一段时间，满大街的女孩们流行剪碎发。一天，我们班的几个小女孩顶着一头长长的碎发上学来了，脸上写满了自得。可是当她们写作业时长长的刘海遮住了眼睛，只看见不停地抚弄刘海的手；体育课因为头发扎不到一堆而任汗水流……在一节班会课上，您含笑看着我们，模仿朱自清先生的口吻问我们："燕子去了，有再来的时候；杨柳枯了，有再青的时候；桃花谢了，有再开的时候。但是，聪明的你们能告诉我，我们的童年为什么一去不复返呢？"我们睁着大眼睛看着您，您接着说："真羡慕你们的童年，有童谣、橡皮筋、花裙子、小辫子、快乐的六一……"有同学坏坏地问："老师，是我们的花裙子、小辫子漂亮，还是你的长发飘飘漂亮？""都漂亮，可如果换过了的话……飘飘长发可得要好多时间打理哦，那是属于我的；小辫子、儿童头花顶在你们可爱的小脑袋上，轻松活泼，那是属于你们的。我倒是想抢来顶在我头上，可怕笑死你们

① 麦志强，潘海燕．班主任工作培训读本．北京：中国轻工业出版社，2007：20-21.

了，你们爸爸妈妈要我赔他们的宝贝呀。你们也别慌着抢我的了，以后有的是机会。”那几个小女孩挤眉弄眼地笑了。在您这春雨般的滋润下，同学们一个个朝气活泼、健康可爱，我们的教室永远是那么干净明亮、温暖宜人，我们的作业永远是整整齐齐……

[评析]

《中学生日常行为规范（修订）》中明确提到“不烫发，不染发，不化妆，不佩戴首饰，男生不留长发，女生不穿高跟鞋”。许多学校的校规和班规都有相应的规定，但是经常听到被强制理发学生的抱怨。顾老师对学生的这种违规行为并没有一味地指责和强制，而是观察留意和宽容等待，让学生有自己的体会；然后抓住有利的时机进行不留痕迹的引导，不是空洞的说教，而是从学生的角度思考问题，与学生交流自己的人生体验，体现人性化的管理，使学生心服口服地遵守班规，形成良好的行为习惯。

2. 民主管理方法

（1）民主管理方法的含义。

民主管理方法是指班主任以民主的机制调动班级成员参与班级管理的积极性，发挥学生的主体作用，使班级每个成员承担各种职责，参与并完成班级各项管理工作的方法。民主管理方法可以提高各科任教师与学生的主人翁意识，增强学生的社会责任感和自我管理的能力，体现民主、平等、和谐的师生关系，形成班级民主的作风。

（2）运用民主管理方法的要求。

1）班级管理者要具备民主管理的理念。民主管理的理念是民主管理行为的先导，是由传统管理方式向现代管理方式转变的标志之一。班主任要有民主精神和民主作风，杜绝“权威式”“放羊式”管理，要树立“以人为本”的思想，充分调动学生与教师参与管理的积极性。

2）用平等的人际关系代替有等级的人际关系。平等的人际关系是民主管理的关键，包括两方面内容：一是平等的师生关系，二是学生之间是平等的关系。学生与学生之间不存在优劣和贵贱，学生干部不应该存在特权。班主任对待每个学生应该一视同仁。

3）充分发挥民主，努力把班级的民主管理渗透到管理的各过程和各方面。民主管理体现在各方面，从日常常规管理到各种突发事件管理，教师要与学生商量、讨论，共同决策处理。班级管理全过程，即从计划、实施、检查到总结，都要尊重学生，让学生献计献策。

4）建立民主生活制度。比如，定期召开民主生活会，会议由学生主持，广开言路，发挥全体学生的主动性和积极性；实行值日班主任制度、值周班长制度、班干轮流制度；等等。

**名言欣赏**

坚信每位学生的心灵深处都有你的助手，你也是每位学生的助手。

——魏书生

3. 学生自主管理方法

（1）学生自主管理方法的含义。

学生自主管理方法是指班主任让班级成员依据教育目标的要求以及自己和组织自身的

特点，自主地管理班级各项工作的方式和方法。学生自主管理方法强调学生是班级管理的主体，要扩大学生自主活动的领域，让他们独立自主地对班级各项工作进行组织决策，制订计划和规则，组织实施、相互协调，进行自我监督和评价。每个学生既是管理者，又是被管理者。

（2）运用学生自主管理方法的要求。

1）班主任要敢于放权，并强化学生的自主管理意识。“专断型”“权威型”的管理，往往使学生养成对教师的依赖心理和被动服从的习惯。要强化学生自主管理的意识，首先要求班主任放权，并做一个“懒老师”，使学生明确自己才是班级管理的主人，是管理的主体。每个学生都是管理者，每个人都必须对自己的行为负责任。

2）让学生自主规划班级工作计划，包括确立班级目标、制定班规。班主任让学生自主根据学校、年级的整体计划和目标制定本班的班级目标，并且根据班级目标，让学生制定个人目标。同时根据各项规章制度和本班具体情况，让学生参与制定班规，用自主制定的班规来约束自己，培养学生自我控制、自我管理的能力，从中培养学生的自主管理能力。

3）实行班干“民主选举制”“自由竞争制”“轮流制”，让每个学生都有机会成为管理者，参与班级自主管理。班级的干部岗位可以多种多样，包括各个委员、各类组长、各科课代表、物品管理员等，可以满足每个学生参与管理的需要。

4）实行“岗位责任制”。每个管理岗位都有相应的岗位职责，即规定本岗位的权利和义务，使每个学生都明确岗位的服务要求，管理者与被管理者起到相互监督、检查的作用。

5）实行“考核制度”，让学生定期自我评价和互评。根据教育目标制定相应的考核细则，针对学生的学习、纪律、卫生、文体、管理工作进行自我评价、学生互评等评价考核工作。让学生对每个班干部进行评价考核，通过评价班干部来实现自主管理。

**拓展学习：《儿子在日本上小学之二：人人都是班干部》**

每当学期开始，班级里要开一个大家都很关心的班会——分配每个人的职责。班上需要做的事情很多、很琐碎，所以职责会分得很细，这样也保证了班上三十多个同学每人都有事情做。儿子在小学四年多，就曾经做过“鞋箱清扫员”、“宅急便员”（负责给老师传递东西）、“体育员”、“门窗、电视、电灯员”（负责开关门窗、电视及电灯）、“保健员”、“计划员”（班里有活动时，组织讨论）、“动物、生物员”、“失物管理员”、“小先生员”等等。这些小“员”的产生，并非老师指定，而是大家毛遂自荐。当老师在黑板上写下各个“职位”后，同学们便争先恐后地投报自己想要当的“职务”。有的岗位报名的人超标，有的则可能还有缺位。这时候，老师会用一种最公平的方法解决这一矛盾——“包剪锤”猜拳。赢了的同学自然庆幸无比，输了的人只能怨自己运气不好，再去找还有空缺的位子。儿子为了当上“保健员”，一直争取了两三个学期才如愿以偿。“保健员”的工作是每天早上必须全班点名，同时询问每个人当天的健康情况；平时如有同学头疼脑热或磕着碰着什么的，保健员就要陪着他一起去保健室。这是一种当小老师的感觉，儿子很认真、很满足地干了一个学期。

每到一个新学期，就要重新选择一次岗位。所以，每个同学都有机会担当不同的工作，在兴趣、能力得到开发和提高的同时，责任意识也会以一种“润物细无声”的形式在孩子们的心中生下根来。

资料来源：陆浣．儿子在日本上小学之二：人人都是班干部．教学与管理，2007（20）．

4．目标管理方法

（1）目标管理方法的含义。

目标管理是由美国管理专家德鲁克（Drucker，P.F.）在1954年出版的《管理的实践》一书中首先提出。目标管理方法就是以目标为中心进行管理活动的一种现代管理方法，它强调以目标指导行动，以成果和贡献作为管理活动的重点，特别强调目标实现的整体意识，具有定量性、整体性、时效性和激励性的特点①。班级目标管理方法就是班级管理者通过目标的制定、实施与考评来激励全班学生积极努力实现班级目标的方法。目标管理过程是师生共同参与的过程，师生都成为有目标意识的管理者。学生的目标明确，处于积极、主动的参与状态，有利于班级管理的有序运作。

（2）目标管理方法的过程。

1）目标的制定。班主任可以事先制定本班的长期、中期、短期目标的草案，然后与学生共同商讨本班的总目标和各级目标具体内容。在制定目标时，要求每个学生以班级主人的身份出谋划策，进行充分的学习、讨论和辩论。集思广益后，得到全体成员的认可，最后定稿成文。目标的制定需要考虑本班的具体情况或存在的问题，目标实现的难易程度要适当，要具有可行性、可操作性、可衡量性（有明确的数据衡量目标是否实现）、激励性。共同制定目标能调动学生的积极性，充分发挥学生的自我管理意识和能力，为达成目标打下坚实的基础。

制定好班级目标后，引导每个学生根据班级目标和各自的具体情况（优缺点、兴趣爱好）制定出个人发展目标，注意提醒学生个人发展目标既要与班级目标保持一致性，又要具有各自的个性，切合自身的实际。

2）目标的实施。目标的制定只是目标管理的第一步，其关键环节是目标的实施。目标的实施需要做好以下工作：一是组织分工，明确权力责任。二是指导协调。目标管理方法是一种信任型的管理方法，管理者要相信班干部和学生能胜任和自觉完成任务。班主任的指导协调是在班干部和学生遇到困难和冲突时给以引导和建议，而不是指责和代替。

3）目标的考评。目标管理所追求的目标，就是班级与每个学生一定时期应该达到的工作成果。目标管理不以行动表现为满足，而以实际成果为目的。工作成果对目标管理来说，既是评定目标完成程度的根据，又是考核评价学生的主要依据。在每个阶段目标完成后，班主任要与全体成员进行共同评价。评价的内容主要有：本班在本阶段获得的成果、每个目标达到的效果、每个部门或机构做出的成绩与贡献、各个分目标的负责人的工作成绩、每个学生在实施目标中的工作与成绩、没完成的目标有哪些、分析存在的原因等。一般由分目标的负责人进行自评与互评，然后是学生的自评与互评，最后是班主任的总评。

① 顾明远．教育大辞典：第7卷．上海：上海教育出版社，1990：215．

考核评价的目的是：增强班集体的信心，肯定和激励每个学生；找出问题与不足，吸取经验和教训；为全班学生提供榜样和示范作用。

（3）运用目标管理方法的要求。

1）目标的一致性。目标的一致性是指目标管理方法中的目标要与学校目标和班级管理目标保持一致。班级各项活动都要符合班级目标的要求，并以实现目标为活动的要求。班级每个成员的目标与班级管理目标要符合，要形成合力，共同协作完成目标。

2）目标的内容有主次和实施的先后之分。班级目标管理方法的核心目标是促进全体学生的全面发展。所以，在繁杂的管理工作中，班主任必须明确班级管理的主要矛盾，抓住班级管理的普遍性问题，解决班级管理中的迫切问题。切忌把主要精力放在个别问题或个别学生身上。

3）目标考评的可行性和准确性。这是指目标考评具有可行性的操作标准，而且有标准的合理量化和准确表述。可行性和准确性的标准，使评价者与被评价者有统一的参照和公平的尺码。考评的方法既要对目标行为有定性的评价，又要有定量的评价，使考评尽量做到公平和公正。

5. 情感沟通方法

（1）情感沟通方法的含义。

情感沟通方法是通过班级成员之间的感情互访或感情交流来达成默契、理解和实现管理目标的方法。师生之间、学生之间平等的情感沟通，是形成积极向上的班集体的关键，也是班级管理的更高层次和要求。

师生之间的情感沟通能消除学生的戒心，缩小师生间的心理距离，有利于教师更全面地了解和帮助学生，促进学生的不断成长和健康发展。学生之间的情感沟通有利于班级形成良好人际关系，营造团结、友爱、和谐的班集体，增强学生对班级的归属感，满足学生情感的需要。

（2）运用情感沟通方法的要求。

1）情感沟通的首要条件是沟通双方的相互尊重和理解，形成平等的关系。尊重与理解往往表现在态度和行为的细节上，具体表现为：在态度上诚恳、真挚；在行为上要求是平起平坐，是语气平和而不是盛气凌人、阴阳怪气或讽刺挖苦等等。

2）情感沟通的途径和方式是多种多样的，要选择双方都能接受的适宜的沟通方式。沟通的方式包括个别谈心、座谈、班级集体活动等，可根据沟通的内容和学生的需要而定。而且不同的方式也有不同的要求，比如，个别谈心需要相对私密的空间，尽量不要在教师办公室谈，可以在谈心室、校园的一角等进行；座谈中的沟通最好是围圈的形式，既体现平等，又保证每个人能有眼神等非语言的沟通。班集体活动中的沟通要求自由自愿，让每个成员都有机会表达自己的心声和意见等。

**案例 14-3**　　**人非草木，孰能无情**①

在一次班会上，张老师说：“今天，同学们写写自身的闪光点，看看自己有哪些长处，

① 王宁．今天，我们怎样做班主任：中学卷．上海：华东师范大学出版社，2006：18.

学会自己赞赏自己。”过了很久，张老师发现班上学习成绩最差的小海焦急得抓耳挠腮，只字未写。学习上的劣势使他饱尝了失败的痛苦，让他失去了自信。小海感觉到自己处处不如别人，连发言时都是低声细语，不敢抬头。此刻，鼓励他树立自信的机会来了，于是，张老师让全班同学帮他找优点。有的说：“他热爱班集体，主动出钱买表演道具，我们班的文艺表演一等奖还有他的一份功劳呢!”有的说：“他经常与劳动委员一起检查班上清洁区的卫生。”还有的说：“他悄悄地帮助同学修理课桌椅。”听到同学们热情的赞扬，看到老师赞许的目光，小海不好意思地低下了头，他第一次沉浸在受人尊重的气氛中，体会到被人赞赏的喜悦。从那以后，小海变得自信了。

[评析]

情感沟通方法在班级集体活动——班会中也可以起到很好的效果。案例中的张老师能根据小海的平时表现和班会上的举止，理解小海的苦衷，并通过让全班同学帮他找优点的方法帮助小海，并使班级形成良好情感交流的氛围。从案例的结果来说，情感沟通方法既能促进学生个体的发展，又有利于形成良好的班风。

## 第二节　班课管理的有效标准

**案例 14-4**　　**眼保健操时的猫叫**①

有一次，一堂语文课结束后做眼保健操时，学生们都在认真地做，一个平时比较顽皮的学生学了一声猫叫，引得其他的学生笑了起来，纷纷扭头看是哪个。这时整个课堂秩序比较乱，我没有严厉地批评那个学生，也没有把他拉出教室罚站，我是怎样做的呢?

我先让学生们都停止做眼保健操，然后说：“你们在做眼保健操时想到了什么?”学生们都说没有想什么，我接着说：“我们中有一个同学在做眼保健操时还展开想象，他想到了猫，并且还学了一声猫叫，叫得很像，将来我们班开个口技表演会，专门请他学猫叫。但是你们知道猫为什么能在晚上捉老鼠吗?”学生们又摇头说不知道，我告诉学生们：“那是因为猫的眼睛特别亮。而要想有一双明亮的眼睛就得非常注意保护自己的视力，你们要想具有猫那样明亮的眼睛，就必须认真地做眼保健操，可不能马马虎虎。”这时我发现刚才那个学生低下了头。我又说：“现在那位同学已经认识到了自己的错误，他很不安，其实，能认识到自己的错误也是个好学生。”学生们都微笑地表示赞同。

于是，我让学生们继续做眼保健操，事情就这么过去了。

事后，那位学生主动来找我认错，我又一次鼓励了他。几周后我发现，他各方面都进步了，得到了任课教师的好评。

[评析]

案例中的教师能敏锐地从学生的不良行为中发现其优点，并从促进学生发展的角度处

① 邱淑慧. 班级管理与班主任工作技能. 广州：暨南大学出版社，2011：218.

理偶然发生的具体事件，有效地保证了班课活动的顺利开展。

## 一、班课管理的有效标准

教师班课管理的有效标准可以概括为六个方面，即活动流畅、时间有效、环境诱人、学生负责、限制清晰、方法适宜①。

### （一）活动流畅

在班课中，保持活动流畅的有效策略有“三做到、两避免”。“三做到”分别是：（1）做到火眼金睛。对班课里发生的一切了如指掌，随时处理。（2）做到一心二用。班课中随时都有新情况同时发生，教师要有“眼观六路，耳听八方，指东击西”的本事，随时将学生的言行置于自己的掌控之中。（3）做到照顾群体。有效的班课是既充满活力又安全平稳的。“两避免”分别是：（1）避免死板。教师不能在相同要点与方向上反复啰唆。（2）避免跑题。教师上课跑题，可能会吸引学生，消耗学生宝贵的班课时间。

### （二）时间有效

对于班课来讲，最宝贵的就是时间。所谓时间有效，是指教师在精心设计班课时间的基础上，采取必要的组织技能，使班课时间的应用富有生成性。精心设计时间、建立教学常规和增加学业学习时间，是有效使用班课时间的基本策略。

### （三）环境诱人

学习环境的创造，起始于课室的设计布置。教师需要精心设计与布置课室，以做到“环境诱人”。课室布置一定要个性化，有学生照片、作业特别是文学艺术作业展示，学生署名的报纸剪贴，学生生日日历，等等。

### （四）学生负责

一个有效的教师，总是教会学生自我负责。学生负责主要表现在两个方面：一方面班课纪律由学生负责，另一方面学习作业由学生负责。班课纪律的学生负责制，主要在于培养学生干部并分工负责，教师给予有效指导和强力支持。学习作业负责制的形成和有效运行，主要有三种方式：一是教师精心设计和明确指导学生的作业，给学生布置难易适度的作业，并给予口头或书面的作业指导；二是掌控学生的作业进展，课堂作业可以采取巡视纠正法，家庭作业可以采取批改法；三是对作业给予规范化与促进性的反馈，批改与讲评作业、组织学生自我批改以及同伴批改，都是有效的方式。

### （五）限制清晰

所谓限制清晰，是指班课管理总要对学生行为进行一定的限制以便加以引导，引导要有效，限制必须清晰明确。有效教师总会根据自己所带班课的实际情况，在每个学年开始时制订实施一套管理制度，其中规则与程序是最重要的组成部分。

### （六）方法适宜

所谓方法适宜，是指对班课里每个学生的行为特别是问题行为，要根据学生个体差异而选择使用适宜的方法。教师对待与处理班课学生行为的方法，概括起来典型的有三种：

---

① Fielstein L，Phelps P. Introduction to teaching：rewards and realities. Beijing：China Light Industry Press，2005：232-261.

表扬、批评与惩罚。教师要通过深入调查、细致观察和科学分析，准确把握学生个性特点和对教育方法的反应类型，因人制宜地采用不同的方法，努力让自己对每个学生采用的教育方法都具有适宜性。随着教育民主化的发展，人们在努力寻找和创新有效策略以消除惩罚方法，其中显著有效的有“后果承担”和“鼓励”两种方法[①]。

## 二、当前班级管理存在的问题

### （一）由于受分数压力和教师权威的制约，大部分班主任对班级实施管理的方式偏重于专断型

1. 分数的压力迫使管理方式专断

在应试教育的模式下，我国中小学长期受片面追求升学率的影响，很多学校及教师以分数和排名评价一个学生、一个班级；而且教师的奖惩与绩效也与本班学生所取得的分数和排名直接挂钩。分数和排名几乎成为学校评价师生与班级的唯一尺度，这导致班级管理者即班主任与各科任教师以如何提高学生的成绩为教育教学活动和班级管理的主要目标。一切与“知识传递”无关的班级活动、学生的个性化发展都被视为“无意义”而被排除在外。为了分数和排名，为了提高升学率，教师往往忽视了学生主体而进行专断型的管理。

2. 教师权威需要专断型的管理

长期以来的师道尊严，使学生养成以“听话”和“服从”的方式来维护教师权威不受损害。为了维护所谓的权威，专断型管理是最佳方式：教师必须听领导的话，服从学校领导的安排；学生必须听教师的话，服从教师的指挥。

### （二）班级管理制度缺乏活力，学生参与班级管理的程度较低

1. 重规范制度管理而轻人性化管理

班级管理的全程几乎被各项规章制度所掩盖，班主任从开学一直到期末，几乎天天不厌其烦地讲，三令五申地重复着学生应该遵守的制度和规范，可是效果却不尽如人意。合法的规章制度本身没错，但管理方式过于僵化，缺乏对学生人性化的管理。在人性化管理中学生仍然要遵守规章制度，但应把规章制度通过各种途径内化成学生自身的要求。而且对违规的学生要给予帮助和改错的机会，不能只是批评或惩罚。

2. 重专断型管理而轻学生自主管理

班级长期以来的专断型管理导致了师生的民主意识不强，学生自我管理的能力缺乏。班级中一般都有学生干部参与班级管理，但在一些中小学中存在以下问题：一是部分班干部由班主任任命，只有少数教师认可的优秀学生才有机会当班干部，多数学生希望能为班级做事情却没有机会；二是班干部只是服务于教师，是教师的助手，而不是服务于全部学生，缺乏小主人翁的意识；三是部分班干部养成不良的“干部作风”，不能平等对待每个同学；四是部分班干部拥有特权，而且“荣誉”重于“责任”。

在过于注重分数和教师权威的情况下，班级缺乏人性化和自主性管理，班级管理的标准也变形或异化为：只关注班级教学活动的流畅而忽视课外活动和学生个体的需要；

---

① 黄甫全. 现代课程与教学论. 北京：人民教育出版社，2014：145.

班级时间总是围绕考试内容而被精细安排，甚至精确到秒；学生对分数和教师负责，而不是对自己负责；注重围绕学生分数的高低进行表扬、批评与惩罚，忽视对学生品行的评价。

## 三、解决对策：建立以学生为本的班级管理机制

### （一）以满足学生的发展需要为目的

传统的班级管理是专断型的管理，强调管理者在班级中对人、事、物等因素的控制，体现了教师对班级的预先期望及学生对教师的服从。纪律、秩序、控制、服从是传统班级管理所追求的目标。在现代社会的学校教育中，班级管理是以培养人为管理和教育目标的，而分数和排名不是班级管理的主要目标。在现代的教育管理中，学生既是目的，又是手段；既是管理的对象，又是管理的主体。满足学生的需要既是班级管理的出发点，又是班级管理的最终归属。班级管理的实质是让学生的潜能得到最大的发展。

### （二）确立学生在班级中的主体地位

在传统的班级管理模式下，学生只是被管理者，在某种程度上是教师的“附属物”，教师和学生的“人-人”关系降低为“人-物”的关系，学生的主体地位根本无法保障。现代教育和管理的理念从根本上促进了新型班级的建立，从而为以学生为本的班级管理提供了保证。现代教育与管理的内在机制就在于从人的主体性源泉出发去挖掘学生的能动性，促进人的主动和谐发展。因此，现代班级管理注重以学生为核心，建立一套能够持久激发学生主动性、积极性的管理机制，确保学生的持久发展。

### （三）训练学生自主管理班级的能力

学生作为一个能动的个体，非常渴望参与班级管理，但由于没有参与管理的机会，使学生的能动性逐渐被打击，欠缺自主生活、学习、管理与工作的能力，缺乏独立、创新精神。现代的班级管理要求以学生的自主管理为主，学生在自主管理中其自我教育、自我管理的能力逐渐得到提高。班主任应改变传统的专断型管理方法，而多采用民主管理、自主管理、情感沟通的方法进行班级管理。

---

**案例 14-5** **该放手时就放手**①

刚当班主任的时候，我事无巨细，班里的大事小事都亲自抓，为的是把班级工作搞好，不辜负学校领导的信任。可谁知在一些学校组织的集体活动中，班级并没有像我所希望的那样获得好成绩。恨铁不成钢的心理使我怨气满腹，责怪学生不争气。

有一次，学校组织集体舞比赛。我担心班里的实力，对此未抱什么希望。我找来文艺委员，草草布置了事，并吩咐让她自己去组织。在这个过程中，我除了偶尔过问一下外，几乎没有操过心。比赛这天，我正巧有事没到场。第二天，好几位班主任向我祝贺，说我们班的队形编排、服装设计等方面赢得评委和观众的好评。文艺委员兴冲冲地跑来告诉我，班级获得了第三名，同学们也兴高采烈。这是我担任班主任以来，班级取得的最好成

① 迟绍光．放手让学生自己做．人民教育，2000（2）．

绩。事后我了解到，为了这次比赛，几乎所有同学都拿出了自己的方案。

这件事给了我很多的启示。学生自身的潜力不能忽视，充分发挥学生自我教育、自我管理的潜能，使他们在这个过程中得到主动发展，是素质教育必不可少的内容。班主任如果事事不放心，事必躬亲，反而会给学生的主动发挥造成种种限制。从这以后，我在班级管理中逐步建立一个新的理念：该放手时就放手。

[评析]

班主任无意中放手让班干部独立组织比赛，结果收到意想不到的效果，从此改变管理理念，适时放手让学生自治。班主任的不放手源于不放心、不相信和追求完美的心态。敢于放手、敢于创新的班主任才能从琐碎的班级管理中脱身，而把精力放在统筹规划和教育指导上，使每个学生得以发展。

## 第三节　班级管理的主要领域

**案例 14-6**　　**盘点我一学期的班主任生活**①

（1）定班规，违反者当众唱歌，直到全体学生满意。

（2）学生不出操有两种选择：一是中午放学时自觉在教室“加班”学习 40 分钟（我们中午只有一小时的时间），二是主动到操场加倍跑步。

（3）早自习迟到者中午多学习半小时，我布置学习内容。

（4）大考如果有两门以上达不到 40 分，请家长一起听课，为任课教师提建议。

（5）每周用多媒体放一次电影。

（6）记下每个学生的生日，全班同学为过生日的同学唱歌，我为其买小礼物。

（7）和学生 QQ 聊天。

（8）代替语文老师批阅学生周记，写下不少于六十字的批语。

（9）去男生寝室督促几个赖床的男生起床（我可是女性）。

（10）最后一点，我没有让一个学生请过家长，除了个别听课的家长。

[评析]

以上是一个班主任一学期的主要工作，其中包括班规的制定和监督、学生学习的管理、学生生活的管理、学生思想工作等。

作为班级管理者的班主任，其工作领域主要包括哪些方面呢?

班级管理的主要领域是班级日常管理，即班主任从学校的培养目标和班级工作的要求出发，对班级学生的日常行为与班级状况进行的经常性管理与教育。主要包括：班级环境管理、学生的管理与指导、学生的评价。

① 谌启标，王晞．班级管理与班主任工作．福州：福建教育出版社，2007：27.

## 一、班级环境管理

### (一) 班级制度环境管理

1. 考勤制度

班主任按照《中小学生守则》《中学生日常行为规范(修订)》的要求，督促学生遵守学校作息时间，严格考勤制度，为教育教学以及班级管理创造良好的环境。考勤制度的基本内容包括考勤范围、考勤的标准、考勤的计算、考勤程序、考勤审批手续、考勤注意事项等。

2. 课堂学习秩序

课堂学习是目前学生学习的主要形式，建立课堂学习秩序是班级管理的重点。课堂学习中常见的不良行为有中断教学、反抗行为、分心行为、攻击行为等。不良的行为直接影响课堂学习的秩序和效果。课堂学习秩序主要包括上课秩序和作业秩序，其具体的要求如下：

(1) 上课秩序的具体要求。

上课预备铃响后，学生应该迅速进入教室，准备好上课用品，静候上课；上、下课时起立向老师致敬，下课时，请老师先行；上课专心听讲，积极思考，认真做好笔记；积极参加讨论，勇于发表见解；大胆提问，回答问题声音清楚，不随意打断他人的发言；不干扰正常课堂教学，不看与课程无关的书籍；等等。

(2) 作业秩序的具体要求。

课前预习、课后认真复习；课堂作业按老师的要求及时完成，不懂就问，主动向同学和老师请教；按时完成课后作业；作业书写工整，卷面整洁；等等。

3. 考试管理

考试是指由主试根据一定社会的要求，在一定场所，采取一定的方法，选择一定的内容，对应试者的德、学、才、识、体等所进行的有组织、有目的的测验和甄别的活动。考试不仅是对学生知识能力的考查，更是对学生人格的检验，因此班主任要做好考试工作，严禁学生考试作弊。具体的考试管理是：

(1) 考试前，要对学生强调考试的意义以及基本要求，使学生明确考试的价值。

(2) 严格执行考试制度。考试期间，监考老师严格按考场纪律要求学生，规范学生的考试行为，杜绝学生作弊的心理。

(3) 对违纪的学生必须按制度进行惩戒。

(4) 公平合理地处理考试成绩，严禁排名。

### (二) 班级物质环境管理

1. 教室的布置与管理

教室是师生教育教学和开展各项活动的主要场所，对班级文化管理建设起着潜移默化的影响。教室布置的要求应遵循以下原则：教育性、实用性、个性化、艺术性等。教室布置与管理的要求如下：

(1) 教师与学生一起布置教室。

班主任要带领学生一起创设一个具有育人功能的教室。教室的布置要求如下：让每面墙壁都会说话，即张贴具有教育意义的名人、名言警句或班徽班训；发挥黑板报的宣传教育作用；充分利用教室的空间，开辟图书角、动植物角、学生作品展览角等。教室的布置要充分体现学生的特点，发挥学生的想象力、创造能力和动手能力。

（2）做好教室的清洁与管理工作。

具体的工作如下：第一，开学前的教室布置与清洁。在注册前后或正式开学前，一定要做好教室的清洁工作，以明亮、整洁的教室迎接学生的到来。第二，每天教室的清洁管理。设置值日生轮值表、扫地区域分布表等安排值日生轮流负责教室的清洁工作，而且要求每个学生都有保持教室整洁的义务。

2. 班级座位的编排

实践表明，座位编排显著影响班课教学效果与质量。长期以来，人们创用了多种座位安排方式，并围绕座位安排开展了大量实证与现场观察研究，取得了许多成就，形成了一些有效的座位安排形式与原则。

（1）座位编排形式。

座位编排形式，实际上是教育教学空间的组织形式，它直接影响着师生与生生在教育教学活动中的相互作用、学生参与活动的积极性以及信息的交流方式与范围等。

传统的课堂座位排列形式是秧田形（见图 14－1），即一排排课桌面向教师的讲台，学生与学生前额对后脑、左肩邻右肩。这种座位排列最适合于集体讲授，但不利于学生之间的互动。目前，国内外的研究者正在积极探索如何编排学生座位才能更好地促进教学效果的提升，并提出了圆形、马蹄形和模块形等排列形式。

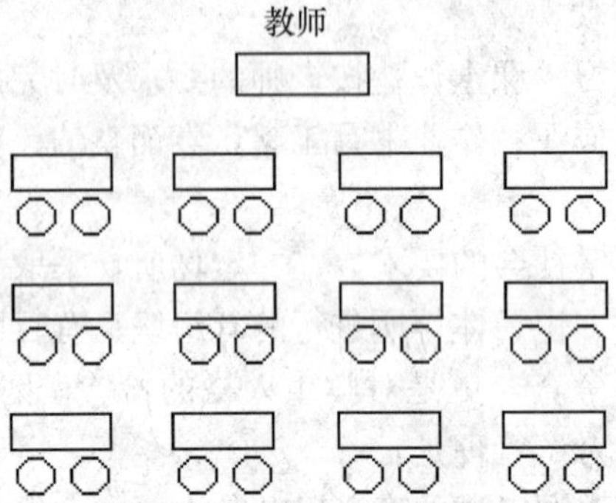


**图 14－1　秧田形的座位排列**

圆形的座位排列（见图 14－2A）适合于课堂讨论，它可以大大地增加师生之间、生生之间的言语和非言语交流，促进学生间的社会交往活动。

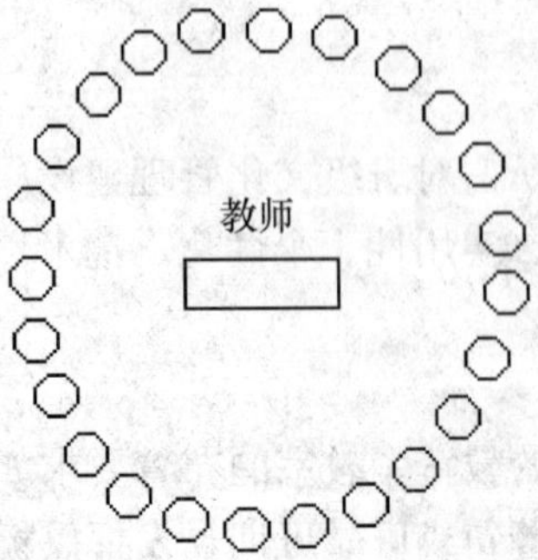


**图 14－2A　圆形的座位排列**

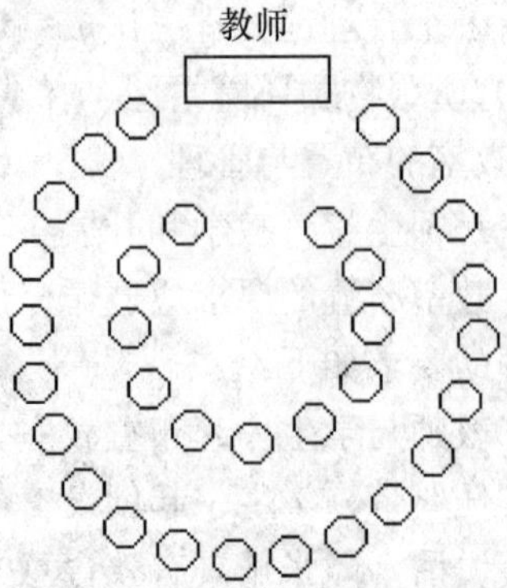


**图 14－2B　同心圆形的座位排列**

马蹄形的座位排列（见图 14－3A），又可叫“会议桌形”。教师位于“U”形开口处，这种排列形式兼有秧田形和圆形排列的某些特点，既有助于充分增进师生之间的交流，又有助于问题讨论和实验示演，还可以突出教师对课堂的控制，发挥教师的主导作用。

圆形和马蹄形的座位排列，一般要求班级规模不超过 25 名学生。如果学生人数超过 25 名，可以考虑采取同心圆形（见图 14－2B）和双马蹄形的形式（见图 14－3B）。

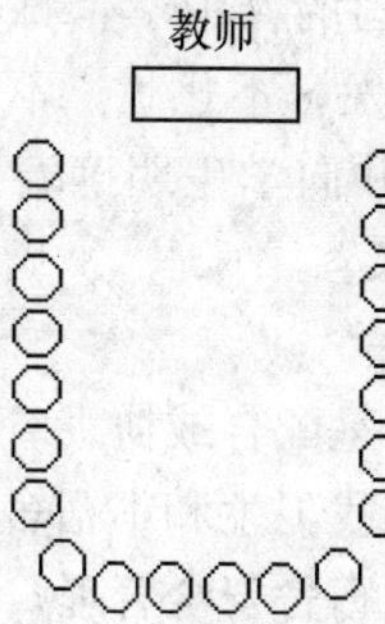


**图 14－3A　马蹄形的座位排列**

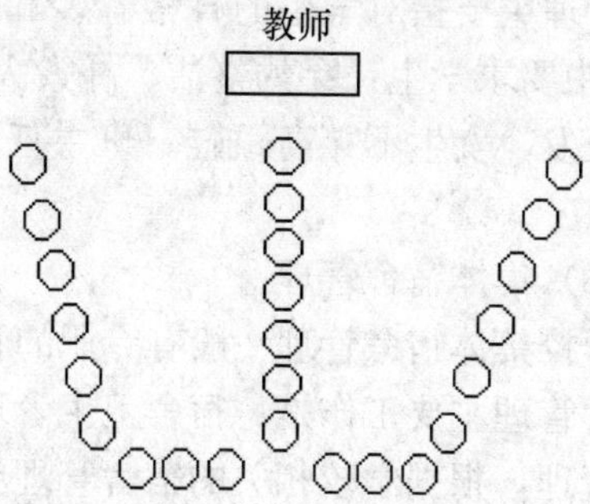


**图 14－3B　双马蹄形的座位排列**

模块形的座位排列（见图 14－4）则适合于小组活动，它十分有利于小组成员进行相互交流与合作，使小组成为真正意义上的“功能群体”。

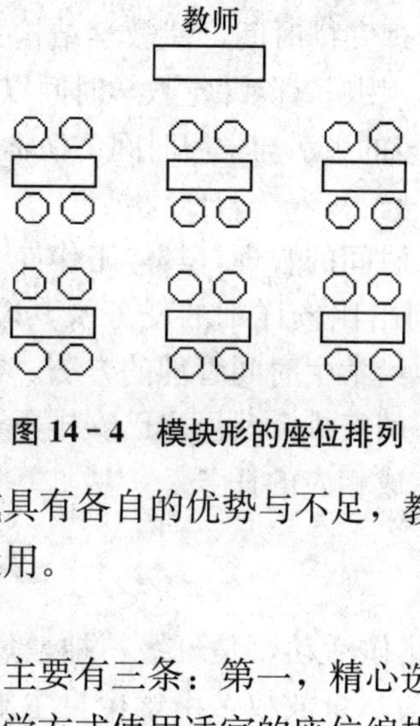


**图 14－4　模块形的座位排列**

总之，不同的座位排列形式具有各自的优势与不足，教师应当根据教学目标和课程实施的要求，灵活地加以设计与运用。

（2）座位编排原则。

教师设计与优化座位的原则主要有三条：第一，精心选择或创用一定的班课座位编排形式；第二，同一科目的不同教学方式使用适宜的座位编排方式；第三，定期或不定期地对班课上“左中右”“前中后”座位进行调换①。

## 二、学生的管理与指导

### （一）生活管理与指导

1．集体物质生活管理与指导

（1）班级公物管理。

① 黄甫全．现代课程与教学论．北京：人民教育出版社，2014：409.

班级公物管理的主要任务是培养学生爱护学校和班级公共物品的品质。在班级公物管理中要做好以下工作：明确岗位管理的依据；制定公物管理的办法，可设置各物品管理员等。

(2) 学生着装管理。

着装能体现一个人的气质，得体的着装是个人社会交往中不可缺少的礼仪规范。学生着装管理主要指对学生的日常着装和校服进行管理。我国的《中学生日常行为规范（修订）》中要求学生：穿戴整洁、朴素大方，不烫发，不染发，不化妆，不佩戴首饰，男生不留长发，女生不穿高跟鞋。班主任可据此要求学生，并向学生明确着装管理的依据和意义。

(3) 集体宿舍管理。

学校集体宿舍管理一般有专职的管理员，班主任主要是配合或协助管理员的工作。集体宿舍管理主要工作是：宿舍卫生管理，要求学生做好自我卫生和本宿舍卫生工作；宿舍纪律管理，根据学校相关的宿舍管理要求严格要求学生；宿舍安全管理；等等。

2. 学生时间管理

(1) 班集体时间管理。

班集体时间包括课堂教学时间、班级活动时间，课堂教学时间管理是核心。教师应该根据学科性质，规划运用好班级课堂教学时间，具体工作是：做好教学准备，合理安排教学流程；根据教学活动需要，合理安排时间，使教学结构紧凑有序。班级活动时间包括晨会、班会、课外活动、课间活动、用餐等除课堂教学时间以外的时间，班主任应该根据学校的作息时间表，合理安排学生在校的生活与学习时间，使学生活动张弛有度、丰富多彩。

(2) 学生个人时间管理。

班主任要帮助学生进行个人时间的管理，具体工作如下：要求学生做好时间规划，指导学生制定比较详细的规划，列出比较详细的任务及其时间分配；指导学生有效支配时间，做好对时间的统筹管理；教给学生时间管理的方法。常用的时间管理方法有备忘录和规划表。备忘录是记录自己的时间安排，反思自己安排不合理的地方，不断进行改进；规划表是按照预定的时间规划，完成相应的任务。

3. 集体社会生活管理

(1) 集会活动管理。

集会活动是属于全校性的集体活动，是班级精神最集中的体现。班主任应做好以下工作：做好集会的组织工作，应尽量放权，由学生自主组织与管理；明确相关的纪律要求，对学生进行集体纪律方面的引导和教育，让学生养成自觉遵守集会活动纪律的习惯。

(2) 学生人际交往的指导。

人际交往能力是现代社会的核心能力，班主任自身应提高对人际交往的认识，了解学生人际交往的特点，指导学生提升人际交往能力。具体工作如下：一是学生自身文明行为规范的学习与养成。让学生明白养成量化的行为习惯有助于人际交往。二是交往技能与方法的学习与训练。可以开展专门的人际交往主题班会或活动，并且在各种生活情境中训练学生的人际交往技能。

### （二）个人生活指导

个人生活指导是指班主任就学生个体人生的整个生活领域，结合生活实际给他们的学习和生活给予具体引导和帮助，使其尽可能充分地、全面地发展，并通过生活实践的磨炼，帮助他们形成自我选择和自我决定的能力。

### （三）学习指导

学习指导是班主任建设良好班集体学风的重要工作。具体的工作如下：（1）帮助学生明确学习的目的和意义，激发学生学习的动机和兴趣；（2）端正学生的学习态度；（3）形成良好的班级学习气氛，帮助学生养成良好的学习习惯；（4）帮助学生掌握学习策略①。

### （四）健康指导

2008年教育部关于印发《中小学健康教育指导纲要》明确提出：学校健康教育要把培养青少年的健康意识，提高学生的健康素质作为根本的出发点，注重实用性和实效性。坚持健康知识传授与健康技能传授并重原则，健康知识和技能传授呈螺旋式递进原则，健康知识传授、健康意识与健康行为形成相统一原则；总体要求与地方实际相结合原则，健康教育理论知识和学生生活实际相结合原则。做到突出重点、循序渐进，不断强化和促进健康知识的掌握、健康技能的提高、健康意识的形成、健康行为和生活方式的建立。学校要通过学科教学和班会、团会、校会、升旗仪式、专题讲座、墙报、板报等多种宣传教育形式开展健康教育，班主任应该配合学校做好相关指导管理工作。

## 三、学生的评价

### （一）班级日常管理中的奖励与惩罚

1. 奖励与惩罚的方法

（1）奖励。

奖励指向那些被认为是正确的、积极的、带来正价值的行为，以确保此种行为重复出现或得到加强。按照不同的标准，奖励可以划分为不同的类型。按照内容划分，奖励可以分为物质奖励和精神奖励；按照形式划分，奖励可以分为外部奖励和内部奖励。奖励的形式有赞许、表扬、奖赏等三种。

（2）惩罚。

惩罚指向那些被认为是错误的、消极的、带来零价值或负价值的行为，以便使这种行为消除或降低其出现频率。班级管理中的惩罚一般是以教育为前提、以惩罚为手段，主要目的在于制止学生一些错误的思想和行为。惩罚包括批评、检讨、取消某种奖励以及斥责、体罚等各种能给学生带来不愉快体验的形式。按照内容形式划分，惩罚可以分为物质性惩罚和精神性惩罚；按照方式划分，惩罚可以分为代偿式惩罚和剥夺式惩罚。班级管理中的惩罚形式一般有批评、谴责、训导、处分。处分包括：警告、记过、留校察看、开除学籍等。

2. 奖励与惩罚应该注意的问题

（1）正确认识奖励与惩罚。

奖励与惩罚只是评价学生的手段和方法，而不是评价的目的，评价的本质是为了促进

---

① 邱淑慧. 班级管理与班主任工作技能. 广州：暨南大学出版社，2011：132.

学生健康发展。奖励与惩罚不是唯一的评价方法，要根据具体情况与学生的身心发展水平、个性特征等选择适合的评价方法。

（2）适度运用。

适度的运用奖励与惩罚才能收到应有的效果。奖励的滥用容易造成被奖励者的骄傲、自大而看不到不足和今后努力方向。惩罚的过分使用，如变相体罚或体罚，既伤害学生身体健康，又伤害学生心理，使学生失去自尊和自信。

（3）公平合理。

奖励与惩罚要求对每个学生都一视同仁，不应该只是奖励优秀学生或经常惩罚某些问题学生。对犯错误的优秀学生也应该给以惩罚；对于存在较多问题的学生要善于发现其闪光点，要毫不吝惜地给以肯定和奖励。要根据学生所做的具体事情的性质、情节、态度进行奖励与惩罚，尽量做到实事求是、客观公正、公平。

（4）讲求艺术。

奖励与惩罚要注意方式，讲求艺术，才能获得更好的效果。教师要根据具体的情况和不同学生的需求，创造性地运用各种奖励与惩罚的方式。比如，对于物质生活富裕的学生更多给以精神奖励，对于相对贫困的学生多给以物质奖励，对于自尊心强的学生批评最好私下进行等等，奖励应该多于惩罚。

**案例 14-7　　艺术的惩罚**[①]

英国皮亚丹博物馆收藏了两幅画——一幅是人体骨骼图，一幅是人体血液循环图。这是当年一名小学生麦克劳德的作品。这个孩子有一颗特强的好奇心，老想看看狗的内脏是怎样的。有一天，他终于杀了一条狗。这条狗恰恰是他们校长的宠物，校长知道了，决定给他以惩罚：罚他画两幅画。这就是该博物馆收藏的那两幅画。麦克劳德后来成为有名的解剖学家并获得诺贝尔生理学或医学奖。

［评析］

校长给麦克劳德的惩罚可以说是艺术的惩罚，既让学生认识到自己的错误，又满足其好奇心，促进其健康发展。正在成长的孩子经常会出现“好心办坏事”的情况，教师要了解、理解孩子，寻找适宜的惩罚或奖励等手段帮助和指引孩子用正确的方法办好事情，形成良好的行为习惯。

**（二）班级日常管理中的操行评定**

操行评定是对学生在某个阶段思想道德等方面的状况进行评价。通过操行评定，鼓励学生发扬优点，克服缺点，促使学生不断地自我完善，并检查班级德育工作的情况，促进德育工作水平的提高。

1. 操行评定的内容和标准

操行评定内容以《中小学生守则》《中学生日常行为规范（修订）》《中学德育大纲》为依据。各地可根据本地区实际情况，对不同年级的学生在思想政治觉悟、道德品质、行

① 傅道春. 教育学：情境与原理. 北京：教育科学出版社，1999：381.

为表现等方面提出具体的要求，制定具体标准。根据学生在以上内容诸方面的表现，评定中学生的操行等级，可分别评为优秀、良好、及格、不及格四等。

2. 操行评定的原则和方法

(1) 坚持实事求是的原则。要根据评定内容的基本要求，从学生的实际出发，用全面、发展的观点看待学生，实事求是地分析学生的优缺点，防止片面性。

(2) 实行民主评定的方法。既要充分发挥班主任和各科任教师在考核评价中的作用，又要尊重学生自评、小组互评。对学生的意见既要尊重又要引导，防止压制民主或放任自流。

(3) 操行评语由班主任负责，在学生个人总结和小组评议的基础上写出。每一学期末，班主任对学生个人小结、小组评议签署意见，学年末写出评语。在评语中要指出学生的优点、缺点、努力方向，以表扬为主。对犯有错误受到学校记过以上处分尚未撤销的学生，其主要错误和处分均应如实写在评语中。对受到校级或校级以上部门表彰奖励的学生，其事迹和表彰情况也应写在评语中。

操行等级由班主任在征求学生和各科任教师意见基础上评定。学期末初评，学年末总评。评定方法要力求科学合理，简便易行。

(4) 评定结果（包括操行评语和操行等级）应通知家长，并记入学生学籍档案。对不及格者学校应与其家长面谈，商讨教育方法。

**案例 14-8**　**因为你是用心在做**①

以下是刘老师为某同学写评语的过程和体会：

某女生性格内向，学生成绩比较差，被同学看不起，她也觉得自己一无是处，情绪消沉。对此，我努力找出她身上的优点，写下了这样的评语："老师发现，在学校板报评比中，你负责排版的那期板报最出色，因为你是用心在做；在学校运动会上，你又为班级争取了宝贵的一分，因为你勇于拼搏。我想，凡事只要你用心去做，就一定能够成功。"没有刻意去放大这个学生的优点，也无歪曲事实，而是通过细致的观察找到了她本人尚未认识到的闪光点。仅仅靠一条评语，就激起这个平日总遭人白眼的学生的自信。从此，她的笑容多了，学习劲头足了。毕业时，她在送给老师的贺卡上真诚地写道："老师，您对我的评语使我学会了如何去欣赏人，如何去做一个真正的人。以后的人生中，我会用心去做每一件事。"

[评析]

从案例中可看出，适宜的操行评定能取得极好的效果。刘老师的评语真实、客观，而且能从细微处观察和了解学生的优点，并根据学生的优点鼓励学生。

**请君一试**

2014 年材料分析题：为了让班会开得更成功，我选了一篇课文改写了剧本，准备排演课本剧。第二天，我在班上说了这一想法，很多同学都表示赞同。这时我听到了小雯

① 刘小华. 撰写评语六原则. 班主任，2006 (6).

和同桌的小声议论："老师怎么选这篇课文，又长又不好演。""你管呢，让你演什么你就演什么呗。""我可不想演。"听到这儿，我的心一沉。下课后，我请小雯来办公室，让她谈自己的想法。她说："老师，我觉得您选的课文不好，而且您每次都是写好了剧本让我们演，能不能让我们自己试一试。"她的话让我突然意识到他们长大了，并不希望老师什么都是"包办代替"。于是，我把这项任务交给了小雯，她高兴地接受了。接下来，她忙着和同学选课文，编剧和做道具……期间还让我做参谋。班会如期召开，课本剧表演非常成功。

［问题］

（1）谈谈本案例在班级管理方面给你的启示。

（2）作为班主任，应树立怎样的学生观？

**【答案要点】**

（1）本案例给我们的启示是在班级管理中，教师要树立以人为本的管理理念，通过班级管理满足学生的发展要求，培养学生的自我教育能力。

（2）班主任应该将学生视作发展的人、独特的人和具有独立意义的人。

# 第十五章

# 课程与教学评价

在课程研制过程中，评价是一个十分重要的阶段；在课程与教学活动中，评价又是一个不可或缺的要素。在教育领域，人们已经开发与应用了丰富的评价原理、技术与工具。

## 第一节　课程与教学评价概述

**案例 15-1**　　“绿色评价”导向“绿色教育”①

——上海推行“学业质量绿色指标”改变“唯分是图”现状

2011 年 11 月，上海市教委发布关于《上海市中小学生学业质量绿色指标（试行）》的实施意见。所谓“绿色评价”，就是要改变单纯以学业成绩作为唯一标准的评价方式，更加全面地对学生学业水平状况和各校课程标准的执行情况进行监控，引导学校为实现“轻负担、高质量”的教学而努力。

“绿色评价”包括 5 个方面、10 个指数，分别为：

- 学生学业水平（学生学业水平指数）；
- 学生为取得成绩付出的代价（学生学习动力指数、学生学业负担指数）；
- 学校课程教学行为（师生关系指数、教师教学方式指数、校长课程领导力指数）；
- 各校均衡发展水平（学生社会经济背景对学业成绩的影响指数）；
- 学生品质和身心健康（学生品德行为指数、身心健康指数、跨年度进步指数）。

其中，学生学习动力指数细分成学生学习自信心、学习动机、学习压力和学生对学校的认同度等 4 个方面，学生学业负担指数包括了睡眠时间、作业时间、补课时间，进步指数包括学习动力进步指数、师生关系进步指数、学业负担进步指数等。

在静安实验小学，一年级学生乐乐最直观地感受到变化：以前，每天抄写生字、单词，生字、单词是学生头上的“两座大山”；如今，写得好的学生第二天可免抄写。乐乐

① 王婧．申城学生学业质量绿色指标实施意见出台．新闻晨报，2011-11-01．

有了更多的时间参加学校小主持人班、画画班。

校长任佩钧说，“绿色指标”让学校也“心定”了。因为学校意识到，学生不仅要成绩好，作业也要少，睡眠更不能缺，所以从提高课堂效率入手，有效落实减负增效。

评价体系变了，学生的负担才能降下来。“绿色指标”被越来越多的学校和家长用作新标尺，衡量学校的办学水平。

[评析]

虽然“中小学生减负”的口号喊了好多年，但真正要实现举步维艰。归根到底，是因为教育评价这根“指挥棒”仍然以“考试分数”作为衡量学生的唯一标准。长期以来，我们习惯于对学生实行单一的分数评价，这必然导致围绕考试的应试教育。我们要改变这种单一化的人才评价方式，实行更多元、更有厚度的评价方式。中小学考试和评价方式，应该保护学生的学习兴趣，激发学生学习的主动性，让学习更富创造力，这样的学习生态才更利于一个人的长远发展。

## 一、课程评价与教学评价

广义的课程评价包括了教学评价、教师评价、学生学习成就评价和课程产品评价，所以称为课程与教学评价；狭义的课程评价仅仅指课程产品评价。为了表达的方便，这里采用狭义的课程评价，将课程评价与教学评价分开阐述。

课程评价是指依据一定的评价标准，通过系统地收集有关信息，采用各种定性、定量的方法，对课程的计划、实施、结果等有关问题做出价值判断并寻求改进的一种活动。它包括对课程本身的评价和对学生学业的评价。泰勒被誉为“课程评价之父”，他提出了“目标评价模式”，强调目标在评价中的突出作用是这种评价模式的一个主要特征。

教学评价是对教师的教与学生的学相统一的教学活动收集事实信息并进行价值判断的过程。教学评价一般包括对教学过程中教师、学生、教学内容、教学方法手段、教学环境、教学管理等诸因素的全面评价，但主要是对学生学习状况和教师教授质量的评价。

### 小资料：我国课程与教学评价的发展史

古代的课程与教学评价产生于我国西周时期。后来推行不同的选士制度，评价主要反映在人才选拔上。古代评价的方法主要是口试、笔试或观察，一般采用主观判断和文字记分，缺乏信度和效度。现代的课程与教学评价，是在改造古代评价的基础上，借助于教育科学化运动，通过运用心理学、统计学、教育测量学等原理与方法逐步确立的，经历了具有不同特征的四个基本阶段。（1）测量阶段（20 世纪初到 20 世纪 30 年代），特点是测量理论的形成和测验技术在课程与教学中的广泛应用，对如何科学地解决课程与教学信息的收集问题做出了贡献。（2）目标模式阶段（20 世纪 30 年代到 20 世纪 40 年代），特征是对测验结果做描述，意在确定什么样的学习目标模式对学生学习最有效。（3）目标参照测验阶段（20 世纪 50 年代到 20 世纪 70 年代），格外关注目标的实现，注重以目标为参照系进行价值评判，有力地促进了评价标准的发展。（4）人本化阶段（从

20 世纪 80 年代至今），突出评价中的人文主义精神，强调评价者和评价对象之间的不断交互作用、共同建构与全面参与。

资料来源：黄甫全．现代课程与教学论．北京：人民教育出版社，2011：457.

## 二、教学评价的功能

### （一）导向与激励功能

教学评价的导向功能是指教学评价本身所具有的引导评价对象朝着理想目标前进的功效和能力，这是由评价标准的方向性决定的。因为在教育评价中，对任何评价对象所做的价值判断，都是根据一定的评价目标、评价标准进行的。这些评价的目标、标准、指标及其权重，对评价对象来说，起着“指挥棒”的作用，为他们的努力指定方向。评价对象必须按目标努力才能达到合格的标准，否则就达不到合格标准，得不到好的评价。

加强教学评价有利于激发评价对象的成就动机。教学评价往往要做出区分水平高低、评定等级的结论，这些直接影响着评价对象的形象、利益以及荣誉等。因此，评价活动能促使评价对象积极进取，不断努力。

### （二）鉴定功能

教学评价的鉴定功能是指教学评价认定、判断评价对象合格与否、优劣程度、水平高低等实际价值的功效和能力。由于教学评价是依据一定的标准进行的，这就决定了教学评价对评价对象具有鉴定优劣、区分等级、排列名次、评选先进、资格审查等鉴定功能。

### （三）改进提高功能

评价的结果实际上是一种对教学的反馈信息，这种信息可以成为师生调整教与学行为的客观依据。教师据此修订教学计划、改进教学方法、完善教学指导，学生据此变更学习策略、改进学习方法、增强学习的自觉性。教学评价有利于使教学过程成为一个随时得到反馈调节的可控系统，使教学效果越来越接近预期的目标。

### （四）管理功能

这种功能有时也被称为“证明”或“甄别”功能，有利于进行教学管理上的奖励、表扬、批评和指导，有利于确定学生的升级、编班以及分组，有利于人才选拔和就业指导，还有利于课程与教学管理水平的提高。

### （五）研究功能

通过教学评价，有利于开展教育研究活动。评价活动本身就是一种严肃的科学探索活动，其结果就是科研结果。同时，评价的结果对于探讨与解决教育上的种种问题，有着极大的启发作用。

## 三、教学评价的类型

课程与教学评价多种多样，依据不同的标准，可以归纳为特征不同的若干类型。

### （一）根据评价的时间和作用分类

1. 诊断性评价

诊断性评价一般是在某些教学活动开始之前所进行的预估性或测定性的评价。其目的是了解和掌握评价对象的基础情况，为下一阶段工作做准备，为因材施教提供依据。

2. 形成性评价

形成性评价也叫过程评价，是在教学过程和学习过程中对教师的教学和学生的学习的动态状况进行的系统性评价。其目的是及时了解活动进程的效果，及时反馈信息，以便及时修正、及时调节、及时强化。这种评价意在改进工作，不注重区分等级，而且频率高、一次涉及的内容分量少、评价内容概括性水平低，常常伴随着各项改正程序等，这些都是形成性评价与终结性评价的区别所在。

3. 总结性评价

总结性评价又称终结性评价，是在教学活动告一段落时，为了解并确定其最终成果而进行的评价。总结性评价实施的频率低，评价内容概括性高。总结性评价着眼于对评价对象的总体认识，其主要目标是评定成绩，得出结论。

### （二）根据评价的标准分类

1. 相对评价

相对评价，又称常模参照性评价，是运用常模参照性测验对学生的学习成绩进行的评价，它主要依据学生个人的学习成绩在该班学生成绩序列或常模中所处的位置来评价和决定他的成绩的优劣，而不考虑是否达到教学目标的要求。

相对评价重视区分个体在群体中的相对位置和名次，适应性强、应用面广，适用于以选拔为宗旨的教学评价活动。

2. 绝对评价

绝对评价，又称目标参照性评价，是一种在评价对象群体之外，预定一个客观的或理想的标准，并运用这个固定的标准去评价每个对象的评价类型。只要评价过程是科学合理的，那么绝对评价的结果就可在很大程度上反映出评价对象掌握客观标准要求的水平，适用于以鉴定资格和水平为宗旨的教学评价活动。

3. 个体内差异评价

个体内差异评价是对同一评价对象的不同方面或某方面的前后变化进行比较的评价。个体内差异评价照顾到了评价对象的个体差异，不会给评价对象造成竞争压力。同时，它可以综合地和动态地考察评价对象的发展变化。它的缺点在于没有客观标准，又没有外部比较，很难确定评价对象的真实水平。

### （三）根据评价主体分类

1. 自我评价

自我评价，也叫内部评价，是指评价对象作为评价主体对自我进行的评价，有时是内隐性的，有时具有外显性。自我评价建立在对评价对象信任的基础上，能够激发评价对象的自尊心、自信心，增强自我评价的意识和能力。自我评价可以披露深层次的信息，解释问题的本质，有助于评价对象得到及时反馈与调适。自我评价的缺陷在于缺乏外界参照体系，不便进行比较；主观性强，评价结果可靠程度比较低。

2. 他人评价

他人评价，也叫外部评价，是指作为评价对象之外的其他主体对评价对象的评价，是一种外部的显性评价，如督学系统的督导评价、同行的评价等。他人评价从外部反映评价对象的状况，比较客观，可信度较高。外部评价的缺陷在于组织工作颇为繁杂，耗费时间和人力较多。

### （四）根据评价的方法分类

1. 定量评价

定量评价是采用数学的方法，收集和处理数据资料，对评价对象做出定量结果的价值判断，如运用教育测量与统计的方法、模糊数学的方法等，对评价对象的特性用数值进行描述和判断。

2. 定性评价

定性评价是根据评价者对评价对象平时的表现、现实和状态或文献资料的观察和分析，直接对评价对象做出定性结论的价值判断，如评出等级、写出评语等。

### （五）根据教学评价涉及的层次与范围分类

1. 宏观评价

宏观评价是以教学的全领域或涉及宏观决策方面的教学现象、措施为对象的教学评价，如对教学目标、制度、内容、方法进行评价。

2. 中观评价

中观评价是以学校教学各方面工作为对象的教学评价，如对学校教学质量、教师队伍和教学管理等的评价。

3. 微观评价

微观评价是以学生的发展变化为对象的评价。评价内容包括学生的思想品德、知识技能和健康状况等。

## 四、教学评价的内容

### （一）对教师教学工作的评价

教师的主要工作是教学，教师评价在很大程度上就是考核和评估教师的教学工作。

1. 教学设计评价

教学设计的评价主要包括对教学目标、教学内容、教学策略、教学媒体、教学环境的评价。评价是教学设计的有机组成部分，它使教学设计更加有效，并能调节教学设计人员的心理因素。教学设计评价的指标主要包含课堂教学的评价指标和教学教材的评价指标。课堂教学的评价指标又包含与目标因素相关的指标、与学生因素有关的指标、与教师因素有关的指标、与教材因素有关的指标、与教学方法和管理有关的指标等。而教学教材的评价指标，则强调教育性、科学性、技术性、艺术性和经济性等五条基本标准①。

2. 教学实施评价

教学实施评价主要包括对备课、上课、课外辅导、作业评改指导和考查考试环节的评

---

① 乌美娜. 教学设计. 北京：高等教育出版社，1994：227-233.

价，即对教学过程的评价。同时，教学实施评价也包含对教学绩效的考核。

### （二）对学生学习的评价

学生学习评价与评估不仅关注学生最终的学业成就，还注重通过评价促进学生的发展与成长。

在我国，高考是一次非常重要的对学生学习的评价。这一考试制度虽然总体上符合国情，其权威性、公平性得到社会认可，但也存在一些社会反映强烈的问题，主要是唯分数论影响学生全面发展、一考定终身使学生学习负担过重等。

**阅读材料：国务院关于深化考试招生制度改革的实施意见（节选）（2014年9月4日颁布）**

**1. 总体目标**

2014年启动考试招生制度改革试点，2017年全面推进，到2020年基本建立中国特色现代教育考试招生制度，形成分类考试、综合评价、多元录取的考试招生模式，健全促进公平、科学选才、监督有力的体制机制，构建衔接沟通各级各类教育、认可多种学习成果的终身学习“立交桥”。

**2. 改革考试形式和内容**

（1）完善高中学业水平考试。学业水平考试主要检验学生学习程度，是学生毕业和升学的重要依据。考试范围覆盖国家规定的所有学习科目，引导学生认真学习每门课程，避免严重偏科。

（2）规范高中学生综合素质评价。综合素质评价主要反映学生德智体美全面发展情况，是学生毕业和升学的重要参考。

（3）加快推进高职院校分类考试。高职院校考试招生与普通高校相对分开，实行“文化素质＋职业技能”评价方式。

（4）深化高考考试内容改革。依据高校人才选拔要求和国家课程标准，科学设计命题内容，增强基础性、综合性，着重考查学生独立思考和运用所学知识分析问题、解决问题的能力。

## 五、教学评价的基本方法

### （一）教师自编测验

1. 选择题

多选题往往包含一个问题或者一个不完整的题干，提供给学生多个选项来回答问题或填充题干。它可以测量从简单到复杂的不同种类的学习结果，并适用于大多数学科内容。它降低了学生凭借猜测获取高分的机会，在客观测验中应用最广泛。它的设计必须注意几个问题：（1）设计合理选项，干扰项要尽可能似真，选项应该是同一类别的事物；（2）尽可能用肯定句来表述题目和选项，否定词句的出现，容易使人迷惑；（3）避免在题目和选项中出现正确答案的线索；（4）在设计答案时，要特别避免选项之间有交叉，或者相互包含。

2. 是非题

是非题要求学生在一定的时间限制内辨别某个陈述是否正确的一种客观试题。这种题型的主要特点是效率高、考察内容广泛、编制相对容易。其缺点是难以测量复杂内容，且受猜测的影响较大，具有很大的偶然性。因此，实际运用必须慎重。编制是非题时需要注意：(1) 题目要随机编排次序，避免以一些学生易察觉到的有规律性试题排列方式进行编排；(2) 题目不允许出现模糊，语句的陈述要简洁明了，用词要准确，避免使用特定的限定性词、模棱两可的词以及双重否定词等；(3) 在实际教学中为了减少学生通过猜测答对的题目，可以让学生在进行判断之后，进一步解释做判断的原因。

3. 匹配题

匹配题由两列组成，一列内容与另一列相匹配。要寻找匹配的一列称为前提项，而被挑选的另一列称为反应项。匹配题的最大优点是形式紧凑，能在相对短的时间内检测到大量的相关事实信息。匹配题最主要的不足是大多限于测量死记硬背的知识。编制匹配题时应注意：(1) 两列的项目数最好不相等；(2) 两列的项目内容必须有联系；(3) 项目不宜过多；(4) 两列项目必须保持在同一页纸上。

4. 填空题

填空题可以避免猜测，并能适用于不同的内容。在编制填空题时需要注意：(1) 试题仅仅空缺关键词语，不要消除过多基本成分，以致内容的完整意义遭到破坏；(2) 留有空白的试题不能照搬教材原文，否则会鼓励学生将注意力集中在教材的用词而不是内容上。

5. 论述题

论述题的主要特点是回答自由，学生可以根据自身对题目的理解，通过自己的语言去解释、分析和表达观点。因此，它在评价学生理解能力、语言表达能力以及组织和应用信息能力等方面具有独特的优势。论述题的不足在于评分有时不可靠、耗时过多、获得的学业成就样本有限等。

鉴于论述题的特性，在编制和使用论述题时需要注意：(1) 将论述题使用对象限于那些不能被客观题很好测量的学习结果；(2) 确保论述题与教学目标相关联；(3) 使用清晰的、明确的语言来界定问题；(4) 给予每个问题以适当的时间限制；(5) 运用预定的评分框架评定论述题，以保证评分的一贯性。

### (二) 标准化测验

标准化测验是按照系统的、科学的和规范的程序对误差进行严格控制的测验，测验的编制、实施、记分以及分数的解释具有一致性，整个测验具备较高的信度和效度。信度是指研究的方法、条件和结果是否可以重复，是否具有前后一贯性，即研究的可靠性。效度是指所进行的研究是基于事实或证据的，是能够被证明的，是有效的。

1904 年，桑戴克提出了“凡是存在的东西都有数量，凡有数量的都可测量”的信条，进而陆续编制了各科标准化测验，引发了教育测验科学化运动的蓬勃展开。这种测验主要适用于大规模的教学评价，如我国的高考。

### (三) 非测验评价

1. 观察法

观察法是指教师在教学过程中对学生的学习表现和学习行为进行自然观察，并对所观察到的现象做客观、详细的记录，然后根据这些观察和记录对教学效果做出评价。常用的工具有行为检查单、轶事记录和等级评价量表。

2. 学生成长档案袋

学生成长档案袋是指可以反映学生的努力情况、进步情况、学习成就等一系列的学习作品的汇集。它展示了学生某一段时间内、某一领域内技能的发展。档案袋评价是以档案袋为依据而对评价对象进行客观的综合评价。

## 第二节 教材评价

**案例 15-2** **"教材难度"评价惹争议①**

长期以来，经常有人把学生课业负担重归结为教材难，建议降低教材难度。我国的中小学教材到底难不难？课业负担与教材难度到底有没有关系？为了科学严肃地回答这个问题，中国教育科学研究院的"中小学理科教材难度的国际比较研究"课题组汇集了一百五十多名学科专家，分小学、初中、高中三个学段，对中国、美国、俄罗斯、英国、德国、法国、澳大利亚、新加坡、韩国、日本等十个国家的中小学理科教材的难易程度进行了大规模国际比较。结果表明，我国中小学教材的难度在国际上处于中等水平。

研究发现，在十个国家中，我国初中和高中物理教材难度分别排在第四位和第五位，初中和高中化学均排在第四位，初中和高中生物均排在第七位，初中和高中地理分别排在第五位和第四位，小学和初中科学分别排在第七位和第六位。小学数学排在第六位，初中和高中数学排在第三位。

**现状：教材难度与课业负担关系不大**

多位家长和学生，以及基础教育界的人士认为，当下中小学理科课本和中高考试题完全不是一回事。有学生表示："我只能这么说，教材是简单，要考的都是教材上没有的，都很难。"还有家长认为："教材不是问题，根本原因出自选拔制度。现在的试题都大大超出了教材的难度，导致学校不断加大学生负担。"一位一直带着孩子上奥数班的家长坦言："从小学三年级起数学课本发下来基本就扔了。真跟着教材学，中高考还考吗?"

[评析]

教材"难不难"，不能一言以蔽之。教材难度由广度和深度决定，广度是指教材内容的多少，即教材容量；深度是指教材内容要求的高低。研究发现，总体上说我国教材难度处于世界中等水平，但在广度、深度和不同知识主题的难度上表现出不同特征。有的学科教材容量不大，更重内容深度，表现出"窄而深"的倾向，如物理学科；有的学科教材知识点覆盖面宽，知识点多，但内容较浅，表现出"大而宽"的倾向，如化学学科。学生课业负担过重主要是课外加码和教不得法所致。教材难度不宜轻言降低，但教材的结构需要优化，教材的呈现方式需做较大改革。

① 时晓玲，张春铭. 研究显示中国中小学教材难度处于国际中等水平. 中国教育报，2014-05-07 (7).

## 一、教材评价的含义

教材评价，实质上就是通过特定的方法和途径对教材的有效性、可靠性、可行性和使用效果进行分析，并通过一定的方式对分析结果加以综合概括，从而得出对教材价值的总体判断①。教材评价主体可以是教师、学生、教材的编制者或评价专家，具体评价对象包括教科书、教师用书、教学课件、音像资料以及网络资源等。

教材评价研究一般可分为过程取向研究、产品取向研究、接受取向研究三种类型。过程取向研究，与教材开发使用历程有关，包括开发、批准、市场、采用、应用等。产品取向研究，将教材视为教学媒介和视觉沟通工具，有关研究一向都是以此为研究范畴，常用的方法是内容分析法。接受取向研究，将教材视为独立的影响师生教学的社会化因素，此类研究目的在于了解公众对某类教材的反应、沟通和阐释②。

## 二、教材评价的标准

教材评价是根据教材目标进行的价值判断过程，而教材目标带有原则性、抽象性和笼统性，很难直接作为评价的目标。教材目标需要分解、细化和归类为可评价的目标，以形成一系列具体明确、层次分明、可测量、行为化和操作化的目标，这就是评价指标。若干个相互关联又相互独立的指标的合理优化和有机组合，便构成了系统化的指标群体，这就是评价指标体系。教材评价指标体系是进行教材评价的基本依据，有利于克服以往教材评价中存在的经验性、主观性、随意性等弊端。

教材评价有合理性和可行性两条根本标准。合理性是对教材本身的科学性和逻辑性而言的，可行性则是对教材与教学实践间关系而言的。合理性标准，要求教材本身的内部结构是合乎科学和逻辑的；可行性标准，要求教材的形式和内容的实现条件与实际条件相吻合。

## 三、教材评价的过程与方法

### （一）教材评价的过程

1. 明确评价目的

教材评价的一般目的是甄别和改进教材。具体目的可能有这样几种：检查确定新教材对于特定的学校、特定的学生是否适用；对新编制或修订的教材，按照一定标准审查，以确定其是否达到基本标准；对正在使用的教材进行改进；在几种可能的教材方案中选用最优的一种。

2. 确定评价要素

为了达到评价目的，需要明确评价的价值主体、视角、条件、标准、方法以及评价主体。

---

① 高凌飚. 基础教育教材评价：理论与工具. 北京：人民教育出版社，2002：9.

② 黄显华. 寻找课程论和教科书设计的理论基础. 北京：人民教育出版社，2002：168-169.

3. 收集价值主体信息

教材评价需要运用一定的方法和工具收集作为价值主体的有关信息。一般而言，收集价值主体的信息包括以下几个方面：第一，明确使用教材的学生的特征；第二，了解学生的个性特征；第三，明确教材使用的社会背景；第四，预见社会发展的前景。

4. 收集价值客体信息

评价者在收集价值主体信息的同时，需要收集和获得全面的教材信息，包括教材自身的信息和教材的背景信息。教材的自身信息包括该教材的理论取向、教材目标、教材内容、学习活动方式和教材的实施情况等。教材的背景信息是指学校教师因素、学校因素、行政管理因素，以及这些因素之间的相互作用和这些因素与教材之间的交互作用。

5. 做出价值判断

当评价者获得充分的信息之后，就要对教材的价值做出判断，做出分析诊断意见，反馈教材评价信息，并对评价活动本身做出自我评价。

6. 进行元评价

元评价指的是对评价过程及其结果本身进行评价，判断其价值和效果。

### （二）教材评价的方法

1. 专家判断法

专家判断法就是利用专家的知识和专长，来对教材进行判断并提供意见的方法。专家具有权威性、中立性以及说服力，该方法成本比较低。

2. 观察法

无论是质化还是量化的系统观察，都需要进入教育实际情境，针对评价的对象加以观察记录，并据以做出判断。观察法可以直观了解教材的使用情况，为评价教材提供第一手的真实的信息。

3. 实验法

实验法是在教材评价时，将教材当作实验对象加以操纵，再处理产生的结果，进而对教材做出判断。实验时，需要按照教育实验设计的基本原理进行专门的实验设计，可以设置实验组与控制组，进行实验前测和实验后测。由于课程评价属于人文社会科学领域，从自然科学借鉴来的实验法，在运用于课程评价时，必然有其困难和局限，这是需要努力克服的，并需要在评价报告中进行客观而系统的分析和探讨。

4. 调查法

调查法是通过受调查者自我报告，以收集资料信息，并对教材做出判断的方法。这种方法适用于大样本的研究和评价，也可以在短期内收集到所需要的资料信息。调查法的主要作用有：了解社会各界对教学目标和教学内容的意见，了解社会各界对教材的意见和建议，了解学生使用教材的感受，了解教师使用教材的困难和建议，了解学生的学习结果。

调查法可以采用问卷调查、访谈、座谈、教学日志和测验等方式进行。在实际操作过程中，应当兼顾质与量两方面的资料信息，争取受调查者的合作，妥善拟订调查问卷，并注意使用抽样调查方法。

# 第三节　学生学习评价与评估

**案例 15-3**　　**多元评价方式体验快乐学习①**

——期末考试成“最强大脑”　语文考试改革让孩子玩嗨了

眼下正是学期末，当诸多小学生正在为期末考试埋头复习时，山东省济南市经八路小学二年级（2）班却正在上演精彩的竞赛和游戏。6月23日下午，班里举办了“天才少年总决赛”，犹如一场派对。原来，该班从一年级开始就探索语文期末考试改革，用过程性评价取代一张试卷定成绩的评价方式。

23日下午两点，在济南市经八路小学的三楼阅览室里，一场“天才少年总决赛”拉开帷幕，这是该班期末评价的形式之一。全班四十多名学生依据一学期的整体表现，尤其是日常每单元一次的“最强大脑赛”成绩，十人晋级总决赛。总决赛分班级新闻播报、我爱我家、博览群书、知识竞赛四关。选手们根据指定题目针对同一话题进行讲述，支持率高者进入下一关，每轮淘汰两人。

“上周刚进行了汉字听写总决赛，算上今天的天才少年总决赛，这都是期末评价的形式，是对日常过程性评价的一个小结，表现优异的学生将获得额外的加分。”班主任刘斌说，下周全校学生将进行传统的期末测试，但他们班的学生不用参加统一测试，而是全员进行统一的“最强大脑决胜赛”，形式上也以游戏闯关为主。“从一年级开始，我们班就进行了语文学科的期末多元评价探索。”刘斌说，本学年他们继续尝试改革，将多元评价和激趣竞赛融入日常教学中，用过程性评价取代一张试卷定成绩的评价方式。

据介绍，每个单元结束，该班都会对学生的听、说、读、写四方面开展过程性评价，分听写大赛、新闻播报、博览群书、妙笔生花、最强大脑赛、手绘成长六个项目内容。同时，为每一名学生建立个性成长发展档案，记录他们在听、说、读、写四方面的学习轨迹。

最终的期末评价报告单成绩等级由日常评价和期末评价两部分组成，体现在“成长册”中的日常评价占总评价成绩的40%，期末评价中“最强大脑决胜赛”成绩占总评价成绩的60%。

[评析]

除了传统的“纸笔考试”之外，我们还应该懂得运用多元评价方式。个性的多样与评价标准的单一，必然造成部分学生成为评价的失败者，可能导致这些学生厌校厌学、缺乏自信、失去个性。如果我们将单一的评价标准转化为多样的标准就会发现，从理论上讲，每个人都有可能从“失败者”变成成功者，每一个学生的自信心都会得到提高，促进其全面健康发展就成为可能。改革评价制度，实现从单一评价到多元评价，是面向全体发展的关键所在。

## 一、学生学习评价与评估的概念

对于学生学习的考核，最早使用的是考试和测验，后来发展起评价，新近兴起了

① 李飞. 期末考试成“最强大脑” 语文考试改革让孩子玩嗨了. 齐鲁晚报，2015-06-24.

评估。

学生学习评价与评估，是指利用考试、测验、观察以及产品分析等方法，在系统、科学以及全面地搜集、整理、处理和分析学生信息的基础上，评定学生个体学习与发展质量。

### （一）考试、测验、评价与评估的概念

在学校教育中，考试是一种学业成就测验，根据教育目标和内容，教师、学校或有关人员选择有代表性的内容与问题，按照一定的程序、方式，对学生的知识、技能等进行测量与评价的过程①。

测验，是指在相同的条件下，通过施测同一套问题来测量一个行为样本的工具或方法②。测验是教育测量的一种有效工具，在教育评价与评估中常被用来收集资料，如态度测验、民意测验和学业成就测验等。因此，测验是一个比考试更为宽泛的概念，包含了考试。

与考试和测验相比，学生学习评价与评估是一个涵盖更全面的术语，考试与测验是学生学习评价与评估的特定形式而不是唯一形式，它们不包括对学生学习的定性分析，也不含对所有结果的价值判断。而学生学习评价与评估不仅包含对学生的定量描述和定性分析，还包括对结果的价值判断。

### （二）学习化评估的概念

许多国家对学习化评估展开了持续的研究与建构，形成了丰富而明确的概念内涵，大力倡导班课教师加以应用。学习化评估基于两种学习观：第一种学习观认为，学习即达成目标；第二种学习观认为，学习即知识的建构。学习化评估包含多种概念内涵，包括监控学生的表现以达成标准或目标，促使教师给予反馈以改进教学，促进教师理解把握学生的学习，实现学生在某种程度上掌控自己的学习与评估，以及努力将评估转化为学习事件。

## 二、学生学习评价与评估的主要方法

在学生学习评价与评估中，人们创用了许多方法。

### （一）常用的评价与评估方法

1. 学业成就检验

学业成就检验就是常说的考试，这是最常用的评价学生学业成就的主要方法。

2. 日常考察

日常考察是一种伴随着日常教学而进行的经常性的检查和了解学生学习情况的方法。通过日常考察，可以多方面地获取学生学习的动态信息，为师生提供及时反馈。

3. 专门调查和心理测量

专门调查和心理测量的目的在于全面评价学生的学习态度、方法、习惯和能力。使用这样的方法，需要选用或研制配套的调查问卷、访谈提纲和心理量表等。

---

① 廖平胜. 考试学原理. 武汉：华中师范大学出版社，2003：52-54.

② Linn R L，Gronlund N E. 教学中的测验与评价. 北京：中国轻工业出版社，2003：25.

### （二）新型评估

在当代教育改革中，学生学习评价与评估出现了许多新型评价方法与技术，它们常常被用来替代传统的标准化测验，所以它们被统称为新型评估，主要包括真实性评估、目标本位评估、表现性评估、任务性评估以及档案袋评估等。尽管它们侧重点各有不同，但“所有新型评估全都突出学生的表现或突出对学生表现的记录”①。因此，在新型评估中，人们创用了多种有效的新型工具，如核对表、等级量表、作品量表、观察记录表以及档案袋等。

## 三、表现性评估

### （一）表现性评估的概念

表现性评估是一种基于学生的表现或表现样本，依据既定的标准而进行的直接和系统的观察和评价②。表现性评估针对特定学习过程和结果，能够有效地对学习中涉及的独立判断、批判性思维和决策制定的技能进行评价，也能够评价情感和社会技能。

### （二）表现性评估的特点

表现性评估既有优点，也有局限。优点主要有：

（1）它所用题目大多是关于真实世界生活的内容，通过解决与实际生活相关的问题，学生更能体会学习的重要性与实用性。

（2）它能够帮助学生创建有意义的学习情境，让学生自主选择任务方案，自己支配时间，以此来增强学生的学习兴趣，提高学生的参与热情。

（3）它适用的范围相当广泛，对于学生的知识、情感以及复杂的认知技能都可以进行评价，它能够较完整地反映出学生完成任务的过程与结果。

（4）它能对学生思考过程与学习方式等做出恰当的评价，并能找出造成学生学习差异的主要因素，有利于改进教学工作。

表现性评估的局限主要表现为：

（1）表现性评估任务的设计和实施都要耗费大量的时间。

（2）评价结果的信度和效度不高。在信度方面，评分者相互之间评分的一致性通常不高；在效度方面，实施过程需要较多的时间，因此评价项目通常很少，以极少数的行为样本无法做到准确推定学生整体的学习成绩。

## 四、档案袋评估

### （一）档案袋评估的内涵

档案袋评估是表现性评估的一种特殊形式，它描述的是学生在特定课目领域中长期的发展历程以及重要成果的增长。典型的档案袋，就是一个收集了学生一学年或一学期作品样品的活页夹。

---

① Ornstein A C，Hunkins F P. Curriculum：foundations，principles，and issues. 4th ed. New York：Pearson，2004：352.

② Hart D. 真实性评价. 北京：中国轻工业出版社，2004：177.

### （二）档案袋评估的特征

档案袋评估和其他评价方式相比，具备多种优势。

（1）档案袋评估克服了传统考试离散性、片面性和单一性的缺点，强调评价与教学的有机结合，强调学生的学习过程评价，强调学生的参与，从而表现出强大的生命力。

（2）档案袋评估是师生“实践—反思—发展”的过程，不仅让学生取得了进步，而且让教师也加强了反思与研究，从而得到提高。

（3）档案袋评估可以为课程开发提供重要的资源与素材，促进教学与评价的有机结合，有利于学生自我评价与自我反省能力的培养，可以有效促进教师成长和学生发展。

（4）让学生和家长自行参与评价，可以调动家长资源，端正学生学习态度，让学生享受到学习的乐趣、成功的喜悦，也为学生个体的发展创设了良好的环境。

尽管档案袋评估的优势使其成为一种教学和评价的辅助工具，但是它还存在一些不足。首先，学生收集和整理档案袋资料的能力以及参与档案袋评估的积极性存在一定差异，教师要培养每一个学生的主动参与意识、调动每一个学生的积极性是一个困难的任务。其次，档案袋的制作很烦琐，需要收集的内容太多，对内容的选择、整理、分析和选择都会花费教师大量的时间，而且对教师的业务水平也提出了较高要求。

**小资料：数学学习评价的基本理念**

学习评价的主要目的是全面了解学生数学学习的过程和结果，激励学生学习和改进教师教学。应建立目标多元、方法多样的评价体系。评价既要关注学生学习的结果，也要重视学习的过程；既要关注学生数学学习的水平，也要重视学生在数学活动中所表现出来的情感与态度，帮助学生认识自我、建立信心。评价应以课程目标和内容标准为依据，体现数学课程的基本理念，全面评价学生在知识技能、数学思考、问题解决和情感态度等方面的表现。

资料来源：《义务教育数学课程标准（2011年版）》。

## 第四节　教师评价

**案例 15-4**　　**师德考察纳入教师评价指标①**

烟台市教育局对师德考核办法进行了全面修订，出台了《烟台市中小学教师职业道德考核实施办法》。师德考核有了新的“硬指标”，划出了教师不可触碰的12条严厉“师德高压线”，其中包括：讽刺、挖苦、歧视、侮辱学生，体罚或变相体罚学生，造成恶劣影响的；对学生实施性骚扰或者与学生发生不正当关系的；组织、参与有偿家教或有偿补

① 李京兰．我市出台“师德考核办法”，划定12条“师德高压线”．烟台日报，2014-04-08．

课，或在校外社会办学机构兼职兼课的；索要或者违反规定收受家长、学生财物的；在教育教学活动中遇突发事件时，不履行保护学生人身安全职责的；因玩忽职守，造成学校师生安全事故的；在教育教学活动和学生管理、评价中不公平公正对待学生，产生明显负面影响的；等等。

[评析]

师德历来是教育领域特别受重视的问题。早在古代，孔子就在《论语·子路》中说："其身正，不令而行；其身不正，虽令不从。"现代社会也强调"德高为师，身正为范"，高尚师德是一名教师必须具备的品质。教师在传授知识的同时也在潜移默化地影响学生。教师的行为直接影响学生的身心发展，其健康、正面的行为会促进学生的身心发展，其不健康、错误的行为会误导学生，造成不利影响。

## 一、教师评价的概念

教师评价就是依据一定的评价标准，对教师素养及工作的现实或潜在价值做出判断的活动。教师评价又叫教师考核。

教师评价的内容主要包括：教师行为的考察，主要考察教师在教室及其他相关场所的行为表现；教师和工作伙伴关系的考察，主要考察学校的环境，了解学校怎样控制教师之间的相互影响；学生行为和经验的考察，主要考察学生所参与的活动以及学生之间和教师之间的相互影响；学生的学习成果考察，主要通过正式或非正式的方式了解学生详细的学习成果及其与教师工作的关系①。

## 二、教师招聘考核

### （一）教师招聘考核的目的

教师招聘考核是保证教师素养、提升教学质量的关键环节。学校招聘教师，意在选拔一批高质量、有专业背景、热爱教师职业的人员来加强教师队伍建设。

### （二）教师招聘考核的程序

1. 工作描述

学校应该提供招聘岗位的工作描述，这个描述能够反映出工作人员的责任和义务。

2. 设定考核标准

求职者的考核标准包括一般标准和特殊标准。一般标准是指对教师的最基本要求，包括课程内容的相关知识、课堂组织管理的能力和与学生相处的能力等。特殊标准是指对特定教师岗位的特殊要求。

3. 审核求职书

对每个求职者的求职书都要仔细地审核，看其是否符合工作描述中所提到的任何细微要

① Marsh C J. Planing, management and ideology: key concepts for understanding curriculum. London: The Falmer Press, 1997.

求。同时，通过电话、电子邮件等手段了解求职者的背景，证实求职者所提供信息的真实性。

4. 面试

在面试过程中，考核者会通过提问来进一步了解求职者的情况，通过求职者回答的问题可以折射出他们的思考方式、知识与技能等。

5. 试讲

教师最重要的工作就是课堂教学，因此教师招聘考核最后一步，往往是要求求职人员进行试讲。对于应聘的应届毕业生和有教学经验的教师，试讲标准不能完全一样。对于新手教师，要关注他们的发展能力，主要是考核语言表达、与学生交流以及组织课堂纪律等课堂教学的基本能力；对于有经验的教师，则可以依据岗位需求进行更全面、更综合的考核。

## 三、教师教学评价

### （一）评价主体

在教师评价中，为了能全面、客观地进行教师评价，一般采用多主体的形式。较常见的教师评价形式有：领导评价、同事评价、学生评价、专家评价、社会评价和教师自我评价。

### （二）评价标准

1. 教学过程评价

教学过程评价主要是对教师在教学过程中的教学行为进行评价。教学过程评价指标主要有六项，即备课、上课、作业、辅导、课外活动和评价。备课的具体标准有：课案规范、目标明确、教法合适、有思想教育要求、有培养创新精神和实践能力的措施、备课认真。上课的具体标准有：教学目标符合教学大纲要求和适应学生发展、教学策略与方法有利于培养创新精神和实践能力、教学质量高且效益好。作业的具体标准有：精选作业，数量恰当，收、改、发及时，指导具体，体现培养创新精神和实践能力的要求。辅导的具体标准有：分类辅导、帮助具体、强化后进生提高、重视特长生培养。课外活动的具体标准有：有学期活动计划、能按计划活动、学生乐于参加、促进学生特长发展。评价的具体标准有：方案全面、方法科学、贯穿教学过程、频率适中、实施严密、促进教学。

2. 教学绩效评价

教学绩效评价主要是对教师教学工作成果的评价。教学绩效评价指标通常包括：学生学习习惯与方法、学生学业成绩、学生能力发展。其中，学生学业成绩被看作是最重要的教师绩效指标，主要包括：考试的合格率达标、学生的优秀率达标、学生平均分提高幅度达标、低分学生的比例控制在学校规定的指标要求内等。

### （三）评价方法

教师教学评价的方法多种多样，在课程与教学实践中常用的有综合量表法、分析法和调查法等。

1. 综合量表法

综合量表法，是一种比较精细的数量化的教师教学评价方法。运用综合量表法的基本程序是：（1）编制专门的教师教学评价量表；（2）评价主体以听课为基础，在评价量表上对教师教学质量进行评定；（3）数据处理，综合量表法在实践中的应用有简有繁，取决于量表本身的精细程度、评价人员的多寡以及统计方法的选择。综合量表法是评价教师教学质量的有效方法，在实践中应用广泛。

2. 分析法

分析法是一种通过对教师教学工作的有关方面进行定性分析进而加以评定的方法。它一般没有专门的评价指标和评价标准，取决于评价者的学识和经验，评价结果以定性描述为主。分析法既可用于教师教学的外部评价，也可用于教师的自我评价。

3. 调查法

教师教学评价也采用调查法，调查法主要有问卷与座谈两种方式。问卷法的程序是：设计专门的调查问卷，向相关人员（如所教班级的学生、同校的教师）发放问卷进行调查，收集处理问卷上的有关数据，最后对教师教学质量做出定性或定量的评价。座谈法的基本做法是：召集有关教师和学生举行专门会议，询问某教师的课程与教学情况，了解人们对该教师课程与教学质量的意见，最后对教师教学质量给予评价。

## 第五节　教学反思

**案例 15-5**　　**《教学反思集》促进教师专业成长**[1]

反思是教师专业发展和自我成长的核心因素。新学期伊始，郑州 63 中的教师欣喜地收到一本由自己参与编写的“新书”——《教学反思集》。

为了打造一支学习型、研究型、专家型教师队伍，郑州 63 中从培养教师的反思习惯入手，要求教师人人坚持写教学反思，课后必反思，期末有反思总结；以锻炼教师的反思能力为重点，教会教师且行且思，将实践和理论相结合，把反思同提高自己的教学能力相结合，与自己的专业成长相结合。在郑州 63 中，学校会将每个学期优秀的教学反思分类装订成册，及时下发给每位教师，实现校内资源共享，促进教师专业成长。

新一期的《教学反思集》收录了教师不同时段的反思，如“课后思”“周后思”“考后思”等，汇集了不同学科的“教育叙事研究案例反思”等内容。在这本简易却不简单的校刊中，智慧的思想火花照亮了教师专业成长的道路。通过撰写反思和相互阅读借鉴，教学反思已经成为郑州 63 中教师成长、成熟的“催化剂”，引领广大教师在教学研究中成长。

学校还定期对教师的反思在教师论坛上进行点评，帮助教师提升教学经验，并择优入编校刊，以鼓励教师积极投身到教学反思的实践中来。

今后，学校还将通过开展“教学反思竞赛”“走出去、请进来”等活动，让教学反思不断走向深入，成为一种教学常态。

[评析]

一位参与编写《教学反思集》的教师评论道：认真写三年教案的人，不一定成为优秀的教师；但认真写三年教学反思的人，必定成为有思想的教师。反思有助于教师从“经验

① 罗艳芳.《教学反思集》促进教师专业成长. 郑州教育信息网，2009-02-16.

型”向“研究型”转变，实现教师执教能力的全面提升。

## 一、教学反思概述

### （一）教学反思的内涵

教学反思是对自己的教学行为与表现从技术上、伦理道德上进行回顾、重视、质疑、分析，自己考察自己，自愿思考自己的教学行为产生的原因、结果，对自己的教学有效性进行评价。

**资料专栏：教学反思的几种方式**

**1. 自我提问**

自我提问是指教师对自己的教学进行自我观察、自我监控、自我调节、自我评价后提出一系列的问题，以促进自身反思能力的提高。

**2. 行动研究**

行动研究是提高教师教育教学能力的有效途径。比如，“合作讨论”是新课程倡导的重要的学习理念，“如何使讨论有序又有效地展开”是我们应该研究的问题。我们可以围绕这一问题广泛地收集有关的文献资料，在此基础上提出假设，制订出解决这一问题的行动方案，展开研究活动。

**3. 教学诊断**

“课堂教学是一门遗憾的艺术”，而科学、有效的教学诊断可以帮助我们减少遗憾。

**4. 案例研究**

在课堂教学案例研究中，教师首先要了解当前教学的大背景，在此基础上，通过阅读、课堂观察、调查和访谈等收集典型的教学案例，然后对案例做多角度、全方位的解读。

### （二）教学反思的类型

1. 按照反思的时间，可以分为教学前反思、教学中反思和教学后反思

（1）教学前反思。

教学前反思是教师在教学前，在对前一阶段教学工作中的信息收集、分析和总结的基础上，运用已有教学经验并借鉴他人教学中的长处，以局外人的身份对自己的教学准备、设计过程和结果进行分析，最大程度优化教学设计，以达到最佳的教学准备状态。这种反思具有前瞻性。

（2）教学中反思。

教学中反思是教师在教学活动中，依据学生的反馈信息敏锐地观察，迅速地做出判断，并及时主动地调节、修正自己的教学过程。这种反思具有监控性。

（3）教学后反思。

教学后反思是教师在教学活动结束后，对教学的整体结果进行归因和评价。通过不断反复地实践、反思、总结、概括，逐步提高教学水平。

2. 按照反思的对象，可以分为纵向反思和横向反思

（1）纵向反思。

把特定的教学作为对象放在自己教学生涯中进行反思，比较历年教与学的情况，通过

整体思考、类比、归纳、总结、改进，达到温故知新的目的。

（2）横向反思。

把特定的教学作为对象放在相同时期、相似环境下进行对比反思。在上课、听课、评课中，发现自己与他人教学行为上的差异，达到学习他人之长、补自己之短的目的。

3. 按照反思的反思者人数，可以分为个体反思和群体反思

（1）个体反思。

教师对自己或他人的某一个教学问题、某一节课、某一个单元、某一个阶段的教学进行客观的分析、评价、总结，通过撰写教育日志、教学后记、教育叙事和教育案例，从中找出可借鉴的经验以及需要改进的做法。

（2）群体反思。

同学科的教师或同班教师对教学活动进行研讨、交流，通过相互剖析，更加清晰地认识教学中的问题，共同分享教学的成功经验。古人云“三人行，必有我师焉”，群体反思比个体反思更能吸取教学的智慧。

### （三）教学反思的内容

1. 反思教学理念

教学理念倡导“以学生的发展为本”。反思教学是否确定了学生的主体地位，学生在课堂上学习的主动性、独立性、自主性、体验性是否得以充分体现；反思教师角色转换是否到位，在师生关系上是否做到尊重学生、赞赏学生，在教学方式上是否做到与学生平等对话，与同事是否做到教学合作。

2. 反思教学过程

在课堂教学中，反思教案设计流程是否合理；反思教学情景中师生情感交融，学生的智慧火花、创新火花是否得以燃发；反思学生提出独特的见解和尖刻的问题，教师如何驾驭；反思教学过程的突发事件备课时往往是没有预设的，教学时是如何处理的；反思教学是否运用了启发式和探究性教学方式。

3. 反思教学得失

将教学过程中的精彩片段详细地记录下来，在此基础上通过反思将教学片段不断加以改进、完善，供自己或他人以后在教学中使用。对教学瑕疵之处认真进行回顾、剖析，找出形成原因，分析关键因素，探究解决策略，形成新的教学环节。

4. 反思后进行教学再设计

通过反思得出新的教学规律，这是教学反思的最终目的。通过反思使教法上有启发和探究性，知识上有所拓展，教学设计趋向合理，反思后对教学过程进行再梳理、再发现、再研究、再创新。反思后写出新的教学设计或案例，不断升华，把自己的教学水平提高到一个新的高度。

## 二、教学反思与教师专业发展

### （一）当前教师对于教学反思情况的主要表现

（1）有部分教师的观念还没有转变，对做好教学反思工作的重要性还认识不到位。这部分教师认为学校要求教师写教学反思是增加教师的负担，但是由于这是学校布置的工

作，不能不完成，于是，便抱着一种应付式的心态去完成这项工作。在这种被动的状态下进行的教学反思对教师的自身成长与提高教育教学质量帮助并不大，进而让教师更加感觉是负担，形成了恶性循环。

（2）有部分教师能较正确地认识做好教学反思的重要性，也能正确认识学校布置这项工作的目的。但是，由于平时要忙于应付较多的教学工作和其他烦琐的事务性工作，所以这部分教师用在教学反思上的时间比较少，反思质量自然比较低，因而效果也就不太明显。

（3）有部分教师能较强地认识到做好教学反思的重要性，他们在自己的日常工作中能自觉地、积极地按照学校的要求做好教学反思工作。但是，由于理论水平和自身业务水平有限，对自己日常教学工作反思的深度和广度还不够，所以所做的教学反思质量也不太高，效果也不太明显。

（4）有部分教师已强烈地意识到做好教学反思工作对提高自身的能力和教学质量的意义，所以他们不断学习理论和更新观念，并用以指导自己在日常教学中进行的教学反思工作，从而取得了一定的经验与效果。

### （二）教学反思与教师专业发展

教学反思能够充分激发教师的教学积极性和创造性，有助于教师逐步培养和发展自己对教学实践的判断、思考和分析能力，从而进一步深化自己的实践性知识，形成比较系统的教育理论。

**名言欣赏**

经验＋反思＝成长

——波斯纳

1. 使经验（和教训）变成教学智慧

不会反思的教师，他的教学能力和水平至多只是经验积累；能够不断反思的教师，他的教育智慧就会随之不断增长。教师越多地对经验进行反思，就越能使自己的经验起到举一反三、触类旁通的作用。

2. 能帮助自己找到解决问题的方法

反思能帮助教师从每天习以为常的教学行为中发现自己的教学问题，提出解决问题的方案，提升自身的专业化水平。反思的目的不只是回顾过去，也是为了指导未来的行动。

3. 有助于提升教学能力

教师全面反思自己的教学行为时，会从教学主体、教学目的和教学工具等方面入手，对教学前、教学中、教学后等环节获得的体验进行回顾，从而使自己变得成熟。

4. 促进教师成长

反思可以由教师的自发行为变成自觉行为，缩短教师的成长周期，使教师全面发展。通过反思，教师不应只关注完成教学任务，关注学生的成绩；还应关注教师本人如何在教学中得到提高。教学工作不应该是年复一年机械地重复自己的工作，教师需要做自己成长的有心人，才能缩短成长的时间。

**请君一试**

1. 2013 年单项选择题：在课堂教学中，教师就新内容编制了练习题让学生做，以判断学生的掌握程度。他所运用的评价方法是（　　）

A. 形成性评价　　B. 总结性评价

C. 配置性评价　　D. 甄别性评价

答案：A

2. 2012 年单项选择题：教师对学生个体内部的各方面纵横比较，以判断其学习状况的评价是（　　）

A. 绝对评价　　B. 相对评价

C. 个体内差异评价　　D. 甄别评价

答案：C

3. 2014 年单项选择题：张老师用一套试卷对程度相当的两个平行班进行测试，学生的成绩基本一致，这说明这张试卷具有较好的（　　）

A. 信度　　B. 效度

C. 难度　　D. 区分度

答案：A

# 第四编

# 课程与教学美学

第十六章

# 课程与教学美学

课程与教学美学，是一个专门探讨课程与教学审美活动问题的研究领域，旨在把课程与教学提升到发现美、体验美、欣赏美和创造美的境界。

## 第一节　课程与教学美学概述

**案例 16-1**　　**最聪明最美丽的老师**①

刚刚范读完课文，我却发现坐在后排的一个女同学尹洋在偷偷地写什么东西。我不动声色走过去，原来是一张小纸条！我把它没收了。展开一看，上面赫然写着班上一个男生的名字，还有几句稚气的话……我忍不住笑了起来，这些中学生，真是人小鬼大！我这一笑不打紧，全班同学的好奇心都被激起来了，特别是几个调皮的男生，大声地喊："老师，念出来！"

"是什么？念呀！"我瞟了一眼尹洋。这是一个长得很秀丽可人的女孩，平时的学习成绩也是不错的。只见她埋着头，脸涨得通红，此刻，她正偷眼看我，大概是正在猜想我会不会把这张纸条的内容公之于众吧？多半她已准备接受即将到来的难堪了。我转过头来望着全班同学，他们都已经安静下来齐刷刷地望着，渴望得知这张纸条的内容。十四五岁，正是好奇的年龄，尤其是传纸条这样一个敏感的话题。我吐了一口气，再追问一句："你们真的想知道吗？"他们一致地点头。"其实是两句再普通不过的话。"我缓缓打开纸条，大声念道："听毛主席的话，做一个好学生！"轰的一片笑声！当然也有不怎么相信的，但谁都没有再追问。

这堂课很顺利地上完了。下课后，尹洋塞给我一张小纸条，什么也没说就跑开了。我很疑惑，这个尹洋，居然给老师写纸条！展开纸条后，几行端端正正的字出现在眼前："黄老师：您是我所见过的最聪明最美丽的老师，我一定会记住您对我的希望——听毛主

① 傅道春．情境教育学．哈尔滨：黑龙江教育出版社，1996：70.

席的话，做一个好学生！”

［评析］

这个轻松融洽的师生交流场面，可能令许多做老师的十分羡慕。聪明又美丽的黄老师很善于处理课堂上突然发生的事件，能够沉着、冷静，迅速地揣摩学生的心理，做出灵活、恰当的反应。由“瞟了一眼尹洋”—“望着全班同学”—“再追问一句”—“大声念道”等一系列行为，及时稳定了全班学生的情绪，维护了课堂教学秩序，巧妙地保护了学生的自尊心。而且，黄老师抓住课堂生成的教育机会，激励学生好好学习、天天向上，把尴尬、紧张的课堂气氛提升到愉悦、审美的教学境界。

## 一、课程与教学美学的概念

“无论在东方或是在西方，美学思想的发展都已有两千多年的历史。但是，美学作为一门学科，它的名称却出现得很晚。”[①] 美学一词，最早是由德国哲学家鲍姆加登（Baumgarten，A. G.）首次使用的，他于 1750 年出版《美学》一书，这标志着美学作为一门独立学科产生。美学是以对美的本质及其意义的研究为主题的学科，是哲学的一个分支。

人们尝试将美学引入课程与教学领域，初步形成了课程美学、教学美学与学习美学等研究领域。

20 世纪后半叶，西方逐步兴起了课程美学探究的趋向。长期以来，课程研究盛行博比特与泰勒等人开创的“课程工学模式”，同时各种批判也随之而来。在对课程工学模式的批判中，课程美学探究取向便应运而生。追溯起来，可能是曼（Mann，J. S.）首倡课程美学探究。她于 20 世纪 60 年代末期发表了《课程批评》一文，指出已有教育情景语言的不适当性，明确提出“课程即文学内容”的主张，号召人们建立“艺术化课程”[②]，从而揭开课程美学研究的序幕。到目前为止，课程美学主要有教育批评与叙事研究两种实践方式。

教学美学是教学论研究中的一个新领域。国外学者在批判当代唯科学主义教育的倾向中，开创了从审美视角研究教学的先河，并广泛借鉴美学、艺术学、审美教育学的研究成果，综合地研究教学审美活动的问题。我国教学美学研究是伴随着教育美学、教学艺术的兴起而提出并逐步得到发展的，国内学者发表了大量的专题研究论文，还出版了许多专著。

随着学习领域在教学论中的重要性逐步凸显，学习美学被人们提了出来。对人类学习与审美活动的分析表明[③]，学习是一种审美活动，学习过程具有一定的审美机制，学习主体具有天然的趋美冲动。所以应让“美”来引导学习，并为教育“立法”，确立教育的功能是“对学习的帮助”，让学习主体愉快而高效地学习。

---

① 叶朗. 现代美学体系. 北京：北京大学出版社，1999：3.

② Mann J S. Curriculum criticism. Curriculum Theory Network，1968，1（2）.

③ 陈建翔. 学习审美论：兼论减轻学习负担的内在可能性. 教育研究，1994（2）.

## 资料专栏：创造性学习的美学意义

创造性学习的实质指学生在整个学习过程中始终显示出强烈的积极性和能动性，调动多种心理能力参与对学习对象的领会，靠体力和脑力的协调动作来达到既定的学习目标。

创造性学习之所以能获得美学意义，不仅因为它与人类创造活动在本质上是一致的，而且也与青少年精神世界的需求紧密相关。相较于成人，儿童似乎具有一种倾向于感受到自己是发现者、研究者、探究者的本性，这种本性使他们产生出强烈地表现自己的需求。因此，青少年总是乐于表现自己的个性和才能，而只有在创造性学习中，这种表现才会是最深刻的。

苏霍姆林斯基曾指出，美的需求、感受和体验得以丰富的最重要条件之一就是个人高度的智力发展，即力求确立理想的那种创造性的活跃的智慧。这个过程自有其独特的情感色彩和一种显示着生命韵律的状态。无论学习者最终取得的成果如何，其活动形式都更能表现出学习者的生命活力，从而赋予学习过程独立的审美意义，其核心就是学习者对自己学习过程中的自我创造的审美感受。

资料来源：钟以俊．美学视野中的学校教育．广州：广东教育出版社，2006：226-228.

## 二、课程与教学美学的发展

课程与教学美学已经初步形成了自己独特的研究对象、客观基础、主要功能及基本原则。

### （一）研究对象

课程与教学美学是研究课程与教学领域里审美活动的一门学科。具体地说，课程与教学美学的研究对象主要包括“引入审美因素”、“挖掘审美存在”和“表现审美潜能”。研究任务主要是通过课程与教学活动提升人们的审美素养。当代，人们正在建构一种审美的思维和行为方式，来推进课程与教学美学研究，开辟课程与教学研究的新范式。

### （二）客观基础

从价值观角度看，真善美经常成为衡量事物品质的标准。所以，在思考课程与教学问题时，真善美必将映现在人们眼前。课程与教学的“真”，是指课程与教学的合规律性，表现为课程内容和教学过程的正确性和科学性；课程与教学的“善”，是指课程与教学的合目的性；课程与教学的“美”，是指课程与教学的内容以及过程渗透着大量美的因素，以及课程与教学的内部与外部形态具备一定的审美性。

真善美是相互影响和相互作用的。“真是最基层的价值，美是最高层的价值。从真到善再到美这一逻辑次序表明，前者是后者的基础，也是达到后者的手段，后者包含着前者，也是前者所追求的目的。”① 真善美的最深刻的联系表现为它们的完全统一，随着真和善的进一步发展，美也进一步地升华。现代课程与教学正是要努力实现真善美相统一的价值目标，力求达到求真、向善与尚美相统一的境界。

### （三）主要功能

课程与教学美学的主要功能，表现在“实现愉快学校的建设”、“促进学校美育的实

① 潘知常．诗与思的对话．上海：上海三联书店，1997：197.

施”以及“推进教育研究的深化”等方面。美能使人愉悦，追求课程与教学的审美能够给师生带来愉悦感，有利于实现“建设愉快学校”这一教育理想。美育能够使学生在感受美、创造美的活动中获得各项心理能力的平衡发展，追求课程与教学的审美可以促进学校美育的实施。课程与教学审美还可以推进教育研究的深化，主要表现为拓展教育研究的美学方向、深化课程规划与设计、教学过程、教育美学的研究。

### （四）基本原则

课程与教学审美，需要明确和遵循以美启真的原则和以美扬善的原则。以美启真，是通过丰富课程与教学中的审美因素，使审美因素成为学生掌握知识的先导，让审美感受成为学生学习过程的深刻体验，令审美活动成为学生获取真知的一种有效方式。以美扬善，是通过积极创造并利用课程与教学中的审美因素，来培养学生正确的世界观，陶冶学生高尚的道德情操，促进学生人格的完善，从而借助审美的途径去完成课程与教学所承担的教育性任务。

## 三、教学艺术的概念

教学艺术，可以看成课程与教学审美的通俗化、具体化和操作化的层面。

### （一）教学艺术的含义

教学艺术有两层含义：一是指教师力求达到的审美化、艺术化的教学境界；二是指教师运用教学技能技巧，按照美的规律所创造的艺术化教学活动。前者关注教学艺术的目的，后者关注教学艺术的过程。这样的教学，不但有益于学生身心的全面发展，而且犹如一件艺术品，能给人带来全方位的审美享受，让人回味无穷，也让教师体会到自我实现的愉悦。

### （二）教学艺术的特点

1. 教学艺术是一种特殊的艺术活动

教学艺术与一般艺术活动相比，其目的、主体、客体与创作手法等均具有独特性。

首先，教学艺术的目的是促进学生全面发展。“任何一种力求满足高度的道德要求和人的一般精神需要（只属于人和构成人性中的特征的那些需要）的实践活动，就已经是艺术了。”[①] 一般艺术的目的，在于通过揭示生活的本质和表达创作者的情感而使人获得美的享受；而教学艺术的目的，在于通过艺术性的教学使师生获得美的享受，进而提升教学效果，更好地促进学生身心的健康成长。正是在这个意义上，“教育当然就成了最高级的一种艺术，因为它力求满足人类最伟大的要求——人的本性的完善”[②]。

其次，教学艺术的主体是师生。在教育领域，教师与学生共同承担着创造艺术性教学的重任，从而成为教学艺术的主体。通常人们只看到教师是教学艺术的主体，在很大程度上忽视了学生的主体地位，因而特别注重教师在教学艺术创作中的作用。实际上，教学艺术没有学生的创造性参与是不可能实现的。课室不仅是教师个人表演的舞台，而且是师生协同活动的天地。仅有教师的个人努力，没有学生实际参与的教学，人们常称之为教师的“独角戏”，这样的教学难以成功，更谈不上是艺术的。

再次，教学艺术的客体是教学。一般艺术的客体是大千世界，涵盖了生活的方方面面。教学艺术则不同，它的客体是教学本身。教学艺术创作的成果是一幅幅充满魅力的教

---

①② 德米特里耶娃．审美教育问题．北京：知识出版社，1983：44-45.

学活动场景，而不是其他的作品。

最后，教学艺术的创作手法与众不同。教学艺术的创作手法具有高度的综合性，既有音乐的表现手法，又有绘画的艺术手段，也有舞蹈的空间构造力，还综合了戏剧等表演艺术的动作、表情、姿态与语调等。

2. 教学艺术是一种艺术的教学境界

首先，教学艺术是一种审美的教学境界。“艺术创造的目的，主要是实现它的审美价值，它要满足的是人们心灵的渴求和精神上的需要。”① 因此，能称为艺术的教学，必能给人以审美享受，满足人的审美需要。比如，行云流水般的教学节奏，配合默契的师生关系，严肃、活泼、团结、紧张的课堂氛围，层次清晰、简洁明快的板书，抑扬顿挫、感人肺腑的教学语言等，均让人畅游于美的空间。

其次，教学艺术是一种独创性的教学境界。艺术要求生产者主体将自己独特的艺术个性和气质、艺术风格和语汇、艺术天才和情感符号“物化”于产品之中，从而获得艺术生产对象化的、现实的、活生生的独特的存在方式。独创性是艺术的生命，个性是艺术的灵魂②。加之教育场域中各种因素的复杂多变，教学艺术更富含独创性。正如巴班斯基所言：“教育劳动的一个典型特点是它不允许有千篇一律的现象。”③ 如果教师不因时、因地、因人来处理教学内容，设计教学方案和组织教学过程，就不可能达到教学的艺术境界。只有教师充分发挥自己的创造性，以自己独特的方式来进行教学，教学才有可能成为艺术，才有可能给人带来美的享受。

再次，教学艺术是一种充满教育感化力的教学境界。教学艺术，不同于音乐和绘画等艺术，不仅创造教学美和唤起审美快感，而且寓教育性于审美愉悦感之中。因此，真正的教学艺术不仅具有一般艺术的特征，而且极富教育感化力量。

最后，教学艺术还是一种追求科学性的教学境界。尽管教学艺术非常注重美的形式、积极的情感氛围和娴熟的技能技巧等，但是，它也非常讲求科学性，既要求教学内容具有科学性，也要求教学过程的组织具有科学性。教学科学是教学艺术的基础和依据，教学艺术必须立足于教学科学所揭示的规律否则，师生的自由创造就成为盲目的冲动；教学艺术是教学科学的升华，教学科学所揭示的规律只有通过师生的自由创造才能成为自觉的力量。因此，在实际的教学中，应当立足教学的科学性去追求教学的艺术性，力求将二者完美地结合起来。

### （三）教学艺术的分类

从教学影响因素的角度看，教学艺术可分为环境艺术、技术艺术和态度艺术。环境艺术，强调教师创设艺术的教学环境，使学生置身其中，获得美的享受；技术艺术，强调教师灵活而巧妙地运用各种教学技术，进而达到教学目标；态度艺术，强调教师以艺术家的审美态度对待教学，运用自己的全部情感和智慧创造艺术性的教学。

从教学环节和教学手段的角度看，教学艺术可分为备课的艺术、教学过程艺术（包括导入的艺术、访谈的艺术、问答的艺术、设置悬念的艺术等）、教学组织与管理的艺术、课外辅导的艺术、教学的语言艺术、教学的非语言艺术和板书的艺术。

---

① 孙美兰．艺术概论．北京：高等教育出版社，1989：1．

② 同①3．

③ 巴班斯基．论教学过程最优化．北京：教育科学出版社，1982：15．

从审美对象的角度看，教学艺术可分为情境美、机智美和风格美。情境美，指设计教学情境、组织教学内容所产生的美；机智美，指面对个性不同、气质各异的学生，处理各种意外棘手问题的应变技巧所产生的美；风格美，指教师形成独特教学风格所产生的美。

**拓展阅读：夸美纽斯的教学艺术观**

夸美纽斯在教学艺术思想史上占有重要地位，他的教学艺术观对后世产生了极为深远的影响。他曾对教学艺术的本质和功能进行了深刻的揭示："我们敢于承诺一种伟大的教学法（great didactica），即是说，将一切事物教给一切人的无所不包的艺术，它是真正能以确定性教授它们、务使必有成效的教学艺术；它是愉快地进行教授的艺术，即是说，教师和学生双方都没有烦恼或厌恶，而是双方都引以为最大的乐事；它是彻底地而不是肤浅地、浮华地进行教学的艺术，这种教学能产生真实的知识、文雅的道德和最深厚的虔信。"据此，教学艺术具备三大功能：一是保证教学的质量和效率，二是使师生得到快乐的体验，三是促进学生全面健康地发展。

资料来源：夸美纽斯. 大教学论·教学法解析. 北京：人民教育出版社，2006：7-8；李如密. 教学艺术论. 北京：人民教育出版社，2011：35-36.

## 第二节　常用的课堂教学艺术

**案例 16-2**　　于漪《孔乙己》导入①

凡是读过鲁迅小说的人，几乎没有不知道孔乙己的；凡是读过《孔乙己》这个短篇小说的人，无不被鲁迅先生所塑造的那个受到社会凉薄的苦人儿的现象所感动。鲁迅自己也这样说："我最喜欢的作品就是《孔乙己》。"为什么鲁迅创作了许多小说，而最喜欢《孔乙己》呢？鲁迅究竟用怎样的鬼斧神工之笔，来塑造孔乙己这样的一个现象呢？我们学习这篇课文以后，就可以得到正确的答案。过去有人说，希腊的悲剧是命运的悲剧，莎士比亚的悲剧是性格的悲剧，而易卜生的悲剧是社会的悲剧。读悲剧时人们的心情往往很难过，洒下同情的泪水。但读《孔乙己》时，你的眼泪流不出来，心里阵阵绞痛，眼泪往肚子流。那么《孔乙己》究竟是命运悲剧、性格悲剧，还是社会悲剧呢？读课文以后我们就可以找到正确的回答。这篇文章情深、意深、含蓄、深沉，必须认真阅读、积极思索、好好领会。

[评析]

在这篇课文的导入中，于老师巧布疑阵、由远及近、紧扣主题，塑造孔乙己形象的创作方法和孔乙己形象的典型意义，点睛显旨，提出问题，并明确告诉学生答案就在文章里。于老师丝丝入扣的悬念，激发学生对人物未来命运、故事情节发展的强烈探求欲望，

① 教育部师范教育司. 全国特级教师经验选：第1集. 北京：人民教育出版社，1981：88.

使学生情不自禁地投入到新的学习中去。古人云："学起于思，思源于疑。"疑是学习的起点，有疑才有问、有思、有究，才有所得。于老师以"紧扣课文，设置悬念"的方式导入新课，充分调动学生的积极性，激励学生的探索精神，促使学生探幽取胜，收获成功的喜悦。

教学艺术是教师娴熟地运用综合的教学技能技巧，按照教学规律和美的规律而进行的独创性的教学实践活动。对于教师来说，就是"教得巧妙、教得有效、教出美感、教出特点"①。常用课堂教学艺术主要包括导入艺术、教授艺术、情境创设艺术和课堂教学总结艺术。

## 一、导入艺术

导入是教学活动的起始环节，是教师在一项新的教学内容或教学活动开始前，引导学生做好心理准备和认知准备，进入学习的行为方式。精妙的导入艺术，可以产生先声夺人的效果，使课堂教学未成曲调先有情。艺术的导入需要做到：目的明确，指向明晰，具有针对性；恰到好处，言简意赅，具有简洁性；关联新知，新颖有趣，具有实用性；发思启悟，拨云见日，具有启发性。常见的导入方式有以下几种：

### （一）直接导入

直接导入是最简单和最常用的一种方法，指的是教师通过简短的语言叙述，直接阐明学习目标和要求以及本节课的教学内容和教学程序，引导学生进入学习情境，做好学习准备，达到"课伊始，意亦明"的效果。

### （二）故事导入

故事导入是指教师利用中小学生爱听故事、爱听趣闻轶事的心理，通过讲述与教学内容有关的具有科学性、哲理性的故事、寓言、传说等，激发学生的兴趣，启迪学生的思维，创造情境引出新课，使学生自觉进行新知识学习的一种方法。

### （三）悬念导入

悬念导入是指在教学中，创设带有悬念性的问题，给学生营造神秘感，激起学生的好奇心和求知欲的一种方法。创设巧妙而适度的悬念，能使学生处于"愤""悱"状态，继而激发学生积极动脑、动手、动口、去思、去探、去说，从而使学生进入良好的学习情境。

### （四）情境导入

情境导入是指教师通过音乐、图画、动画、录像或者满怀激情的语言创设新奇、生动、有趣的学习情境，使学生展开丰富的想象，产生如闻其声、如见其形、置身其中、身临其境的感受，从而唤起学生情感上的共鸣，使学生情不自禁地进入学习情境的一种方法。

### （五）温故知新

温故知新是指教师利用知识的连续关系，在复习旧知识的基础上引出新知识，激发学生对新知识的探究欲望。

## 二、教授艺术

教授新课是教学的重要环节，它的成败得失关系到整个教学的质量。教授艺术主要包

---

① 李如密．教学艺术的内涵及四个"一点"追求．上海教育科研，2011（7）．

括讲授艺术、提问艺术、板书艺术和教学语言艺术等形式。

### (一) 讲授艺术

讲授，是教师通过口头语言向学生系统传授科学文化知识的教学方式。一般分为讲述、讲解、讲读和讲演四种类型。

1. 讲述

讲述是指教师用生动形象的语言，对教学内容进行系统的叙述或描述，从而让学生理解和掌握知识的讲授方式。

2. 讲解

讲解是指教师通过解释概念和含义，说明事理背景，阐述知识本质，论证逻辑关系，达到使学生理解和掌握知识的目的。与讲述不同的是：讲解不是讲事，而是讲理，侧重于发展逻辑思维能力。

3. 讲读

讲读是在讲述、讲解的过程中，把阅读材料的内容有机结合起来的一种讲授方式。通常是边读边讲、以讲导读、以读助讲，随读指点、阐述、引申、论证或进行评述。

4. 讲演

讲演是讲授的最高形式。它要求教师不仅要系统而全面地描述事实、解释道理，而且还要通过深入地分析比较、综合概括、推理判断、归纳演绎等抽象思维手段，做出科学的结论，让学生理解和掌握理论知识，形成正确的立场、观点和方法。

**与君分享：鲁迅的讲授艺术**

鲁迅先生的讲课之所以深受学生欢迎和喜爱，原因之一就是他讲授内容和语言表达的大众化。一次，某大学举行“美的阶级性”讲座，先由某教授主讲，这位教授多用术语和定义，旁征博引，使听众如坠烟海，兴致索然，听者越来越少。轮到鲁迅先生讲演时，他并没有用什么大道理来加以论述，只是举出男人讨媳妇这个通俗浅显的话题。他说：男子到了一定年龄总要讨媳妇吧！不同的人有不同的标准，“美”大概是共同的要求。怎样才算美呢？文人笔下的美是“杏眼柳腰”“弱不禁风”，但农民决不讨这样的媳妇，因为她不能耕田，不会劳动，只能挂到墙上当画看。劳动民众要讨“腰臂圆壮、脸色红润”能干活的姑娘为媳。所以，“贾府里的焦大是不爱林妹妹的”！鲁迅先生把这样抽象的理论问题，用通俗的语言、恰当的比喻生动形象地阐述清楚了。

资料来源：梁杏. 教师课堂教学的十大技能. 长春：吉林大学出版社，2010：68.

### (二) 提问艺术

**名言欣赏**

教学过程，是一种提出问题与解决问题的持续不断的活动。

——布鲁纳

提问，是通过教师提出精心设计的问题来实现教学目标的一种教学行为。恰当的提问能活跃课堂气氛，激发学生的动机，吸引学生关注学习内容；能提示教学重点，获得反馈信息，深化已学过的知识；能启发学生积极思考，培养他们独立思考和语言表达的能力。艺术的提问需要做到：提炼核心问题，注意实效性；构建问题链，注意层次性；设计提问措辞，注意指向性；掌控停顿节奏，注意指导性；及时反馈探询，注意有效性；恰当合理分配，注意全体性。

### （三）板书艺术

板书，是在教学过程中，教师根据教学需要在黑板或白板上以简要的文字、符号或图表来传递信息的一种活动。设计巧妙、书写工整、画技精湛、布局美观的板书，不仅能正确揭示教材精华，展开教学过程，弥补教师语言的不足，而且能启发学生思维，强化记忆效果，提高教学效率。

板书最基本的要求有：第一，正确，不写错字、别字、病句，笔顺正确；第二，规范，不写任意简化字、不写繁体字，不生造词语；第三，美观，字迹大小匀称，排列整齐，疏密得当，行距合理。艺术的板书还应达到：准确明了，具有实效性；重点突出，具有科学性；形式多样，具有审美性。

了解板书的类型，有利于教师更为科学地设计与应用板书。从不同的角度看，板书有不同的分类。

1. 从板书地位角度进行分类

从板书的地位看，可以分为正板书与副板书（又称为主板书和副板书）两类。正板书是教师对教材内容进行分析综合和高度概括后，提纲挈领地写在黑板上的文字或符号。副板书是指在教学过程中随讲、随写、随擦，写在黑板两端的辅助性的一些文字或符号。

2. 从呈现方式角度进行分类

从呈现的方式看，可以分为5种：提纲式、表解式、图解式、连线式、综合式等。

（1）提纲式。

提纲式板书是以课文的结构提纲或内容提要为主的板书，能较完整地反映文章的结构层次或内容要点，有利于学生理解和掌握所学知识的脉络和特点。例如讲解《邹忌讽齐王纳谏》的板书设计，如图16-1所示：

邹　忌 ……………………讽 ……………………齐王纳谏

提出问题 ……………………分析问题 ……………………解决问题

问妻……“美”（私）………宫妇左右 }　　　　　{ 面谈（上责）初下　门庭若市

问妾……“美”（畏）………朝庭之臣 } —蔽—善 { 上书（中责）数月　时而间进

问客……“美”（求）………四境之内 }　　　　　{ 谤讥（下责）期年　无可进者

（三问三答）　（三比）　（三责）　（三效）

比美　喻政　纳谏　奏效

**图16-1　提纲式板书**

这则板书根据文章阐明道理的特点，从议论文结构入手，按“提出问题、分析问题、解决问题”的顺序，对“比美喻政”使齐王纳谏以致强盛的过程分析，体现了这则板书具有目的性的原则：既要使学生掌握议论文的结构，又要使学生掌握课文的基本内容；既要使学生明白了事理，又要使学生获得了审美享受。

（2）表解式。

这类板书是把教材所表述的事物及有关的概念等列成表格，具有整齐、对称、均匀、清晰、明了之美感。

（3）图解式。

以直观的图画代替抽象的文字，具有新颖活泼、简明扼要、一目了然的特点，给学生深刻的印象，让学生在图画的启发中理解课文内容，这种方式往往能起到化难为易、事半功倍的效果。例如讲解《石钟山记》的板书，如图 16－2 所示：

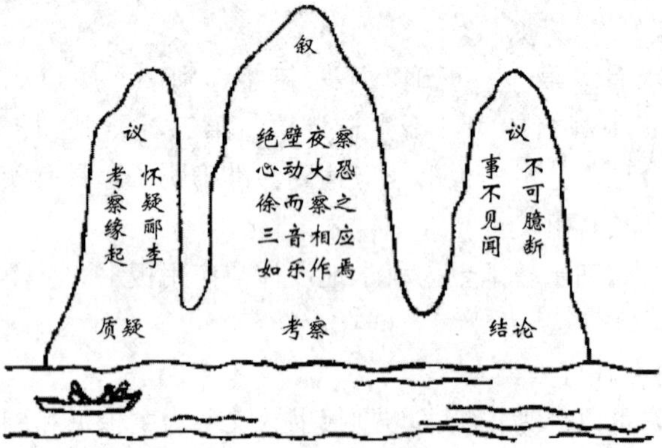


**图 16－2　图解式板书**

此板书以山、水、船、人四种形象构成，给人的感觉就是一幅白描山水图，这与文本的内容非常吻合。

（4）连线式。

这类板书是将选定的板书要点以线条连缀而成，它或是把握课文的情节线索，或是把握作者的感情线索，以连线推进的形式呈现在学生眼前。例如讲解《林教头风雪山神庙》的板书，如图 16－3 所示：

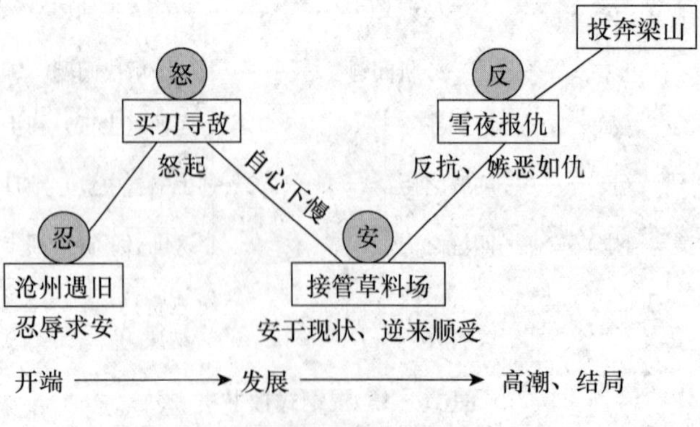


**图 16－3　连线式板书**

（5）综合式。

综合式板书有两个含义：一是将教学中所涉及的多方面的知识综合地反映在板书里，将散乱的知识系统化、简约化，形成知识网络。这种板书设计不仅便于学生理解和记忆，而且便于知识迁移，培养和提高学生综合运用知识的能力。二是指在板书中综合运用多种呈现方式，这种板书生动丰富，具有视觉冲击力。事实上，单一呈现方式的板书是很少的，一般采用多种呈现方式，我们这里主要指后者。例如讲解《荷花淀》的板书，如图 16－4 所示：

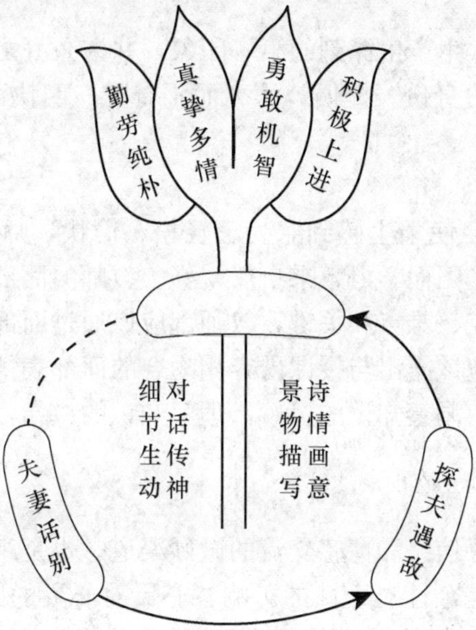


图 16－4　综合式板书

此板书就是由提纲式、图解式（局部为几何图形，整体为人物的图案）、连线式三种类型组成。

### （四）教学语言艺术

教学语言艺术是教师以选择和使用富有审美和教育价值的语言，创造出独特的语言表达方式和风格，用于教书育人、陶冶学生心灵的创造性语言。教师的语言表达能力直接影响教学质量。教学语言一般分为三种：口头语言、体态语言和书面语言。

1. 口头语言

口头语言是教师讲授知识、传递信息、交流思想的主要载体，是教师的知识水平、品德修养的外在体现。一节课的成败以及学生学习效率的高低，都与教师的语言表达能力有很大关系。所以，教师应当加强口头语言的修炼，争取做到①：发音标准，吐字清晰，措辞恰当，具有精确性；叙事说理，条理清楚，全面周密，具有逻辑性；描人状物，绘声绘色，情景逼真，具有形象性；范读叙述，情真意切，真挚动人，具有感染性；借助手势，穿插事例，比喻新颖，具有趣味性；高低起伏，抑扬顿挫，语速合理，具有节奏性。

2. 体态语言

美国心理学家艾伯特·梅拉别恩研究结果指出，在教学过程中师生沟通效果的比例，语言本身占表达的 7%，语言中的声音声调占表达的 38%，而肢体语言占表达的 55%。教师文明有礼的举止、刚毅坚定的信念、和蔼可亲的面容、适度准确的手势和协调大方的衣

① 黄甫全. 现代课程与教学论. 北京：人民教育出版社，2014：502.

着，在教学和生活中都对学生起着潜移默化的作用。

教师的体态语言根据位置和功能的不同，可以概要地划分为着装、面部、眼神、手势、头部等五部分。各部分的功能和作用各不相同，但又相互联系、相互协作，结合成有机完整的形象教学表达系统。

(1) 着装。

教师的着装往往会使学生产生深刻的第一印象，并久久挥之不去。所以，教师的着装应符合人民教师“特定”的身份。提倡“漂亮而不奇异、明快而不妖艳、典雅而不华贵、朴素而不寒酸”的着装。

(2) 面部。

教师面带微笑授课，会使学生感到亲切、轻松、愉快，师生关系融洽，课堂气氛和谐，学生学习积极性高涨，因而学习效果自然就好。教师的面部是学生视线的焦点。从教学内容上考察，学习的重点、难点和关键，教师都应该通过面部表情适度地表现出来；从思想感情上考察，教师更应该露出与授课内容相吻合的面部表情，使学生情真意切地走进教师精心创设的知识意境，洞察知识的奥妙，理解知识的诀窍，掌握知识的要点，体验运用知识的无限乐趣。

(3) 眼神。

眼神是教师与学生进行信息和情感交流的微妙渠道，也是组织教学的重要途径。教师与学生之间的眼神传递，是个性对个性的影响、心灵对心灵的感应、情感对情感的共鸣。有研究表明：师生眼神交流表现出来的“期望效应”十分明显，善于正面注视全体学生，与学生频频进行眼神交流的教师，可以获得“润物细无声”的教育教学效果。这就要求教师在课堂上充分运用以下三种方法。

第一，环视法。环视法是针对全班同学运用眼神的一种方法。讲课时，教师不时地用眼睛环视整个课堂，可以观察到全体学生的学习状态和情绪反应，满足学生希望得到关注的心理要求。在上课伊始或强调重点内容时，教师如能面向全体学生做一番环视，能起到“一言未发先有情”的作用。

第二，注视法。注视法是教师在课堂上出于教学的某种需要，把目光较长时间地固定于教室的某一处，或个别学生身上的方法。注视能够普查学生心理，反馈教学效果，制止部分或个别学生的走神和骚动，提醒学生注意听讲，也可以启发、鼓励学生大胆发言，打破课堂提问的冷场现象。

第三，虚视法。虚视法是一种似看非看的方法。教师不时把视力焦点对准某一个学生，或者处于教学的需要对某些或某一个学生仅仅是一瞥，能唤起学生的注意。

(4) 手势。

在体态语言中，手势活动范围广泛、定位准确、表意确定、内涵极为丰富，与有声语言相随相伴、同步进行。教学手势应少而精，勿滥用。教师在用手势表情示意时，应做到手到、眼到、心到，手势自然大方，不矫揉造作，不粗俗随便。

(5) 头部。

在课堂上头部的运用形式主要有点头和摇头两种。对不同的教学内容和教学环节，点头和摇头的速度、力度也不尽一样，如果运用得当，再配以和谐的面部表情和手势，其表意更生动、更恰切、更富有表现力。

3. 书面语言

教师的书面语言主要运用在课堂板书和作业批改方面。板书语言要求精心设计、提纲挈领、要言不烦、重点突出、条理明晰、字体规范工整、疏密得当，具有提示、解惑、示范、审美的作用，便于学生思考、分析、归纳。作业批改语言应该做到因材施教、对症下药、措辞精当、书写工整、标点正确，以表扬和鼓励为主。每一句鼓励、警示或批评的话，都要让学生感受到教师的关心爱护，不仅使学生阅后心悦诚服、增强自信心，而且会给学生留下永久的记忆。

## 三、情境创设艺术

**案例 16-3**　　**于永正《考试》写作教学设计（片段）**①

（上课伊始，于老师先询问学生对考试的意见与看法，学生踊跃发言，各抒己见。）

师：听了你们的发言，我觉得都很好。你们对考试的看法、对考试的分析，对于老师有很大的启发。我可以断定，你们会考好，你们的知识基本都是渊博的。咱们下面考一考好不好？即使不愿意考的，不妨试一试，行吗？

生：（齐）行。

师：我有两个要求：第一，要细心；第二，要按要求做。（板书：细心要求）记住一定要按要求做。细心到什么程度？把每个字都要看清。限时 5 分钟。（师发试卷，学生做）

师：好，时间到！（收试卷）成绩马上就可以公布了。

（于老师一边翻试卷一边自言自语：怎么回事？坏了！真坏了！糟糕，糟糕！发现一个，终于发现一个！）

咱们班谁姓赵，叫赵一帆？请站起来。赵一帆，请把卷子读一读。（投影仪投出试卷内容）

生：（读）知识渊博型小学生测试题。要求：先填写自己所在的学校、班级、姓名，再读读每道题，读后再做。（1）写出你最喜欢的两首古诗的题目和作者。（2）默写一首诗，不写题目和作者……（10）读完以上各题，只做（1）、（2）两题。

（全班哄堂大笑）

师：白纸黑字，印得清清楚楚。赵一帆你请坐。全班只有赵一帆按要求做了。老师说了：第一，要细心，每个字都要看清；第二，要按要求做。要求多明确啊！要求是先读每一道题然后再做。看到你们此时此刻的表情，我想你们一定有很多感受。谁想说？……

［评析］

在这节作文课上，于老师充分利用学生的习惯性思维特点，独具匠心、不露痕迹地通过“考试”设置了一个情境陷阱，把学生导向生活体验，使他们真实地感受整个考试过程，让置身其中的孩子们感慨万分。他们在这一场特殊又有趣的“考试”完毕后，懊恼、埋怨、深思等情绪一起涌上心头，产生了更为强烈的表达欲望，加上教师巧妙的引导，学生的思路便会如泉水喷涌，写作也就水到渠成了。

① 于永正，陶志斌. 习作课：《考试》. 人民教育，2006（5）.

### （一）情境创设的原则

1. 形象性

形象性是情境创设要遵循的首要原则。心理学研究证明，形象愈是鲜明、具体、活泼、新颖，就愈能缩短感知的时间，引起联想、想象，激发人们认识的兴趣，提高效率。外在形式可以直接作用于人们的感官，使人刹那间获得丰富的感受，达到迅速感知对象的目的。

2. 合理性

合理性是指情境创设中的背景信息应符合现实生活场景和事物运动的客观规律，其信息应符合学生的认知发展规律。教师所设计的问题情境要围绕既定的知识点，符合学生的年龄特征及思维发展的实际，同时具有科学性、探究性、趣味性和发展性。

3. 蕴理性

蕴理性指的是教师所创设的教学情境，不应是空洞的、花哨的，而是需要蕴含一定的道理，可以是教材内容之理，可以是科学之理，也可以是生活之理。情境的创设既需要有艺术的感染力，也需要有哲理的启迪性。

4. 含情性

情境者谓有情之境也，有情才能成境，因此含情性是情境的核心。这就要求教师创设的情境要有真情实感，切忌有境忘情、有境无情，需要以真切的情感调动学生参与认知活动的积极性和主动性。“感人心者，莫先乎情”，学生情动则学习的积极性就会高涨，主体作用便能彻底地发挥出来。

### （二）新课改下的课堂教学中情境创设的要求

1. 根据知识间的内在联系，让情境生成学习材料、问题

教学情境应该给学生提供相应的学习材料，并且蕴涵科学知识。作为教师还应找准情境与知识的切入点，及时生成学习材料、问题。因此，创设情境必须考虑知识间的内在联系。

2. 巧妙设计认知冲突，创设问题情境

心理学研究表明，形成学生在认知上的冲突，调动学生认知活动中的智力因素和非智力因素，更加有利于学生积极探求新知，激活学生的思维。巧妙设计认知冲突，不但能激发学生的兴趣，而且还有助于学生的探究向纵深发展。因此，教师要善于捕捉认知冲突。

3. 从学生的已有知识、经验出发，寻找知识与经验的联系创设情境

学习不是简单的信息积累，更重要的是新旧知识和经验的相互作用，以及由此而引发的认知结构的重组，也就是一种基于已有知识、经验的认知建构。建构主义强调知识建构的“最近发展区”，认为新知的建构应基于这个区域，才能获得促进学生智能发展的理想效果。因此，立足知识的“最近发展区”，寻找知识与经验的联系创设情境尤为重要。

4. 教师本身就是一种好的教学情境

新的课程观强调，课程是师生共建新知识的过程。教师在课堂上应帮助学生在自主探索与合作交流的过程中真正理解和掌握基本的知识与技能，获得广泛的经验，而这一切都得由教师去组织、引导与创设，所以说，教师本身就是一种教学情境。只有在平等、民主

的氛围中学习，才能称得上是有效的学习。

### （三）新课改下的课程教学中情境创设的具体应用

1. 借助实物、图像创设教学情境

在课堂教学中，教师可以借助实物（模型、标本及实验器材等）或图像（板书、画图、挂图、幻灯、录像、电影、电脑等）等创设教学情境。

2. 借助动作创设教学情境

教师通过操作、表演、活动、演示等动作创设教学情境，使抽象知识形象直观。

3. 借助语言创设教学情境

语言表达的形象性能使听者的脑中呈现出一幅幅鲜明而简洁的画面，而不是一些抽象的语义代码。教师可以通过声情并茂的朗读、绘声绘色的描述和生动形象的比喻创设教学情境。这种将抽象形象化、具体化的语言，学生听起来必定是兴致盎然似三春，趣味浓郁如仲夏，犹似欣赏一幅画、观赏一幕剧。

4. 借助新旧知识、观念的关系和矛盾创设教学情境

在课堂教学中，根据新旧知识之间的联系，巧设悬念，创设多种新情境，让学生把原有的知识、经验迁移到新情境中，使学生在新情境中运用所学知识、技能来解决实际问题，有利于激发学生对新知识的探求。

5. 借助“背景”创设教学情境

在课堂教学中，根据授课内容，穿插一些生动有趣的名人轶事、历史故事，观看一些科学家的照片或插图，可以给学生留下深刻印象并激发他们学习的欲望。

6. 利用谜语、儿歌创设教学情境

在课堂教学中，根据教材内容，把教科书上的知识编成引人入胜的谜语或朗朗上口的儿歌，既有利于概括知识、揭示规律，也有利于激发学生的兴趣。

7. 借助问题创设教学情境

教师在教学过程中通过设疑创设情境，点燃学生探索欲望和学习激情，学生便会随着教师设置的疑点，深入思索下去。

8. 运用想象创设教学情境

教师基于学生已有经验，通过多样方式激发想象，形成表象，将表象重新组合以创设教学情境。

#### 小资料：李老师的情境教学艺术

李吉林老师在语文教学中经过长期探索，创立了情境教学方式。基于长期的实践探索，李吉林老师最关注“怎么做”的问题。她以严谨的态度不断筛选出有效方法，通过概括提炼，创建起了“以‘美’为突破口”、“以‘思’为核心”、“以‘情’为纽带”、“以‘儿童活动’为途径”以及“以‘周围世界’为源泉”的情境教学操作体系。

资料来源：李吉林．“情境教学”的操作体系．课程·教材·教法，1997（3）；李吉林．谈情境教育的课堂操作要义．教育研究，2002（3）．

## 四、课堂教学总结艺术

**案例 16-4** 《角的认识》[①]

在教学《角的认识》一课时，为了有效地激发学生的思维，促使他们积极思考，一位教师是这样结束新课的：

多媒体出示“小明在与地面形成45°的滑梯上滑滑梯”的情境图。

师：同学们，你们玩过滑滑梯吗？在滑梯里有角吗？（有）谁能上来指一指。

（一个学生上来指角）

师：看来角在我们生活中的作用可真大。

多媒体出示“小红在与地面形成20°的滑梯上滑滑梯”的情境图。

师：同学们，小红在这个滑梯上滑，你觉得滑起来感觉怎么样？为什么呢？

生：滑得很慢，还可能会滑不动，肯定不好玩，因为这个滑梯的角太小了。

师：看来如果滑梯的角太小了，滑起来不怎么好玩。同学们，你们看，小花在这个滑梯上滑，你觉得滑起来会怎样？（多媒体出示“小花在与地面形成65°的滑梯上滑滑梯”的情境图。）

生：太危险了，这个滑梯的角太大了。

师：看来滑梯与地面形成的角不能太小也不能太大，太小了就会滑得很慢；也不能太大，太大的话，滑下来会太快，不小心还会摔倒。那么，滑梯和地面形成的角应该多大才好呢？你们在课后自己去观察观察，调查调查。

［评析］

传统的教学观认为，在课堂上要把所有的问题都给解决了，似乎这样才算一堂“完美的课”，因此不少教师习惯把课结成句号，却常令学生感到枯燥乏味。其实，一堂好课应该让学生带着问题走进课堂，同时又带着新的问题走出课堂，这样才能有效激发学生主动探究、主动学习的欲望。因此，我们可以把课结成问号，使学习内容从课堂延伸到课后、延伸到现实生活中，保持学生学习的新鲜感，帮助学生“得法于课内，学法于课外”，让他们不仅感受到学习与生活的紧密联系，同时也开阔了视野、拓展了思维、拓宽了知识面。

### （一）课堂教学结束的意义

俗话说：“编筐编篓，重在收口。”课堂教学总结是整个课堂教学的有机组成部分，也是一节课的最后一个环节，不仅需要概括、梳理本节课的主要内容，同时还需要提出进一步学习和思考的问题，起到承上启下的作用。需要注意的是，课堂总结要精短简洁，紧扣教学内容；抓住关键，突出教学重点；首尾呼应，一以贯之；鼓励学生自主概括归纳，激发责任意识；注重实效，防止形式主义。

### （二）课堂教学结束的方法

根据结束方法的不同，结束课分为归纳总结式结束、比较异同式结束、练习检测式结

① 黄静．小学数学结课艺术例谈．广西教育，2011（31）．

束、活动式结束、拓展延伸式结束、悬念式结束、表扬激励式结束。

1. 归纳总结式结束

归纳总结式结束是指在一堂课结束时，用准确简练的语言，采用纲要信号、概念图等方式，提纲挈领地把整节课的主要内容概括归纳，给学生以系统、完整的印象，加深学生对所学知识的理解和记忆，培养学生的综合能力和概括能力。

2. 比较异同式结束

比较异同式结束是将新知识与相关的旧知识联系起来，或者把并列概念、对立概念、容易混淆的概念进行分析、比较，找出它们各自的本质特征或不同点，同时找出它们之间的内在联系或相同点。

3. 练习检测式结束

练习检测式结束是在课堂结束部分，恰当安排强化训练活动，即通过作业、练习的方式结束课堂教学的一种方法。

4. 活动式结束

活动式结束是采用讨论、实验、演示、知识竞赛、游戏等活动形式结束课堂教学的一种方法。主要是通过多种活动引导学生积极参与，通过对比、分析、综合、抽象、概括等思维活动，印证、消化、掌握、巩固所学知识，促进学生知识的迁移，培养和发展学生的能力。

5. 拓展延伸式结束

拓展延伸式结束是引导学生运用本课所学知识向课外延续、向实践延伸的一种教学方式。就课堂教学的动态性而言，其方式特点是：由课内到课外的巩固、由文内到文外的联结、由校内到校外的迁移，引导学生对知识的应用和迁移。

6. 悬念式结束

此类结束方式较适合于前后知识有密切联系的教学内容。在结束时，使学生在“欲知后事如何”时戛然而止，给学生留下一个有待探究的未知，为下一节课的学习创设良好的问题情境，使“且听下回分解”成为学生的期待。

7. 表扬激励式结束

“激励推动进步，赏识造就成功。”学生在学习过程中的任何一种进步，教师都应给予及时的表扬和鼓励，使学生获得成功的体验，进一步激发学生学习的积极性和主动性。如果教师在结课时，能满怀激情地以意味深长的话语寄厚望于学生，往往能鼓舞学生。

## 第三节　教学艺术风格

**案例 16-5**　　**珍贵，献给“我淡蓝色的晕眩”**①

开学的第一天早上，我送给他们一个词：珍贵。生命无比珍贵，因为它在这个世界

① 许丽芬. 做一个纯粹的教师. 重庆：西南师范大学出版社，2011：5-7.

上是独一无二的。下午，我送给他们四个词：信心、善良、乐观和活力。我将这些词解释了一下。然后，我说我们将上一节“独一无二”的课——“静心思美”。教室里一片惊喜的轻声欢呼。每个人都要学会在安静中面对自己，对着自己说话，思考自己的生活，而思美是因为我们在生活中曾经得到过很多关心、帮助和鼓励。美需要用心地反复咀嚼，所以要经常地思考它、回味它，怀着感恩的心。这样，我们的生活才能更加美好。

中午的时候，我也思考过这些话。我在想，这样的话对这些三年级的学生而言，是不是太空、太大、太虚幻？可是，我又很快说服了自己。我觉得一个人的成长不能没有这些东西，不能因为它显得有些陌生就让它流逝。只有“现实”填充生命还不够美丽，不够灵动，只有真实与虚灵相互糅合，生命才会显示出应有的光彩和亮度。

我们静坐了5分钟，教室里没有一点声响。每个孩子都虔诚地、静静地思考着，静静地享受静待自己的礼遇。我也静静地坐着，在心里不断地和自己说话。我忍住咳嗽，不让它破坏这个美妙的时刻。只有如此真切地面对学生的时候，我才有足够的资格来思考和谈论教育，也只有如此真切地体验学生的所思所感时，我才有资格与他们谈论生命的珍贵。

放学时，我把奥地利诗人弗·迈吕克的《春天》作为献礼，抄在黑板上，送给这些和我一起幻想的孩子：

> 我橘黄色的
> 傍晚安歇在
> 你的眼中。你是路上
> 一朵静悄悄的
> 小花。白杨树有时
> 掩盖了我向你发出的
> 声音：于是玻璃般的
> 时刻破碎。我朝着我淡蓝色的晕眩
> 画着十字。月亮
> 贴着我光滑的手心
> 我们穿过所有
> 紫色的雾风
> 所有绿色的冰风和所有红色的
> 太阳风。我们最终变得
> 如同一个天体。

[评析]

许老师说，她是一个普通得不能再普通的老师。这是真的，一个城镇小学的语文老师兼班主任，也可以说是普通了。普通的教育有“纯粹”的教学艺术风格，因为产生于艰难生活的挣扎之中，本土本色。

经过锻炼和升华，教学艺术就会与教师本人的个性融为一体，从而形成有鲜明特色的教学艺术风格。

## 一、教学艺术风格的含义

教学艺术风格是指教师在一定的理论指导下，在长期的教学实践中逐步形成的独具个性的教学思想、教学技能技巧、教学风度的稳定性表现。具体来说，教学艺术风格包括三层含义：

第一，教学艺术风格是在一定的理论指导下和在长期的教学实践中逐步形成的。不管教师本人是否意识到，他的教学艺术风格总是以一定的理论作为基础的。比如，有的教师以启发式教学理论为指导，经过长期的教学实践，便逐渐形成启发式的教学艺术风格。

第二，教学艺术风格是教师的教学思想、教学技能技巧、教学风度三者有机结合的产物。教学思想决定教师的教学观念，决定教师教学艺术风格的形成和发展方向；教学技能技巧是教学艺术风格的重要组成部分，也是教学艺术风格赖以形成的基础，这意味着教师在教学中能够富有个性和创造性地选用教学方法，得心应手地驾驭教材，善于发挥教学机智与幽默等等；教学风度是教学艺术风格的外在表现，它不单纯指教师的举止、姿态，还包括教师的教学心理状态以及对待教学的态度等。

第三，教学艺术风格具有一定的稳定性。当教师的教学思想、教学技能技巧、教学风度三者和谐统一，显示出某种稳定的个性特色与个性魅力的时候，教师就形成了自己的教学艺术风格。教师相对稳定的教学艺术风格，通常在各种类型的教学中都会表现出来。

## 二、教学艺术风格的特点

教学艺术风格具有独特性、多样性、发展性等特点。

### （一）独特性

每位教师都有与众不同的师承、学识、个性、审美情趣以及生活际遇等，这种主体经历和素质的独特性，决定了教学艺术风格总是带有教师的独特印记，显示出教师的自我风采。可以说，没有独特性，就没有教学艺术的个性化，也就没有教学艺术风格的形成。

**与君分享：谱写自己的诗意人生**

语文特级教师王崧舟是“诗意语文”的倡导者，在语文教育界形成了独特的教学艺术风格。他的语文教育实践倾向于母语诗性本质的挖掘，文本审美解读的体验和教学的陶冶功能，而其“诗意”风格的发展也经历了朦胧的激情、去激情化和激情的协奏三个阶段，并从中实现了诗意语文与诗意人生的融合。

“一个人，只有在天真烂漫的创造性活动中实现自己的生命追求，他才是一个幸福的人。诗意语文，就是要努力使学生在语文学习中获得高峰体验，在当下实现自我。从目的上看，并不局限于语文知识的掌握、语文能力的发展、语文习惯的养成。因为知识、能力、习惯毕竟是外在于生命的东西，是人认识和改造外部世界的工具。诗意语文更为关注的是在引领学生掌握知识、发展能力、养成习惯的过程中，启迪其智慧，陶冶其性情，温暖其心灵，充盈其精神，达成生命的自我实现。”

“我有一个梦——‘让语文教育成为生命的诗意存在’。这个梦的诞生，是对生命超越的祈祷。尼采向我吐露了这一秘密：‘我就是那必须永远超越的东西。’因为，我是人！人必将诗意地栖居在大地上！”

资料来源：王崧舟，林志芳．诗意语文课谱：王崧舟十年经典课堂实录与品悟．上海：华东师范大学出版社，2011：1-7.

### （二）多样性

每位教师教学艺术风格的独特性，在另一个侧面成就了教学艺术风格的多样性，使得教学艺术风格千姿百态。根据其特征不同，教学艺术风格可划分为理智型、情感型、幽默型和自然型等四种类型。理智型的教学艺术风格，表现为教师擅长于理性分析，善于概括与推理，追求逻辑的力量，强调以理服人；情感型的教学艺术风格，指教师感情充沛，富有激情，善于利用情感的感染性引起学生的共鸣，强调以情促知；幽默型的教学艺术风格，指教师善于通过诙谐幽默、情趣横生的教学，激发学生的学习兴趣，使学生得到哲理启迪，并培养学生乐观开朗的性格；自然型的教学艺术风格，指教师的教学朴实无华，没有矫揉造作，也不刻意渲染，而是娓娓道来，给人一种恬静的感觉。

### （三）发展性

教师的教学一旦形成某种艺术风格之后，其稳定性往往成为一种惰性，很难被超越。但是，如果已有风格不求突破与超越，就会逐渐失去生命力。因此，教师必须注意在稳定的教学艺术风格中求发展。

## 三、教学艺术风格的形成

教学艺术风格的形成受到许多因素的影响，需要经历一个漫长的过程。

### （一）教学艺术风格形成的影响因素

教学艺术风格的形成既受客观因素的影响，也受主观因素的制约。

1. 客观因素

影响教学艺术风格形成的客观因素有很多，其中主要有时代要求、教学内容、学生状况和学习环境等。不同的时代要求影响着教学艺术风格，使其具有鲜明的时代特点；教学内容对教学艺术风格的影响也较为明显，比如，理科教学倾向于“理智型”教学艺术风格，而文科教学则倾向于“情感型”教学艺术风格；学生状况因年龄、地域、城乡以及文化而异，从而影响教师的教学艺术风格类型，比如小学、初中、高中教师的教学艺术风格有很大差异；学习环境对教学艺术风格的影响是综合性的，当代随着科学技术的飞速发展，特别是信息通信技术的广泛应用，学习环境成了影响教学艺术风格形成的重要因素。人们已经认识到：“科学与其他形式的知识，对于用以提升人类生命与活动的艺术、智力工具来说，是特别好用的‘侍女’!”①

2. 主观因素

制约教学艺术风格形成的主观因素，主要包括教师的品德修养、知识结构、思维特点、个性特征以及主动追求等。教师的品德修养，对教学艺术风格的形成起着决定性作用，只有对教学工作充满热情和责任感，对学生充满热爱和关切之情的教师，才能形成为人师表的教学艺术风格；合理的知识结构，为教师在教学中广征博引和深刻论证提供基础性条件；教师的思维特点和个性特征也与教学艺术风格的形成密切相关；教师对教学艺术风格的主动追求，是主观因素中最为活跃的因素，它带动心理基础层面的诸多因素，使教师投身到积极主动地形成与创造教学艺术风格的过程中。

**名言欣赏**

美不自美，因人而彰。

——柳宗元

### （二）教学艺术风格的形成阶段

教学艺术风格的形成过程，一般要经历模仿、独立、创造和个性化四个阶段。

1. 模仿阶段

教师在职前教育、入职培训以及从事教学工作的初期，需要学习别人成功的教学经验和教学艺术，这种学习带有很强的模仿性。这是一个尝试、辛劳而勤勉的阶段，特点是选择某种自己喜爱的风格加以模仿，往往缺乏创造性。

2. 独立阶段

经过一段时间的模仿学习后，教师逐步摆脱模仿的束缚，将他人的经验和教学艺术消化吸收并运用到自己的教学之中，独立地完成教学工作的各个环节，这时教学艺术风格的形成开始进入独立阶段。这是每一位教师都能达到的阶段，其特点是教师能驾轻就熟地开展教学，并初具自己的个性特点，但教学艺术的创造水平不高。

3. 创造阶段

在独立承担教学任务的基础上，教师的创造性开始显现出来。有了明确而新颖的教学理念，能根据实际情况创造性地处理教学内容，运用适合自己、适合学生的教学方法，积极主动地进行教学改革，提高教学效率。在这一阶段，教师本人逐步成长为教学艺术的自觉追求者和创造者。

4. 个性化阶段

当教师的创造性逐步稳定下来，教学的各个方面都显示出独特的个性色彩，这时教学艺术风格就已经形成。随着时间的推移，教学经验不断丰富，教师在教学过程中刻意追求的痕迹越来越少，逐渐做到言为心声、收发自如，使得教学魅力不断增强，教学艺术风格也就日趋成熟。

---

① Granger D A. Teaching aesthetics and aesthetic teaching: toward a deweyan perspective. Journal of Aesthetic Education, 2006, 40 (2): 45-66.

**请君一试**

2015 年单项选择题：林老师教学《借生日》时，先板书“生日”，让学生说说自己生日是哪一天，又是怎样过生日的。接着又板书“借”，并提出问题：“每个人都有自己的生日，为什么要借生日?”“生日能借吗?”这种导入方法是（　　）

A. 故事导入　　B. 情境导入

C. 悬念导入　　D. 直接导入

答案：C

## 主要参考文献


［1］夸美纽斯．大教学论．北京：教育科学出版社，1999．

［2］夸美纽斯．大教学论·教学法解析．北京：人民教育出版社，2006．

［3］陈侠．课程论．北京：人民教育出版社，1989．

［4］王文科．课程与教学论．台北：五南图书出版公司，1998．

［5］黄甫全．现代课程与教学论学程．北京：人民教育出版社，2006．

［6］黄甫全．现代课程与教学论．北京：人民教育出版社，2011．

［7］黄甫全，王本陆．现代教学论学程．修订版．北京：教育科学出版社，2003．

［8］黄甫全．新课程中的教师角色与教师培训．北京：人民教育出版社，2003．

［9］黄甫全，曾文婕．小学教育学．北京：高等教育出版社，2011．

［10］黄甫全．阶梯型课程引论．贵阳：贵州人民出版社，1996．

［11］张传燧．课程与教学论．北京：人民教育出版社，2008．

［12］张传燧．行走于传统与现代之间．长沙：湖南师范大学出版社，2005．

［13］张传燧．中国教育史．北京：高等教育出版社，2010．

［14］陈桂生．课程实话．上海：华东师范大学出版社，2010．

［15］吕达．独木桥？阳光道?：未来中小学课程面面观．北京：中信出版社，1991．

［16］钟启泉，汪霞，王文静．课程与教学论．上海：华东师范大学出版社，2008．

［17］施良方．课程理论：课程的基础、原理与问题．北京：教育科学出版社，1996．

［18］施良方．学习论．北京：人民教育出版社，2001．

［19］施良方，崔允漷．教学理论：课堂教学的原理、策略与研究．上海：华东师范大学出版社，1999．

［20］王本陆．课程与教学论．北京：高等教育出版社，2009．

［21］马云鹏．课程与教学论．北京：中央广播电视大学出版社，2002．

［22］李方．课程与教学基本理论．广州：广东高等教育出版社，2002．

［23］范兆雄．课程资源概论．北京：中国社会科学出版社，2002．

［24］周仕德．新编课程与教学论．北京：中国人民大学出版社，2015．

［25］吴刚平．校本课程开发．成都：四川教育出版社，2002．

［26］瞿葆奎．教育学文集：课程与教材：上册．北京：人民教育出版社，1988．

［27］瞿葆奎．教育学文集：教学：上册．北京：人民教育出版社，1988．

［28］郭思乐．教育激扬生命：再论教育走向生本．北京：人民教育出版社，2007．

［29］郭思乐．教育走向生本．北京：人民教育出版社，2001．

［30］熊川武．教学通论．北京：人民教育出版社，2010．

［31］周军．教学策略．北京：教育科学出版社，2003．

［32］王策三．教学论稿．北京：人民教育出版社，2005．

[33] 李秉德. 教学论. 北京：人民教育出版社，1991.
[34] 刘克兰. 教学论. 重庆：西南师范大学出版社，1988.
[35] 裴娣娜. 教学论. 北京：教育科学出版社，2007.
[36] 吴立岗，夏惠贤. 现代教学论. 南宁：广西教育出版社，2001.
[37] 李森. 现代教学论. 北京：人民教育出版社，2011.
[38] 墨耕. 经典教学方法荟萃. 福州：福建教育出版社，2009.
[39] 王升. 主体参与型教学探索. 北京：教育科学出版社，2003.
[40] 李志厚. 变革课堂教学方式. 广州：广东教育出版社，2010.
[41] 孙建锋. 小学语文：享受对话教学. 重庆：西南师范大学出版社，2009.
[42] 刘电芝. 学习策略研究. 北京：人民教育出版社，1999.
[43] 乌美娜. 教学设计. 北京：高等教育出版社，1994.
[44] 高凌飚. 基础教育教材评价：理论与工具. 北京：人民教育出版社，2002.
[45] 黄显华. 寻找课程论和教科书设计的理论基础. 北京：人民教育出版社，2002.
[46] 廖平胜. 考试学原理. 武汉：华中师范大学出版社，2003.
[47] Linn R L，Gronlund N E. 教学中的测验与评价. 北京：中国轻工业出版社，2003.
[48] Hart D. 真实性评价. 北京：中国轻工业出版社，2004.
[49] 申克. 学习理论：教育的视角. 南京：江苏教育出版社，2003.
[50] 布卢姆. 教育评价. 上海：华东师范大学出版社，1987.
[51] 多尔. 后现代课程观. 北京：教育科学出版社，2000.
[52] 赫根汉，奥尔森. 学习理论导论：第7版. 上海：上海教育出版社，2011.
[53] 奥恩斯坦. 当代美国课堂教学. 南京：江苏教育出版社，2009.
[54] 奥恩斯坦，汉金斯. 课程：基础、原理和问题. 南京：江苏教育出版社，2002.
[55] 张乐天. 教育学：新编本. 北京：高等教育出版社，2007.
[56] 任平，孙文云. 现代教育学概论. 广州：暨南大学出版社，2013.
[57] 南京师范大学教育系. 教育学. 北京：人民教育出版社，1984.
[58] 华南师大教育系教育学教研室. 现代教育学. 广州：广东高等教育出版社，1997.
[59] 丁锦宏. 教育学基础. 北京：高等教育出版社，2009.
[60] 联合国教科文组织国际教育发展委员会. 学会生存：教育世界的今天和明天. 北京：教育科学出版社，1996.
[61] 联合国教科文组织总部中文科. 教育：财富蕴藏其中. 北京：教育科学出版社，1996.
[62] 孟宪承. 中国古代教育文选. 北京：人民教育出版社，1985.
[63] 朱熹. 四书集注·论语集注. 北京：中华书局，1983.
[64] 陶行知. 陶行知教育文集. 成都：四川教育出版社，2005.
[65] 方明. 陶行知名篇精选. 北京：教育科学出版社，2006.
[66] 赞科夫. 教学论与生活. 北京：教育科学出版社，2001.
[67] 苏霍姆林斯基. 给教师的建议. 北京：教育科学出版社，1984.